Satzarten unterscheiden

Aussagesatz, **Frage**satz,
Ausrufe- oder **Aufforderungs**satz
▶ S. 242–243, 307

Satzglieder erkennen

Welche Wörter gehören
zu einem **Satzglied?**

Umstellprobe ▶ S. 75, 232–233, 305

Ersatzprobe ▶ S. 75, 232–233

Welche Art von
Satzglied ist das?
▶ S. 236–241, 250

Wortarten bestimmen

Wortart **Nomen** ▶ S. 206–210, 214, 228, 301

Wortart **Artikel** ▶ S. 211, 214, 302

Wortart **Adjektiv** ▶ S. 212–213, 214, 228, 302

Wortart **Pronomen** ▶ S. 215–219, 229, 303–304

Wortart **Verb** ▶ S. 222–227, 229–230, 304–305

Rechtschreibstrategien

Deutlich sprechen, genau hinhören ▶ S. 254, 308

Auf Wortbausteine achten ▶ S. 255–256, 308

Verwandte Wörter suchen ▶ S. 256–257, 308

Wörter verlängern ▶ S. 257, 308

Richtig trennen ▶ S. 258, 308

Nachschlagen im Wörterbuch ▶ S. 260

Rechtschreibregeln

Groß- und Kleinschreibung
▶ S. 264–269, 309

Wörter mit **Doppelkonsonanten**
▶ S. 270–271, 309

Wörter mit *i* oder *ie?*
▶ S. 275, 310

Wörter mit *ß* oder *ss?*
▶ S. 277–279, 310

Realschule Bayern

Deutschbuch

Sprach- und Lesebuch

5

Erarbeitet von
Gertraud Bildl (Waldbüttelbrunn), Yvonne Hartwig (Regensburg),
Herbert Hieke (Hersbruck), Monika Hochleitner-Prell (Amberg),
Franziska Klingelhöfer (Viechtach), Timo Koppitz (Höchberg),
Marlene Krause (Erlangen), Renate Kroiß (Neumarkt),
Katrin Peschl (Freyung), Katrin Pfeuffer (Kitzingen),
Birgit Reindlmeier (Bogen), Karin Riermeier (Altötting),
Petra Stich (Burglengenfeld), Sonja Wiesiollek (Baldham),
Gunder Wießmann (Neumarkt), Sylvia Wüst (Landshut) und
Anja Zwengauer (Wassertrüdingen)

Unter Beratung von
Hans-Peter Kempf, Renate Kroiß und Sylvia Wüst

Cornelsen

Euer Deutschbuch auf einen Blick

Das Buch ist in **vier Kompetenzbereiche** aufgeteilt.
Ihr erkennt sie an den Farben:

||||||||||| Sprechen, zuhören und schreiben
||||||||||| Mit Texten und Medien umgehen
||||||||||| Über Sprache nachdenken
||||||||||| Arbeitstechniken und Methoden

Jedes **Kapitel** besteht aus **drei Teilen:**

1 Hauptkompetenzbereich

Hier wird das Thema des Kapitels erarbeitet, z. B. in Kapitel 4, „Erzählen".

 4.1 Gestern hab ich was erlebt – Mündlich und schriftlich erzählen

2 Verknüpfung mit einem zweiten Kompetenzbereich

Das Kapitelthema wird mit einem anderen Kompetenzbereich verbunden und
vertiefend geübt, z. B.:

 4.2 Sprachwerkstatt – Zu Bildern und Reizwörtern erzählen

3 Fit in ...? oder Projekt

Hier überprüft ihr das Gelernte anhand einer Beispielschulaufgabe und einer
Checkliste oder ihr erhaltet Anregungen für ein Projekt, z. B.:

 4.3 Fit in ...? – Ein Erlebnis erzählen

Das **Grundwissen** findet ihr in den blauen Kästen mit der

Bezeichnung **Wissen und Können**.

Auf den blauen Seiten am Ende des Buches (▶ S. 293–313) könnt ihr das
Grundwissen aus allen Kapiteln noch einmal nachschlagen.

Folgende **Kennzeichnungen** werdet ihr im Buch entdecken:

●○○ Diese Aufgaben geben euch Starthilfen.
●●● Diese Aufgaben verlangen, dass ihr sie möglichst selbstständig bearbeitet.
4 Zusatzaufgabe
👥 Partnerarbeit
👥👥 Gruppenarbeit
🎭 Rollenspiel
🔊 Diese Texte könnt ihr euch anhören.
▶ S. 57 Auf der angegebenen Seite könnt ihr weitere Informationen nachschlagen.

Inhaltsverzeichnis

9 Spaß an Gedichten – Vortragen und gestalten 145

▶ eigene, aber auch vorgegebene Texte angemessen vortragen: Vortrag strukturieren und gezielt durch sprachliche Mittel und ggf. durch Körpersprache unterstützen

▶ angeleitet auffällige Gestaltungsmittel lyrischer Texte unterscheiden und dieses Wissen zum Erschließen eines Textgehaltes und zur Gestaltung eigener Texte nutzen

10

Vorhang auf! – Szenen spielen   161

▶ szenisch spielen: sich in die Lage realer Personen oder literarischer Figuren versetzen und im Spiel deren Rollen übernehmen, um Handlungsmotive zu verdeutlichen bzw. Handlungsalternativen zu entwickeln

11

Fernsehen, Radio, Internet – Medien bewusst nutzen   173

▶ Vorträge je nach Sprechabsicht bewusst vorbereiten, wesentliche Inhalte mittels Präsentationsmedien veranschaulichen

▶ unterschiedliche Medienangebote auf elementarer Basis vergleichen und bedürfnisorientiert auswählen

▶ eigenes Medienverhalten
hinterfragen
▶ zwischen Unterhaltungs-
und Informations-
funktion der Medien
unterscheiden
▶ die Verwendung
gebräuchlicher Fremd-
wörter in verschiedenen
Kontexten bewerten

12

Mit Texten und Medien umgehen

Die Natur ist ein fantastischer Erfinder! – Sachtexte erschließen   185

▶ einfache diskontinuier-
liche Texte auswerten
und die eigene Meinung
zu den darin darge-
stellten Themen äußern
▶ das Layout eines
pragmatischen Textes
zur Erfassung von
Informationen und
Textstrukturen nutzen
▶ unterschiedliche
pragmatische Texte
anhand grundlegender
Merkmale vergleichen,
Leseanregungen
aufnehmen
▶ unterschiedliche
Medienangebote auf
elementarer Basis
(Unterhaltsamkeit,
Altersangemessenheit,
Sendezeitpunkt und
Dauer, Verständlichkeit,
Wert und Nutzen)
vergleichen und
auswählen
▶ eigenes Medienverhalten
hinterfragen
▶ zwischen Unterhaltungs-
und Informationsfunktion
der Medien unterscheiden

▶ Informationen aus
Sachtexten präsentieren

13 Grammatiktraining: Wörter und Wortarten 205

▶ Verb, Nomen, Adjektiv, Artikel, Numerale, Pronomen und ihre Flexionsformen sowie das Adverb richtig gebrauchen

▶ Personal-, Possessiv-, Relativ- und Demonstrativpronomen bewusst einsetzen

▶ das Verb als Zentrum des Satzes erkennen

▶ finite und infinite Formen des Verbs unterscheiden

▶ die Tempora Präsens, Futur I, Perfekt, Präteritum und Plusquamperfekt adäquat anwenden

14 Grammatiktraining: Satzglieder und Sätze 231

▶ Subjekt und Prädikat als notwendige Bestandteile eines vollständigen Satzes erkennen, Dativ- und Akkusativobjekt unterscheiden

▶ Lokal- und Temporaladverbiale in Texten grammatisch richtig verwenden

▶ Merkmale von Haupt- und Nebensatz unterscheiden

Über Sprache nachdenken

15 Rechtschreibtraining 253

► die Funktion von
Satzreihe, Satzgefüge
und unterschiedlichen
Satzarten nutzen, um
den eigenen Sprachstil
zu verbessern

► Rechtschreibstrategien
und - techniken bewusst
einsetzen

► Ableitungen unter Ver-
wendung der Fachbegrif-
fe Präfix, Wortstamm,
Suffix und Stammfor-
men beschreiben und
Kenntnisse für die eigene
Rechtschreibung nutzen

► die Zusammensetzung
als weitere Möglichkeit
der Wortbildung nutzen,
die Funktion von Grund-
wort und Bestimmungs-
wort erkennen und
dieses Wissen für die
eigene Rechtschreibung
und Ausdrucksfähigkeit
anwenden

► das Wörterbuch als
Schreibhilfe für eigene
Texte nutzen

► häufig gebrauchte
Fremdwörter aus dem
Englischen erklären und
richtig schreiben

► die Regeln der Dehnung
und Schärfung sowie der
Großschreibung richtig
anwenden

► s-Laute (auch das/dass)
richtig schreiben

► Regeln der Zeichen-
setzung korrekt an-
wenden

Arbeitstechniken und Methoden

16 Lernen mit Methode – Arbeitstechniken anwenden 283

▶ angeleitet Strategien
und Techniken zum Lese-
verstehen einsetzen

Grundlegendes Wissen und Können 293

1 Wir und unsere Schule –
Sich und andere informieren

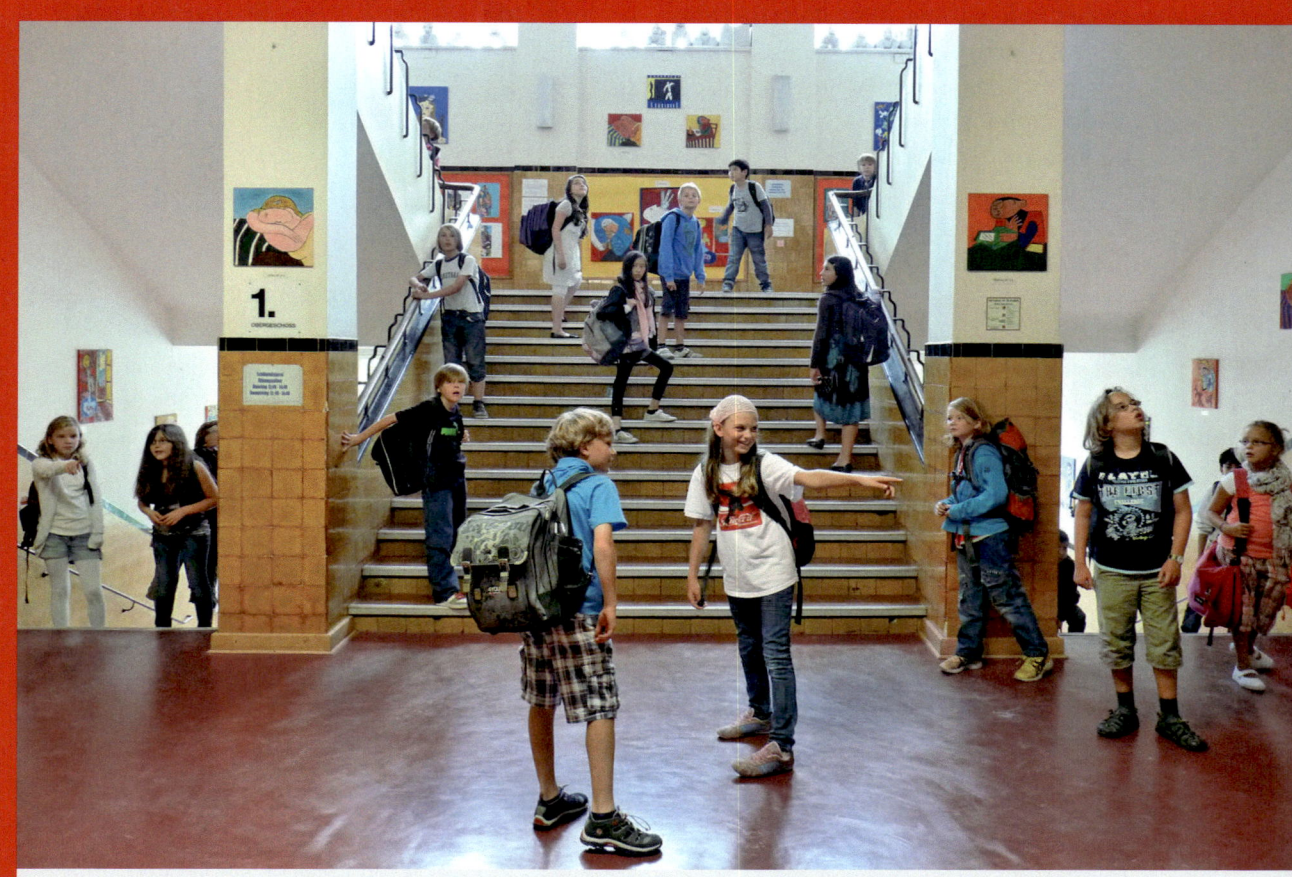

1 Wie erleben die Schülerinnen und Schüler auf dem Bild ihre Ankunft in der neuen Schule?
Tauscht euch darüber aus.
Tipp: Achtet auf Gestik und Mimik, also auf die Körpersprache der Schülerinnen und Schüler.

2 **a** Sammelt eure ersten Eindrücke von eurer neuen Schule gemeinsam mit
dem Tischnachbarn /
der Tischnachbarin.
b Berichtet euren Klassenkameraden
von euren Eindrücken.
Toll fand ich, dass ...
Es war schon komisch, dass ...
Ich wollte herausfinden, wo ...

In diesem Kapitel ...

– stellt ihr euch einander vor und
informiert euch über eure neue
Schule,
– lest ihr Geschichten zum Thema
„Schule",
– gestaltet ihr ein Klassenkunstwerk.

1.1 Wir lernen uns und die neue Schule kennen

Wir machen uns miteinander bekannt

1 **a** Schreibt eure Vor- und Nachnamen auf ein großes Plakat. Dabei dürft ihr selbst entscheiden, ob ihr euren Namen senkrecht oder waagerecht anordnet. Achtet darauf, dass alle Namen miteinander verschachtelt sind wie bei einem Kreuzworträtsel.
b Betrachtet das Plakat. Erklärt, was die Verschachtelung der Namen über euer Zusammensein als Klassengemeinschaft aussagt.

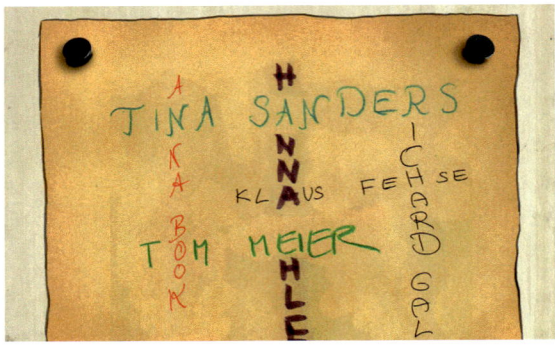

2 Bildet in eurer Klasse einen Kreis. Einer von euch beginnt nun, ein Wollknäuel zu einem Mitschüler, der ebenfalls im Kreis steht, zu werfen, hält aber den Faden dabei fest. Der, der die Wolle gefangen hat, wirft anschließend zu einem weiteren Mitschüler usw., bis jeder einmal an der Reihe war. Wer gerade an der Reihe ist, sollte seinen Mitschülern Näheres von sich verraten, z.B.:

(Name) (Hobby) (Lieblingsgericht) (Wohnort) (Sternzeichen)

Mit Hilfe folgender Spiele könnt ihr euch genauer „unter die Lupe nehmen" und besser kennen lernen. Wählt die Möglichkeiten aus, die euch gefallen, und probiert sie aus:

3 „Sprechende Gegenstände"
a Jeder von euch bringt von zu Hause einen für ihn wirklich wichtigen Gegenstand mit in die Schule. Achtung: Er soll zum Transport geeignet sein!
b Der Besitzer erklärt, warum er gerade diesen Gegenstand ausgewählt hat, und legt ihn sogleich auf der Fensterbank ab. Dann ist der oder die Nächste an der Reihe.
c Versucht, am Ende zu klären, welcher Gegenstand zu wem gehört und weshalb der Gegenstand bedeutsam ist.

4 „Personensuche"
Macht euch auf die Suche nach Mitschülern, auf die die folgenden Aussagen zutreffen. Sammelt auf einem Blatt möglichst viele verschiedene Namen.

— [?] *hat schon in einem anderen Ort gelebt.*
— [?] *hat schon einmal im Ausland gelebt.*
— [?] *mag Mathematik.*
— [?] *hat ein Haustier.*
— [?] *spielt ein Musikinstrument.*
— [?] *treibt gerne Sport.*

— [?] *ist so groß wie du.*
— [?] *kann schön schreiben.*
— [?] *liest gerne Bücher.*
— [?] *isst gerne Gemüse.*
— [?] *findet die Pause langweilig.*
— [?] *spielt in einem Fußballverein.*

5 „Die heiße Kartoffel"

a Bildet einen Stuhlkreis, in dem ein Stuhl fehlt.

b Ein Schüler steht in der Mitte und versucht, beim folgenden Stuhltausch einen Platz zu ergattern.

c Auf Zuruf müssen alle, auf die Aussagen wie z. B. „Alle, die Fußball spielen!" zutreffen, aufstehen und die Plätze tauschen.

d Wer keinen Platz findet, stellt sich nun in die Mitte des Kreises und macht die nächste Ansage.

Ihr könnt das Spiel so lange fortsetzen, bis ihr aus der Puste seid!

Testet euer Wissen!

Steckbriefe zuordnen

In den vorangegangenen Übungen habt ihr viel voneinander erfahren. Hier könnt ihr testen, ob ihr eure Klassenkameraden nun schon (er)kennt.

1 a Verfasst einen Steckbrief über euch selbst. Wählt dazu Angaben aus, die ihr aus Freundschaftsbüchern kennt. Ihr könnt dazu Angaben der Beispielseite von oben nutzen und weitere Angaben ergänzen, die ihr euren Mitschülern mitteilen möchtet.

b Legt die fertigen Steckbriefe verdeckt in die Mitte eines Stuhlkreises. Zieht nacheinander je ein Blatt und lest die Angaben laut vor, ohne aber den Namen des zugehörigen Mitschülers zu nennen.

c Testet euch:
– Wer von den Zuhörern errät als Erster den Namen?
– Wie viele Informationen waren dafür nötig?

Tipp: Ihr könnt die Steckbriefe aber auch erstellen, indem ihr euch jeweils zu zweit die Fragen stellt, also gegenseitig ein Interview führt.

Wir erkunden unsere Schule

Wege beschreiben

1 Beschreibt eurer Klasse jeweils den kürzesten Weg vom Klassenraum / Fachraum Deutsch
zum Musiksaal, zum Lehrerzimmer, zum Sekretariat.
So könnt ihr z. B. beginnen: *Wenn ihr von unserem Klassenzimmer aus zum Musiksaal gelangen wollt,
müsst ihr unseren Gang nach rechts zum großen Treppenhaus hinuntergehen. Dort haltet ihr euch …*

Wissen und Können	**Wege beschreiben**

Wege beschreiben wir für jemanden, der den Weg nicht kennt, ihn aber leicht finden soll.
Beschreibt deshalb den Weg **in der Reihenfolge, in der man ihn geht:**
Beginnt am Ausgangspunkt und listet Schritt für Schritt den weiteren Weg genau auf.
Denkt daran, auf markante, auffällige Stellen hinzuweisen, z. B.: das Treppenhaus oder die
Turnhalle der Schule, draußen z. B. Kreuzungen, besondere Gebäude oder Bäume. Diese
markanten Stellen müssen unbeweglich sein, also: *der Parkplatz vor dem Supermarkt,* nicht *der
große rote Lieferwagen,* denn der Lieferwagen ist vielleicht schon längst weitergefahren.

2 Helft euren Eltern, sich in der neuen Schule zurechtzufinden.

  a Beschreibt für eure Eltern schriftlich den Weg vom Haupteingang der Schule
  – bis zu eurem Klassenzimmer / Fachraum Deutsch und
  – bis zum Sekretariat.

●○○ Folgende Ausdrücke können euch helfen:

> zuerst • gehen • dann • überqueren • abbiegen • schließlich •
> sich wenden • zuletzt • hinuntergehen • hinaufgehen • rechts • links

  b Stellt eure Beschreibungen vor und wählt bei einem **„Gallery Walk"** den besten Vorschlag für den
nächsten Elternbrief. Welcher Vorschlag ist eindeutig, knapp und leicht verständlich?

●●● **c** Zeichnet einen Grundriss der Etage, in der euer Klassenraum ist. Beschriftet ihn.

Methode	**„Gallery Walk"**

Arbeiten, die bewertet werden sollen, werden gut sichtbar im Klassenzimmer aufgehängt.
Dann geht ihr durchs Klassenzimmer und lest die Arbeiten gründlich durch. Mit Klebepunkten
gebt ihr eure Stimme für die beste Arbeit ab.

3 **a** Informiert euch über wichtige Einrichtungen in der Nähe eurer Schule (z. B. Bücherei, Sporthalle,
Hallenbad …) und wie man sie am sichersten erreichen kann.
  b Formuliert Wegbeschreibungen für diese Einrichtungen.
  c Lest euch eure Wegbeschreibungen gegenseitig vor. Die Zuhörer können den Weg auch
mitskizzieren. Wer errät als Erster das Ziel?

Menschen an der Schule interviewen

1 Bestimmt habt ihr an eurer neuen Schule auch schon einige Personen kennen gelernt:
Schulleiter/-in, Sekretär/-in, Hausmeister/-in, Klassentutor/-in …
Schreibt ihre Namen auf ein Plakat und tragt zusammen, was ihr inzwischen über sie wisst.

2 Über wen möchtet ihr noch mehr erfahren? Bereitet Fragen für die Interviews vor.
  a Bildet Gruppen und sucht euch jeweils eine der oben aufgeführten Personen aus, die ihr
  befragen möchtet.
  b Notiert euch Fragen, die ihr stellen wollt. Ihr könnt folgende Formulierungen verwenden:

Welche Aufgaben haben Sie?
Seit wann üben Sie die Tätigkeit aus?
Warum wollten Sie ? werden?
…

> Achtet beim Aufschreiben der Fragen und
> des Interviews auf die korrekte Schreibung
> der Höflichkeitsanrede, z. B.:
> *Worüber ärgern Sie sich am meisten?*
> *Was gefällt Ihnen am besten an Ihrem Beruf?*

  c Überlegt euch, in welcher Reihenfolge ihr die Fragen stellen und wie ihr die Fragen und das
  Interview festhalten wollt (Notizen, Aufnahmegerät). Vereinbart für jedes Interview einen Termin.

Welche Aufgaben haben Sie, wenn ein Schulfest vorbereitet wird?
Sie haben sicherlich viel zu tun. Schildern Sie uns doch bitte Ihren Tagesablauf.
Haben Sie schon einmal etwas besonders Lustiges an unserer Schule erlebt?
Helfen Ihnen manchmal andere Handwerker, wenn eine Arbeit schwer ist?

3 a Sortiert die Beispiele von Seite 17 nach offenen Fragen, geschlossenen Fragen und Aufforderungen. Der folgende Kasten hilft euch.

b Wandelt die geschlossenen Fragen in offene Fragen um, z. B.:
Gefällt Ihnen der Beruf als Hausmeister? → *Was gefällt Ihnen an Ihrem Beruf?*

c Untersucht die Fragen, die ihr vorbereitet habt, und formuliert auch hier die geschlossenen um.

Wissen und Können	**Fragen und Aufforderungen für ein Interview formulieren**

Achtet in Interviews stets darauf, dass eure **Fragen offen formuliert** sind, damit euer Interviewpartner möglichst viel erzählt.
Beispiel:
„Warum wollten Sie Lehrer werden?" → *„Ich wollte schon immer Lehrer werden, weil mir die Arbeit mit Kindern große Freude bereitet."*

Wenn ihr überwiegend **geschlossene** Fragen stellt, bekommt ihr nur eine **knappe Antwort** und das Interview wird sehr kurz und eintönig.
Beispiel:
„Wollten Sie schon immer Lehrer werden?" → *„Ja."*

Mit **Aufforderungen** könnt ihr euren Gesprächspartner dazu bringen, euch **noch mehr zu erzählen.**
Beispiel:
„Erzählen Sie uns doch von einem besonders lustigen Erlebnis mit Ihren Schülern."

---

4 Überlegt euch auch, wie ihr euren Interviewpartner ansprecht und wie ihr das Interview beendet. Welche der folgenden Formulierungen sind z. B. angemessen, wenn ihr den Schulleiter oder die Schulleiterin befragt?

Anrede	**Beenden des Interviews**
Sehr geehrte Frau ❓ Sehr geehrter Herr ❓	Vielen Dank für das Gespräch.
Hallo	Fanden Sie die Fragen schlimm?
Grüß Gott	So, das war's!
Servus	Wir wünschen Ihnen noch einen schönen Tag.

5 Probt die Interviews zunächst vor der Klasse. Dabei spielt einer aus eurer Gruppe den Interviewpartner (Hausmeister/-in, Schulleiter/-in, Klassentutor/-in …).

6 a Jetzt geht's los. Führt das Interview durch.

b Berichtet der Klasse, was ihr im Interview über eure Gesprächspartner erfahren habt. Nutzt für eure Vorträge Medien zum Präsentieren.

1.2 Schule hier und anderswo – Aus Texten Informationen entnehmen

Ursula Wölfel

Hannes fehlt

Sie hatten einen Schulausflug gemacht. Jetzt war es Abend und sie wollten mit dem Autobus zur Stadt zurückfahren. Aber einer fehlte noch. Hannes fehlte. Der Lehrer merkte es, als er die
⁵ Kinder zählte.

„Weiß einer etwas von Hannes?", fragte der Lehrer.

Aber keiner wusste etwas.

Sie sagten: „Der kommt noch."

¹⁰ Sie stiegen in den Bus und setzten sich auf ihre Plätze.

„Wo habt ihr ihn zuletzt gesehen?", fragte der Lehrer.

„Wen?", fragten sie. „Den Hannes? Keine Ah-
¹⁵ nung. Irgendwo. Der wird schon kommen."

Draußen war es jetzt kühl und windig, aber hier im Bus hatten sie es warm. Sie packten ihre letzten Butterbrote aus.

Der Lehrer und der Busfahrer gingen die Stra-
²⁰ ße zurück.

Einer im Bus fragte: „War der Hannes über-haupt dabei? Den hab ich gar nicht gesehen."

„Ich auch nicht", sagte ein anderer.

Aber morgens, als sie hier ausstiegen, hatte der
²⁵ Lehrer sie gezählt, und beim Mittagessen im Gasthaus hatte er sie wieder gezählt und dann noch einmal nach dem Geländespiel. Da war Hannes also noch bei ihnen.

„Der ist immer so still", sagte einer. „Von dem
³⁰ merkt man gar nichts."

„Komisch, dass er keinen Freund hat", sagte ein anderer, „ich weiß noch nicht einmal, wo er wohnt."

Auch die anderen wussten das nicht.

³⁵ „Ist doch egal", sagten sie.

Der Lehrer und der Busfahrer gingen jetzt den Waldweg hinauf.

Die Kinder sahen ihnen nach.

„Wenn dem Hannes jetzt etwas passiert ist?", sagte einer.
⁴⁰

„Was soll dem passiert sein?", rief ein anderer.

„Meinst du, den hätte die Wildsau gefressen?" Sie lachten. Sie fingen an, sich über die Angler am Fluss zu unterhalten, über den lustigen alten Mann auf dem Aussichtsturm und über ⁴⁵ das Geländespiel.

Mitten hinein fragte einer: „Vielleicht hat er sich verlaufen? Oder er hat sich den Fuß ver-staucht und kann nicht weiter. Oder er ist bei den Kletterfelsen abgestürzt!" ⁵⁰

„Was du dir ausdenkst!", sagten die anderen.

Aber jetzt wurden sie unruhig. Einige stiegen aus und liefen bis zum Waldrand und riefen nach Hannes. Unter den Bäumen war es schon ganz dunkel. Sie sahen auch die beiden Män- ⁵⁵ ner nicht mehr. Sie froren und gingen zum Bus zurück. Keiner redete mehr. Sie sahen aus den Fenstern und warteten. In der Dämmerung war der Waldrand kaum noch zu erkennen.

Dann kamen die Männer mit Hannes. Nichts ⁶⁰ war geschehen. Hannes hatte sich einen Stock geschnitten und dabei war er hinter den ande-ren zurückgeblieben. Dann hatte er sich etwas verlaufen.

65 Aber nun war er wieder da, nun saß er auf seinem Platz und kramte im Rucksack.
Plötzlich sah er auf und fragte: „Warum seht ihr mich alle so an?"
„Wir? Nur so", sagten sie.

70 Und einer rief: „Du hast ganz viele Sommersprossen auf der Nase!" Sie lachten alle, auch Hannes.
Er sagte: „Die hab ich doch schon immer."

 **1** a Lasst euch den Hörtext vorspielen, vorlesen oder tragt den Text selbst vor. Hört aufmerksam zu und erzählt im Anschluss die Handlung in eigenen Worten nach.

b Konntet ihr heraushören, wem zuerst auffällt, dass Hannes fehlt?

c Die Klasse bemerkt das Fehlen von Hannes erst sehr spät. Stellt Vermutungen an, woran das liegen könnte.

 2 Hört euch den Text ein zweites Mal an und findet heraus, wie sich die Stimmung in der Klasse im Lauf der Geschichte wandelt.

3 Stellt euch vor, ihr seid Mitschüler von Hannes. Abends erzählt ihr euren Großeltern in einem Brief von eurem Erlebnis. Schreibt diesen Brief.

●○○ So könnt ihr anfangen:

Ichenhausen, den 20.09.20XX

Liebe Oma, lieber Opa!
Heute habe ich mit meiner neuen Klasse einen Schulausflug gemacht, von dem ich euch gern erzählen möchte. Ihr wisst ja, dass für diesen Tag einiges geplant war.
Es fing ganz lustig an, dann aber ist etwas passiert, was uns allen ganz schöne Sorgen gemacht hat.
Den ganzen Tag über ...

Nasrin Siege

Sombo in der neuen Schule

Sombo hat ihr kleines afrikanisches Dorf in Sambia noch nie verlassen. Eines Tages bricht sie auf, um in der großen Stadt zur weiterführenden Schule zu gehen. Einige der anderen Kinder machen ihr den Anfang nicht leicht, weil sie nicht weiß, wie man das elektrische Licht im Schlafsaal löscht. Als sie zum ersten Mal eine Dusche sieht, staunt sie über das Wasser, das aus der Decke fällt. Bald trifft sie Kinder, die es gut mit ihr meinen, und auch der Lehrer ist freundlich.

Der Lehrer fragt uns, wie wir den Anfang hier erlebt haben.

„Ich finde es nicht schön, dass die älteren Schüler uns immer aufziehen", sagt ein Mädchen.
Ihre Stimme ist so leise, dass der Lehrer ganz 5 nah herantreten muss, um sie zu verstehen.
„Willst du mir erzählen, was los war?", fragt er.
Das Mädchen schluckt ein paar Mal, guckt verlegen nach unten und kriegt keinen Ton mehr heraus. 10
„Vielleicht kann ihr einer von euch helfen", sagt der Lehrer und schaut sich im Klassenraum um.
Es wird still, keiner traut sich, etwas dazu zu sagen. Ich melde mich und berichte von gestern 15

Abend und heute Morgen. Als ich die Geschichte mit dem Licht erzähle, müssen wir alle lachen. „Natürlich kennst du aus dem Dorf keine Elektrizität und keine Dusche", sagt der Lehrer, „und vielleicht hat das Mädchen, das dich ärgern wollte, dasselbe erlebt, als sie neu hierhergekommen ist."

„Ja, und wenn wir dann in den höheren Klassen sind, machen wir das genauso!", ruft einer der Jungen und alle lachen laut.

„Das finde ich dumm", sagt der Lehrer, „dann hört das ja nie auf!"

[...]

Unser Klassenlehrer ist wieder einmal krank und wir versuchen heute Morgen, selber den Unterrichtsstoff durchzunehmen. Das haben wir inzwischen schon häufiger gemacht. Immer fehlt irgendein Lehrer, und weil viel zu wenige da sind, fallen ständig Stunden aus. Dann haben wir aber nicht frei, sondern wir müssen die Zeit im Klassenraum absitzen und uns selbst beschäftigen. Das macht uns böse, müde und traurig.

In den ersten zwei Stunden hätten wir Erdkunde, und Kavimbi liest uns aus dem einzigen Erdkundebuch, das wir haben, das Kapitel über Südamerika vor. Ich höre ihm zu und mache mir Notizen. Als aber die anderen in der Klasse zu laut werden, klappt er das Buch zu und sagt, dass wir alle blöd sind. Ich finde es schwierig, ohne Lehrer zu lernen. Vor allem, wenn wir nur ein Buch haben.

„Wozu sind wir denn überhaupt hier?", stöhnt Misozi laut.

„Ich schreibe meinen Eltern, dass sie mich hier rausnehmen sollen! Wir lernen doch sowieso nichts!"

Wenn Misozi von Lusaka[1] und ihrem Leben dort erzählt, kommt es mir vor, als ob sie aus einem anderen Sambia kommt. Ihr Vater arbeitet bei einer Bank und sie leben in einem großen Steinhaus. „Ich bin es nicht gewohnt, jeden Tag Maisbrei zu essen!", beschwert sie sich oft über die Verpflegung hier.

„Und bei mir zu Hause ist eine Mahlzeit ohne Maisbrei keine richtige Mahlzeit", sage ich.

Ich erzähle ihr von meinem Dorf und sie mir von ihrer Stadt. Wir beide können uns das Leben der anderen gar nicht richtig vorstellen. Vor ein paar Tagen haben wir zusammen vom Hügel hinter den großen Schulgebäuden hinunter auf den Sambesi geschaut. „Genauso sieht der Fluss zu Hause aus", habe ich ihr erzählt, „nicht weit von seinem Ufer liegt mein Dorf."

„Wie könnt ihr dann immer noch im Fluss baden oder fischen?", hat sie entsetzt gefragt, nachdem sie von den Krokodilen erfahren hat. „Manchmal, wenn ich an die Krokodile denke, kriege ich auch Angst. Aber wir leben am Fluss und wir brauchen ihn jeden Tag. Der Fluss gehört einfach zu uns. Wir müssen aus ihm Wasser zum Trinken, Kochen und Waschen holen. Und wenn wir nichts zu essen haben, gibt uns der Fluss Fische", habe ich versucht ihr zu erklären. „Und wenn ich dann bade oder fische, vergesse ich immer die Krokodile!"

---

1 Lusaka ist die Hauptstadt von Sambia und hat weit über eine Million Einwohner.

4 **a** Lasst euch den Hörtext vorspielen, vorlesen oder tragt den Text selbst vor. Hört aufmerksam zu und berichtet im Anschluss über Sombos erste Erfahrungen an ihrer neuen Schule.
b Was erfahrt ihr über das Leben auf dem Land und in der Stadt? Ihr könnt euch dazu Notizen machen.

5 Wie habt ihr den Anfang in eurer neuen Schule erlebt? Schreibt Sombo darüber einen Brief, damit sie erfährt, wie es einem Kind in Deutschland an seiner neuen Schule ergeht.

6 Sucht Sambia im Atlas, in einem Lexikon oder im Internet. Tragt Interessantes und Wissenswertes zusammen (Städte, Flüsse, Größe, Nachbarländer ...). Berichtet in der Klasse darüber.

1.3 Fußspuren – Ein Klassenkunstwerk gestalten

Eine Klasse ist eine festgelegte Gruppe von Schülern, die gemeinsam den Unterricht in einer Jahrgangsstufe besuchen. Wenn alle Mitglieder der Gemeinschaft durch ein Zusammengehörigkeitsgefühl (Wir-Gefühl) verbunden werden, bilden sie eine **Klassengemeinschaft.**

> In einer Kette fühlt sich keiner einsam.   (Waltraud Puzicha)

> Einer für alle, alle für einen.   (Die drei Musketiere)

> Wer sich mit anderen zusammentut, kann alles erreichen.   (unbekannter Verfasser)

> Einer allein kann kein Dach tragen.   (Weisheit aus Afrika)

1
a Lest die Zitate und Sprichwörter zum Thema „Zusammenhalt".
b Wie versteht ihr diese Sprüche? Erklärt, was sie für eine Klassengemeinschaft bedeuten können.

2 Ein wichtiges Ziel in der 5. Klasse ist es, zu einer guten Klassengemeinschaft zusammenzuwachsen. Sicher habt ihr noch weitere Erwartungen, Hoffnungen und Wünsche für das neue Schuljahr in der neuen Klasse. Gestaltet dazu ein Klassenkunstwerk.
a Zeichnet die Umrisse eures Fußes auf ein Zeichenblatt und schreibt eure Erwartungen, Hoffnungen oder auch Wünsche hinein, z. B. viele Freunde, nette Lehrer, interessante Ausflüge. Durch Farbe oder kleine Zeichnungen könnt ihr eure Fußabdrücke noch anschaulicher gestalten.
b Schneidet den Umriss nun exakt aus, klebt alle Füße auf ein Plakat oder eine Tapete und hängt sie an eine Wand im Klassenzimmer.
c Tauscht euch darüber aus, wie euer Klassenkunstwerk euch einen guten gemeinsamen Weg durch das Schuljahr aufzeigen kann.

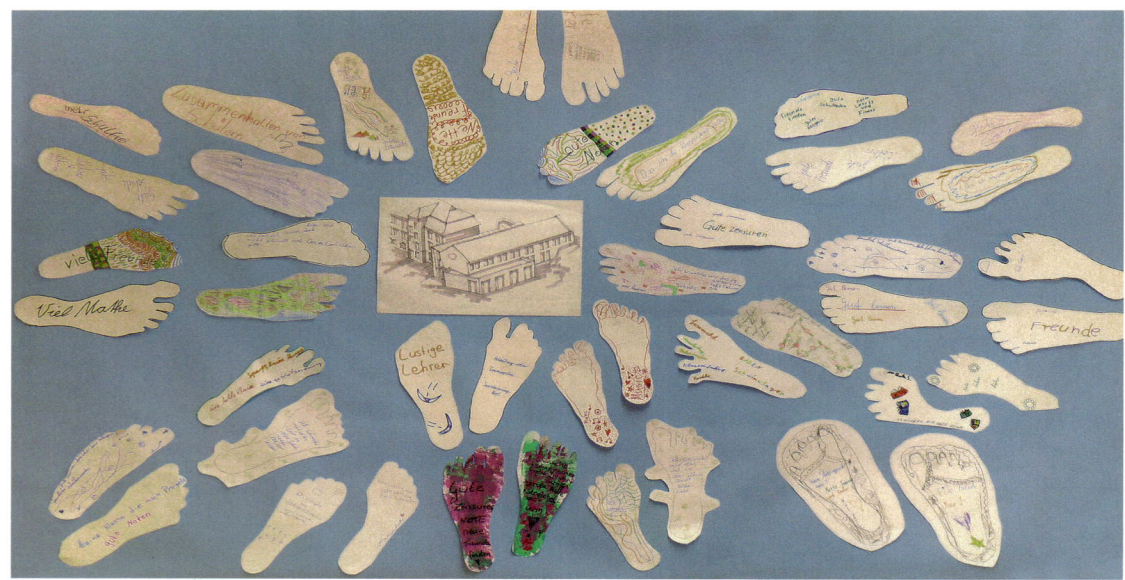

2 Miteinander sprechen –
Gesprächsverhalten unter der Lupe

Musik wäre auch schön – am besten über Lautsprecher in alle Gänge und Räume!

In der Pause ist es hier so langweilig.

Ich finde, Tischtennisplatten sollten aufgestellt werden!

Ich finde, wir sollten auch oben im zweiten Stock bleiben dürfen.

Hier ist es überall so laut. Wir bräuchten in der Pause einen Raum, in dem es ganz ruhig ist, damit wir uns erholen könnten.

In der Schule ist es kälter als draußen.

1 Sicher habt auch ihr ähnliche oder andere Ideen, wie ihr eure Pausen am liebsten verbringen möchtet.
 a Notiert sie an der Tafel.
 b Einigt euch in einem Klassengespräch darauf, welche dieser Vorschläge euch am wichtigsten sind, und überlegt, welche auch durchführbar sind.
 c Sammelt auf Kärtchen eure Wünsche, die ihr an die Pinnwand heften und auch dem Schulleiter (oder der Schulleiterin) zeigen könnt.

2 Ihr könnt über weitere Themen in der Klasse sprechen, die euch jetzt beim Schulwechsel wichtig sind, zum Beispiel über eure veränderten Schulwege, Probleme mit und in Schulbussen, neue Klassenkameraden usw.

In diesem Kapitel ...

– entwickelt ihr Gesprächsregeln, die euch helfen, mit unterschiedlichen Meinungen und Streitsituationen umzugehen,
– lernt ihr, eure Meinung sachlich zu begründen,
– übt ihr, wie man Konflikte löst und Streit schlichtet.

2.1   Jetzt bist du dran! – Klassengespräche führen

Gesprächsregeln erarbeiten

1 a Wählt einen der folgenden Vorschläge für Diskussionsthemen aus:
- Gestaltung des Pausenhofs,
- Organisation eines besonderen Wandertags,
- Klassenbücherei im eigenen Klassenzimmer (▶ S. 106),
- Hausaufgaben – sinnvoll oder lästig?,
- Wahlfächer an unserer Schule.

b Führt über das Thema eurer Wahl eine Diskussion in der Klasse.

2 a Was hat euch an eurem Klassengespräch gefallen? Was hat euch gestört? Was könnte beim nächsten Mal besser laufen? Schreibt an die Tafel.

Gefallen hat mir:	Gestört hat mich:	Wünsche für zukünftige Diskussionen:
– Jeder hat etwas gesagt.	– Einige haben laut in die Klasse gerufen.	– …

b Berichtet darüber, welche Gesprächsregeln ihr außerdem kennt.

c Vereinbart Gesprächsregeln für eure Klasse. Führt dazu eine **Kartenabfrage** durch.

Wissen und Können   **Kartenabfrage**

- Bildet Vierer- oder Fünfergruppen.
- Jedes Gruppenmitglied schreibt drei Regeln in sein Heft, die es für besonders wichtig hält.
- Stellt die Regeln in der Gruppe vor.
- Einigt euch auf fünf Gesprächsregeln. Schreibt sie auf fünf Karteikarten.
- Jede Gruppe heftet ihre Regelkarten an die Tafel.
- Welche Regeln werden am häufigsten genannt? Heftet sie nebeneinander.
- Vergleicht die verschiedenen Formulierungen und entscheidet euch für eine.
- Gestaltet mit den am häufigsten genannten Regeln ein Plakat, das ihr für alle gut sichtbar im Klassenraum aufhängt.

Hört zu, wenn jemand spricht!

Zuhören, wenn jemand spricht!

Wir hören alle zu, wenn jemand spricht.

Alle schweigen, wenn eine/einer spricht!

Einen Klassenrat abhalten

1 Die Kinder auf dem Foto besprechen Themen, die für ihre Klasse wichtig sind, in einem Klassenrat. Welche Aufgaben hat dabei der Moderator? Die Sprechblasen geben Hinweise.

Wissen und Können   **Der Klassenrat**

In einem Klassenrat in der Klassenleiterstunde oder in der Stunde „Zeit für uns" (ZFU) könnt ihr Vorschläge oder Probleme diskutieren und Konflikte besprechen.
Themen könnt ihr schon vorher in einer Schachtel im Klassenschrank sammeln.
- Schiebt die Tische in der Mitte des Klassenraumes zusammen und setzt euch darum herum.
- Bestimmt einen Moderator, der die einzelnen Wünsche und Probleme vorliest und die anschließende Diskussion leitet. Am besten ist das am Anfang die Lehrerin oder der Lehrer.
- Beachtet bei der Diskussion die Gesprächsregeln.
- Die Beschlüsse, die ihr im Klassenrat fasst, gelten für alle Klassenkameraden. Ein Klassenrat darf aber keine Strafen über Mitschüler verhängen.

---

2 Eine gute Übung für den Klassenrat ist das Echo-Spiel. Probiert es während der nächsten Diskussion einmal aus:
Jeder Gesprächsteilnehmer muss, bevor er mit seinen Ideen an der Reihe ist, zuerst möglichst genau wiederholen, was das Kind vor ihm gesagt hat.
So kann man feststellen, ob man aufgepasst hat, was der andere zum Gespräch beigetragen hat.
Erst danach darf eine eigene Meinung geäußert werden.

Ein Gespräch auswerten – Situationsgerecht sprechen

Im neuen Klassenzimmer

ANNA ODER ANTON: Unser neis Klassnzimmer schaugt ja furchtbar aus!

CHRISTINA/CHRISTIAN: Greislich, echt!

BEA/BENNO: Genau! Total ungemütlich! Wie beim Zahnarzt!

CHRISTINA/CHRISTIAN: I geh glei wieder hoam! Da gfallts mia net!

DORIS/DIRK: So ätzend isses auch wieder nich!

CHRISTINA/CHRISTIAN: Koa Mensch mag da lernen!

BEA/BENNO: Wer mag schon gern lernen? Das ist doch uncool!

DORIS/DIRK: Dafür sind wir aber in die Realschule gegangen! Und drum wolln wir's hier auch schön haben beim Lernen.

BEA/BENNO: Ey, oder ich geh wieder an die Grundschule! Da war's schöner!

DORIS/DIRK: Baby! Geh doch gleich wieder in den Kindergarten!

BEA/BENNO: Halt deinen Mund, du blöde Gans (du Depp)! Sonst kriegst du Ärger!

CHRISTINA/CHRISTIAN: Des konn doch dir wurscht sei, wenn si de zwoa streitn! Misch di du net überoi ei! Sonst …

BEA/BENNO: Was „sonst …"? Soll das vielleicht eine Drohung sein?

ANNA/ANTON: Ruhe! Jetzt streits doch net de ganze Zeit! Des bringt doch nix! Vielleicht kann ma ja mit unserer neien Klassnleiterin drüber redn!

BEA/BENNO: Über was? Über diese Streiterei?

ANNA/ANTON: Da dat ma glei an guatn Eindruck macha! Naa, über unsa Klassnzimmer!

DORIS/DIRK: Genau! Vielleicht könnten wir es 'n bisschen bunter gestalten! Wenn da jeder mitmacht, das wär's doch, oder?

ANNA/ANTON: Wenn ma de Wänd zum Beispiel gackerlgelb omoin datn oder mit farbige Sachan vazirn … Dschungelmotive oder so was …

CHRISTINA/CHRISTIAN: Des glaubst doch du selber net, dass mia do wos himoin derfan!

ANNA/ANTON: Maln net, aber vielleicht was neistelln! Da umi zum Beispui!

BEA/BENNO: Was möchtest du denn da hinstellen?

ANNA/ANTON: Darüber kannt ma ja heit im Klassnrat diskutiern! Machts doch amoi a paar Vorschläg!

CHRISTINA/CHRISTIAN: A so a Schmarrn! Diskutiern!

1 Lest dieses Gespräch mit verteilten Rollen. Ihr braucht vier Sprecher oder Sprecherinnen. Besprecht, was ihr nicht versteht.

2 Untersucht die Ausdrucksweise, die Sprache der Gesprächsteilnehmer.
- **a** Welche Unterschiede könnt ihr feststellen?
- **b** Lest die Hinweise im Kasten. Wer von den Kindern verwendet in dem Klassengespräch die Standardsprache, wer spricht Dialekt, wer Umgangssprache?

Wissen und Können   **Standardsprache – Umgangssprache – Jugendsprache – Dialekt**

Fast alle Menschen verwenden unterschiedliche **Sprachebenen.** Es kommt darauf an, mit wem und worüber sie sprechen. Viele Menschen mischen in ihrem Alltag Dialekt, Umgangssprache, Jugendsprache und Standardsprache, wenn sie sprechen.

Es gibt:
- gutes, sprachlich richtiges Deutsch mit abwechslungsreichem Wortschatz (zum Beispiel in vielen Büchern). Das nennen wir **Standardsprache** (Hochsprache).
- eine einfachere Ausdrucksweise: *kriegen* statt *bekommen, rumhängen* statt *faulenzen.* Manches wird abgekürzt, zum Beispiel *rauf* statt *hinauf, mal* statt *einmal, rüber* statt *hinüber* usw. Das nennen wir **Umgangssprache** (Alltagssprache), zum Beispiel eine Unterhaltung auf dem Pausenhof.
- die **Jugendsprache,** die besondere Ausdrücke enthält. Sie ist sehr der Mode unterworfen und die Ausdrücke stammen häufig aus dem Englischen, zum Beispiel *cool, chillen* oder *checken.*
- verschiedene Mundarten (ortsgebundene Sprachen). In Bayern sind das vor allem bairische, schwäbisch-alemannische und fränkische Mundarten. Manche Ausdrücke werden sogar in einzelnen Orten unterschiedlich verwendet und ausgesprochen. Diese ortsgebundene Sprache nennt man auch **Dialekt.**

---

3 Untersucht, was die Gesprächsteilnehmer sagen und ob sie aufeinander eingehen.
- **a** Tragt zusammen, welche Meinungen geäußert werden.
- **b** Wertet das Verhalten der Kinder aus:
  Warum verläuft das Gespräch nicht gut?
- **c** Wie könnte das Gespräch weitergehen?
  Sprecht über einen guten und einen weniger guten Verlauf.

4 Wir verwenden je nach Situation Sprachebenen wie Dialekt, Standardsprache und Umgangssprache.
- **a** Diskutiert darüber, bei welchen Anlässen welche Sprachebenen geeignet und passend sind.
- **b** Überlegt, welche Sprachebene für ein Gespräch im Klassenrat angemessen ist.

5 **a** Sprecht den Text in Standardsprache. Lasst dabei Äußerungen weg, die das Gespräch stören. Nutzt eine Kopie des Textes für eure Notizen.
- **b** Sprecht den Text, wenn möglich, in eurem regionalen Dialekt.
  Vergleicht die Wirkung.

Weil, denn, da – Meinungen begründen

> Fahren wir doch am Wandertag in den Tierpark!

> Nein, da bin ich dagegen!

> Fahren wir doch am Wandertag in den Tierpark! Da ist nämlich ein neues Raubtierhaus eröffnet worden.

> Ich bin dagegen, weil ich es nicht gut finde, wenn Tiere eingesperrt werden! Das sollten wir nicht unterstützen.

1 a Vergleicht diese beiden Gesprächsausschnitte: Was ist ähnlich? Worin unterscheiden sie sich?
b Welche Beiträge findet ihr besser? Begründet.

Wissen und Können   **Meinungen begründen**

Gut ist es, wenn man seine Meinung klar und sachlich äußert: *Ich finde das richtig!*
Besser ist es aber, seine **Meinung auch zu begründen**: *Ich bin dagegen, weil ...*

Sprachlich drückt man diese Begründung oft in einem Nebensatz (▶ S. 245) aus, der mit einem Verknüpfungswort wie *weil, wenn, da* eingeleitet wird.
Die Personalform des Verbs muss im Nebensatz am Ende des Satzes stehen:
Ich möchte nicht in den Tierpark fahren, <u>weil</u> der so weit weg <u>ist</u>.
Ich möchte nicht mitfahren, <u>da</u> es mir zu teuer <u>ist</u>.
Achtung: Gerade in der Umgangssprache und im Dialekt sagen manche:
Ich möcht nicht in den Tierpark fahrn, weil der is so weit weg!
I mog net mit, weil des is mir z'teuer!
In der Standardsprache und auch im Aufsatz gilt das aber als **falsch.**

Wenn man statt *weil* das Verknüpfungswort *denn* verwendet, ist der zweite Teil des Satzes kein Nebensatz, sondern ebenfalls ein Hauptsatz. Deshalb steht die Personalform des Verbs nicht am Ende des Satzes:
Ich möchte nicht in den Tierpark fahren, <u>denn</u> der <u>ist</u> so weit weg.
Ich möchte nicht mitfahren, <u>denn</u> das <u>ist</u> mir zu teuer.

2 Untersucht die folgenden Schüleraussagen:

a Welche sind sprachlich korrekt? Schreibt sie in euer Heft.

b Überarbeitet die Aussagen, die fehlerhaft formuliert sind, und schreibt auch sie auf.

> **VORSICHT FEHLER!**
>
> Laura: „Meine Lieblingstiere sind die Erdmännchen, da sie so lustig aussehen."
> Max: „Die Pinguine sind meine Lieblinge, weil sie watscheln so tollpatschig."
> Michael: „Ich bleibe bei den Löwen stehen, denn ich bewundere gerne die prächtigen Mähnen."
> Diana: „Ich liebe die Zebras, weil die haben so tolle Streifen."
> Lars: „Meiner Meinung nach sind die Krokodile am spannendsten, weil die können eure Zebras mit einem Bissen verschlingen."

3 *Denn* oder *weil*? Entscheidet euch für die passende Konjunktion (Bindewort).

a Bildet sinnvolle Satzreihen und Satzgefüge (▶S. 307).

Hauptsatz	Neben- oder Hauptsatz
Ich mag die Giraffen,	ihr Gefieder ist so bunt.
Die Papageien sind schön,	ich keine Lust auf den Zoo habe.
Ich möchte in den Streichelzoo,	sie so wild herumtollen.
Fledermäuse sind faszinierend,	ich bekomme mittags immer einen Bärenhunger.
Ich hoffe, dass der Tag schnell vorbeigeht,	sie Ultraschalllaute empfangen und abgeben können.
Die Affen sind lustig,	sie so einen langen Hals haben.
Ich nehme mir viel Essen mit,	ich füttere die Tiere so gern.

Achtet auf die unterschiedliche Stellung des Verbs. Beispiel:
Ich mag die Giraffen, weil sie so einen langen Hals haben.
Die Papageien sind schön, denn ihr Gefieder ist so bunt.

b Stellt eure *denn*- oder *weil*-Sätze an den Anfang. Was müsst ihr jeweils verändern, damit die Aussage logisch bleibt?

4 Bildet Sätze mit vorangestellten und eingeschobenen Nebensätzen. Benutzt die folgenden Textbausteine und die Konjunktionen *weil* und *da*. Schreibt die Sätze in euer Heft.
Beispiel: *Der Tiger ist in freier Wildbahn beinahe ausgestorben. Man findet ihn fast nur noch in Zoos.*
Weil der Tiger in freier Wildbahn beinahe ausgestorben ist, findet man ihn fast nur noch in Zoos.
Den Tiger findet man, da er in freier Wildbahn beinahe ausgestorben ist, fast nur noch in Zoos.

> Erdmännchen sind sehr gesellig. Sie leben in Familien mit bis zu 30 Mitgliedern. •
> Der Körper des Orang-Utans ist für das Leben auf Bäumen ausgelegt.
> Der Orang-Utan betritt nur ungern festen Boden. •
> Kängurus können bis zu zehn Meter weit springen. Sie haben sehr kräftige Hinterbeine.

Testet euer Wissen!

Meinungen sachlich begründen

LEHRERIN: So, das wäre ausgemacht! Wir fahren am Wandertag in den Tierpark!

BENEDIKT: So ein Blödsinn, ausgemacht!

GEORG: I möcht da net hin, weil mich Viecha net intressiern!

INES: Ausg'macht is ausg'macht, weil des is wichtig, dass ma was planen ko!

RIKE: Also, ich bin für den Tierpark, denn da ist ein neuer Streichelzoo eröffnet worden.

XENIA: Streichelzoo? Meinst du, ich will stinkende Ziegen streicheln? Igitt!

SIMON: Fürchst wohl, dass di so a Goaßbock auf d'Hörndl nimmt?

XENIA: Selber Geißbock!

ALBRECHT: I mog trotzdem net in' Tierpark, weil de Viecha soin net eigschperrt wern!

FLORIAN: Grad drum muss man doch hinfahren, denn sonst merkt's ja keiner, wenn's denen nich gut geht im Tierpark.

FRANZISKA: Aber es heißt doch Wandertag. Ich würde lieber echt wandern gehen, denn das kostet nicht so viel wie der Tierpark.

EMIL: Stimmt, drum will ich ja auch nicht mit, weil der Eintritt ist so hoch!

SIMON: Des kann dir doch wurscht sei, des zahln doch die Eltern!

NADINE: Bei mir nicht. Ich muss das vom Taschengeld bezahlen. Deshalb will ich auch nicht mit.

VRONI: Du schmeißt doch so oft dei Geld sonst a zum Fenster naus, weil du kaufst pfundweis Gummibärl!

XENIA: Halt doch du deine Klappe, dir passt doch nie etwas!

LEHRERIN: Jetzt ist aber Ruhe. Wir sammeln noch einmal alle Meinungen an der Tafel.

1 In diesem Gespräch gibt es viele unsachliche und störende Äußerungen.
Überarbeitet es so, dass ein sachliches Gespräch herauskommt, wie man es auch im Klassenrat führen würde.

a Schreibt die Namen der Kinder, die ihre Meinungen sachlich vorbringen und begründen, untereinander in euer Heft. Lasst zwischen den Namen je zwei bis drei Zeilen frei.

b Prüft, ob ihr die richtigen Namen aufgeschrieben habt: Die Anfangsbuchstaben ergeben, von oben nach unten gelesen, ein Lösungswort.

c Die meisten Kinder sprechen in diesem Gespräch Umgangssprache oder Dialekt. Schreibt alle sachlichen Äußerungen in Standardsprache zu den Namen. Achtet besonders auf die richtige Satzgliedstellung bei *weil*-Sätzen.

2.2 Sich streiten und sich verständigen – Konfliktlösung im Rollenspiel üben

Kate DiCamillo

Winn-Dixie

Die Hauptfigur in „Winn-Dixie" ist die zehnjährige Opal, die mit ihrem alleinerziehenden Vater gerade in eine andere Stadt umgezogen ist: Es fällt ihr zunächst sehr schwer, Freunde zu finden. Als sie in einem Supermarkt einkauft, löst dort ein streunender Hund ein großes Chaos aus. Um ihn zu retten, behauptet Opal einfach, es sei ihr Hund, und nimmt ihn mit in ihren Wohnwagen, wo sie mit ihrem Vater wohnt.

Das erste Kapitel
(Wie Opal zu ihrem Hund kommt)

Ich heiße India Opal Buloni und letzten Sommer schickte mich mein Vater, der Prediger, in den Supermarkt, um eine Packung Makkaroni mit Käsesauce, etwas Reis und zwei Tomaten zu
5 kaufen. Zurück kam ich mit einem Hund.
Und das kam so: Ich ging in der Gemüseabteilung von Winn-Dixies Supermarkt, um die beiden Tomaten auszusuchen, und fuhr mit meinem Wagen um ein Haar in den Filialleiter rein.
10 Der stand da mit rotem Gesicht, schrie und fuchtelte mit den Armen. „Wer hat den Hund reingelassen?", rief er immer wieder. „Wer hat diesen dreckigen Hund reingelassen?"
Zuerst hab ich gar keinen Hund gesehen. Nur
15 jede Menge Gemüse, das über den Boden rollte. Tomaten und Zwiebeln und rote Paprikaschoten. Und Heerscharen von Winn-Dixie-Angestellten, die herumrannten und mit den Armen fuchtelten wie ihr Filialleiter.
20 Dann kam der Hund um die Ecke geschossen. Er war groß. Und hässlich. Und er sah aus, als machte ihm das alles großen Spaß. Die Zunge hing ihm aus dem Maul und er wedelte mit dem Schwanz. Schleudernd kam er zum Stehen und

Kate DiCamillo wurde 1964 in den USA geboren und hat viele preisgekrönte Kinder- und Jugendbücher geschrieben. Fast immer spielen Tiere eine besondere Rolle in ihren Büchern, so auch in diesem Roman.

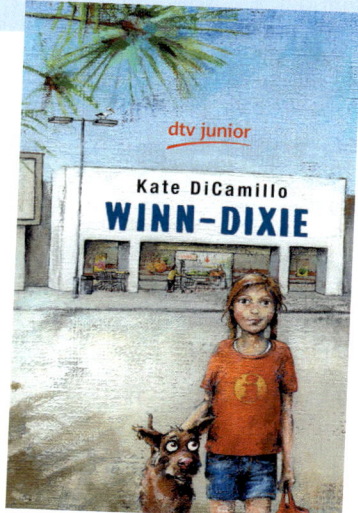

lächelte mich an. Ich hatte noch nie in meinem 25 Leben einen Hund lächeln sehen, aber genau das tat er. Er zog seine Lippen zurück und zeigte all seine Zähne.
Dann wedelte er so heftig mit seinem Schwanz, dass er ein paar Orangen von einem Ständer 30 fegte, die in alle Richtungen rollten, zusammen mit den Zwiebeln, den Tomaten und den grünen Paprikaschoten. Der Filialleiter schrie: „So halte doch einer den Hund fest!"
Der Hund lief zu dem Filialleiter hin, wedelte 35 mit dem Schwanz und lächelte. Dann stellte er sich auf die Hinterbeine. Es sah aus, als ob er dem Filialleiter von Angesicht zu Angesicht für den Spaß danken wollte, den er in der Gemüseabteilung gehabt hatte, aber irgendwie warf er dabei den Filialleiter um. Und der musste einen 40 ziemlich schlechten Tag gehabt haben, denn als er auf dem Boden lag, so vor allen Leuten, fing er an zu weinen. Der Hund beugte sich ganz

besorgt über ihn und leckte ihm das Gesicht ab.
45 „Bitte", flehte der Filialleiter. „Es muss einer den Hundefänger holen."
„Halt!", rief ich. „Nicht den Hundefänger! Das ist mein Hund!"
Alle Winn-Dixie-Angestellten drehten sich zu
50 mir um und starrten mich an. Mir war klar, ich hatte etwas Unglaubliches getan, vielleicht auch etwas Dummes. Aber ich konnte nicht anders. Ich konnte nicht zulassen, dass dieser Hund eingefangen wurde.
55 „Bei Fuß, Junge", sagte ich.
Der Hund hörte auf, dem Filialleiter das Gesicht abzulecken, spitzte die Ohren und sah mich an,

als versuchte er, sich zu erinnern, woher er mich kannte.
„Bei Fuß, Junge", wiederholte ich. Und dann 60 fiel mir ein, dass der Hund – genau wie jeder Mensch – vielleicht gern bei seinem Namen gerufen werden wollte. Nur dass ich seinen Namen nicht wusste. Also sagte ich das Erste, was mir einfiel. Ich sagte: „Bei Fuß, Winn-Dixie." 65
Und der Hund trottete zu mir herüber, als ob er sein ganzes Leben lang nichts anderes getan hätte.
Der Filialleiter setzte sich auf und sah mich böse an ... 70

1 Überlegt, wie die Geschichte nun weitergehen könnte.

2 Versetzt euch in die Lage des Filialleiters und notiert seine Gedanken zu dem Vorfall.

3 Opal hat kurz entschlossen reagiert. Sucht die Gründe für ihr Verhalten.

4 Plant ein Rollenspiel zu der beschriebenen Situation.
  a Überlegt euch Ergänzungen für die Rollenkarten aus dem Kasten „Wissen und Können".
  Die Figuren der Käuferin und der Angestellten müsst ihr selbst erfinden, denn sie werden im Text nicht erwähnt.
  b Verteilt die Rollen und probt in Gruppen das Rollenspiel. Ihr könnt zunächst auch Dialekt sprechen. Jede Gruppe spielt ihre Vorstellung von der Situation. Vergleicht dann, wie sich jeweils die Figuren verhalten und zu welchem Ergebnis die Gruppe kommt.

Wissen und Können   Ein Rollenspiel planen und durchführen

Beschreibt die Situation im Supermarkt und die handelnden Figuren möglichst genau.
Fertigt zu den Figuren Rollenkarten an. So wird euch klar, in welcher Lage sie sind und was sie denken und fühlen.

Rollenkarte Opal
– *ist neu in diesem Ort*
– *lebt allein mit ihrem Vater*
– *...*

Rollenkarte Filialleiter
– *ist wütend*
– *hat Angst vor Hunden*
– *...*

Rollenkarte Käuferin
– *hat das Ganze beobachtet*
– *hält im Streitgespräch zu Opal*
– *...*

Rollenkarte Angestellte
– *hat das Gemüse gerade schön aufgebaut*
– *unterstützt ihren Chef*
– *...*

Lange Zeit findet Opal in der neuen Umgebung keine Freunde. Dann aber gelingt es ihr, mit Hilfe von Winn-Dixie Bekanntschaften zu machen. Allerdings kommt es auch mehrmals zum Streit mit zwei Jungen, die weder zu ihr noch zu dem Hund freundlich sind.

Das neunte Kapitel

Alles, was in diesem Sommer mit mir geschah, geschah wegen Winn-Dixie. Ohne ihn hätte ich zum Beispiel nie Gloria Dump kennen gelernt. Er hat mich mit ihr bekannt gemacht.
5 Und das kam so: Ich fuhr mit dem Rad von Gertrudes Zoogeschäft nach Hause, Winn-Dixie lief an meiner Seite. Wir kamen an Dunlop und Stevie Dewberrys Haus vorbei, und als Dunlop und Stevie mich sahen, stiegen sie auf ihre Rä-
10 der und folgten mir.
Sie wollten nicht mit mir fahren, sie fuhren hinter mir und flüsterten Sachen, die ich nicht verstehen konnte. Keiner von beiden hatte Haare auf dem Kopf, weil ihre Mama sie im Som-
15 mer jede Woche kahl schor, nur weil Dunlop einmal Flöhe im Haar gehabt hatte, von ihrer Katze Sadie.
Und jetzt sahen sie beide wie zwei glatzköpfige Babyzwillinge aus, obwohl sie gar keine Zwil-

linge waren. Dunlop war zehn, wie ich, und 20 Stevie war neun und groß für sein Alter.
„Ich kann alles verstehen", rief ich nach hinten. „Ich verstehe, was ihr sagt." Aber das stimmte nicht. Winn-Dixie lief vorneweg. „Du solltest besser aufpassen", rief Dunlop. „Der Hund 25 läuft geradewegs auf das Hexenhaus zu."
„Winn-Dixie!", rief ich. Aber er lief schneller und schneller, sprang über ein Tor und verschwand in dem verwildertsten Garten, den ich je gesehen hatte. 30
„Du holst den Hund besser da raus", sagte Dunlop. „Die Hexe frisst ihn sonst!", sagte Stevie.
„Haltet die Klappe!", sagte ich.
Ich stieg vom Rad, lief zu dem Gartentor und 35 rief: „Winn-Dixie, komm raus da!"
Aber er kam nicht.
„Vielleicht isst sie ihn jetzt gerade", sagte Stevie. Er und Dunlop standen hinter mir. „Sie isst andauernd Hunde." 40
„Zischt ab, ihr Glatzenbabys!", sagte ich. „Hey", sagte Dunlop. „Für die Tochter eines Predigers hast du ein ganz schön loses Mundwerk." [...]
„Die Hexe wird den Hund zu Mittag essen und dich als Nachtisch", sagte Stevie. 45
„Na gut, wir sagen dem Prediger, was mit dir passiert ist", rief Dunlop mir hinterher.

1 Überlegt, warum die beiden Jungen Opal hinterherfahren.

2 Lest noch einmal die Stelle, an der Opal darauf reagiert. Beurteilt das Verhalten des Mädchens. Achtet dabei darauf, wie die drei Kinder miteinander reden.

3 Opal findet in dem verwilderten Garten eine sehr liebe ältere Dame, mit der sie sich anfreundet. Lest noch einmal, wie die Jungen diese Frau beschreiben, und sprecht darüber, warum sie das tun.

4 Die Kinder sind im Streit und im Zorn auseinandergegangen.
Diskutiert, was bei ihrem Zusammentreffen falsch gelaufen ist und wie der Streit vermeidbar gewesen wäre.

5 Im weiteren Verlauf des Romans gelingt es Gloria Dump, die Einstellung Opals zu Stevie und Dunlop zu verändern. Sie ist also eine Art Streitschlichterin. Auch in eurem Schulalltag könnt ihr euch an einen Streitschlichter wenden oder euch selbst als Streitschlichter betätigen.

6 Sprecht darüber, was beim Schlichten von Streit zu beachten ist. Denkt dabei auch an die Ergebnisse einer Streitschlichtung und die Möglichkeiten, den Frieden auf Dauer zu halten.

7 Plant ein Rollenspiel zu der Szene aus dem 9. Kapitel von „Winn-Dixie".
Spielt in Dreiergruppen den Streit zwischen den beiden Jungen und Opal mit eigenen Worten. Ihr könnt die Szene auch ausbauen.

8 Plant mit Hilfe des Informationskastens eine Szene mit Streitschlichter.
Gloria Dump, eine ältere Dame, übernimmt die Rolle der Streitschlichterin.
Geht dabei in der Reihenfolge vor wie im Informationskasten vorgegeben. Ihr dürft auch eure Fantasie spielen lassen und etwas dazuerfinden.

Wissen und Können   **Einen Streit schlichten**

Ein Streitschlichter / eine Streitschlichterin sollte eine Person sein, die selber nicht am Streit beteiligt, also unparteiisch ist und die von allen Streitenden als Vermittler akzeptiert wird. An manchen Schulen gibt es Schülerinnen und Schüler, die als Streitschlichter geschult sind. Beim Streitschlichten muss einiges beachtet werden:

- Klärt sachlich und in Ruhe, was die Streitenden einander vorwerfen.
- Stellt fest, wie es zu dem Streit kam, was der Anlass dafür war.
- Meist liegen die Ursachen schon länger zurück, der Streitanlass ist oft gering.
- Überlegt ehrlich, warum sich die Beteiligten so und nicht anders verhalten haben.
- Jeder muss zu Wort kommen und wird in Ruhe angehört, ohne dass der „Gegner" dabei dazwischenreden darf.
- Die Streitenden sollen dann den Streit aus der Sicht des „Gegners" darstellen. So müssen sie sich in den anderen hineinversetzen.
- Streitschlichter und Streitende suchen gemeinsam nach einer Lösung, die für alle annehmbar ist. Keiner soll dabei als „der Unterlegene" bzw. als „der Sieger" dastehen.
- Das Ergebnis sollte „besiegelt" werden, z. B. durch Händeschütteln, gegenseitige Entschuldigung oder einen „Vertrag".

2.3 Was willst du damit sagen? – Diskussionen und Gespräche gestalten

Eltern und Kinder – Dialoge entwickeln

Alle meine Freundinnen haben einen Hund!

Das glaubst du doch selbst nicht! Alle!

Doch, du kannst sie jederzeit besuchen! Laura hat einen Dackel, Anna einen Berner Sennenhund und Sophie hat einen Boxer!

Und – was hat das mit uns zu tun?

Die haben so viel Spaß mit ihren Hunden. Ich möchte den Hund, weil es bei uns immer so langweilig ist!

Was willst du damit sagen? Wir haben nie Spaß? Das ist ja eine Frechheit! Wir brauchen keinen Hund!

Hunde machen so viel Arbeit!

Futter kostet viel Geld!

Und warum nicht? Ich möchte so gerne einen!

Ach, Mama! Ich würde ihn auch jeden Tag füttern!

1 Bildet Gruppen und lest den Dialog zwischen Mutter und Tochter mit verteilten Rollen.

2 a Legt eine Tabelle an und tragt dort die Gründe ein, die Tochter und Mutter für und gegen die Anschaffung eines Hundes nennen. Achtung: Die Tochter nennt nur einen einzigen überzeugenden Grund!

Tochter	Mutter
...	*Wir brauchen keinen Hund!*
	...

  b Schaut euch noch einmal an, wie die Diskussion abläuft. Denkt darüber nach, was Tochter und Mutter besser machen könnten.

  c Überlegt euch weitere Gründe, die für oder gegen die Anschaffung eines Hundes sprechen. Tragt sie in eure Tabelle ein.

  d Schreibt eine Fortsetzung des Dialogs mit euren Gründen und tragt ihn vor der Klasse vor. Achtet dabei auf Mimik und Gestik (▶ S. 162). Die anderen bearbeiten den Beobachtungsbogen (▶ S. 36), während ihr die Dialoge darbietet.

Einen solchen Dialog könnt ihr auch zu folgenden Themen schreiben:

> Sollen wir uns ein Haustier anschaffen?

> Welche Arbeiten im Haushalt muss ich/müssen Kinder übernehmen?

> Muss ich täglich Klavier (Gitarre, Trompete, Flöte ...) üben?

> Darf ich in den Karateklub (Reitverein, ins Ballett ...) eintreten?

> Darf ich abends mit Freunden/Freundinnen ins Kino gehen?

Beobachtungsbogen zur Diskussion

Mit dem Bogen könnt ihr euren Klassenkameraden Rückmeldungen geben, wie sie – oder die Figur, in deren Rolle sie geschlüpft sind – sich während einer Diskussion verhalten haben.

Der diskutierende Mitschüler / Die diskutierende Mitschülerin ...	Punkte
... verhält sich ruhig und aufmerksam.	...
... meldet sich zu Wort.	...
... spricht Standarddeutsch.	...
... vermeidet Umgangssprache und Schimpfwörter.	...
... äußert sich ausführlich zum Thema.	...
... bleibt beim Thema.	...
... stellt seine/ihre Meinung klar und sachlich dar.	...
... lässt andere ausreden.	...
... geht auf die Meinung der anderen ein.	
... ist bereit, seine/ihre eigene Meinung zu überdenken.	
... kommt zu einem Ergebnis.	

> **nie** = 0 Punkte
> **manchmal** = 1 Punkt
> **oft** = 2 Punkte
> **immer** = 3 Punkte

1
a Lest vor Beginn des Gesprächs den Beobachtungsbogen gut durch, damit ihr wisst, worauf ihr achten sollt. Am besten teilt ihr die einzelnen Beobachtungspunkte unter euch auf.
b Notiert im Heft, ob der Gesprächsteilnehmer ein Verhalten nie, manchmal, oft oder immer zeigt. Für „nie" gebt ihr 0 Punkte, für „manchmal" 1 Punkt, für „oft" 2 Punkte, für „immer" 3 Punkte.
c Stellt nun fest, wie sich die Gesprächsteilnehmer im Durchschnitt verhalten haben: Haben sie sich immer, häufig, manchmal oder nie an die Regeln gehalten?

3 „Liebe Sophie, ...“ – Persönliche Briefe schreiben

> KAIRO, IM OKTOBER
>
> LIEBE SOPHIE,
>
> HIER IN ÄGYPTEN IST ES FAST NOCH HEIßER ALS IN ROM. GESTERN BIN ICH AUF EINEM KAMEL GERITTEN, DAS HAT GESCHAUKELT WIE EIN SCHIFF. DAMIT DIE REITER AUFSTEIGEN KÖNNEN, GEHT DAS KAMEL IN DIE KNIE UND LEGT SICH DANN FAST FLACH HIN. ABER DIE MEISTEN LEUTE KOMMEN NICHT WEGEN DER KAMELE HIERHIN, SONDERN UM DIE PYRAMIDEN ZU SEHEN. WENN DU MICH FRAGST, SIND ES DREIECKE, DIE VERKEHRT HERUM IN DER WÜSTE STEHEN. ABER JETZT KOMMT'S: IM INNEREN WURDEN VOR LANGER ZEIT DIE KÖNIGE DER ÄGYPTER BEERDIGT – MIT IHREN SCHÄTZEN! DAMIT SIE NIEMAND STÖREN SOLLTE, FÜHREN DURCH DIE PYRAMIDEN GANZ VIELE GEHEIMGÄNGE. ICH FINDE DAS SEHR UNHEIMLICH, WAS IST, WENN MAN VOR LAUTER GEHEIMGÄNGEN DEN AUSGANG NICHT MEHR FINDET? NEBEN EINER PYRAMIDE LIEGT, FAST WIE EIN WACHHUND, EINE RIESENKATZE – ODER EIN RIESENLÖWE, DAS WEIß ICH NICHT SO GENAU. ABER DAS GESICHT IST DAS EINER FRAU ... KOMISCH FINDET DAS ALLES
>
> DEIN FELIX
>
> PS: ICH BLEIBE NOCH EIN BISSCHEN HIER – DANN FAHRE ICH AUF DEM NIL WEITER!

Autorin: Annette Langen
Illustratorin: Constanze Droop

1 In den Kinderbüchern „Briefe von Felix" schreibt ein kleiner Stoffhase an seine Besitzerin Sophie. Sie erhält über Wochen von ihm regelmäßig Post aus unterschiedlichen Teilen der Erde.

a Aus welchem Land schickt Felix den abgedruckten Brief? In welchem war er vorher?

b Es gibt viele verschiedene Gründe, Briefe zu verfassen. Warum schreibt Felix?

c Berichtet, zu welchen Anlässen ihr selber schon Briefe bekommen oder geschrieben habt.

In diesem Kapitel ...

– lest und schreibt ihr persönliche Briefe und Nachrichten.

– erfahrt ihr, welche Regeln man dabei einhalten soll.

– lernt ihr, eure Meinung zu begründen.

3.1 Briefe schreiben für verschiedene Anlässe

Adressatenorientiert schreiben

1 **a** Betrachtet die Fotos genau und versetzt euch in die Kinder.
Was erleben sie? Was werden sie hinterher gern erzählen?

b Auch in Briefen kann man erzählen, was man erlebt hat. Wem könnten die Kinder auf den Fotos
einen solchen Brief schreiben? Tauscht euch mit eurem Nachbarn aus.

2 Eindrucksvoll waren für euch sicher die ersten Tage und Wochen an der neuen Schule. Auch davon
könntet ihr in einem Brief an euren Lehrer / eure Lehrerin aus der Grundschule erzählen.
Sammelt eure Ideen für einen solchen Brief. Übertragt dazu den Cluster (▶ S. 289) an die Tafel und
setzt ihn fort.

Blick aus dem Klassenzimmer

neue Unterrichtsfächer — neue Schule — der Schulweg

Kempten, den 01.12. 20XX

Sehr geehrte Frau Bauer,

jetzt bin ich schon etliche Wochen an der neuen Schule. Wie versprochen, möchte ich Ihnen berichten, wie es mir hier gefällt. Ganz kurz und knapp: Es ist alles super!
5 *Wie geht es Ihnen?*

Gleich am ersten Schultag habe ich drei neue Freundinnen gefunden. Ich habe nämlich in der neuen Klasse niemanden gekannt. In den Pausen spielen wir jetzt immer zusammen und eines der Mädchen sitzt auch neben mir. Unser Klassenlehrer heißt Herr Kofler. Deutsch ist auch hier an der Realschule mein Lieblingsfach. Das können Sie sich sicher vorstellen. Andere Fächer finde ich
10 *auch interessant.*

Was mir weniger gefällt, ist die Fahrt mit dem Schulbus. Ich muss erstens viel früher aufstehen als in der Grundschule und dann wird im Bus immer gedrängelt und geschubst. Auch die Sitzplätze sind zu wenig, sodass oft Streit entsteht. Zum Glück dauert die Fahrt nur 15 Minuten.

Haben Sie wieder eine vierte Klasse? Wie viele Kinder unterrichten Sie? Wer sitzt auf meinem Platz?
15 *Hoffentlich jemand Nettes!*

Viele Grüße

Hannah

3 **a** Vergleicht Hannahs Brief an ihre ehemalige Grundschullehrerin mit euren Ideen im Cluster. Welche Ideen hat Hannah aufgegriffen?
b Die Grundschullehrerin interessiert sich sicher für Hannahs Leben an der neuen Schule. Überlegt: Worüber hätte Frau Bauer vielleicht gerne mehr erfahren, als Hannah schreibt?

4 Untersucht den Brief genauer: Nennt die Stellen, an denen deutlich wird,
– dass Hannah mit der Lehrerin eine Art Gespräch führt,
– dass Hannah die Lehrerin direkt anspricht,
– dass Hannah ihre Meinung über die Fahrt mit dem Schulbus begründen kann,
– dass Hannah einen Antwortbrief bekommen möchte.

| **Wissen und Können** | **Der Adressat** |

Einen Brief schreiben wir immer an eine ganz bestimmte Person oder an eine Gruppe, der wir etwas mitteilen oder von der wir etwas wissen möchten. Man nennt sie **Adressat** oder **Empfänger**.

Damit sich der Adressat vom Brief angesprochen fühlt, ist es sinnvoll, ihm Fragen zu stellen oder auf konkrete Stellen seines Briefs einzugehen.

5 Hannah hat mit ihrer Großmutter ebenfalls ausgemacht, ihr etwas von der neuen Schule zu schreiben.

a Formuliert den gesamten Brief nun mündlich so um, dass er sich an die Oma richtet.

b Welche Fragen könnte Hannah der Großmutter stellen? Notiert zwei Fragen in euer Heft.

c Welche Unterschiede zum Brief an die Grundschullehrerin (▶ S. 39) könnt ihr feststellen?

Wissen und Können   **Den Adressaten richtig ansprechen**

Es ist wichtig, sich klarzumachen, wer der Adressat eines Briefes ist, denn davon hängen nicht nur die Themen ab, über die man schreibt, oder die Fragen, die man an den Adressaten richtet. Je nachdem, ob man jemandem Vertrauten wie der Großmutter oder jemandem weniger Vertrauten wie der Grundschullehrerin schreibt, wählt man

Lieber Opa, *Lieber Opa!* *Liebe Oma und* *lieber Opa,*	die Formulierung der **Anrede.** Die Anrede kann mit einem Komma oder einem Ausrufezeichen vom folgenden Text abgegrenzt werden. Nach dem Komma wird klein, nach dem Ausrufezeichen groß weitergeschrieben.	*Sehr geehrte Frau Bauer,* *Liebe Frau Bauer,* *Guten Tag, Frau Bauer,*
du/Du, dich/Dich, *dir/Dir, dein/Dein* *ihr/Ihr, euch/Euch,* *euer/Euer*	die **Anredepronomen.** Wenn man jemanden siezt, schreibt man die Pronomen groß. Bei *du* und *ihr* kann man selber entscheiden, ob man sie groß- oder kleinschreibt. Die Schreibung soll aber innerhalb eines Briefs gleich bleiben.	*Sie, Ihnen, Ihr*
einen ganz lieben *Gruß*	die **Grußformel,** die am Schluss des Briefs in einer eigenen Zeile steht.	*Viele Grüße* *Mit freundlichen Grüßen*
dein/Dein Timo *euer/Euer Timo*	die **Unterschrift,** die ganz am Schluss steht.	*Hannah* *Ihre Hannah*

---

6 a Sammelt weitere Grußformeln für persönliche Briefe und Nachrichten.

b Sprecht in der Klasse darüber, worin sich Grußformeln digitaler Nachrichten (z. B. E-Mails) von Grußformeln des Briefs unterscheiden.

7 Schreibt einen eigenen Brief über eure Erfahrungen an der neuen Schule.

a Wählt einen Adressaten: An wen möchtet ihr schreiben?

b Überlegt, was ihr schreiben möchtet. Ihr könnt Ideen aus dem Cluster (▶ S. 38) aufgreifen. Ihr könnt auch zusätzlich auf ein besonderes Erlebnis an der neuen Schule eingehen.

c Formuliert den Brief auf einem Bogen Briefpapier oder auf einem separaten Blatt ohne Zeilen.

d Überprüft euren Brief mit Hilfe des Merkkastens auf S. 43.

Den Aufbau und die äußere Form beachten

1 Wenn ihr euren Brief (Aufgabe 7, ► S. 40) abschicken wollt, benötigt ihr einen Umschlag. Beschriftet ihn nach dem folgenden Muster, aber mit eurem eigenen Absender und der richtigen Adresse des Empfängers eures Briefs.

Der Absender steht links oben.

Die Briefmarke rechts oben nicht vergessen!

Hannah Freitag
Mühlenweg 5a
94036 Passau

Diana Bauer
Waldstraße 23
97070 Würzburg

Die Adresse des Empfängers steht im rechten unteren Viertel.

2 Auch wenn sich persönliche Briefe inhaltlich natürlich sehr voneinander unterscheiden können, müsst ihr darauf achten, einen bestimmten Aufbau einzuhalten. Folgende sieben Elemente muss ein Brief in der richtigen Reihenfolge enthalten:

Anrede **O**	Schlussteil **B**	Unterschrift **T**	Briefkopf (enthält Ort und Datum) **P**
Hauptteil **T**	Grußformel **O**	Einleitungsteil **S**	

3 **a** Bringt die Bausteine in die richtige Reihenfolge. Fangt mit dem Buchstaben P an. So erhaltet ihr ein Lösungswort, dessen letzten Buchstaben ihr ergänzen müsst.

b Tragt die einzelnen Elemente in der richtigen Reihenfolge unter der Überschrift „Der formale Aufbau eines Briefs" in euer Heft ein.

Nürnberg, den 12. Oktober 20XX

Liebe Lea,

vielen Dank für deinen Brief.
Ich habe mich darüber so gefreut, dass ich sofort zurückschreiben muss, obwohl ich eine Menge
Hausaufgaben zu erledigen habe. Aber die können jetzt warten.

Toll, dass du schon so nette Freunde in der Klasse gefunden hast. Du wolltest wissen, ob ich
schon jemanden kennen gelernt habe. Ich sitze neben einem Mädchen namens Franziska, mit dem
ich mich sehr gut verstehe. Das erleichtert die Umstellung auf die neue Schule, findest du nicht
auch? Mir gefällt es an der Realschule sehr gut und die neuen Fächer bereiten mir viel Spaß,
besonders Biologie.

Letzte Woche hatten wir übrigens schon unseren Wandertag. Eigentlich bin ich ja ein Wander-
muffel, wie du ja weißt, aber der Ausflug wurde dann doch richtig lustig. Davon muss ich dir
unbedingt erzählen. Unser Klassenleiter Herr Bauer verpasste nämlich eine Abzweigung des geplanten
Wanderweges und so marschierten wir querfeldein durchs Gelände. Das war vielleicht anstren-
gend, kann ich dir sagen! Auf einmal standen wir vor einem kleinen Bach. Umkehren wollten wir
nicht mehr, also hieß es „Augen zu und durch!". Herr Bauer musste als Erster das Wasser durch-
queren, schließlich hatte er uns das ja eingebrockt. Er zog sich Schuhe und Socken aus und krem-
pelte die Hosenbeine hoch. Dann wagte er den ersten Schritt in das flache Wasser. Er sah aus wie
ein Seiltänzer, als er so von Stein zu Stein balancierte. Plötzlich rutschte er ab und ruderte wild
mit den Armen. Und platsch! Schon lag er im Wasser! Zuerst trauten wir uns gar nicht zu lachen,
aber als Herr Bauer sich grinsend aufrappelte, brüllten wir natürlich los. Du kannst dir sicher
vorstellen, wie komisch er aussah, so tropfnass.

Was gibt es bei dir Neues in der Schule? Du hattest in deinem Brief erwähnt, dass du beim Eltern-
abend im Schulchor auftreten wirst. Hat das geklappt? So, jetzt muss ich aber Schluss machen.
Unser Mathelehrer hält uns nämlich ganz schön auf Trab!

Viele liebe Grüße, auch an deine Eltern,

deine Merve

4 Kontrolliert mit eurem Banknachbarn, ob Merve die sieben Bausteine des persönlichen Briefs in der richtigen Reihenfolge berücksichtigt hat.

Anrede	Schlussteil
Unterschrift	Grußformel
Hauptteil	Einleitungsteil
Briefkopf (enthält Ort und Datum)

5 Im **Einleitungsteil** bezieht sich Merve auf den Brief, den sie beantwortet.
Untersucht den ersten Teil von Merves Brief an Lea.
Sucht dazu die Antworten auf folgende Fragen. Schreibt in euer Heft.
- Woran merkt man, dass Merve einen Brief beantwortet?
- Was erfährt man in der Einleitung über Lea?
- Welche Gemeinsamkeit haben die beiden Mädchen?
- Welche Frage von Lea beantwortet Merve im Einleitungsteil?

6 Im **Hauptteil** erzählt Merve von einem besonderen Erlebnis.
Untersucht auch diesen Abschnitt anhand der Fragen und notiert die Antworten ins Heft.
- Welche Idee hat sie dabei weiter ausgeführt?
- Warum ist das Erzählte auch für Lea interessant?
- Woran erkennt man, dass Merve ein „Gespräch in schriftlicher Form" führt?

7 Schaut euch nun den **Schlussteil** des Briefs genau an.
Hier wendet sich Merve noch einmal direkt an Lea.
Beantwortet folgende Frage im Heft.
- Wie bringt sie ihre Adressatin dazu, ihr bald zu schreiben?

Wissen und Können   **Aufbau und Gliederung des Briefs**

Auch der inhaltliche Aufbau muss überlegt sein, damit der Brief für den Adressaten interessant und gut verständlich ist. Einen Brief solltet ihr deshalb klar gliedern:

- Im **Einleitungsteil** sprecht ihr den Empfänger direkt an und nennt den Anlass des Schreibens.
- Im **Hauptteil** könnt ihr von einem besonderen Erlebnis erzählen oder über eine Sache informieren, mit der ihr euch auseinandergesetzt habt.
- Im **Schluss** geht ihr noch einmal in besonderer Weise auf den Empfänger des Briefs ein.
  Durch Fragen oder Aufforderungen könnt ihr ihn zum Antworten anregen, z. B.:
  Bitte lass mich wissen, ob ...
  Bitte schreib schnell zurück, damit ich weiß ...

Wenn ihr einen Brief beantwortet, ist es wichtig, dass ihr auf Fragen des Briefpartners eingeht.
Man gibt im Brief also Informationen und kann auch selber Informationen erfragen.

Damit der Empfänger euren Gedankengang nachvollziehen kann, solltet ihr
- jeden neuen Gedanken mit einem einleitenden Satz beginnen, z. B.:
  Diese Woche ist etwas Lustiges passiert, von dem ich dir jetzt erzählen möchte.
- eure Meinung schlüssig begründen, z. B.:
  Was mir an der neuen Schule weniger gefällt, ist der zu kleine Pausenhof, weil er kaum Spielmöglichkeiten bietet.
- die gestellten Fragen aufgreifen, z. B.:
  Du wolltest wissen, ob ... oder *Deine Frage nach ...*
- die Gliederung des Briefs auch optisch deutlich machen.
  Dazu lasst ihr zwischen Anrede, Einleitung, Hauptteil und Schluss sowie vor der Grußformel und vor der Unterschrift jeweils eine Zeile frei oder beginnt einen neuen Absatz.

Andere überzeugen und Meinungen begründen

1 **a** Nicht immer hat man in Briefen oder Nachrichten etwas zu erzählen, was passiert ist. Oft tauscht man sich auch über unterschiedliche Meinungen aus. Lest den Ausschnitt aus Tonis Brief. Er antwortet hier auf einen Brief seines Freundes.

> *Das kann ich mir gut vorstellen, dass so ein junger Hund jede Menge Spaß mit sich bringt. Ich habe auch versucht, meine Eltern davon zu überzeugen, mir einen zu kaufen. Aber sie haben mir klar gemacht, welche Nachteile damit verbunden sind. Wir könnten zum Beispiel nicht mehr so oft in den Ferien wegfahren wie jetzt, weil Flugreisen mit einem Haustier viel zu umständlich sind und viele*
> 5 *Hotels keine Haustiere akzeptieren. Aber auch zu Hause würde sich einiges ändern. Jemand aus der Familie müsste schon morgens vor der Schule oder Arbeit mit ihm Gassi gehen. Meine Eltern haben mir unmissverständlich erklärt, dass ich das übernehmen müsste, wenn ich mir ein Haustier wünsche. Da muss ich aber ehrlich eingestehen, dass mir mein Schlaf am Morgen wichtiger ist. Meine Mutter hat zudem Bedenken, dass der Hund jede Menge Dreck macht. Wenn das Wetter schlecht ist, hat*
> 10 *er vom Gassigehen schmutzige Pfoten und die Abdrücke verteilen sich im ganzen Haus. Sie müsste dann viel mehr putzen. Zusätzlich entstehen auch etliche Kosten für so ein Tier, z.B. für das Fressen oder den Tierarzt.*
>
> *Andererseits wünsche ich mir aber sehnlichst ein Haustier, und deshalb versuche ich, meine Eltern trotzdem davon zu überzeugen. …*

b Macht eine Aufstellung, welche Nachteile eines Haustiers Toni nennt. Schreibt sie in euer Heft.

2 Da Toni aber selber gerne ein Haustier hätte, hat er sich auch Gedanken gemacht, welche Vorteile es für ihn hätte.

a Überlegt gemeinsam, warum er gerne ein Haustier hätte. Beachtet dabei auch die Bilder oben. Schreibt die Vorteile auf.

b Setzt den Brief fort und geht auf die Vorteile eines Haustiers ein.

Wissen und Können	**Die eigene Meinung begründen**

Wenn man seine Meinung äußert, kann man am besten überzeugen, indem man seine Ansichten ausführlich begründet. So kommt ein richtiger Austausch zustande.
Dabei ist es wichtig, **Verknüpfungen und Redewendungen** zu benutzen, die sich **für Begründungen** eignen.
Ich hätte gerne eine Katze, weil … / *Für eine Katze spricht, dass* … / *Eine Katze wäre als Haustier ideal, denn* …
Da Katzen recht verschmust sind, könnte ich mir gut vorstellen, selber eine zu haben.

Angemessen und abwechslungsreich formulieren

Tim hat einen Brief von seinem Patenonkel Thomas erhalten. Nun möchte er zurückschreiben, ist sich aber bei den Formulierungen nicht ganz sicher. Deshalb hat er jeweils drei Möglichkeiten aufgeschrieben.

> Ich muss mich bei dir entschuldigen, weil ich dir erst jetzt schreibe. Aber ich habe mir letzte Woche beim Volleyball den Daumen verstaucht und konnte keinen Stift ohne Schmerzen halten.

Na, das mit deinem Daumen ist ja lustig. Ich würde sagen, wenn du das Volleyballspielen nicht kannst, dann lass es einfach bleiben!

Mein Papa hat sich beim Volleyballspielen einmal den Fuß verstaucht und konnte wochenlang nur noch humpeln. Das war noch schlimmer!

Das mit deiner Verletzung tut mir leid. Jetzt verstehe ich auch, warum ich so lange auf einen Brief von dir warten musste. Ich hoffe, du hast keine zu starken Schmerzen mehr.

> Du hast mir auf meine Nachfrage geschrieben, dass du mit dem Lenkdrachen nur noch selten unterwegs bist. Macht es dir keinen Spaß mehr?

Das Lenkdrachensteigen macht mir tatsächlich keinen rechten Spaß mehr, weil es relativ umständlich ist, alles aufzubauen, und weil keiner meiner Freunde einen Drachen hat. So müsste ich ihn alleine steigen lassen.

Der Grund, warum ich den Lenkdrachen nur noch selten steigen lasse, ist der, dass ich es bisher noch nicht so gut beherrsche. Papa hat leider auch zu wenig Zeit, um es mir beizubringen. Ich würde gerne Loopings und andere tolle Figuren vorführen, aber das kann ich nicht.

Lenkdrachensteigen finde ich in der Zwischenzeit relativ langweilig, obwohl ich am Anfang recht begeistert war. Da gibt es interessantere Hobbys, die ich lieber mache.

1
a Entscheidet euch jeweils für eine Antwort und begründet in der Klasse, warum gerade diese die passende ist.
b Stellt eine mögliche Frage an den Onkel und gebt zwei unterschiedliche Antworten von Thomas, die passend sind. Denkt an eine sinnvolle Begründung eurer Aussagen.

Hallo, Tante Lisa,

vielen Dank für deine schöne E-Mail. Du hast mir darin viel Schönes erzählt. Ich möchte dir jetzt ebenso schön antworten.

Vor ein paar Tagen hatte ich ein besonders schönes Erlebnis. Es war schönstes Wetter. Wir, Mama, Papa und ich, wollten eine schöne Wanderung machen. Unser Ziel war ein schönes, romantisches Tal, von dem Papa in einem Wanderführer gelesen hatte.
Es kam alles ganz anders, als wir es uns so schön ausgemalt hatten.

2 Der Brief an Tante Lisa ist ungeschickt formuliert.
a Sammelt und besprecht Wörter, mit denen man ihn verbessern könnte.
b Schreibt den Text überarbeitet in euer Heft (▶ S. 43).

3 Was könnte auf der Wanderung passiert sein? Setzt den Brief schriftlich fort.
●●● Lest eure Texte vor. Die anderen achten darauf, ob ihr abwechslungsreich formuliert habt.

> ... Ich heiße Tina Schneider. Ich würde sehr gerne deine Brieffreundin werden. Ich wohne in Nürnberg.
> Ich bin 11 Jahre alt. Ich habe eine Schwester, Maria, 6 Jahre alt. Ich spiele oft mit Maria.
> Ich lese viel, schwimme im Verein und schreibe gerne Briefe. Ich habe ein Einrad, aber erst seit gestern.
> Ich muss wohl noch ziemlich üben. Ich komme noch nicht gut mit dem Einrad zurecht.

4 Tina schreibt an ein Mädchen, das eine Brieffreundin sucht.
a Benennt und erläutert Möglichkeiten, wie Tina ihren Brief verbessern könnte.
b Schreibt eine verbesserte Version von Tinas Brief in euer Heft.
c Überprüft euren Brief mit Hilfe des Merkkastens auf Seite 43.

Augsburg, den 23. 3. 20XX

Lieber Tobias,

ich bin sehr enttäuscht, dass wir in der letzten Woche
nicht miteinander geredet haben. Ich möchte mich bei dir
5 mit diesem Brief entschuldigen.
Als wir am letzten Wochenende zusammen Fußball gespielt
haben und du ein Tor geschossen hast, habe ich mich sehr
für dich gefreut. Mir war es anfangs egal, dass ich der
Torwart der gegnerischen Mannschaft war. Du hast noch
10 zwei weitere Tore erzielt. Deine ganze Mannschaft hat
sich über mich lustig gemacht und du hast nichts gesagt.
Meine Mitspieler wurden böse. Ich fühlte mich wie ein
Versager. Ich hätte einen Freund gebraucht. Aus Wut habe
ich dir dann nach dem dritten Tor den Ball an den Kopf
15 geworfen. Es tut mir sehr leid. Ich hoffe, du kannst meine
Enttäuschung verstehen und verzeihst mir.

Viele Grüße

von deinem Fußballfreund Sebastian

5 Sebastian hat seinem Freund einen Entschuldigungsbrief geschrieben. Verbessert den Brief, indem
ihr jeweils zwei oder drei einfache Hauptsätze miteinander verknüpft (▶ S. 307).
●○○ Die folgenden Verknüpfungswörter können euch dabei helfen.

> da • dadurch • weil • und • aber • dass • sodass •
> doch • dann • plötzlich • dafür ... dass • daher •
> ebenfalls • denn • darum • deshalb • auch

6 Überarbeitet den Brief an Tante Lisa (Aufgabe 2, ▶ S. 46) noch einmal. Achtet diesmal zusätzlich auf
●●● gute und sinnvolle Satzverknüpfungen (▶ S. 218, 247).

Wissen und Können	**Angemessen und abwechslungsreich formulieren**

Damit der Empfänger einen Brief gern liest, soll dieser auch sprachlich ansprechend sein.

- Verwendet abwechslungsreiche Adjektive und Verben.
- Fangt die Sätze unterschiedlich an (Umstellprobe) und vermeidet Wiederholungen.
- Verknüpft die Sätze logisch und nachvollziehbar, z. B. mit Wörtern wie *da, weil, als, trotzdem, anschließend*.
- Formuliert höflich und nicht umgangssprachlich, also z. B. nicht *Ich will ...*, sondern *Ich möchte ...*, nicht *saucool*, sondern *spannend* oder *lustig* usw.

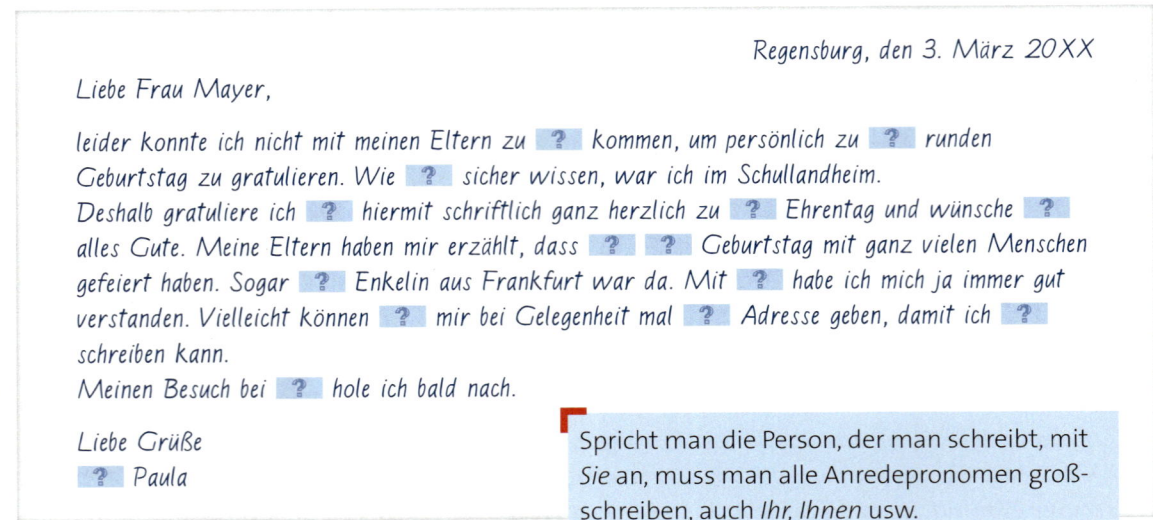

Regensburg, den 3. März 20XX

Liebe Frau Mayer,

leider konnte ich nicht mit meinen Eltern zu ❓ kommen, um persönlich zu ❓ runden Geburtstag zu gratulieren. Wie ❓ sicher wissen, war ich im Schullandheim. Deshalb gratuliere ich ❓ hiermit schriftlich ganz herzlich zu ❓ Ehrentag und wünsche ❓ alles Gute. Meine Eltern haben mir erzählt, dass ❓ ❓ Geburtstag mit ganz vielen Menschen gefeiert haben. Sogar ❓ Enkelin aus Frankfurt war da. Mit ❓ habe ich mich ja immer gut verstanden. Vielleicht können ❓ mir bei Gelegenheit mal ❓ Adresse geben, damit ich ❓ schreiben kann.
Meinen Besuch bei ❓ hole ich bald nach.

Liebe Grüße
❓ Paula

Spricht man die Person, der man schreibt, mit *Sie* an, muss man alle Anredepronomen groß-schreiben, auch *Ihr, Ihnen* usw.

7 a Ergänzt die Pronomen und schreibt den vollständigen Brief in euer Heft.
   b Schreibt denselben Brief noch einmal, diesmal aber an Tante Olga, die von Paula geduzt wird. Denkt an die richtigen Pronomen (▶ S. 215). Achtung: Manchmal verändert sich auch das Prädikat!

E-Mails untersuchen

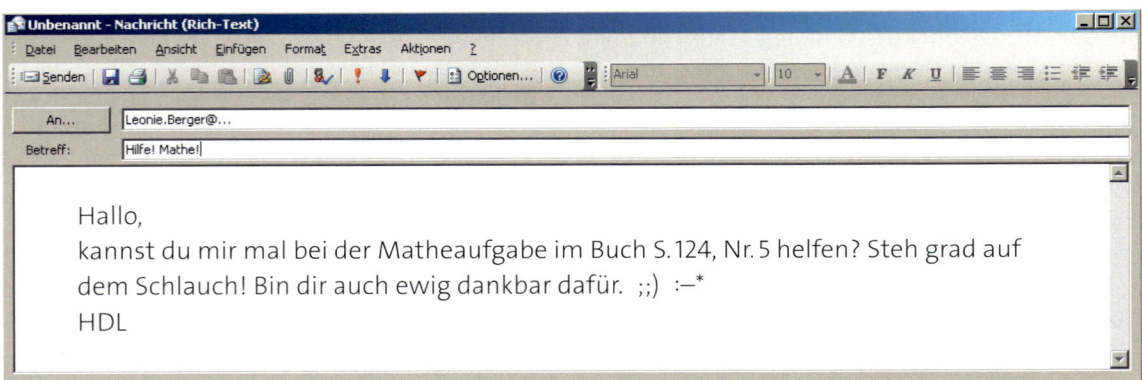

1 Untersucht diese E-Mail:
   – Welche Informationen finden sich hier im „Briefkopf"?
   – Wie wird formuliert?
   – Welche Besonderheiten fallen euch sonst noch auf? Was wird mit ihnen bezweckt?

2 Heutzutage tauschen sich Menschen oft per E-Mail oder mit Hilfe anderer digitaler Nachrichten aus. Briefe werden weniger geschrieben.
   a Überlegt, welche Vorteile E-Mails gegenüber Briefen haben. Gibt es auch Nachteile?
   b E-Mails oder Briefe per Post: Was ist euch persönlich lieber? Begründet eure Meinung.

Testet euer Wissen!

Briefmerkmale kennen

Post in der Mailbox?

Heutzutage schreiben viele Menschen anstelle von Briefen E-Mails. Aber auch dafür gibt es Regeln, die sich gar nicht so sehr von denen zum Briefeschreiben unterscheiden. Um Missverständnisse und Ärger zu vermeiden, wurde die „Netiquette" erfunden (aus Net für Internet und Etikette für Benimmregeln).

Tipps für das Mailen und Chatten:

1 Wenn du eine E-Mail bekommst, lies sie erst sorgfältig, bevor du antwortest. **Erst denken, dann posten!** Denn deine Nachricht ist schneller beim Empfänger, als du glaubst, und abfangen kann man sie nicht.

2 Vergiss nicht die **Anrede,** die du auch sonst verwendest. Nur wenn du die Person auch normalerweise duzt, darfst du das „Du" verwenden.

3 Nicht jeder Empfänger versteht und mag Abkürzungen, umgangssprachliche Wendungen und bruchstückhafte Sätze.

4 Denke auch bei E-Mails an **Leerzeilen und Absätze,** weil sie das Lesen erleichtern.

5 „**Subject**" bedeutet „Thema". Damit gibst du dem Adressaten einen kurzen Hinweis, worum es in deiner Nachricht geht.

6 Wenn du in einem **Chatroom** schreibst, denke immer daran, dass auch andere deine Zeilen lesen können.

7 Mit Hilfe von **Emoticons** kann man in sehr knapper Art und Weise seine Stimmung vermitteln:
:D grinsen; 8–| rollende Augen; :–< seufzen; :–bd Daumen nach oben; \m/ Weiter so!

---

1 Überprüft euer Wissen über Briefe.

  a Entscheidet, welche der Regeln auch für Briefe gelten. Notiert ihre Ziffern ins Heft.

  b Ihr kennt die sieben Bausteine für einen persönlichen Brief (▶ S. 41).
    Welche davon finden sich nicht in der auf S. 48 abgedruckten E-Mail?

3.2 Seitenweise Briefe – Briefe im Jugendbuch

Jostein Gaarder / Klaus Hagerup

Bibbi Bokkens magische Bibliothek (1)

„Bibbi Bokkens magische Bibliothek" erzählt eine spannende Geschichte, in der die beiden Hauptfiguren Berit und Nils sich als Detektive betätigen und so manchen Gefahren ausgesetzt sind.

Liebe Berit,
schön, dass wir uns in diesem Sommer gesehen haben. Das war wirklich toll. Morgen fängt die Schule wieder an und ich kann nicht gera-
5 de behaupten, dass ich mich darauf freue. Da sind so viele kleine Gören. Aber egal, nächstes Jahr bin ich fertig damit und dann wechselt Nils Boyum Torgersen auf die Oberschule. Aber zur Sache. Ich habe viel über die Idee mit
10 dem Briefbuch nachgedacht und muss zugeben, dass ich sie doch nicht so schlecht finde. Briefe in ein Buch zu schreiben, das wir zwischen Oslo und Fjärland hin- und herschicken, wird mir so vorkommen, als ob wir ein Foto-
15 album mit Worten füllten statt mit Bildern. (Hö, hö.) Wenn es etwas gibt, worüber wir schreiben können, meine ich. Das ist ja noch die Frage. Ich habe den Verdacht, dass dieser Herbst ebenso spannend wird wie ein Stück
20 Knäckebrot mit Ziegenkäse, und in Fjärland ist wohl auch nicht gerade der Bär los, stell ich mir vor. Oder ist vielleicht auf eurem Gletscher ein geheimnisvoller Schneemensch entdeckt worden?
25 Doch ich muss jetzt aufhören. Viele Grüße von meiner Mutter. Sie hofft, dass Tante Grete ihr neuer Job im Hotel gefällt, und sie ist „looking forward to seeing you again", wie es im Flugzeug heißt. Mein Vater würde sicher auch grü-
30 ßen lassen, aber er muss Taxi fahren und weiß nicht, dass ich dir schreibe.
Viele Grüße von deinem höchst geehrten Vetter[1] Nils

PS:[2] Ich muss doch noch erzählen, dass etwas Seltsames passiert ist, als ich dieses Buch ge-
35 kauft habe. Das habe ich nämlich nicht in Oslo gemacht, sondern auf dem Heimweg von Fjärland in Sogndal. Kannst du dich an die seltsame Frau erinnern? Die mit den Telleraugen und dem zerfetzten Buch in der Handtasche?
40 Die oben in der Flatbrehütte im Gästebuch las und uns über die Schulter geschaut hat, als wir unser Gedicht hineingeschrieben haben? Hast du das Gedicht noch im Kopf? Ich ja:

Hier in unserem Sommerspaß 45
genießen wir ein Colaglas,
Nils und Berit, das sind wir,
verbringen unsre Ferien hier.
Hier oben ist es wunderschön,
wir mögen gar nicht wieder gehn. 50

Ziemlich gutes Gedicht, wenn du mich fragst. Aber ich wollte nicht über das Gedicht schreiben. Sondern über die Frau. Denn als ich in Sogndal in den Buchladen ging, war sie da. Sie wanderte an den Regalen entlang und sah sich 55 die Bücher an. Und, Berit, sie sabberte! Ja, ich kann das nicht anders ausdrücken, die Frau stand im Buchladen und sabberte. Als wären die Bücher aus Schokolade oder Marzipan oder so. Und das Allerseltsamste passierte, als ich 60 das Buch bezahlen wollte. Da kam sie zu mir und fragte, ob sie sich nicht dran beteiligen könnte. Ich wusste nicht, was ich sagen sollte, aber sie starrte mich mit einem dermaßen unheimlichen Blick an, dass ich einfach nicht 65

---

1 der Vetter: Cousin

2 PS (lat.): nach dem Schreiben angefügt/ergänzt

Nein sagen konnte. Ich weiß nicht, wie ich den Ausdruck ihrer Augen beschreiben soll, ich hatte das Gefühl, dass sie in mir las wie in einem offenen Buch. Ich konnte den Zehner einfach nur annehmen und „tausend Dank" sagen. Und kannst du dir vorstellen, was sie geantwortet hat? „Nein, ich habe zu danken!" Und dann zog sie ein Taschentuch hervor, wischte sich den Mund ab und war verschwunden.

Hier ist jedenfalls das Buch. Ich lege den Schlüssel bei. Du musst das Buch unbedingt abschließen, wenn du gerade nicht drin schreibst. Denk dran, der Inhalt ist „for your eyes only" (nur für deine Augen). Du musst das Bild auf dem Einband so hinnehmen. Ich hatte die Wahl zwischen dem Sognetfjord und einem Sonnenuntergang mit einem roten Herz als Sonne. Wofür hättest du dich entschieden? Briefende.

1 Nils erzählt Berit von einer merkwürdigen Begegnung in Sogndal. Besprecht die Fragen in der Klasse.
 – Wo genau findet die Begegnung statt?
 – Was tut die Frau?
 – Was sagt sie zu Nils?
 – Wo glaubt Nils der Frau schon einmal begegnet zu sein?

2 Nils schreibt, die Frau habe in ihm „wie in einem offenen Buch" gelesen (Z. 68 f.).
Was meint er wohl damit? Tauscht euch dazu aus.

3 a Sucht die Stelle im Text, an der Nils sich darüber äußert, was er von der Idee mit dem Briefbuch hält. Fasst seine Meinung zusammen.
 b Stellt in eigenen Worten dar, wie so ein Briefbuch „funktioniert".
 c Was haltet ihr von der Idee? Begründet eure Meinung.

4 Der Text wirkt wie hastig geschrieben: An manchen Stellen verwendet Nils Umgangssprache, Nebensätze stehen allein oder kurze Hauptsätze sind nicht miteinander verbunden. Sucht drei solche Stellen und überarbeitet sie, z. B.:
Z. 51–53: Ziemlich gutes Gedicht, wenn du mich fragst.
   Aber ich wollte nicht über das Gedicht schreiben …
    → *Das Gedicht ist uns ziemlich gut gelungen, wenn du mich fragst, doch darüber wollte ich eigentlich nicht schreiben …*

Jostein Gaarder / Klaus Hagerup

Bibbi Bokkens magische Bibliothek (2)

Berit schreibt sofort zurück an Nils, denn auch sie hatte ein unheimliches Erlebnis, von dem sie erzählen will.

Lieber Vetter,
danke für das Briefbuch, das ich vor wenigen Minuten im Briefkasten fand und aufgemacht habe. Ich bringe es im Moment leider nicht
5 über mich, von hier zu erzählen, denn ich habe heute Nachmittag etwas erlebt und kann an nichts anderes mehr denken. Deshalb muss ich sofort an dich schreiben, obwohl meine Hand zittert. Aber du kannst es hoffentlich
10 trotzdem lesen.
Es geht um diese geheimnisvolle Frau. Um die, die dir in Sogndal begegnet ist, ja. Himmel – wie soll ich nur anfangen.
Ich stand beim Anleger, als die Zwei-Uhr-Fäh-
15 re kam. Bei uns fängt die Schule nämlich erst am Montag an und viel zu tun gibt es nicht. Und dann kam sie, verstehst du, sie ging als Allererste an Land. Als sie an mir vorbeikam, schaute sie mich mit so einem „Ich weiß ge-
20 nau, wer du bist"-Blick an. Ich hatte deinen Brief noch nicht gelesen, aber ich dachte an unsere Begegnung in der Flatbrehütte und beschloss, ihr zu folgen – in sicherer Entfernung. Ich begreife nicht, dass ich mich das getraut
25 habe, aber es kommt mir fast so vor, als hätte sie mich hypnotisiert, um mich dazu zu brin-

gen. (Jetzt siehst du bestimmt, wie sehr meine Hand zittert!) Als sie an der Kirche vorbeiging, drehte sie sich um. Ich musste mich in
30 den Straßengraben fallen lassen, und als wir durch Mundalen gingen, hat sie das mit dem Sichumdrehen noch einige Male wiederholt, aber ich glaube nicht, dass sie mich bemerkt hat.
35 Erinnerst du dich an die Mauer mit dem Tor? Dort bog sie nach rechts ab, zu dem gelben Haus, das ganz allein am Waldrand steht. Ich hatte mich hinter der Mauer versteckt und jetzt komme ich bald zum Eigentlichen: Als sie die Haustür aufschloss, flatterte plötzlich etwas
40 aus ihrer Handtasche. Und gleich darauf war sie verschwunden.
Ich war so aufgeregt, dass ich einfach nicht mehr denken konnte. Bestimmt hat man so ein Gefühl, wenn man zum allerersten Mal ein
45 Verbrechen begeht. Eine Sekunde später stand ich nämlich vor dem Haus, ungefähr so wie ein maskierter Bankräuber, der plötzlich vor den Schalter springt und etwas von einem Überfall schreit. Das hier war vielleicht nicht gerade ein
50 Überfall und ich habe auch nichts gebrüllt und ich war auch nicht maskiert, aber ich habe einen kleinen Briefumschlag an mich gerissen und mich dann wieder hinter die Mauer fallen lassen. Im Umschlag steckte ein Brief und in
55 dem stand: […]

5 Erklärt, warum Berit über ihr eigenes Verhalten so verwundert ist.

6 Vergleicht Berits merkwürdiges Erlebnis mit dem, das Nils in der Buchhandlung hatte (▶ S. 50 f.). In welcher Beziehung ähneln sich diese Begegnungen?

7 Stellt Vermutungen an, was in dem Brief, den Berit an sich genommen und gelesen hat, gestanden haben könnte.

8 Wie sollen Berit und Nils sich nun verhalten? Schreibt ihnen einen Brief und ratet ihnen, die Finger von der Geschichte zu lassen, oder ermuntert sie, weitere Nachforschungen anzustellen. Begründet im Brief eure Einstellung.

3.3 Fit in …? – Einen persönlichen Brief schreiben

Jana hat einen Brief von Samir bekommen. Darin **fragt er sie,**
– wie ihr letztes Spiel beim Basketballturnier gelaufen ist,
– ob sie gerade auch so viele Prüfungen in der Schule hat,
– ob sie ihn zu Silvester besuchen möchte.

Er erzählt,
– dass in seiner Familie nicht Weihnachten gefeiert wird, sondern das Zuckerfest am Ende des muslimischen Fastenmonats. Dann gibt es viele süße Sachen zu essen, z. B. Bonbons oder Baklava, mit Zuckersoße getränktes Blätterteiggebäck.
– dass seine Familie am letzten Ferienwochenende zum Skifahren fährt,
– dass er Jana vermisst und sie sehr gern bald wiedersehen möchte.

Deine Aufgabe ist es, Janas Antwortbrief an Samir zu schreiben.

> Samir, ich habe mich total gefreut, dass du mir einen so langen Brief geschrieben hast – schließlich vermisse ich dich auch! Ich habe mich sofort in mein Zimmer eingeschlossen, um den Brief zu lesen und gleich zu antworten.
> Du wolltest ja wissen, ob ich mit dem Basketballturnier zufrieden bin. Es lief eigentlich ganz gut und wir haben als Mannschaft aufeinander geachtet. Trotzdem haben die anderen gewonnen, weil sie einfach schneller und vielleicht auch mutiger waren als wir. Aber keine Sorge, wir sind nicht traurig darüber. Beim nächsten Mal wird es sicher besser.

1 Jana hat am Anfang ihres Briefs die äußere Form nicht eingehalten. Überarbeitet den Text und schreibt den Anfang (▶ bis Z. 3) mit allem, was dazugehört, in euer Heft (▶ S. 297).

2 Jana hat sich für die Fortsetzung des Briefs einen Stichwortzettel gemacht.
a Bringt die Gedanken in eine sinnvolle Reihenfolge.

> Montag, 1. Std. Matheex → versemmelt / nix gelernt
> nachmittags Klavierstunde vergessen / Mama sauer
> nächste Woche: Deutsch-Schulaufgabe → persönlicher Brief / kann ich hiermit üben!!!
> Dienstag Nikolaus in der Schule versäumt / eigentlich lustig
> Klassensprecher (auch ich) spielen Engel
> dieses Jahr kein Skifahren mit Eltern – Gründe: Papa keinen Urlaub, großer Sommerurlaub geplant
> aber Skikurs als Weihnachtsgeschenk von Oma gewünscht
> endlich wieder fit: morgen wieder Schule
> Dienstag → Halsschmerzen und Fieber → keine Schule

b Überprüft, ob Jana vollständig auf Samirs Brief antwortet. Welche von Samirs Fragen und Gedanken hat sie nicht berücksichtigt? Notiert sie für den Schlussteil des Briefs.

3 Schreibt nun Janas Brief in eurem Heft zu Ende. Überprüft mit Hilfe der Checkliste auf S. 54, ob ihr alle Regeln eingehalten habt.

4 Als Jana mit ihrem Brief fertig ist, überprüft sie noch die Rechtschreibung. Aber sie kommt alleine nicht ganz klar. Verbessert ihren Briefausschnitt in eurem Heft.

VORSICHT FEHLER!

> *Du frakst nach Prüfungen. Bei uns get es gerade runt: Näkste Woche schreiben wir in Deutsch eine schulaufgabe: persönlicher Brief. Na, da kan ich ja jetz üben ...*
> *Am Montag in der Matheex ging es mir nicht besonders gut, den ich habe fast nichts gelehrnt. Am nachmittag habe ich dann zu allem Unglück noch die Klavierschtunde vergessen. Da war meine Mutter echt wütent! Als ich dann am Dienstag aufwachte, spührte ich. dass mein Halz kratzt. Ausserdem hatte ich Fieber ...*

5 Überprüft euren Brief an Samir anhand der folgenden Checkliste:

Checkliste

Einen persönlichen Brief schreiben

Formales – Äußerer Aufbau
- **Umschlag:** Habe ich die Adresse und den Absender an der richtigen Stelle angegeben?
- **Briefkopf:** Stehen Ort und Datum rechts oben?
- **Anrede:** Habe ich den Empfänger angemessen angesprochen?
- **Erstes Wort des Brieftextes:** Habe ich nach der Anrede in der richtigen Groß- bzw. Kleinschreibung weitergeschrieben?
- **Anredepronomen:** Habe ich die Höflichkeitsanrede *Sie* großschrieben? Habe ich die Anredepronomen *du* oder *ihr* entweder immer klein- oder immer großgeschrieben?
- **Grußformel:** Passt meine Grußformel zur Anrede?
- **Rechtschreibung:** Habe ich die Rechtschreibung sorgfältig überprüft?
- **Gestaltung:** Habe ich ordentlich geschrieben und, falls nötig, sauber durchgestrichen? Habe ich sinnvolle Absätze gemacht und die Zeilen ausgefüllt?

Sprache und Adressatenbezug
- **Verständlichkeit:** Habe ich auf eine sinnvolle Reihenfolge geachtet?
- **Im Brief erzählen:** Falls ich im Hauptteil von einem besonderen Erlebnis erzähle, ist es mir gelungen, das Erlebnis anschaulich und interessant darzustellen?
- **Im Brief die eigene Meinung begründen:** Habe ich meine dargestellte Meinung zu einer Sache begründet?
- **Den Leser ansprechen:** Habe ich Stellen eingebaut, in denen der Briefpartner sich angesprochen fühlt, z. B.:
  Was hättest du an meiner Stelle gemacht?
- **Den vorliegenden Brief beantworten:** Habe ich alle **Fragen meines Briefpartners** ausreichend und verständlich beantwortet? Mache ich deutlich, dass ich mich auf seine Frage beziehe, z. B.: *Du wolltest wissen ...* oder *Sie haben nach ... gefragt.*
- Bin ich **auf das, was der Adressat mir erzählt hat, eingegangen,** z. B.:
  Du hast geschrieben, dass ... Das freut mich. Oder *Was du über ... geschrieben hast, finde ich lustig. Mein Bruder hatte einmal ein ähnliches Erlebnis ...?*

4 Das glaubst du nicht! –
Erzählende Texte schreiben

In diesem Kapitel ...

– erzählt, lest und schreibt ihr anschauliche Geschichten,
– schreibt ihr zu Bildern und Reizwörtern lebendige Geschichten,
– lernt ihr, wie ihr eure Geschichten unter anderem in einer Schreibkonferenz überarbeiten könnt.

1 **a** In welchen Situationen könnte man einen Erzählautomaten gebrauchen?
b Überlegt, mit welchen Inhalten ihr einen Erzählautomaten füllen würdet.

4.1 Gestern hab ich was erlebt – Mündlich und schriftlich erzählen

Ein Erlebnis – zwei Erzählweisen

> Hallo, Kilian, mir ist gestern was passiert! Ich bin mit Luzie am Marienbach Gassi gegangen, und ich sag dir, ganz plötzlich war sie verschwunden! Gerade noch hinter mir gewesen, und dann – einfach abgehauen! Voll blöd! Ich hab gerufen und gepfiffen, aber …

> Lieber Kilian, mir ist gestern etwas passiert. Ich ging mit Luzie am Marienbach Gassi, aber sie war plötzlich verschwunden. Vorher war sie noch hinter mir, danach lief sie einfach weg. Ich rief und pfiff, aber …

1 Lest den Anfang der Erzählung. Was könnte danach passiert sein?
  a Erzählt euch gegenseitig Fortsetzungen der Geschichte.
  b Welchen Fortsetzungen habt ihr gern zugehört? Begründet eure Meinung.

2 Wählt eine Fortsetzung aus und schreibt das Erlebnis per E-Mail an einen Freund.
  a Vergleicht die beiden Erzählweisen miteinander. Achtet auf:
    – die Wortwahl, z. B.: *voll blöd*,
    – den Satzbau und die Satzlänge,
    – die Zeitformen der Verben, z. B.: *bin gegangen – ging.*
  b Haltet die Unterschiede zwischen mündlichem und schriftlichem Erzählen in einer Tabelle fest.

Mündliches Erzählen	Schriftliches Erzählen
Umgangssprache	*Schriftsprache*
…	…

  c Ergänzt eure Tabelle mit Hilfe des Merkkastens auf Seite 57.

Mündliches und schriftliches Erzählen

Beim **schriftlichen Erzählen** ist der **Satzbau vollständig** und **abwechslungsreich.** Die Sprache entspricht auch in der Wortwahl den Regeln der **Schriftsprache.** Formulierungen sollten eindeutig und verständlich sein. Die Erzählzeit ist meist das **Präteritum** (▶ S. 225).
Mündliches Erzählen bezieht den Zuhörer mit ein, indem es ihn z. B. direkt anspricht. Die Sprache ist insgesamt **einfacher:** Die **Sätze sind kürzer** und in die Wortwahl können auch **jugend- oder umgangssprachliche Wendungen** einfließen. Die Erzählzeit ist meist das **Perfekt.**

Der Reihe nach! – Einen Erzähltext untersuchen

Kanufahren für Profis

Leon und ich schwammen etwas wackelig auf dem Wasser, wir saßen beide zum ersten Mal in einem Kanu. Unser Bootsführer Uwe hatte der ganzen Klasse am Ufer eine genaue Einweisung ins Kanufahren gegeben. Aber so leicht war es danach nicht, selbst auf dem Fluss zu paddeln. Alle versuchten erstmal, wie man richtig steuert und auch gut vorwärtskommt.

5 Nach einer Weile waren Leon und ich schon ein gutes Team. An der Flussgabelung paddelten wir nach links. Nur Leja und Sanja waren noch vor uns, aber sie fuhren wie alle auf dem rechten Flussarm weiter. Leja drehte sich noch einmal um und rief: „Hey, was macht ihr da?" Aber Leon erklärte: „Wir haben einen Forschungsauftrag für Profis, wir holen euch aber sowieso gleich wieder ein!" Die beiden Mädchen kicherten und fuhren weiter.

10 „Was hast du vor, Leon?", fragte ich ängstlich. „So verlieren wir die anderen!" „Ach, Quatsch! Wir schauen nur kurz, was es hier zu entdecken gibt", antwortete Leon. Dann fuhren wir zwischen tief hängenden Zweigen und jeder Menge Wasserpflanzen weiter. Doch auf einmal hingen wir im dichten Gestrüpp am Ufer fest. Mit viel Kraft stemmten wir uns mit den Paddeln ab und ruckelten das Kanu hin und her. Aber es half nichts. Leon hielt verzweifelt die Hände

15 hoch. „Leider müssen wir jetzt ins eiskalte Wasser steigen", stellte ich genervt fest. Wir zogen gemeinsam das nasse Gestrüpp Stückchen für Stückchen zur Seite. Das war gar nicht ungefährlich, weil die Äste glitschig waren und man sich auch leicht die Hände aufschneiden konnte. Aber irgendwann löste sich unser Kanu endlich. „Wir sind wirklich ein tolles Team!", meinte Leon stolz. Aber mir war das in dem Moment egal, denn meine Beine fühlten sich wie Eis-

20 klumpen an. Ich zitterte und meine Finger waren steif.
Plötzlich kam unser Bootsführer Uwe angepaddelt, die Mädchen hatten ihm wohl Bescheid gesagt. Er gab uns Handtücher, warme Decken und heißen Tee und fragte: „Na, ihr Profis, diesen Flussarm können wir morgen zusammen mit allen erforschen, was meint ihr?" Viel mehr sagte er nicht, und das fanden wir sehr nett von ihm.

1 Lest den Text und untersucht den Beginn der Geschichte.
Was erfährt man im ersten Erzählschritt?

2 Das Ereignis wird in fünf Erzählschritten erzählt. Lest den Text noch einmal und ordnet die fünf Bilder auf dieser Seite den Erzählschritten zu.

3 Lest noch einmal den dritten und den vierten Erzählschritt.
Erklärt, warum das Geschehen anschaulich beschrieben wurde. Begründet anhand von Textstellen.

4 Fasst jeden Erzählschritt in einem Satz zusammen.

1. Die Klasse wird ins Kanufahren eingeführt.

2. Leon und der Erzähler ...

3. Das Kanu ...

4. Endlich ...

5. Der Bootsführer ...

5 Wenn ihr einen Erzähltext verfasst, könnt ihr auf ein eigenes Erlebnis zurückgreifen oder auch etwas erfinden.

a Erfindet einen anderen Ausgang für die Geschichte „Kanufahren für Profis" (▶ S. 57).

b Stellt euch eure Ergebnisse gegenseitig vor und begründet, welche Fassungen ihr für gelungen haltet.

Wissen und Können   **Einen Erzähltext verfassen**

Wählt ein eigenes Erlebnis aus oder erfindet etwas.
Führt zu Beginn in die **Erzählsituation** ein und klärt die wichtigsten W-Fragen:
- Wer sind die Hauptfiguren?
- Wann und wo ereignet sich das Geschehen?

Erzählt in zwei oder drei **Erzählschritten** vom Geschehen.
- Was ist passiert?
- Wie ist es geschehen und warum? Besonders interessant wird eure Erzählung, wenn ihr das **Ereignis anschaulich erzählt.**

Findet einen **Ausgang,** der die Geschichte abrundet. Ihr könnt noch einmal auf den Anfang der Erzählung zurückkommen oder eine Frage offenlassen.
- Wie geht die Geschichte aus?

Eiskaltes Wasser – Anschauliche Wörter wählen

Passende Adjektive suchen

1 Lest noch einmal den vierten Abschnitt des Textes auf Seite 57 und sucht die Adjektive (▶ S. 212) heraus, die die Nomen genauer und anschaulicher beschreiben, zum Beispiel:
eiskaltes Wasser

2 Sucht jeweils mehrere passende Adjektive aus, die auf die folgenden Fragen eine Antwort geben. Die Wortspeicher können euch helfen (▶ S. 256).
– Wie ist ein See, in den du nicht hineingehen möchtest?
  Wie ist ein See, in den du gern hineinspringen würdest?

> trüb • eiskalt • muffig • kristallklar • glitzernd • erfrischend

– Wie ist ein Kleidungsstück, das du nicht gern anziehst?
  Wie ist ein Kleidungsstück, in dem du dich wohlfühlst?

> kuschelig • kratzig • geblümt • bunt • zerrissen • weit

– Wie ist ein Platz, wo du dich gern ausruhen würdest?
  Wie ist ein Platz, an dem du dich gar nicht wohlfühlst?

> geheimnisvoll • dunkel • warm • kühl • stinkend • unheimlich

Mit Vergleichen anschaulich schreiben

3 Im Text auf Seite 57 findet ihr in den Zeilen 19–20 einen Vergleich:
„... meine Beine fühlten sich wie Eisklumpen an.“
Sucht auch für die folgenden Sätze passende *Wie*-Vergleiche und schreibt die Sätze auf.

> Unsere Finger waren <u>kalt</u>.
> Meine Beine wurden plötzlich <u>schwer</u>.
> Das Brot war <u>trocken</u> und <u>hart</u>.
> Das Wasser schimmerte <u>grün</u>.
> Der Tee schmeckte <u>süß</u>.
> Sein Gesicht war <u>rot</u>.
> Ich rannte <u>schnell</u> zur Tür hinaus.

●○○

> Gras • ein Stein • Zucker • Staub • eine Tomate • eine Rakete

Wer bewegt sich wie? – Mit Verben anschaulich schreiben

> Wir gingen durch den eiskalten Fluss.
> Die alte Dame ging unter Schmerzen zur Bushaltestelle.
> Die Kinder liefen vor dem gefährlichen Hund davon.
> Kim und Laura gingen durch das Einkaufszentrum.
> Leon lief heimlich seinem Bruder hinterher.
> Wir hatten keine Lust zu wandern und gingen den Berg hinauf.

> rennen • schleichen • hinken • schlendern • steigen • waten • schlurfen

4 **a** Ersetzt in den Sätzen die Verben durch ausdrucksstärkere (▶ S. 233).
   Macht eine Ersatzprobe und prüft, welches Verb am besten passt.
   b Bildet eigene Sätze mit den Verben aus der Wortsammlung.

Mehr als reden oder sagen – Mit Verben anschaulich schreiben

5 **a** Wählt für die Sätze passende Verben aus und schreibt die Sätze vollständig auf (▶ S. 222).

> Unser Bootsführer ? uns den Weg.
> „Willst du etwa schwimmen?“, ? Leon.
> Nachdem er uns gefunden hatte, ? er vor Wut.
> Leja ? : „Ihr seid ja verrückt!“
> Vor Schmerzen ? der Mann.
> Es war unheimlich still und ich ? : „Lass uns schnell gehen.“

●○○

> beschreiben • stöhnen • rufen • schreien • flüstern • brüllen • stottern

b Schreibt mit jedem Verb einen eigenen Satz auf.

Wie gelähmt – Gefühle in Worte fassen

1 Gefühle müssen in Geschichten in Worte gefasst werden.

a Überlegt euch, was der Bootsführer Uwe am Ende des Textes auf Seite 57 sagen könnte, wenn er sehr ärgerlich wäre. Schreibt diese wörtliche Rede auf.

b Veranschaulicht mit Wörtern oder Wendungen, dass Uwe ärgerlich ist. Schreibt dazu mindestens zwei Sätze auf. Ihr könnt den Wortspeicher nutzen.

> an die Stirn tippen • rot wie eine Tomate sein • kochen vor Wut • brüllen •
> die Faust ballen • schimpfen

c Sammelt Wörter und Wendungen zu folgenden Gefühlen: Freude, Stolz, Begeisterung, Aufregung.

> schwitzen • die Arme verschränken • in die Hände klatschen

2 Versetzt euch in folgende Situationen:
Was denkt und fühlt ihr? Schreibt zu jeder Situation mindestens drei Sätze auf.

– Du möchtest mit deinem Freund ins Kino gehen, weil du Kinogutscheine geschenkt bekommen hast. Als ihr an der Kasse steht, findest du die Gutscheine nicht.
– Deine Eltern erzählen dir, dass deine Cousine mit in den Urlaub fährt. Du kannst sie absolut nicht leiden.
– Am Sonntag hat eure Fußballmannschaft ein wichtiges Spiel. Beim Training zuvor verletzt du dich so, dass du nicht mehr mitspielen kannst.
– Als du mit deiner Freundin zum Einkaufen gehst, findet ihr auf der Straße zwanzig Euro.

Wissen und Können **Anschaulich erzählen**

- Sucht **anschauliche Adjektive,** zum Beispiel:
  das eiskalte Wasser, die glitschigen Äste.
- Verwendet **treffende Verben,** zum Beispiel:
  Wir schlichen aus dem Zimmer.
  Leon erklärte: „Wir haben einen Forschungsauftrag."
- Fasst **Gefühle und Wahrnehmungen** in Worte, zum Beispiel:
  Er war rot wie eine Tomate.
  Er schimpfte und tippte sich an die Stirn.
- Nutzt für interessante Textstellen **die wörtliche Rede,** zum Beispiel:
  „Hey, was macht ihr da?"

Wörtliche Rede sinnvoll einsetzen

1 Sucht im Text „Kanufahren für Profis" (▶ S. 57) die Stellen, an denen wörtliche Rede verwendet wird.
Lest die Textstellen einmal mit, einmal ohne wörtliche Rede vor.
Beschreibt die unterschiedliche Wirkung.

> *Die Scheune war stockdunkel. Es war so still, dass wir unseren Atem hören konnten. Auf einmal hörten wir Schritte. Erschrocken griff ich Annas Arm. Wir wagten nicht mehr, uns zu bewegen. Langsam bekamen wir Angst und mein Herz klopfte.*

2 **a** Lest den Textauschnitt. Was könnten die beiden Kinder zueinander sagen?
Welche Gedanken könnten ihnen durch den Kopf gehen?
Schreibt den Text ab und ergänzt wörtliche Rede.

  b Stellt euch eure Texte gegenseitig vor und besprecht, welche wörtliche Rede im Text für
Anschaulichkeit gesorgt hat.

3 **a** Schreibt aus dem Text „Kanufahren für Profis" (▶ S. 57) die wörtliche Rede mit den
Redebegleitsätzen ab. Achtet dabei auf die Zeichensetzung.

  b Der folgende Text enthält wörtliche Rede.
Schreibt ihn ab und ergänzt die fehlenden Satzzeichen.

> *Unser Bootsführer Uwe zeigte uns eine Stelle, an der die Wasserpflanzen sogar bis an die Oberfläche reichten. Schaut mal! Hier schwimmen ja tausend Fische! rief ich. Karl wollte ein paar Pflanzen für sein Aquarium mit nach Hause nehmen, aber Uwe antwortete Nein, wir dürfen dieses Biotop nicht beschädigen. Taucht deshalb eure Paddel nicht zu tief ins Wasser, wenn wir jetzt weiterfahren.*

Wissen und Können   **Wörtliche Rede verwenden**

Was jemand redet, steht in **Anführungszeichen.**

Steht der **Redebegleitsatz** vor der wörtlichen Rede, wird er mit einem **Doppelpunkt** abgetrennt:
Wir riefen: „Wir sind aber schneller!"

Steht der **Redebegleitsatz** nach der wörtlichen Rede oder zwischen einer wörtlichen Rede, wird er durch **Komma** abgetrennt. Der Aussagesatz verliert den Schlusspunkt. Fragezeichen und Ausrufezeichen bleiben stehen, zum Beispiel:
„Da habt ihr noch einmal Glück gehabt", meinte Uwe.
„Karl", warnte Uwe, „halte mehr Abstand!"
„Was macht ihr denn da?", fragte Leja.
„Vorsicht, wir kentern!", schrie ich.

Das richtige Tempus verwenden

1 Beim schriftlichen Erzählen ist die Erzählzeit meist das Präteritum (1. Vergangenheit) (▶ S. 225). Schreibt den folgenden Text auf und setzt die passenden Verben aus dem Wortspeicher ein. Verwendet das Präteritum.

> *Mein Freund Emil und ich besuchten eine Schnupperstunde im Judoklub. Der Lehrer* **?** *einen Griff, den wir immer wieder* **?** *. So schnell* **?** *für mich noch nie eine Stunde. Nach dem Ende des Kurses* **?** *und* **?** *zur Bushaltestelle. Endlich* **?** *der Bus, wir* **?** *und Emil* **?** *nach seinem Geldbeutel. Aufgeregt* **?** *er in seiner Tasche, aber: nichts!*

> greifen • einsteigen • sich zeigen • kramen • üben • vergehen • laufen •
> sich umziehen • erklären

●○○ Wenn du bei der Bildung des Präteritums unsicher bist, schau im hinteren Umschlagdeckel nach.

2 Überarbeitet den Text, indem ihr die Zeitform Präteritum richtig bildet (▶ S. 225).
Schreibt in euer Heft.

VORSICHT FEHLER!

> *Letzte Woche schlagte Emil vor, eine Schnupperstunde im Judoklub zu besuchen.*
> *Ich fande die Idee gut, denn Judo wollte ich schon immer mal ausprobieren.*
> *Das ganze Training gefielte uns sehr gut, weil der Trainer sehr nett war und alles genau erklärte. Als wir nach der Schnupperstunde am Bus ankommten, erschreckte Emil sich.*
> *Sein Geldbeutel war aus der Tasche verschwunden. Wir beschließten, noch einmal zurück zum Judoklub zu gehen.*

3 Bei manchen Verben ändert sich der Stammvokal, wenn man sie vom Infinitiv ins Präteritum und ins Perfekt setzt, z. B.: *graben – ich grub – ich habe gegraben.*
Setzt die Reihe in eurem Heft mit den folgenden Verben fort:

> schreiben • gießen • lesen • schreien • laufen • sehen • bleiben • essen • werfen •
> reiten • schneiden • schwimmen • sinken • waschen • wachsen • trinken

Wissen und Können	**Die Tempusformen beim Erzählen**

Beim schriftlichen Erzählen verwenden wir in der Regel das **Präteritum** (1. Vergangenheit):
Emil und ich <u>machten</u> die Übungen gemeinsam.
Wenn man deutlich machen will, dass ein Ereignis bereits **vor dem erzählten Geschehen** stattgefunden hat, verwendet man das **Plusquamperfekt** (3. Vergangenheit):
Weil mir Emil ein Bein <u>gestellt hatte</u>, fiel ich unsanft auf die Matte.

Eine eigene Erzählung planen

1 Plant eine Erlebniserzählung. Ihr könnt dabei auf ein eigenes Erlebnis zurückgreifen oder auch etwas erfinden.

Sammelt eure Ideen in einem Ideenstern. Schreibt in die Mitte, um was es geht (▶ S. 289).

Notiert um die Mitte herum Stichpunkte zu dem Erlebnis.

2 Entwickelt auf der Grundlage eures Ideensterns einen Schreibplan.

Schreibplan

Was soll in meiner Geschichte passieren? Was will ich erzählen?

Wer sind die Hauptfiguren?

Wo findet das Ereignis statt?

Wann spielt meine Geschichte?

3 Schreibt nun eure Geschichte auf. Denkt daran, sie anschaulich zu schreiben.

4 Sucht eine passende Überschrift für eure Erzählung.
Tipp: Die Überschrift einer Geschichte soll neugierig machen, aber noch nicht zu viel verraten.

Wissen und Können   **Einen Schreibplan erstellen**

Mit Hilfe eines **Ideensterns** könnt ihr eure Ideen zu einer Erzählung sammeln.
Notiert in einem Schreibplan den Aufbau eurer Geschichte:

- Was soll in eurer Geschichte passieren?
- Wer sind die Hauptfiguren?
- Wo ereignet sich das Geschehen?
- Wann spielt eure Geschichte?

Eine Schreibkonferenz durchführen

1 Wer einen Text geschrieben hat, merkt oft gar nicht, ob der Text an manchen Stellen für andere unverständlich ist. In einer Schreibkonferenz könnt ihr euch gegenseitig Verbesserungen vorschlagen. Ihr könnt dazu die Texte nutzen, die ihr zu eurem Schreibplan verfasst habt (▶ S. 65).

– Setzt euch zu dritt oder zu viert zusammen. Entscheidet: Wer liest zuerst vor?
Wer ist von den Zuhörenden Experte für den Inhalt, wer Experte für den Aufbau und wer Experte für die Sprache?

– Lest den Text einmal vor. Die Experten hören gut zu und achten auf ihren Schwerpunkt. Sagt dem Autor anschließend, was euch an dem Text gut gefallen hat.

– Besprecht nun Satz für Satz. Die Experten beraten, stellen Fragen an den Autor und machen Verbesserungsvorschläge. Der Autor macht sich dazu Notizen.

– Tauscht anschließend die Rollen und besprecht den nächsten Text.

Inhalt
- Verstehe ich, worum es geht?
- Welche Textstellen sind unverständlich?
- Wird deutlich, was die Figuren fühlen, denken und sagen?
- Passt die Überschrift gut zum Text?

Aufbau
- Wer sind die Hauptfiguren?
- Wann und wo ereignet sich das Geschehen?
- Was ist passiert?
- Wie ist es geschehen und warum?
- Wie geht die Geschichte aus?

Sprache
- Werden anschauliche Wörter benutzt?
- Wird wörtliche Rede sinnvoll verwendet?
- Wird die Zeitform richtig eingehalten?

2 a Überarbeitet eure Texte mit Hilfe eurer Notizen. Prüft zum Schluss noch einmal die Rechtschreibung.
b Schreibt euren überarbeiteten Text sauber ab.

Wissen und Können	Eine Schreibkonferenz durchführen

- Besprecht eure Texte in Gruppen. Dabei achtet jedes Gruppenmitglied als Experte auf einen **Schwerpunkt** (Inhalt, Aufbau oder Sprache).
- Formuliert eure Vorschläge in der **Ich-Form,** zum Beispiel: *„Ich würde die Überschrift ..."*
- Achtet darauf, dass eure Verbesserungsvorschläge **unterstützend und hilfreich** sind.
- Der Verfasser des Textes notiert sich die Vorschläge und entscheidet selbst, welche er bei der Überarbeitung beachtet.

Testet euer Wissen!

Eine Geschichte in einer Schreibkonferenz überarbeiten

Das war aufregend!

1 Immer am Mittwoch haben wir schon um 12:00 Uhr Schule aus und ich gehe meistens mit meinem Freund zum Skateboarden in die Halfpipe.

5 **2** Am Vormittag regnete es und die Straßen waren noch ganz nass. „Wollen wir wieder heimgehen?", fragte mich mein Freund Volcan. Ich meinte: „Nein", und wir gingen weiter. Dann waren wir an
10 der Halfpipe angekommen. Es war schon Sarah da. Sie ist eine ziemliche Angeberin und ist schon in der 6b. Dann stiegen wir auf die Plattform und warteten darauf, dass wir unsere
15 Manöver machen konnten. Sarah fuhr mit Karacho auf die andere Seite und machte dort einen „Onehundredeighty". „Das kann ich auch", dachte ich mir und wollte es ihr nachmachen.

20 **3** Aber da war schon Volcan losgefahren, und ich musste noch warten, bis die Halfpipe wieder frei war. Er machte eine ganz gute Figur und kam wieder sicher auf dem „Table" an. Bewundernd rief ich: „Gut gemacht!"

4 Dann fuhr ich los. In der Mitte der Halfpipe pushte ich und wollte mit Schwung auf die Plattform. Ich habe aber nicht gemerkt, wie rutschig der Beton war. Mit voller Wucht bret
25 terte es mich hin und ich hörte, wie Sarah sagte: „Na, da musst du aber noch viel üben!" Meine Knie taten mir furchtbar weh und ich schaute sie mir an: Meine Jeans hatte zwei Löcher und darunter sah ich die aufgeschürfte Haut.

5 Am meisten hat mich geärgert, dass mich Sarah so dumm angeredet hat. Dann ging ich mit meinem Freund wieder nach Hause.

1 Überarbeitet den Text in einer Schreibkonferenz.

2 **a** Stellt die Ergebnisse eurer Schreibkonferenzen in der Klasse vor.
b Vergleicht, welche Verbesserungsvorschläge mit anderen Gruppen übereinstimmen und welche nur in eurer Gruppe gemacht wurden.

4.2 Sprachwerkstatt –
Zu Bildern und Reizwörtern erzählen

Genau betrachtet – Zu einem Bild erzählen

1 Schaut euch die beiden Bilder auf Seite 68 genau an.

a Erzählt euch gegenseitig, was jeweils auf dem Bild passiert.

b Zu jedem Bild kann man eine Geschichte erzählen. Wählt ein Bild aus und erfindet dazu eine kleine Geschichte. Nutzt die folgenden Fragen.

> Was ist passiert?
> Was passiert danach?
> Wer sind die Hauptfiguren eurer Geschichte?
> Was denken, fühlen und sagen sie?
> Wie geht die Geschichte aus?

2 Tragt eure kleinen Geschichten in der Klasse vor und besprecht Gemeinsamkeiten und Unterschiede eurer Erzählungen.

3 Entscheidet euch für ein Bild, zu dem ihr eine Geschichte schreiben möchtet.
Ihr könnt dazu Ideen aus den Aufgaben 1 und 2 nutzen.
Notiert in einem Schreibplan, was ihr erzählen möchtet.

> *Schreibplan*
>
> *Was soll in meiner Geschichte passieren? Was will ich erzählen?*
>
> *Wer sind die Hauptfiguren meiner Geschichte?*
>
> *Wo findet das Ereignis statt?*
>
> *Wann spielt meine Geschichte?*

4 Versetzt euch in die Figuren eurer Geschichte:
Was könnten sie denken oder fühlen?
Notiert Gefühle und Wahrnehmungen, die für eure Geschichte wichtig sind.
Ergänzt die Tabelle mit mindestens zwei weiteren Beispielen in eurem Heft.

Wörtliche Rede	Wörter oder Wendungen
Er schimpfte: „Oh Mann, so ein Pech!"	*Er verdrehte die Augen und wischte das Eis von seiner Hose.*
...	...

5 Schreibt nun eure Geschichte auf und überprüft sie mit Hilfe der Umstell- und Ersatzprobe (▶ S. 233).

6 Stellt euch eure Geschichten gegenseitig vor.

Erzählperspektive und Zeitform einhalten

> Die beiden Jungs standen vor der Eisdiele und freuten sich auf die neue Halfpipe, die sie heute
> ausprobieren wollten. Dann sah Theo, dass Nils und Hannah auch zur Eisdiele gegangen waren.
> Ich wollte am liebsten sofort wieder gehen. Aber Hannah kam auf uns zu und fragte mich:
> „Kann ich mal dein Skateboard ausprobieren?"
> Theo und Ben schauten sich erstaunt an. Ben wurde etwas rot und schaute auf den Boden.

1 a Prüft, wer die Geschichte erzählt.
  b Entscheidet euch für eine Erzählperspektive und überarbeitet den Text in eurem Heft.

> Die Freunde gingen zur Eisdiele. Plötzlich
> sehen sie Michel. Sie ärgern sich über ihn.

> Kurz darauf kommt ein Hund angerannt.
> Die beiden essen gerade ihr Eis.
> Sie erschrecken sich, aber dann passierte es.

> Sie bestellten vier Eiskugeln, aber dann findet
> Max seinen Geldbeutel nicht. Leider hat
> Steffen auch kein Geld dabei. So blieb ihnen
> nichts anderes übrig, als Sofia zu fragen.

> Als sie durch die Stadt bummeln, treffen sie
> Linas kleine Schwester mit ihrem Vater.
> Er war sauer, weil Lina eigentlich noch
> Hausaufgaben machen sollte.

2 a Lest die Texte und prüft die Zeitformen (▶ S. 223 ff.).
  b Überarbeitet die Texte und schreibt sie richtig auf.

Wissen und Können   Ich-Erzähler oder Er-/Sie-Erzähler

Die Personen, die in einer Geschichte vorkommen, nennt man Figuren.
Geschichten können aus verschiedenen Perspektiven erzählt werden.

Ein **Ich-Erzähler** ist selbst als handelnde Figur in das Geschehen verwickelt und erzählt aus
seiner persönlichen Sicht, zum Beispiel: *Meine Schwester kam auch mit. Ich ärgerte mich, weil …*

Der **Er-/Sie-Erzähler** ist nicht am Geschehen beteiligt. Er/Sie erzählt von allen Figuren in der
Er-Form oder Sie-Form, zum Beispiel: *Seine Schwester kam auch mit. Das ärgerte David, weil …*

Zu einer Bildergeschichte erzählen

1 a Schaut euch das erste Bild an. Welche Gedanken gehen euch durch den Kopf, wenn ihr die Kinder vor dem Baugerüst seht?
b Betrachtet die anderen Bilder und erzählt, was ihr seht.

2 a Wie könnte die Bildergeschichte auf Seite 71 enden? Zeichnet dazu ein Bild in euer Heft.
   b Stellt euch eure Bilder zum Ausgang der Geschichte gegenseitig vor.

3 Schreibt zu jedem Bild (▶ S. 71) einen passenden Satz auf, auch zu eurem gezeichneten Bild.
Verwendet das Präteritum (1. Vergangenheit).

4 Was könnten die Kinder zueinander sagen?
   a Bildet Gruppen und überlegt euch ein Gespräch zwischen ihnen.
   b Stellt eure Gespräche in der Klasse vor und vergleicht eure Lösungen.

5 a Außer *sagen* könnt ihr viele andere Wörter nutzen, die ausdrucksstärker sind.
       Sucht zum Wortfeld *sagen* weitere Wörter und schreibt sie in euer Heft.

> schimpfen • fragen • schreien • jammern • meinen • stottern • flüstern

   b Schreibt zu jedem Bild mindestens eine wörtliche Rede mit Redebegleitsatz auf.

> „Lasst uns doch dort hinaufklettern, macht
> ihr mit?", fragte Jasper.
> Lara schrie: „So ein Mist! Das ist das neue
> Handy von meinem Bruder! Was mache ich
> jetzt nur?"

6 Schaut euch noch einmal das dritte und vierte Bild an. Achtet auf die Mimik,
Gestik und Körperhaltung der Kinder. Was könnten sie denken und fühlen?
Sammelt Wörter und Wendungen.
●○○ *Bild 3: fühlen sich stark • lächeln stolz • ...*
Bild 4: erschrocken • schreien vor Schreck • ...

7 Schreibt nun eine Geschichte zu den Bildern auf. Nutzt dazu eure Ergebnisse aus den Aufgaben 4 bis 6.

Wissen und Können	**Wortfeld**

Wörter mit ähnlicher Bedeutung bilden ein Wortfeld, zum Beispiel:
sagen: meinen, antworten,
gehen: schlendern, laufen.
Mit Wörtern aus einem Wortfeld kann man abwechslungsreich und aussagekräftig formulieren.

Sätze verknüpfen

Wir trafen uns am letzten Samstag. Wir wollten mit den Fahrrädern in der Gegend herumfahren.

Niemand beobachtete uns. Am Wochenende waren keine Bauarbeiter da.

Wir hatten das Verbotsschild gelesen. Vorsichtig kletterten wir hinauf.

Ich zeigte mich ganz ruhig. Ich hatte Angst.

Es kribbelte in meinem Bauch. Hier durften wir uns gar nicht aufhalten.

Meine Handflächen wurden ganz feucht. Das Gerüst wackelte und klapperte.

Mühsam hielt ich das Gleichgewicht. Ich hielt das Handy in einer Hand.

Sie blieben bis 18 Uhr. Um 17 Uhr sollten sie zu Hause sein.

BETRETEN VERBOTEN

1 Lies die Sätze und verbinde sie mit passenden Konjunktionen
(▶ S. 245 ff.). Es gibt immer mehrere Möglichkeiten.
Du kannst folgende Konjunktionen nutzen:

da • weil • wenn • obwohl • aber • denn • doch

| Wissen und Können | Texte mit Satzverknüpfungen verbessern |

Mit Satzverknüpfungen kann man Texte abwechslungsreicher formulieren.
Außerdem könnt ihr Zusammenhänge deutlich machen.
Konjunktionen können Sätze miteinander verbinden, zum Beispiel:
Er kletterte schnell das Gerüst hoch, weil er angeben wollte.
Er kletterte das Gerüst hoch, obwohl er nicht schwindelfrei war.

Reizwortgeschichten überarbeiten

Katze • Baum • Feuerwehr

1 a Lest die Reizwörter und schließt kurz die Augen. Stellt euch mit Hilfe dieser Wörter eine Geschichte vor.
b Schreibt eine Erzählung zu diesen Reizwörtern in euer Heft.
Lest dafür den Merkkasten unten.
c Prüft und überarbeitet eure eigenen Texte mit Hilfe der Merkkästen (▶ S. 73, 74).

Mein Bruder und ich machten an einem warmen Sommertag unter einem Baum im Garten ein Picknick. Wir saßen mit unserer Katze Tiffy auf einer Decke auf der Wiese und ließen uns Äpfel schmecken. Wir lasen uns gegenseitig aus einem spannenden Buch vor. Wir spielten aber auch zur Abwechslung mit unserer Katze. Wir ahnten nicht, dass unser Picknick bald enden würde.

2 Untersucht und verbessert die Erzählsituation, die zu den Reizwörtern oben verfasst wurde.
a Achtet auf folgende Punkte:
   – Wer sind die Hauptfiguren?
   – Wann und wo ereignet sich das Geschehen?
b Stellt die Sätze um und sorgt so für mehr Abwechslung im Satzbau.
   An einem warmen Sommertag machten mein Bruder und ich unter einem Baum im Garten ein Picknick.

Wissen und Können   Nach Reizwörtern erzählen

Für den Aufbau einer Reizwortgeschichte gelten die gleichen Regeln wie für eine Erlebniserzählung (▶ S. 59).
Außerdem müsst ihr aber auf Folgendes achten:
- Verwendet **alle Reizwörter** sinnvoll in eurer Geschichte. Sie sollten **für die Handlung** eine **wichtige Rolle** spielen.
- Die **Reihenfolge** der Reizwörter darf umgestellt werden.
- Die **Überschrift** muss die Reizwörter nicht unbedingt enthalten, sie sollte jedoch einen Bezug zu der erzählten Geschichte haben.

3 Untersucht und überarbeitet den folgenden Text mit Hilfe des Merkkastens.

a Benennt das Problem. Welche Probe müsst ihr anwenden, um den Text zu verbessern?

b Überarbeitet den Text in eurem Heft. Nutzt dazu die Begriffe aus dem Wortspeicher.

> *Wie der Blitz lief Tiffy davon. Tiffy brachte sich auf dem Baum in Sicherheit.*
> *Wir versuchten, Tiffy mit ihren Lieblingskeksen vom Baum zu locken. Aber Tiffy traute sich nicht*
> *mehr herunter. Tiffy hatte zu viel Angst! Ganz fest krallte sich Tiffy an ihrem Ast fest.*

> unsere Mieze • die Katze • das Tierchen • sie

4 Verbessert den Auszug aus einer Geschichte.

a Was ist auffällig? Nennt die Probe, die ihr zum Überarbeiten anwenden müsst.

b Schreibt eine Überarbeitung des Textes in euer Heft (▶ S. 233).

> *Echt super, wie der Feuerwehrmann dann in rasendem Tempo die Leiter hochfuhr und der Feuerwehr-*
> *mann total schnell hinaufkletterte! Also, das war vielleicht aufregend, als unser Helfer Tiffy dann mit*
> *beiden Händen packen wollte, unser Helfer aber das Tier nicht erwischen konnte. Ich konnte echt*
> *nicht hinschauen, und mir wurde total schlecht vor Angst, dass Tiffy vom Baum fallen könnte. Na ja,*
> *letztendlich steckte er Tiffy aber doch ganz cool in seine Jacke!*

5 **a** Wählt aus dem Wortspeicher drei Reizwörter aus und schreibt eine Reizwortgeschichte dazu.

> Geheimnis • Wald • Geräusch • Igel • Pony • Stock • Freund/-in • Ferien

b Prüft und überarbeitet eure Texte mit Hilfe des Merkkastens.

Wissen und Können   **Umstell-, Weglass-, Ersatzprobe**

- Durch **Umstellen** kann man einen eintönigen Satzbau vermeiden, zum Beispiel, indem man die wichtigste Aussage an den Satzanfang stellt:
  Uns gefiel der Nachmittag bis dahin. Uns durchfuhr jedoch ein großer Schreck … →
  Uns gefiel der Nachmittag bis dahin. Ein großer Schreck durchfuhr uns jedoch …
- Auch durch **Weglassen** unpassender und überflüssiger Wörter kann ein Text verbessert werden:
  A̶l̶s̶o̶, wir mussten t̶a̶t̶s̶ä̶c̶h̶l̶i̶c̶h̶ die Feuerwehr rufen, u̶n̶d̶ ̶w̶i̶r̶ mussten aber nur v̶o̶l̶l̶ kurz auf sie warten.
- **Ersetzt** Wörter, die sich wiederholen, durch ähnliche Begriffe oder durch Pronomen:
  Wie aus dem Nichts tauchte ein großer Hund auf. Der Hund wollte sich auf Tiffy stürzen. →
  Wie aus dem Nichts tauchte ein großer Hund auf. Er/Das Tier wollte sich auf Tiffy stürzen.

Satzanfänge abwechseln

Karlsruhe. In einem Affen-Freigehege im Karlsruher Zoo riss am Freitag, dem 13. März, ein diebischer Berberaffe einer 11-jährigen Besucherin die Brille aus der Hand und verschwand auf einen Baum. Das Mädchen, das seine Brille gerade putzen wollte, kam mit dem Schrecken davon. Erst durch den Einsatz mehrerer Tierpfleger gelang es, die Brille unbeschadet zurückzubekommen.

1 Diese kurze Zeitungsnotiz benennt wesentliche Fakten zu einem Ereignis, gibt aber nicht wieder, was dabei in den Menschen vorging, die daran beteiligt waren. Versetzt euch in deren Situation und notiert, was die Menschen fühlten oder dachten, zum Beispiel: *Sie waren aufgeregt, gerieten in Panik.*

2 Gestaltet die Zeitungsnotiz zu einer spannenden Geschichte aus. Wählt Aufgabe a oder b.
  a Notiert alle Vorgaben aus der Zeitungsnotiz, die für eure Geschichte wichtig sind:
  – *Wer war beteiligt?*
  – *Wo passierte es genau?*
  Schreibt dann aus der Sicht des Mädchens, des Tierpflegers oder eines Beobachters.

●○○ **b** Arbeitet aus der Zeitungsnotiz alle Informationen heraus, die ihr für eure Geschichte benötigt:
  – *Wer? ein Berberaffe, ein 11-jähriges Mädchen, ...*
  – *Wo? im Karlsruher Zoo*
  – *Wann? am Freitag, dem ...*
  Entscheidet euch dann, aus wessen Sicht ihr erzählen wollt, und versetzt euch in diese Figur.
  – *Was erlebt sie?*
  – *Was denkt und fühlt sie?*

3 **a** Lest den folgenden Auszug aus einem Schülertext. Beschreibt anschließend, wie er auf euch wirkt.
  b Untersucht die Satzanfänge. Was stellt ihr fest?

> *Antonia machte mit ihrer Familie einen Ausflug zum Affenberg. Da leben Berberaffen, die man auch füttern darf. Zuerst bezahlten sie am Eingang den Eintrittspreis. Dann gingen sie in das Freigehege. Dann durften die Kinder die Affen füttern. Antonia musste aber erst ihre Brille putzen. Doch dann griff ein kleiner Berberaffe flink nach ihrer Brille. Dann turnte er geschickt in die Äste des höchsten Baumes und versuchte, sich die Brille aufzusetzen.*

  c Gestaltet den Text spannender, indem ihr die Satzanfänge abwechselt (▶ S. 233).
  Nutzt die Formulierungshilfen und schreibt die überarbeiteten Sätze in euer Heft.

> danach • sofort • in diesem Augenblick • auf einmal • später • kurz darauf • plötzlich • zuletzt • anschließend • völlig unerwartet • inzwischen • daraufhin • Sekunden später

4.3 Fit in …? – Ein Erlebnis erzählen

Dieser Arbeitsauftrag wurde in einer Schulaufgabe gestellt:

Verfasse eine Erlebniserzählung zum Thema „Eine unheimliche Nacht auf dem Zeltplatz".

Überschrift Erzählsituation	*Monster im Urlaub* *So weit! Ich hätte nie gedacht, dass wir das schaffen* *würden. Fast 40 Kilometer waren meine Eltern und ich* *am ersten Tag unseres Fahrradurlaubs gefahren. Wir ra-* *delten die Donau entlang bis zu einem Campingplatz. Dort* *angekommen, bauten wir unser Zelt zwischen einem großen* *Felsbrocken und einer Wäscheleine auf. Mein Vater kochte* *uns mit dem Campingkocher Ravioli mit Tomatensauce.* *Nach dem Essen legten wir uns bald ins Bett. Wir waren* *todmüde.*	*Wiederholung* *zu ausführlich*
1. Erzählschritt	*Zufrieden kuschelt ich mich in meinen Schlafsack. Meine* *Eltern haben noch leise ein paar Worte miteinander gespro-* *chen, dann habe ich nur noch den Wind gehört, der draußen* *um die Bäume streicht.*	*Präteritum*
2. Erzählschritt	*Auf einmal wachte ich auf. Es war ganz dunkel. Ich sah* *durch die Zeltplane den schwarzen Umriss des Felsens.* *Doch plötzlich bewegte sich etwas hinter diesem Stein. Ich* *drehte mich um und schaute, ob die anderen schliefen. Ja,* *nur ich war noch wach.*	*Gedanken* *Gefühle*

3. Erzählschritt	*Ich wollte meine Mama gerade aufwecken, da kam das Ungeheuer direkt auf unser Zelt zu. Ich kroch unter meinen Schlafsack. Ich schaute mit einem Auge heraus und merkte, dass ein komisches Monster auf dem Zelt hin und her sprang.*	*Gedanken Gefühle wörtliche Rede*
Ausgang	*Ich nahm jetzt meinen ganzen Mut zusammen und ging aus dem Zelt. Langsam ging ich ums Zelt herum. Doch dort entdeckte ich, was das „Monster" war. Es war ein Handtuch, das sich im Wind bewegte und sich am Zeltrahmen verhängt hatte!*	*Wortfeld nutzen Ausdruck*

1 a Lest die Erlebniserzählung genau.
 b Überprüft mit Hilfe der Anmerkungen in der Randspalte, welche Stellen überarbeitet werden sollen.

2 Überarbeitet den Text und schreibt ihn mit euren Verbesserungen in euer Heft.

3 Überprüft anhand der Checkliste, ob eure Überarbeitung gelungen ist.

Checkliste ✔

Erzählende Texte schreiben
- Habe ich in die **Erzählsituation** eingeführt?
  - Wer sind die Hauptfiguren?
  - Wann und wo ereignet sich das Geschehen?
- Habe ich das Erlebnis in sinnvollen **Erzählschritten** erzählt?
  (Was ist passiert? Wie ist es geschehen und warum?)
- Habe ich **anschaulich erzählt** und dabei auch **Gefühle und Wahrnehmungen** in Worte gefasst?
  - anschauliche Adjektive
  - treffende Verben
  - wörtliche Rede
- Habe ich einen abwechslungsreichen Satzbau gewählt?
- Habe ich einen **Ausgang** gefunden, der die Geschichte abrundet?
- Habe ich eine treffende Überschrift gewählt, die neugierig auf den Text macht?
- Erzähle ich in der Regel in der **Zeitform Präteritum?**
- Sind die **Rechtschreibung** und die **Zeichensetzung** korrekt?

5 Rund um Tiere –
Beschreiben

1 Das Foto zeigt ein Mädchen mit seinem Haustier.
Berichtet von euren Haustieren oder Lieblingstieren.

2 Spielt ein Ratespiel:
Beschreibt euer Lieblingstier mit wenigen Sätzen, ohne die Tierart zu verraten, z. B.:
Mein Lieblingstier hat Schnurrhaare. ...

3 Stellt euch vor, das Kaninchen auf dem Foto ist entlaufen. Das verzweifelte Mädchen möchte Suchanzeigen in der Wohngegend aushängen.
Notiert zu zweit, welche Informationen in der Suchanzeige für das Kaninchen stehen müssen.

In diesem Kapitel ...

– erstellt ihr einen informativen Steckbrief zu einem Tier,
– beschreibt ihr Tiere für Suchanzeigen so anschaulich, dass sich andere diese Tiere ganz genau vorstellen können,
– beschreibt ihr treffend eure Beobachtungen.

5.1 „Wie sieht es aus?" – Tiere beschreiben

Einen Steckbrief zu einem Tier schreiben

Liebesvögel

Vogelliebhaber bezeichnen Zwergpapageien auch als *Unzertrennliche* oder *Liebesvögel*. Der Grund dafür ist, dass die dauerhafte Bindung an einen Partner bei den meisten Zwergpapageienarten stärker entwickelt ist als bei vielen anderen Vögeln. Zwergpapageien ziehen zu zweit oder in kleinen Gruppen von mehreren Paaren durch die offenen Landschaften Afrikas. Als Haustier ist eine Zwergpapageienart besonders beliebt: das Rosenköpfchen. Die Haltung der Rosenköpfchen ist relativ einfach. Allerdings muss unbedingt darauf geachtet werden, dass sie als Pärchen gehalten werden. Die Einfuhr von Zwergpapageien aus Afrika ist strengstens verboten. Daher stammen die Haustiere alle aus Züchtungen.

Einige Informationen über Rosenköpfchen:
– größte Zwergpapageienart, Gesamtlänge bis zu 17 cm
– kompakt gebaut
– kurzer, gerundeter Schwanz
– grünes Hauptgefieder
– rot gefärbter Vorderkopf, blasser werdend bis zur Brust
– hellgrauer Schnabel
– sehr neugierig und aktiv
– nur schwer zähmbar
– baden gern
– stoßen laute, schrille Schreie aus
– Grundnahrung: Gräsersamen, Sonnenblumenkerne, Hirse, Mais
– fressen auch Kräuter, Beeren, Obst
– werden bei guter Pflege bis zu 20 Jahre alt

1 **a** Überlegt, ob ihr selbst gern Rosenköpfchen als Haustiere halten würdet.
b Tauscht euch mit eurem Nachbarn darüber aus und begründet eure Meinung.

2 Schreibt für eine Informationsmappe über Haustiere einen **Steckbrief** zum Rosenköpfchen.
a Legt Stichwortkarten an. Notiert die wichtigen Informationen aus dem Text auf Seite 80.

> **Name/Tierart:**
> Rosenköpfchen (Zwergpapagei)

> **Nahrung:**
> – ...

> **Aussehen:**
> – grünes Hauptgefieder
> – ...

> **Größe/Körperbau:**
> – Gesamtlänge bis zu 17 cm
> – ...

> **Verhalten:**
> – sehr neugierig und aktiv
> – ...

> **Besondere Merkmale:**
> – enge Bindung an Partner
>   (Pärchenhaltung)
> – ...

b Vergleicht eure Stichwortkarten in Partnerarbeit. Streicht Überflüssiges und ergänzt Informationen, die euch noch fehlen.
c Legt fest, in welcher Reihenfolge die Informationen im Steckbrief aufgeführt werden sollen. Nummeriert eure Stichwortkarten.
d Erstellt einen Steckbrief zum Rosenköpfchen. Orientiert euch dabei am Merkkasten unten.

3 Erstellt einen Steckbrief zu einem Tier eurer Wahl, z. B. zu eurem Lieblingshaustier.

Wissen und Können   **Einen Steckbrief zu einem Tier schreiben**

Ein Steckbrief enthält wichtige Informationen zu einem Menschen oder zu einem Tier.
- In einen **Tier-Steckbrief** gehören folgende **Angaben:**
  - Name und Tierart, z. B.: *Rosenköpfchen (Zwergpapagei),*
  - Größe und Körperbau, z. B.: *Gesamtlänge bis zu 17 cm,*
  - Aussehen, z. B.: *grünes Hauptgefieder,*
  - Verhalten, z. B.: *sehr neugierig und aktiv,*
  - Nahrung, z. B.: *Gräsersamen,*
  - besondere Merkmale, z. B.: *enge Bindung an Partner.*
- Die Angaben sollen in einer sinn-vollen **Reihenfolge** erscheinen.

> *Steckbrief*
>
> *Name:* Rosenköpfchen
> *Tierart:* Zwergpapagei
> *Größe:* – Gesamtlänge
>   bis zu 17 cm
> *Körperbau:* – kompakt gebaut
>   – kurzer, gerundeter Schwanz
> *Aussehen:* – ...

„Kater gesucht!" –
Aufbau und Sprache einer Suchanzeige untersuchen

> *Max ist weg!*
> *Ich suche verzweifelt meinen heiß geliebten Max.*
> *Er hat ein schwarzes Fell und einen weißen Fleck*
> *auf der Brust. Er ist sehr schüchtern, aber total süß.*
> *Er ist drei Jahre alt. Die Pfoten sind weiß.*
> *Bitte meldet euch schnell!*

> *Wer hat meinen Kater gesehen?*
> *Seit Freitag, dem 3.5.20.., vermisse ich meinen Kater.*
> *Er hört auf den Namen Paius, ist sechs Jahre alt und*
> *von kleiner Gestalt. Er hat ein graubraun getigertes*
> *Fell mit einem weißen Fleck auf der Brust. Beide*
> *Vorderpfoten sind weiß. Er ist relativ schlank und hat*
> *einen schmalen, spitzen Kopf. Fremden gegenüber verhält*
> *er sich anfangs sehr schüchtern, später verspielt und*
> *frech.*
> *Besonders auffällig ist sein gelbes Schnäuzchen.*
> *Er trägt ein blaues Zeckenhalsband.*
> *Bitte melden bei:*
> *S. Schumann, Am Südbahnhof 2, Köln*
> *Tel.: 02 21 / 7 65 43 21*
> *Ich bin dankbar für jeden Hinweis!*

1 Ordnet die Fotos den zwei Texten zu.

2 Untersucht beide Suchanzeigen genauer. Begründet, welche Anzeige eurer Meinung nach besser gelungen ist.
Tipp: Achtet auf die Genauigkeit der Informationen und auf die Formulierungen.

3 Nennt mindestens zwei weitere Merkmale, die der Verfasser der unvollständigen Suchanzeige ergänzen sollte, damit man sein Tier eindeutig erkennt.

4 Untersucht, in welcher Reihenfolge Paius in der unteren Suchanzeige beschrieben wird. Notiert dazu die folgenden Begriffe in der richtigen Reihenfolge in euer Heft.

> die Körperform • die Größe • die Kopfform • die Tierart • besondere Kennzeichen •
> das Alter • der Name • die Fellfarbe • das Verhalten

5 Um ein Tier zu beschreiben, benötigt ihr Bezeichnungen für alle Körperteile. Zeichnet eine Katze in euer Heft und beschriftet die einzelnen Körperteile mit den folgenden Begriffen.

das Ohr • das Auge •
die Tast- oder Schnurrhaare •
das Maul • die Stirn •
die Wange • der Nacken •
die Brust • der Bauch •
der Oberschenkel •
der Unterschenkel •
die Tatze • der Rücken •
der Schwanz

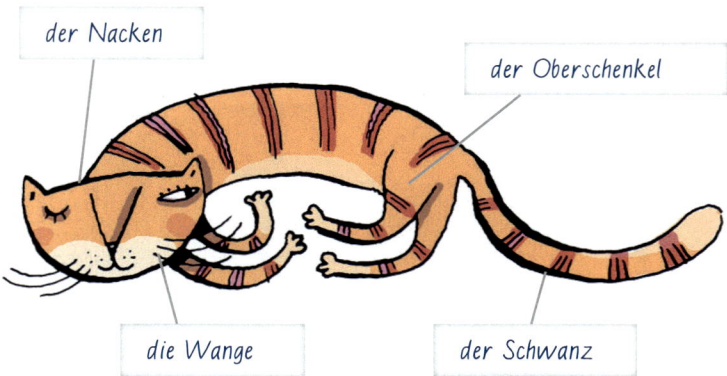

der Nacken

der Oberschenkel

die Wange

der Schwanz

6 Bestimmt die Zeitform, in der die Suchanzeige für Paius (▶ S. 82) verfasst ist.

7 Mit Adjektiven kann man Tiere genauer beschreiben (▶ S. 212).
  a Übertragt die folgende Tabelle in euer Heft.
  Ergänzt alle Adjektive aus der Suchanzeige für Paius.
  b Ergänzt weitere Adjektive, die man für die genaue Beschreibung einer Katze verwenden könnte.

Größe	Farbe/Muster	Kopf- und Körperform	Verhalten
klein	…	…	schüchtern

8 **a** Überarbeitet die Suchanzeige für Max (▶ S. 82) in eurem Heft.
  Achtet dabei besonders auf die genaue Beschreibung des Tiers.
  b Prüft eure Überarbeitung in Partnerarbeit mit Hilfe des Methodenkastens unten.

9 Gestaltet die Suchanzeige zu Max auf einem Blatt Papier. Verwendet unterschiedliche Schriftgrößen, Schriftfarben und eine Zeichnung der Katze.

Wissen und Können **Ein Tier anschaulich und genau beschreiben** (Beispiel: Suchanzeige)

Damit man sich ein Tier (z. B. in einer Suchanzeige) genau vorstellen kann, sollte es so anschaulich und genau wie möglich beschrieben werden. Baut eure **Beschreibung** so auf:
- Beginnt mit der **Tierart** und dem **Namen.**
- Nennt das **Alter,** die ungefähre **Größe** sowie das **Gewicht** und beschreibt **Farbe, Kopf- und Körperform.**
- Geht auf einzelne **Merkmale** ein. Beschreibt die Farben und Formen der **Körperteile** vom Kopf zu den Beinen.
- Nennt besondere **Kennzeichen** und auffällige **Verhaltensweisen.**
- Verwendet **passende Adjektive** (z. B. *mittelgroß, graubraun*) und **abwechslungsreiche Verben** (z. B. *sich befinden, tragen, sich verhalten*).
- Schreibt im **Präsens** (Gegenwartsform) (▶ S. 223).

Eine Suchanzeige schreiben

A

B

Schritt 1: Planen – Merkmale auflisten und Stichworte notieren

1 **a** Entscheidet euch, für welches der oben abgebildeten Haustiere ihr eine Suchanzeige schreiben wollt. Denkt euch einen Namen für das Tier aus und notiert ihn.

b Überlegt, welche Merkmale ihr in einer Suchanzeige für dieses Tier beschreiben solltet. Schreibt diese Merkmale in einer sinnvollen Reihenfolge untereinander in euer Heft.

c Notiert neben jedem Merkmal Adjektive, die zu dem vermissten Tier passen. Nutzt dazu Angaben aus dem Wortspeicher:

> klein • mittelgroß • groß • muskulös • kräftig • schmal • drahtig • leicht • schwer • korpulent • mollig • dick • schmächtig • zierlich • kurz • lang • struppig • borstig • rau • weich • verspielt • scheu • zutraulich • ängstlich • zahm • frech

d Ergänzt weitere Angaben zu dem Tier, die in einer Suchanzeige erforderlich sind.

Schritt 2: Formulieren – Anschaulich und genau beschreiben

2 Die Suchanzeige sollte einen klaren Aufbau haben und genau formuliert sein, damit die Leserinnen und Leser die Anzeige gut verstehen und das Tier wiedererkennen.

a Notiert die folgenden Bestandteile einer Suchanzeige in einer sinnvollen Reihenfolge in euer Heft.

> Beschreibung vom Kopf bis zu den Beinen • Adresse und Telefonnummer •
> Überschrift • Einleitungssatz • Dank • Besonderheiten

b Lest die folgenden Formulierungen. Welche sind eurer Meinung nach für eine Suchanzeige geeignet? Wählt aus.

> **A** Mein Hund ist weg • entlaufen • verschwunden • abgehauen!
> **B** Seit gestern vermisse ich ... • Seit Dienstag, dem 11.10. .., vermisse ich ...
> **C** Es gibt Finderlohn! • Der Finder erhält ... € Finderlohn.
> **D** Bitte melden bei: ... • Bitte sofort bei mir melden!
> **E** Tausend Dank!!! • Ich bin für jeden Tipp dankbar! • Danke für Ihre Hilfe!

3 Eine Suchanzeige wirkt eintönig, wenn nur die Wörter *ist/sind* und *hat/haben* verwendet werden. Ersetzt diese Wörter durch geeignete Formulierungen.
A Mein Hund ist 6 kg schwer. (wiegen)
B Er ist ein acht Monate alter Welpe. (sich handeln um)
C Sein Name ist Schnuffi. (hören auf)
D Auf seinem Bauch ist ein ovaler weißer Fleck. (sich befinden)
E Er hat ein blaues Halsband. (tragen)

4 Verfasst eine vollständige Suchanzeige zu dem von euch gewählten Tier.

Schritt 3: Überarbeiten – Aufbau, Inhalt und Sprache prüfen

5 Setzt euch in Gruppen zusammen und besprecht eure Suchanzeigen in einer Schreibkonferenz (▶ S. 66). Dabei ist jedes Gruppenmitglied Experte für einen der folgenden vier Schwerpunkte:

> **1 Aufbau**
> – Enthält die Suchanzeige die sechs notwendigen Bestandteile?
> – Wurden alle Merkmale des Tiers in einer sinnvollen Reihenfolge beschrieben?

> **2 Inhalt**
> – Kann man sich das Tier anhand der Beschreibung gut vorstellen?
> – Sind die Adjektive passend und genau gewählt?

> **3 Sprache**
> – Ist die Beschreibung sachlich formuliert?
> – Wurden abwechslungsreiche Verben verwendet?
> – Wurde die Zeitform Präsens eingehalten?

> **4 Rechtschreibung und Zeichensetzung**
> – Wurden alle Wörter richtig geschrieben?
> – Wurden die Satzzeichen richtig gesetzt?

Testet euer Wissen!

Tiere beschreiben

1 **a** Wähle eine der beiden Katzen aus und beschreibe sie in deinem Heft.
Gehe dabei auf die folgenden Merkmale in einer sinnvollen Reihenfolge ein:

> Körperform • Alter • besondere Kennzeichen • Augenfarbe • Fellfarbe • Gewicht •
> Beine • Rücken • Schwanz • Pfoten • Brust

b Unterstreiche in deiner Beschreibung fünf Adjektive (▶ S. 212).
Ergänze weitere Adjektive, wenn du weniger als fünf verwendet hast.

2 **a** Lies deine Beschreibung einer Partnerin oder einem Partner vor.
Lass sie oder ihn erraten, welche der beiden Katzen du beschrieben hast.
b Korrigiere die Beschreibung deiner Partnerin oder deines Partners.
Notiere mit Bleistift, was gelungen ist und was noch verbessert werden kann.

3 Notiere die Buchstaben der Bestandteile, aus denen eine Suchanzeige besteht.
Tipp: Die Buchstaben ergeben ein Lösungswort, wenn du die Bestandteile richtig anordnest.

E	Adresse und Telefonnummer	G	Beschreibung vom Kopf bis zu den Beinen
V	Überschrift	P	Name des Muttertieres
A	Lieblingsfutter des Tieres	O	Einleitungssatz
L	Dank im Voraus	K	Treffpunkt
U	Bericht über Verschwinden des Tieres	I	Datum der letzten Impfung

5.2 Plötzlich springt sie los – Beobachtungen beschreiben

Anschaulich beschreiben

1 Die Katze ist in Deutschland das beliebteste Haustier.
  a Tauscht euch darüber aus, welche Verhaltensweisen typisch für Katzen sind.
  b Fragt, wer in eurer Klasse eine Katze als Haustier hat. Seht euch die Fotos an und lasst euch von euren Mitschülern eine der dargestellten Verhaltensweisen der Katze möglichst genau beschreiben.

●○○   Folgende Fragestellungen können euch helfen:

Wie putzt sich die Katze?

Welche Körperteile putzt sie?

Wie bewegt sie beim Trinken ihre Zunge?

In welcher Stellung trinkt die Katze?

Welche Sinnesorgane benutzt sie, um die Milch vor dem Trinken zu prüfen?

Wie ist die Körperhaltung beim Spielen?

Was üben die Katzen im Spiel?

2 Lest den folgenden Text genau.

a Überlegt, welche Wörter in die Lücken passen könnten, und sprecht über eure Ideen mit eurem Banknachbarn.

Schwanzspitze • Biss • aufmerksam • kauern • scharf • pirschen • Krallen

b Seht euch die Zeichnungen der Katze auf Beutefang an und entscheidet, welches Bild zu welcher Textstelle passt.

Die Katze auf Beutefang

Seit mehr als 1000 Jahren lebt die Katze als Haustier bei den Menschen. Obwohl sie die Nähe der Menschen liebt und häufig sehr verschmust ist, ist sie dennoch ein Raubtier geblieben. Selbst eine gut gefütterte, satte Katze beobachtet instinktiv Vögel, Mäuse, Eidechsen und andere kleine Tiere im Freien. ❓ verfolgt sie mit den scharfen Augen jede Bewegung. Ihre Beute bemerkt sie oft lange nicht, denn der Jäger ❓ sich lautlos an sie heran. Dabei ist die Körperhaltung der Katze ❓ . Wenn sie nahe genug herangekommen ist, ❓ sie sich zusammen. Nur die ❓ zuckt in dieser Lauerstellung unruhig hin und her. Mit ❓ gestrecktem Kopf wartet sie auf die beste Gelegenheit zum Sprung. Plötzlich springt sie los und ❓ sich mit den ❓ , ausgefahrenen ❓ auf die Beute. Mit einem ❓ in den Nacken tötet die Katze ihr Beutetier. Weil sie sich beim Jagen mit eingezogenen Krallen lautlos bewegt, wird die Katze als Schleichjäger bezeichnet.

Beobachtungen beschreiben

Wenn ihr eure Beobachtungen einer anderen Person beschreibt, dann macht ihr mehr, als die andere Person über ein Geschehen zu informieren. Ihr gebt Informationen darüber, was passiert, müsst den Vorgang aber so anschaulich beschreiben, dass sich der Zuhörer tatsächlich gut vorstellen kann, **was** geschieht und **wie** es geschieht.

Beim Beschreiben von Beobachtungen (z. B. der Katze auf Beutefang) müsst ihr das Geschehen

- in der logisch richtigen Reihenfolge (z. B. *sich ducken, anschleichen, springen*),
- mit Hilfe von treffenden, aussagekräftigen Verben (z. B. *anpirschen, abspringen*),
- mit Hilfe von anschaulichen Adjektiven (z. B. *konzentriert, hellhörig, zielsicher*),
- wenn nötig mit den entsprechenden Fachbegriffen (z. B. *Beutefang, Schleichjäger*)

formulieren.

3 Im Text „Die Katze auf Beutefang" (▶ S. 88) finden sich Nomen, wie zum Beispiel *Beutefang, Haustier.*

a Benennt die Wortarten, aus denen die Nomen zusammengesetzt sind (▶ S. 256).
b Entscheidet, nach welchem Teil sich bei zusammengesetzten Nomen der Artikel richtet.
c Findet alle zusammengesetzten Nomen im Text und schreibt sie auf.
d Was braucht ihr, um eine Katze als Haustier zu halten?
 Erweitert die Liste unten um zusammengesetzte Nomen.
 – *Katzenfutter*
 – *Futterschüssel*

blitzschnell • Jagdspiel • messerscharf • Schlafplatz • Schwanzspitze

4 a Benennt jeweils die Wortart der einzelnen Wörter (▶ S. 206 ff.).
b Erklärt, wie diese Wörter gebildet werden.
c Findet weitere zusammengesetzte Wörter, die euch helfen, die Katze genau zu beschreiben.

Genau beschreiben

1 Auf dem Foto seht ihr ein Kugelgürteltier, dessen spanischer Name Armadillo „kleiner Gepanzerter"
bedeutet. Findet ihr, dass der Name zu diesem Tier passt? Begründet eure Antwort.

Das Armadillo (Kugelgürteltier)

Das Armadillo ist wirklich putzig. Seinem Namen
macht es auch alle Ehre, denn „der kleine Gepan-
zerte" (so lautet die Übersetzung aus dem Spa-
nischen) wird fast vollständig von einem Panzer
geschützt. Besonders lustig sieht das Armadillo
aus, wenn es sich bei Gefahr zu einer Kugel zu-
sammenrollt. Diese Kugelform bietet ihm aber
guten Schutz vor Fressfeinden. Hier einige Informationen über das Dreibinden-Kugelgürteltier.
– Kugelverschluss: Kopfschild und Schwanz,
   Beine im Kugelinneren
– Panzer aus Horn- und Knochenplatten
– scharfe Krallen zum Abreißen von Baumrin-
   de oder Aufreißen von Termitenbauten
– geht auf Krallenspitzen der Vorderfüße, Hin-
   terfüße flach auf Boden gedrückt
– lange und klebrige Zunge
– Körperlänge: bis ca. 35 cm
– Gewicht: bis ca. 1,6 kg, Männchen schwerer
– ernährt sich von Insekten: Ameisen, Termi-
   ten, Käferlarven
– bringt ein Junges nach 120 Tagen Tragezeit
   zur Welt (zwischen November und Januar)
– meist nachtaktiv und Einzelgänger
– beheimatet in Südamerika
– bevorzugt offenes Grasland, Savannen, Wälder
– bedroht durch die Menschen (schmackhaf-
   tes Fleisch)

2 **a** Lest die Informationen über das Armadillo (Kugelgürteltier) aufmerksam (▶ S. 290).
   b Beantwortet dann die folgenden Fragen. Die Zeilenangaben helfen euch dabei.
      – Wann nimmt das Armadillo seine Kugelgestalt an?
      – Wie bewegt sich das Tier fort?
      – Wie kommt es an die schmackhaften Insekten?
      – Wo ist das Tier beheimatet?
   c Welche Aussagen gehören nicht in eine Tierbeschreibung? Gebt die Zeilenzahl an.

3 Fertigt für eine Ausstellung über bedrohte Tierarten in eurem Klassenraum eine Beschreibung des Kugelgürteltiers an. Stellt das Tier auf einer Wandzeitung vor, indem ihr euer Material auf einem großen Stück Packpapier oder Tapete präsentiert.

a Ordnet die Informationen aus dem Text auf Seite 90 in einer Tabelle folgenden Oberbegriffen zu:

Name (Rasse)	Lebensraum	Aussehen und Körperbau	Nahrung	Fortpflanzung	Besonderheiten
Armadillo oder Kugelgürteltier	Südamerika, offenes Grasland, Savannen, Wälder	…	…	…	…

b Nennt Punkte, zu denen ihr weitere Stichwörter sammeln müsst, um das Kugelgürteltier genau zu beschreiben.

4 Der folgende Text beschreibt das Aussehen des Kugelgürteltiers. Er ist aber unvollständig und nicht gelungen. Wählt Aufgabe a oder b.

> Der Kopf des Kugelgürteltiers ist klein. Das Tier hat einen gepanzerten Körper und kann sich zusammenrollen. Es hat Krallen und Ohren. Der Bauch sieht anders aus als die Körperoberseite. Die Nase ist ganz putzig, die Augen sind rund.

a Notiert zunächst die Mängel der Beschreibung in Stichworten. Schreibt dann den verbesserten Text in euer Heft, z. B.: der _schmale_, _spitz_ _zulaufende_ Kopf des Gürteltiers.

b Wählt aus der folgenden Liste Wörter aus, die ihr in einer Beschreibung der Augen, Ohren, Nase und des Körpers des Kugeltiers verwenden könnt. Schreibt dann den Text verbessert und ergänzt in euer Heft (► S. 212).

Merkmale	Angaben
Kopfform	rund, spitz, klein, breit, schmal
Schnauze	gepanzert, ledrig, glatt, schwarz, braun
Augen	rund, klein, groß, hervorstehend, mandelförmig, eng beieinanderliegend, weit auseinanderliegend, tief liegend
Ohren	klein, groß, abstehend, anliegend, spitz, rund, hängend
Nase	lang, kurz, dick, spitz, rundlich, platt, schuppig, ledrig, gepanzert, behaart
Körperoberseite	kleine Knochenplatten, große Knochenplatten, gepanzert, wirken wie Rückenschilder, in Körpermitte bewegliche und durch Hautfalten verbundene Ringe, gürtelartig
Körperunterseite	Pelz, feine dichte Haare, längere borstige Haare, dünn/dicht behaart

5 Ergänzt Wörter (z. B. Adjektive) zur Beschreibung der Füße.

5.3   Fit in …? – Tiere beschreiben

Aufgabe
Dir und deiner Familie ist ein Hund entlaufen. Es handelt sich um den oben abgebildeten
Sibirischen Husky. Ihr beschließt, Suchanzeigen in eurer Wohngegend auszuhängen.
Verfasse anhand des Bildes eine Suchanzeige für euren Husky.

Die Aufgabe richtig verstehen

1 a Lest euch den Schreibauftrag genau durch.
  b Habt ihr verstanden, was ihr machen sollt?
    Wählt die richtigen Aussagen aus und schreibt sie in euer Heft.

> A Ich soll zu dem entlaufenen Hund einen Steckbrief schreiben.
> B Ich soll den Husky so anschaulich und genau beschreiben, dass andere ihn erkennen
>   können.
> C Ich soll spannend erzählen, wann und wo der Hund weggelaufen ist.
> D Ich soll eine Suchanzeige für den entlaufenen Husky schreiben.

Planen

2 **a** Zeichnet oder paust den Husky oben ab. Lasst um die Zeichnung herum genügend Platz, damit ihr die einzelnen Körperteile beschriften könnt.

b Beschriftet die einzelnen Körperteile des Hundes. Die folgenden Begriffe könnt ihr als Hilfe nutzen.

> der Kopf • die Ohren • die Stirn • die Augen • die Schnauze • der Nacken • der Rücken • die Brust • der Bauch • der Schwanz / die Rute • die Vorderbeine • die Hinterbeine • die Pfoten • das Fell

c Notiert zu jedem Körperteil ein Merkmal.

3 Mit Farbadjektiven könnt ihr das Fell des Sibirischen Huskys genau und anschaulich beschreiben. Wählt aus dem Wortspeicher passende Adjektive aus. Ergänzt sie in eurer Zeichnung (▶ S. 212).

> **weiß:** schneeweiß • cremeweiß • grauweiß
> **grau:** graubraun • silbergrau • hellgrau • mittelgrau • dunkelgrau
> **schwarz:** grauschwarz • pechschwarz • tiefschwarz

4 Legt für alle notwendigen Angaben zu dem Husky eine Reihenfolge fest. Geht so vor:

a Schreibt eine Liste, welche Angaben für die Beschreibung des Hundes wichtig sind.

b Nummeriert die Angaben in einer sinnvollen Reihenfolge.

c Ergänzt in der Liste Adjektive zu den Merkmalen Größe, Gewicht und Körperform.

d Denkt euch für den Husky einen Namen, das Alter und Informationen zum Verhalten aus.

> 1. Tierart/Name: Sibirischer Husky …
> 2. Alter: …
> 3. Größe: …
> 4. Farbe: …
> …

Schreiben

5 Verfasst die Suchanzeige für den Husky. Beschreibt darin den Hund genau.
Beachtet die folgende Übersicht und die Formulierungshilfen.

Überschrift	*Hund entlaufen! / Hund vermisst! / Wir suchen ...!*
Einleitungssatz	*Seit ... vermissen wir ...* *Am ... ist unser Hund entlaufen.*
Beschreibung *Tierart, Name, Alter, Größe, Farbe,* *Körper, einzelne Merkmale*	*Es handelt sich um ...* *Er hört auf den Namen ...* *Der Hund ist etwa ...*
Besonderheiten *besondere Kennzeichen, Verhalten*	*Besonders auffällig ist/sind ...* *Zu erkennen ist er an ...* *... ist ein besonders ... Hund.*
Kontaktadresse	*Bitte melden Sie sich bei ... Unsere Telefonnummer: ...*
Dank	*Wir sind für jeden Hinweis ... Vielen Dank für Ihre ...*

Überarbeiten

6 Überarbeitet eure Suchanzeigen in Partnerarbeit. Nutzt dafür die folgende Checkliste.

Eine Suchanzeige für ein Tier schreiben
- Habt ihr eine **Überschrift** formuliert, z.B. *Hund entlaufen?*
- Gibt es einen **Einleitungssatz,** in dem steht, wann welches Tier entlaufen ist?
- Habt ihr das Tier in einer sinnvollen **Reihenfolge** beschrieben
  (Tierart, Name, Alter, Farbe, Größe/Gewicht, Kopf- und Körperform)?
- Beinhaltet eure Beschreibung besondere **Kennzeichen und Auffälligkeiten?**
- Steht am Ende eine **Kontaktadresse** mit Telefonnummer?
- Habt ihr am Schluss einen **Dank** formuliert?
- Enthält eure Beschreibung passende **Adjektive** für Farben und Körperformen?
- Habt ihr eure Beschreibung im **Präsens** (Gegenwartsform) verfasst?
- Habt ihr darauf geachtet, nicht immer nur die Wörter *ist/sind* und *hat/haben*
  zu verwenden?
- Habt ihr **Rechtschreibung** und **Zeichensetzung** geprüft?

 Wortspeicher

das Gefieder	das Fell	die Schnurrhaare	informieren	anschließend
der Schnabel	die Pfoten	fressen	formulieren	schließlich
das Material	die Tatzen	vermissen	zuerst	zuletzt

6 Jetzt wird's spannend –
Kinderkrimis lesen, Jugendbücher vorstellen

1 **a** Beschreibt das Foto. Könnt ihr euch vorstellen, bei welcher Gelegenheit es aufgenommen wurde?
b Habt ihr auch schon einmal an einer Leseaktion teilgenommen? Erzählt davon.

2 Tauscht euch darüber aus, was ihr am liebsten lest.
– Welches Buch habt ihr zuletzt gelesen?
– Welchen Büchern seid ihr in der Grundschule begegnet?
– Welche Erfahrungen mit Kinderliteratur habt ihr gemacht, zum Beispiel mit Verfilmungen, Hörbüchern?

In diesem Kapitel ...

– lest ihr Auszüge aus einem Kinderkrimi,
– lernt ihr, euch in einer Bibliothek zurechtzufinden,
– stellt ihr einen weiteren Kinderkrimi in einem Projekt vor.

6.1 Mehr als ein Spiel – Ein Jugendbuch lesen

Titelbild und Klappentext – Erwartungen formulieren

Frieda ist sauer. Sie hat Tom gerade erst kennen gelernt, aber weil er so nett war, hat sie ihm ein teures Fernglas ausgeliehen. Und jetzt ist er nicht gekommen, um es ihr zurückzubringen. Da ist doch was faul! Gemeinsam mit Lisa versucht sie, der Sache auf die Spur zu kommen – und hat schon bald einen Verdacht: Wird Tom etwa von Benno und Sven aus ihrer Schule erpresst? Frieda und Lisa geraten in ein Spiel, das schon bald keines mehr ist …

Die Autorin des Romans, Sigrid Zeevaert, wurde 1960 in Aachen geboren. Ihre zahlreichen Kinder- und Jugendbücher wurden in viele Sprachen übersetzt und mehrfach ausgezeichnet.

dtv junior

Sigrid Zeevaert

Mehr als ein Spiel

1 Titelbilder sollen die Leserinnen und Leser ansprechen und neugierig auf das Buch machen.
  a Beschreibt das Titelbild genau.
  b Welche Erwartungen ruft es bei euch hervor? Stellt Vermutungen an, ob das Buch eher lustig oder spannend ist.

2 Der Klappentext fasst den Inhalt eines Buchs zusammen, ohne zu viel zu verraten: Er soll ebenfalls die Neugier auf das Buch wecken.
  a Wer ist die Hauptfigur? Wer spielt noch eine Rolle? Legt eine Übersicht an und tragt ein, was ihr aus dem Klappentext über die Beziehungen der Figuren erfahren habt.
  b Überlegt, wie die Geschichte weitergehen könnte.

befreundet mit: … ← → **Hauptfigur** ⇢ *bekannt mit: …*

Handlung und Figuren kennen lernen

Sigrid Zeevaert

Mehr als ein Spiel – Frieda und die anderen

Frieda ist auf dem Heimweg von der Schule.

Am Ende der Straße sah sie plötzlich Benno und Sven. Frieda verlangsamte ihren Schritt, blieb unschlüssig stehen. Ob die beiden ihr wieder drohen wollten? Aber sie hatte ihnen doch gar nichts getan.
Langsam ging sie weiter, wechselte schon mal die Straßenseite, aber Benno und Sven taten es ihr nach.
Frieda bekam weiche Knie.
„Guck mal, Benno!", rief der, der dann wohl Sven war. „Da kommt ja die Kleine, die sich immer in Sachen einmischt, die sie nichts angehen."
„Genau", stimmte Benno ihm zu. „Und dann behauptet sie auch noch, alle möglichen Ferngläser gehörten ihr." Langsam kamen die beiden näher.
Frieda sah sich um. Zum Davonrennen war es zu spät. Benno und Sven waren bestimmt schneller.
Schon standen sie vor ihr, Benno packte sie am Arm, Sven fasste sie am Kinn. „Hast du Geld dabei?", fragte er.
„Nein, ich ...", Frieda schnappte nach Luft. „Das heißt, ja."
„Gut", zischte Sven. „Dann her damit, aber schnell!" Frieda suchte die drei Mark heraus, die in ihrer Hosentasche steckten, und gab sie Sven. „Ist das alles?", fragte der.
Frieda nickte. Ihr schossen Tränen in die Augen. „Beim nächsten Mal reicht das aber nicht." Wieder fassten die beiden sie am Arm, verdrehten ihn, bis sie aufschrie.
Dann endlich ließen sie los. „Wir warnen dich", sagten sie. „Mach keine Zicken." Sie drehten sich um, verschwanden eilig und ließen Frieda einfach stehen.

Fast den ganzen Nachmittag blieb Frieda bei Lisa, obwohl sie zuerst noch überlegt hatte, ob sie überhaupt hingehen sollte. Nicht wegen Lisa, aber sie wollte Benno und Sven nicht noch einmal über den Weg laufen.
Ganz durcheinander war sie mittags gewesen und sie hatte im ersten Moment gar nicht gewusst, wohin. Schließlich war sie aber nach Hause gegangen, hatte sich das Essen, das im Kühlschrank stand, aufgewärmt und dabei an Anna gedacht. An Anna[1], die irgendwo am anderen Ende der Welt war und ihr fehlte. Vielleicht sollte sie Anna einfach mal einen Brief schreiben und ihr von allem erzählen? Aber bis der Brief Anna überhaupt erreichen würde, vergingen ja Wochen! Frieda hatte überlegt und das Briefeschreiben dann doch auf später verschoben, weil sie ja noch eine Verabredung hatte, die Lisa hieß und neuerdings in der Schule neben ihr saß.
Lisa wohnte mit ihrer Mutter allein. Brüder und Schwestern hatte sie nicht, nur Felix, das Meerschweinchen. Lisa hatte es gut! Frieda hätte auch gern ein Meerschweinchen gehabt oder einen Kanarienvogel oder eine Schildkröte statt einem Bruder.
„Ich werde später mal Tierzüchterin", sagte Lisa und streichelte Felix.
„Ich wahrscheinlich auch", sagte Frieda. „Oder ich gehe zum Zirkus."
„Etwa als Seiltänzerin?"
Frieda zuckte mit den Achseln. „Mal sehen", sagte sie. „Als Seiltänzerin oder als Dompteurin."
Lisa setzte Felix in den Käfig zurück. „Am Anfang wollte er gar nicht hierhin", sagte sie. „Ich glaube, er hatte Heimweh. Ich aber nicht." Sie

---

1 Friedas Freundin Anna ist nach Australien gezogen.

drehte sich um. „Hast du auch Durst?", fragte sie, rannte in die Küche und kam mit zwei Gläsern Cola zurück.

Beide tranken sie ihre Gläser fast in einem Zug leer. „Willst du noch mehr?", fragte Lisa.

Frieda nickte. Und wenig später saßen sie da und Lisa zeigte Frieda, wie sie mit Cola gurgeln konnte. Mit Cola gurgeln konnte Frieda auch, obwohl es ziemlich im Hals brannte.

Sie tranken und gurgelten, bis Lisa eine Tüte Gummiteufel hervorkramte und sagte: „Du bist jetzt ungefähr meine zehnte Freundin."

Frieda nickte, nahm zwei Gummiteufel aus Lisas Tüte und sagte: „Du ungefähr auch."

Sie aßen jeder noch sechs weitere Gummiteufel, dann stand Frieda auf und sagte, sie müsse nach Hause.

„Ich müsste jetzt auch", sagte Lisa. „Ich meine, wenn ich nicht schon zu Hause wäre."

Auf dem Rückweg hatte Frieda es nicht sehr eilig, und um die Straße, in der sie Benno und Sven begegnet war, schlug sie lieber einen Bogen. Wenn man neue Wege probierte, konnte man sowieso viel besser über alles nachdenken.

Über Cola und Gummiteufel, die sich jetzt im Bauch mischten, über Meerschweinchen und Kanarienvögel und Schildkröten und Katzen und Wünsche, die eines Tages vielleicht doch noch in Erfüllung gingen.

Über Benno und Sven dagegen, über Tom, Bastian, das Fernglas und die tote Ratte, die sie beerdigt hatte, dachte Frieda ausnahmsweise nicht weiter nach. Nicht an diesem Nachmittag, der eigentlich ja doch noch ganz schön geworden war.

Die erste Stunde hatten sie frei und so ließ Frieda sich an diesem Morgen etwas mehr Zeit, ging sogar einen kleinen Umweg, kam am Gymnasium vorbei, sah über das Mäuerchen auf den Schulhof und traute plötzlich ihren Augen nicht: Dicht bei den Tischtennisplatten stand Tom! Sie blieb stehen und winkte kurz, als er in ihre Richtung sah. Im ersten

Moment wunderte sie sich zwar, dass Tom nicht zurückwinkte, erklärte es sich dann aber damit, dass er ja so tun musste, als kenne er sie nicht. Wenn es sein musste, tat sie eben auch so. Sie glaubte fest daran, was er ihr am Telefon gesagt hatte, und auch, dass er hielt, was er versprach.

Frieda setzte ihren Weg fort. Was, fragte sie sich, war nur mit dem Fernglas passiert? Hatten Benno und Sven es Tom abgenommen, so wie ihr die drei Mark? Oder hatte er es ihnen freiwillig gegeben, weil er so tun musste, als ob er zu ihnen gehörte? Frieda knibbelte an ihren Fingernägeln. Wenn sie nur wüsste, was das alles bedeutete. Und ob es wirklich so war, wie sie es sich dachte. Vielleicht steckte Tom ja auch mit Benno und Sven unter einer Decke und spielte ihr nur etwas vor?

Auf einmal war Frieda ganz unsicher und wusste nicht mehr, was sie glauben sollte. Es war alles so seltsam und sie hatte Angst vor Benno und Sven. Dabei musste sie Bastian[2] das blöde Fernglas doch bald zurückgeben.

Den ganzen Vormittag dachte Frieda an nichts anderes und überlegte, was sie jetzt machen sollte.

---

2 Bastian ist Friedas Bruder. Ihm gehört das Fernglas.

1 Erklärt, was Lisa mit dem verschwundenen Fernglas zu tun hat. Der Klappentext (▶ S. 96) gibt weitere Hinweise.

2 a Teilt die Geschichte in Erzählschritte ein (▶ S. 298). Nehmt dazu das Grundwissen zu Hilfe.

b Die Geschichte erzählt nicht alle Ereignisse in der Reihenfolge, in der sie passiert sind. Verschafft euch einen Überblick. Erstellt dazu eine Zeitleiste und tragt ein, wann sich welches Ereignis zugetragen hat:

Telefonat zwischen
Frieda und Tom

c Um die richtige Reihenfolge der Ereignisse zu ermitteln, ist es hilfreich, die Erzählschritte zu nummerieren.

3 „Vielleicht sollte sie Anna einfach mal einen Brief schreiben und ihr von allem erzählen?" (▶ S. 97, Z. 49–51). Verfasst in Friedas Namen einen solchen Brief und erzählt Anna von der Begegnung mit Sven und Benno (▶ S. 97, Z. 1–37).

4 Frieda denkt über die Situation mit Tom und dem Fernglas nach.
– Welche Fragen stellt sie sich? Findet die entsprechenden Textstellen.
– Überlegt euch mögliche Antworten auf diese Fragen.
– Was soll Frieda nur machen? Schreibt ihr einen Brief und gebt ihr Tipps.

5 Zeigt in einem Standbild, wie Frieda sich nach den Ereignissen fühlt.
a Überlegt dazu: Wie steht Frieda zu Benno und Sven, wie zu Tom und wie zu Lisa?
b Baut nun die Standbilder. Die Hinweise im blauen Kasten helfen euch.
c Präsentiert eure Standbilder den anderen Gruppen und vergleicht die Anordnung, die Gestik und die Mimik der Figuren. Wie kommt es zu den Unterschieden?

Wissen und Können   **Standbilder bauen**

In einem Standbild kann man sichtbar machen, welche Gefühle Figuren füreinander hegen. So könnt ihr vorgehen:
- Macht euch genau klar, welche Situation oder welche Textstelle ihr darstellen wollt.
- Bestimmt, wer von euch welche Figur spielt und wer der Regisseur ist. Die Übrigen beraten.
- Der Regisseur stellt die Figuren so auf, dass deutlich wird, wie sie „zueinander stehen": Wenn sie einander nahe sind, können sie z. B. nahe beieinanderstehen. Auch Gestik (Körperhaltung) und Mimik (Gesichtsausdruck) kann der Regisseur bestimmen.
- Nun helfen die Berater, damit das Standbild verständlich und aussagekräftig wird.
- Die Figuren verharren unbeweglich wie Statuen.

---

6 a Lisa und Frieda sprechen über ihre Zukunftspläne. Fasst ihre Ideen zusammen.
b Welche Träume und Wünsche, die eines Tages auch in Erfüllung gehen sollen, habt ihr? Malt ein Bild von euch und euren Träumen und Wünschen.

Die Erzählweise untersuchen

Sigrid Zeevaert

Mehr als ein Spiel – Es wird ernst

Frieda weiht Lisa ein. Die Mädchen finden heraus, dass Sven und Benno zu einer Bande gehören, die kleinere Jungen zum Stehlen zwingt. Tom ist der Bande ebenfalls auf der Spur und wurde von Sven und Benno verprügelt. Durch Zufall entdecken die Mädchen das Diebeslager auf einem Schrottplatz und wollen dort Beweise gegen die Bande sammeln.

Eine Weile hockten sie da, und weil der Schrottplatz immer noch still vor ihnen lag, krochen sie schließlich durch das Loch im Zaun und sausten fast lautlos zur Baracke hinüber. Dicht
5 unter dem Fenster hielten sie inne, spitzten die Ohren. Da waren Stimmen von drinnen zu hören! Frieda und Lisa hielten die Luft an.
Es waren mehrere Stimmen, und Frieda und Lisa schien es, als wären die von Benno und
10 Sven auch dabei. Sie redeten durcheinander, dann war es einen Augenblick still, und schließlich hörte man, wie einer sagte: „Er muss von der Bildfläche verschwinden, sonst

macht er uns noch alles kaputt. Wenn die Prügel, die Benno und Sven ihm verpasst haben, 15 nicht ausreichen, dann müssen wir uns eben etwas anderes überlegen." Wieder war es einen Moment still, bis eine andere Stimme fortfuhr: „Wie wäre es mit einer kleinen Entführung?"
Die Stimmen sprachen durcheinander und lei- 20 der konnte man nicht alles verstehen.
„Entführung ist Quatsch", hörten sie schließlich wieder eine Stimme sagen und die anderen wurden ruhig. „Schließlich können wir ihn ja auch nicht ewig gefangen halten." 25
„Und wenn ihm einfach ein Unfall passiert? Möglich wäre das ja."
„Du hast wohl zu viele Krimis gesehen", sagte einer. Und ein anderer sagte: „Wieso? So schlecht ist die Idee doch eigentlich nicht. Je- 30 denfalls kann er uns dann nicht mehr alles vermasseln."
„Oder wir knöpfen uns die Knirpse vor und sagen ihm, dass die Kleinen dran sind, sobald er was macht." Wieder redeten sie durcheinan- 35

der, und Frieda merkte, wie es in ihrer Nase kitzelte. Nur nicht niesen, dachte sie, sonst ist alles zu spät.

Drinnen wurde es wieder still, und dann war plötzlich von den Mädchen die Rede, die ihnen ja auch langsam unbequem wurden und für die man sich noch etwas ausdenken musste. Frieda kniff Lisa vor Schreck in den Arm. Lisa gab ihr einen Stoß.

Drinnen wurde wieder durcheinandergesprochen und man konnte kein Wort verstehen. Als es leiser wurde, konnten sie hören, dass es um eine Ladung ging, die morgen Nachmittag pünktlich übergeben werden musste.

„Lass uns verschwinden", flüsterte Lisa Frieda kaum hörbar ins Ohr. Und obwohl Frieda gern noch länger gelauscht hätte, war sie einverstanden, denn hier von der Bande erwischt zu werden war garantiert alles andere als schön. [...]

„Tag!", sagte jemand, als Frieda gerade durch die Haustür nach oben verschwinden wollte. Erschrocken wandte sie sich um.

Tom! „Ja, aber ...", Frieda verstand nicht so ganz. „Was machst du denn hier?"

Tom grinste. „Na, was wohl? Ich stehe hier und warte auf dich."

Frieda verzog ihr Gesicht. „Das sehe ich selbst", murmelte sie.

„Jedenfalls wollte ich mit dir reden", sagte Tom. „Mit dir und deiner Freundin Lisa." Er sah sich um und fügte dann etwas leiser hinzu: „Ihr seid meine letzte Hoffnung. Mein Freund Jan fällt nämlich aus, weil er mit Masern im Bett liegt. Und mein Freund Joscha behauptet, das alles wäre ihm zu blöd. Dabei hat er wahrscheinlich nur Angst." Tom seufzte. „Tja. Und

deswegen bitte ich euch eben um Hilfe. Allein schaffe ich es nicht."

Frieda holte Luft. Sie zögerte einen Moment, und bevor sie näher nachfragte, was Tom vorhatte, sagte sie: „Wir wollten sowieso noch zu dir, um dich zu warnen." Sie trat einen Schritt näher zu Tom und erzählte ihm hastig von dem, was sie unter dem Fenster der Baracke mit angehört hatten.

Tom biss sich auf die Lippe. „Klingt nicht sehr spaßig", murmelte er, als Frieda fertig war.

Frieda nickte und trat von einem Fuß auf den anderen. Ein Mann ging vorbei, und nachdem er sich wieder entfernt hatte, fragte Tom leise: „Helft ihr mir trotzdem?"

Frieda antwortete nicht gleich. Sie dachte an das Messer, das Benno und Sven ihr vor die Nase gehalten hatten, und daran, wie scharf und spitz es wohl war und ...

„Die Kleinen machen alles, weil Manni und die anderen der Bande sie zwingen", hörte sie Tom sagen. „Sie stehlen sogar im Kaufhaus für sie."

Frieda schluckte. „Wir haben es selbst gesehen", eiferte sie sich. „Bei dem kleinen Rothaarigen zumindest."

„Du meinst Pitti", sagte Tom und fügte nachdenklich hinzu: „Und für morgen ist also eine Übergabe geplant. Das kommt doch eigentlich wie gerufen für uns." Er sah Frieda an. „Also?"

„Wir helfen dir", sagte Frieda und ihre Stimme klang irgendwie dünn. „Lisa ist bestimmt mit dabei. Schließlich muss ja etwas geschehen, damit das Ganze mal aufhört."

Tom stimmte ihr zu. Wieder sah er sich nach allen Seiten um und dann besprachen sie zusammen Toms Plan.

---

1 Was erfahren die Mädchen, als sie auf dem Schrottplatz die Diebesbande belauschen? Sammelt die Informationen in Form eines Clusters (▶ S. 289).

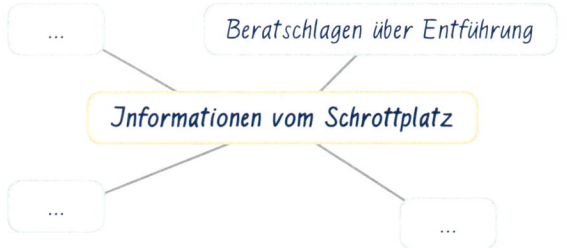

2 Die Szene im Treppenhaus wirkt spannend.

a Begründet, warum diese Situation für die Beteiligten spannend ist. Versetzt euch in ihre Lage.

b Untersucht, mit welchen Mitteln es der Erzählerin gelingt, Spannung zu erzeugen. Achtet auf das Auftauchen Toms, das Zusammentreffen der beiden, die wörtlichen Reden usw.

3 Bereitet entweder die Szene auf dem Schrottplatz oder die Szene im Treppenhaus für einen betonten Lesevortrag (▶ S. 155) vor.

a Überlegt, wie viele Figuren benötigt werden und wer welche Rolle liest. Denkt auch an einen Erzähler.

b Versucht bei eurem Vortrag, die Spannung der Situation und die Gefühlslage der beteiligten Figuren wiederzugeben.

c Präsentiert eure Szene vor der Klasse.

4 „… und dann besprachen sie zusammen Toms Plan" (▶ S. 101, Z. 106 f.).

a Bildet Gruppen und entwerft einen Plan, wie man gegen die Diebesbande vorgehen könnte.

b Stellt der Klasse euren Plan vor und wählt den besten Vorschlag aus.

Testet euer Wissen!

Ein Lesetagebuch führen

1 Stellt ein Lesetagebuch eurer Lektüre von „Mehr als ein Spiel" zusammen:

– Heftet die Übersicht über die wichtigen Figuren hinein, die ihr am Anfang angefertigt habt (▶ S. 96).

– Falls ihr die Aufgaben auf S. 99 bearbeitet habt, könnt ihr folgende Arbeiten aufnehmen:

– die Zeitleiste,

– den Brief von Frieda an Anna und

– euren Brief an Frieda.

– Malt ein Bild zur Szene auf dem Schrottplatz (▶ S. 100 f.).

– Schreibt nach dem zweiten Textauszug (▶ S. 100 f.) aus der Sicht Friedas einen Tagebucheintrag, in dem sie sich über die Bedrohung durch Benno und Sven Gedanken macht.

– Falls ihr das ganze Buch gelesen habt, lasst euch von den Arbeitsvorschlägen im blauen Kasten anregen und ergänzt euer Lesetagebuch.

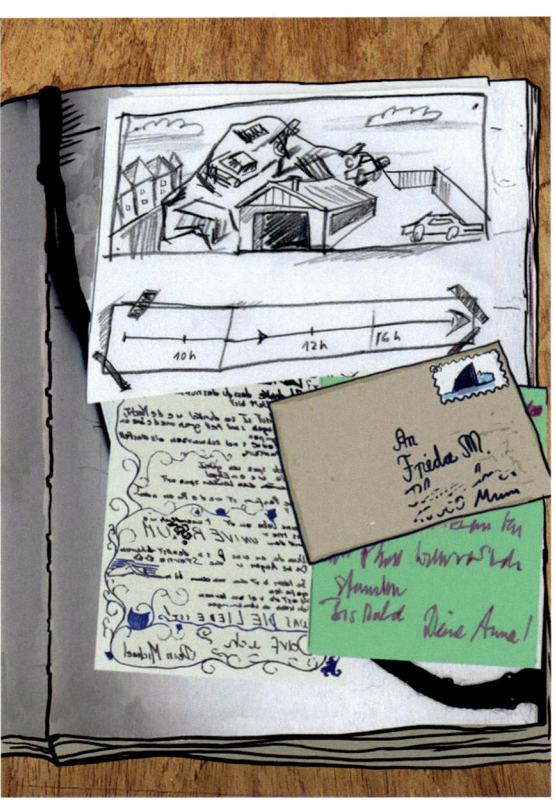

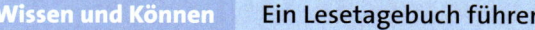

Wissen und Können   Ein Lesetagebuch führen

In ein Lesetagebuch könnt ihr während der Lektüre des Buchs eure Leseeindrücke eintragen. Dadurch könnt ihr zeigen, wie ihr ganz persönlich den Text versteht und was ihr wichtig daran findet.

Mögliche **Inhalte** sind:
- wichtige Sätze und Abschnitte aus dem Roman,
- Bilder, Bildergeschichten oder Comics zu wichtigen Textstellen,
- Figuren-Steckbriefe,
- Informationen über wichtige Orte, die im Roman vorkommen,
- Briefe oder E-Mails an eine Figur,
- mögliche Tagebucheinträge oder Briefe von Figuren,
- Zusammenfassungen zu einzelnen Kapiteln:
  Was passiert im Verlauf der Handlung?
  Welcher Gegenstand steht im Mittelpunkt?
  Wer spielt eine wichtige Rolle?
  ...

Tipps zur **Gestaltung** des Lesetagebuchs:
- Legt ein DIN-A5-Heft oder einen Schnellhefter an.
- Gestaltet das Titelbild passend zur Lektüre. Titel und Autor sollten darauf unbedingt angegeben sein.
- Nummeriert die Seiten fortlaufend.
- Legt ein Inhaltsverzeichnis an.
- Achtet bei jedem Eintrag auf eine ansprechende Gestaltung.
- Schreibt leserlich und unterstreicht Wichtiges.

2 Sprecht in der Klasse darüber, wie euch das Erstellen des Lesetagebuchs gefallen hat: Was hat euch Spaß gemacht, was vielleicht Schwierigkeiten bereitet?

3 a Tauscht eure Lesetagebücher nun untereinander aus und schmökert darin. Vielleicht hatte euer Mitschüler / eure Mitschülerin auch eine kreative Idee, die euch beeindruckt.
b Verfasst eine knappe Rezension (= Bewertung/Stellungnahme) zum Lesetagebuch eures Partners. Übertragt dazu diese Tabelle auf ein Blatt, füllt sie aus und gebt sie dem Verfasser des Lesetagebuchs.

Rezension zum Lesetagebuch von ... aufgeschrieben von ...	
+	**–**
Besonders gelungen finde ich ..., denn ...	*Nicht verstanden habe ich: ...*
Die schönste Seite ist meiner Meinung nach die Seite ..., weil ...	*An Aufgabe ... könntest du vielleicht noch Folgendes überarbeiten: ...*

6.2 Ein Ort für Bücher – Bibliotheken erkunden

Bücher finden – Handkatalog, Onlinekatalog, Signatur

In einer Bücherei gibt es eine Vielzahl verschiedener Medien (Bücher, CD-ROMs, Zeitschriften, Spiele, DVDs, CDs ...). Damit ihr ein bestimmtes Buch möglichst schnell finden könnt, führen Bibliotheken Kataloge (Verzeichnisse), die euch einen Überblick über den gesamten Bestand der Bibliothek geben.

Handkatalog (Zettelkatalog)

In manchen Bibliotheken gibt es noch einen Handkatalog. Er besteht aus vielen Schubladen, die alphabetisch geordnete Karteikarten (Zettel) enthalten. Zu
5 jedem Buch findet ihr eine Karteikarte, die über den Autor/die Autorin, den Titel des Buchs, sein Erscheinungsjahr usw. informiert. Auf dieser Karteikarte steht auch die Signatur des Buchs, die seinen Standort in der Bibliothek angibt.

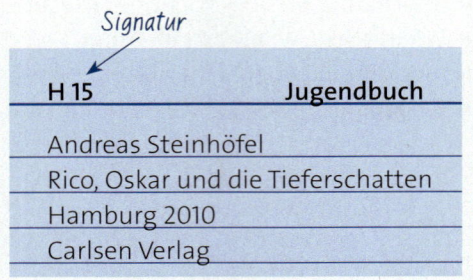

Onlinekatalog (OPAC)

10
Die meisten Bibliotheken bieten die Suche über den Computer an. Dabei hilft der OPAC (Online Public Access Catalogue). Genau wie
15 der Handkatalog gibt er Auskunft über den gesamten Bestand der Bibliothek (Bücher, Zeitschriften, CDs usw.). Der OPAC funktioniert

ähnlich wie eine Suchmaschine im Internet. Auf dem Computerschirm findet ihr eine Suchmaske,
20 die wie ein Formular aussieht. Hier könnt ihr verschiedene Suchbegriffe eingeben.
Der Vorteil der Computersuche besteht darin, dass ihr häufig auch Hinweise zum Inhalt des Buchs bekommt und dass ihr die Suche auf die Medienart (Buch, CD, DVD …) ausrichten könnt.

1 Lest die kurzen Texte über die Kataloge aufmerksam.
a Was wusstet ihr schon? Welche Informationen sind für euch neu?
b Beantwortet folgende Fragen zum Inhalt schriftlich in eurem Heft:
  – Wofür steht die Abkürzung OPAC?
  – Worüber gibt der OPAC Auskunft?
  – Worin besteht der Vorteil der Computersuche?

2 Welche Informationen findet ihr auf der Karteikarte aus dem Handkatalog?
Zeichnet die Karte ab und beschriftet sie mit den folgenden Begriffen:

Erscheinungsort und Erscheinungsjahr • Verfasser • Verlag • Signatur • Titel • Schlagwort

Signatur

Die Signatur ist eine Kombination aus Buchstaben und Ziffern auf dem Buchrücken. Sie gibt euch den genauen Standort des Buchs im Regal an. Stellt deshalb Bücher, die ihr nicht entleihen wollt, immer genau an die Stelle im Regal zurück, von der ihr sie genommen habt.

3 Erklärt, welche Funktion eine Signatur hat. Ergänzt dafür den folgenden Anfang:
Wenn ich mit Hilfe des Onlinekatalogs herausgefunden habe, in welchem Raum und in welchem Regal ...

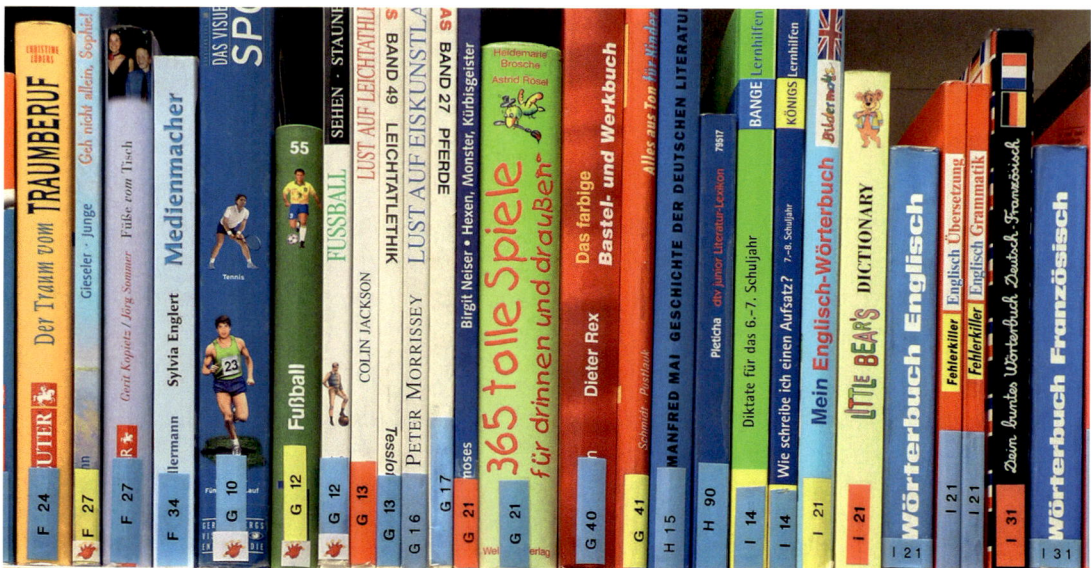

4 Die abgebildeten Bücher gehören alle in den übergeordneten Bereich „Sachliteratur für Kinder und Jugendliche".

a Seht euch die Signaturen und die Titel auf den Buchrücken genau an. Entscheidet dann, unter welchen Buchstaben – F, G oder I – ihr die folgenden Titel einsortieren würdet.
- Vom Tellerwäscher zum Millionär   – Französisch für Fortgeschrittene
- Handball

b Fasst die Bereiche F, G und I unter passenden Oberbegriffen zusammen.

c Könnt ihr euch erklären, warum die Signatur-Etiketten verschiedenfarbig sind?

Wissen und Können   **Bibliothekskataloge und Signaturen**

Bücher, Zeitschriften, CDs und vieles mehr findet man in einem **Bibliothekskatalog** unter
- dem **Autoren-/Autorinnennamen,** z. B. *Zeevaert,*
- dem **Titel,** z. B. *Mehr als ein Spiel,* oder
- einem **Schlagwort,** wie z. B. *Wale, Mountainbike.*

Die Kennzeichnung oder **Signatur** besteht meist aus Buchstaben und Zahlen, z. B. KI 755. Unter der Signatur ist das Buch oder die CD im Regal zu finden.

Eine Klassenbücherei einrichten

1 Plant eure Klassenbücherei:
   a Überlegt euch, wo ihr die Bücher aufbewahren wollt.
   b Legt ein System fest, nach dem ihr die Bücher ordnet (z. B. nach Autoren oder Sachgebieten).
   c Besprecht mit euren Eltern, welche Bücher ihr für die Klassenbücherei zur Verfügung stellen dürft.

2 Verfasst Bücher-Steckbriefe eurer Lieblingsbücher und stellt diese kurz vor, um das Interesse an euren Büchern zu wecken.
Die Steckbriefe könnt ihr anschließend in eurem Klassenraum präsentieren.

> Autor: Titel:
> *Klaus Kordon*   *Die Flaschenpost*
>
> Inhalt:
> *Deutschland vor 1989: Das Land ist geteilt, Berlin auch. Matze, der in Ost-Berlin lebt, wirft eine Flaschenpost in die Spree, die Lika, ein Mädchen aus West-Berlin, findet. Die beiden schreiben sich zunächst ein paar Briefe. Schließlich wollen sie sich persönlich kennen lernen und vereinbaren ein Treffen, von dem die Eltern aber nichts wissen dürfen.*
>
> Was mir gefallen hat:
> *Ich finde es gut, dass Lika und Matze trotz des Verbots der Eltern weiter Kontakt zueinander halten wollen. Ihre Freundschaft ist ihnen sehr wichtig.*
>
> Unterschrift:
> *Stefanie*

3 Damit die Ausleihe reibungslos funktioniert, solltet ihr für jedes Buch eine Karteikarte anlegen.

4 **a** Erstellt eine Benutzerordnung und überlegt, was alles geregelt werden muss.
   – Wann können Bücher ausgeliehen werden?
   – Was passiert, wenn ein Buch beschädigt wird?
   – Wie lange darf man das Buch behalten?
   b Hängt die Benutzerordnung für alle gut sichtbar im Klassenzimmer aus.

> Autor:
>
> Titel:
>
> ausgeliehen an:
>
> | Name | von | bis |
> | --- | --- | --- |
> | ... | ... | ... |
> | ... | ... | ... |

5 Richtet einen Büchereidienst ein, der zuverlässig die Ausleihe und Rückgabe der Bücher regelt.

6 Findet heraus, ob ihr in der Bibliothek in eurer Nähe einen Bücherkoffer zu einem bestimmten
●●● Thema zusammenstellen könnt. Welche Themen interessieren euch dazu besonders?

6.3 Rico, Oskar und die Tieferschatten – Einen Kinderkrimi in einem bewerteten Projekt vorstellen

Die Aufträge für die Gruppen verteilen

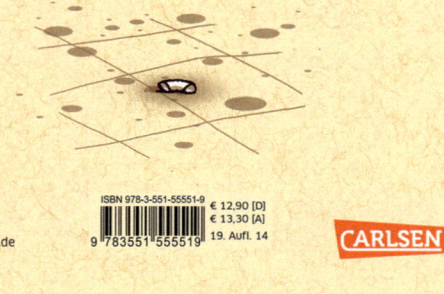

Eigentlich soll Rico ja nur ein Ferientagebuch führen. Schwierig genug für einen, der leicht den roten Faden verliert – oder war er grün oder blau? Als er dann auch noch Oskar kennenlernt und die beiden dem berüchtigten Entführer Mister 2000 auf die Spur kommen, geht in seinem Kopf alles ganz schön durcheinander. Doch zusammen mit Oskar verlieren sogar die Tieferschatten etwas von ihrem Schrecken. Es ist der Beginn einer wunderbaren Freundschaft …

»Andreas Steinhöfel gehört zu den besten Kinder- und Jugendbuchautoren Deutschlands.« Die Zeit

ISBN 978-3-551-55551-9
€ 12,90 [D]
€ 13,30 [A]
19. Aufl. 14
www.carlsen.de
9 783551 555519

CARLSEN

ANDREAS STEINHÖFEL
RICO, OSKAR UND DIE TIEFERSCHATTEN

CARLSEN   MIT BILDERN VON PETER SCHÖSSOW

1 Betrachtet das Titelbild und lest den Klappentext.
a Was erfahrt ihr über die beiden Hauptfiguren?
b Stellt Vermutungen an, was mit den „Tieferschatten" gemeint sein könnte.

> Der **Klappentext** informiert über den Inhalt eines Buches. Früher stand er in der Umschlagklappe, heute steht er oft auf der Rückseite des Buchs.

2 In einem Projekt arbeitet ihr arbeitsteilig in Gruppen zusammen, die jeweils unterschiedliche Aufträge haben. Am Ende tragt ihr eure Ergebnisse zusammen und stellt sie euch gegenseitig vor. Findet euch in der Klasse in sechs etwa gleich großen Gruppen zusammen. Auf den folgenden Seiten findet ihr Aufträge für eure sechs Gruppen. Jeder Auftrag umfasst inhaltliche und kreative Aufgabenvorschläge, die ihr nach der Lektüre des Buches bearbeiten könnt.
Ähnliche Aufgaben kann man auch für alle anderen Bücher stellen.

 3 Sucht aus den folgenden Aufträgen zum Buch „Rico, Oskar und die Tieferschatten" für euch und eure Gruppe eine passende Aufgabe aus. Sprecht euch in der Klasse ab, um Doppelungen zu vermeiden.

Gruppe „Rico und Oskar" – Die Entwicklung der Hauptfiguren untersuchen

Die Hauptfiguren in Büchern machen häufig eine Entwicklung durch, z. B. vom schüchternen Kind zum selbstbewussten Jugendlichen.
– Erstellt anhand des Buchs einen Steckbrief zu Rico und Oskar. Achtet auf die äußeren Merkmale (Aussehen, äußerliche Auffälligkeiten, Erscheinungsbild, Kleidung, Besonderheiten) und die inneren Merkmale (Charaktereigenschaften, Intelligenz, Wesenszüge, typische Verhaltensweisen, Gefühle).
– Stellt die Entwicklung von Rico und Oskar im Verlauf der Handlung dar: Welche Veränderung machen sie durch? Warum sind sie füreinander wichtig?

Gruppe „Freundschaft" – Zentrale Themen erschließen

Die beiden Hauptfiguren in „Rico, Oskar und die Tieferschatten" verbindet Freundschaft.
– Klärt, was Freundschaft für Rico und Oskar bedeutet. Bezieht in eure Überlegungen auch ein, was sich die beiden Jungen gegenseitig geben bzw. warum sie sich gut ergänzen.
– Baut zu wichtigen Textstellen Standbilder, die die Beziehung zwischen den Figuren verdeutlichen. Fotografiert die Ergebnisse, klebt sie auf Plakate und schreibt kurze Erklärungen dazu: Was sagen die Standbilder für euch aus?

Gruppe „Leben mit einem Handicap" – Über reale Hintergründe informieren

Jugendbücher befassen sich häufig mit Problemen, die es wirklich gibt. In „Rico, Oskar und die Tieferschatten" geht es um die Tiefbegabung von Rico.
– Findet mit Hilfe des Buches heraus, wie sich die Tiefbegabung Ricos äußert und mit welchen Einschränkungen er im Leben zurechtkommen muss.
– Recherchiert die schwierige Lage von Kindern mit Handicap. Welche Formen von Behinderung gibt es? Was belastet die Betroffenen? Was muss in ihrem Alltag beachtet werden? Welche Probleme haben sie?
– Nehmt Ricos ungewöhnliche Worterklärungskästen genau unter die Lupe. Wie versteht Rico oftmals für ihn fremde Begriffe? Warum müssen wir beim Lesen schmunzeln? Erstellt selbst solche Worterklärungskästen zu Begriffen wie Tieferschatten, Kidnapping, Mister 2000, graues Gefühl, Courage …

Gruppe „Hausbewohner" – Wichtige Orte beschreiben

Oft spielen bestimmte Orte in Büchern eine wichtige Rolle. In „Rico, Oskar und die Tieferschatten" ist die Dieffenbachstraße 93 in Berlin für die Handlung bedeutsam.
– Listet alle Hausbewohner mit ihren Besonderheiten und typischen Eigenheiten auf. Verwendet dazu die Tagebuchform, so wie dies Rico in seinem Ferientagebuch macht.
– Baut ein Modell des Wohnhauses, mit dem ihr die dortigen Wohnverhältnisse und die Mitbewohner veranschaulicht.

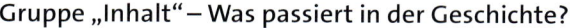

Gruppe „Inhalt" – Was passiert in der Geschichte?

Ziel einer Inhaltszusammenfassung ist es, dass jemand, der das Buch nicht kennt, schnell in die Handlung Einblick gewinnt.

— Fasst den Inhalt der Kapitel „Samstag – Die Fundnudel" bis „Dienstag – Rauf und runter" bzw. „Fast schon Mittwoch – Die Sondersendung" bis „Donnerstag – Schöne Aussichten" zusammen.

— Sucht vier oder fünf Gegenstände, die für die Handlung bedeutsam sind. Erläutert, was sie mit der Geschichte zu tun haben und weshalb sie eurer Meinung nach wichtig sind.

— Wählt eine wichtige Szene aus, die ihr zu einem lebendigen Dialog umformt. Diesen könnt ihr dann vor der Klasse inszenieren. Vergesst die Requisiten, Kostüme usw. nicht.

Gruppe „Entführung der Kinder" – Die Entlarvung von Mister 2000

— Sucht im Zusammenhang mit den Entführungen Textstellen, an denen verschiedene Orte erwähnt werden, und übertragt diese auf einen großen Stadtplan von Berlin. Ergänzt zusätzlich, was an diesen Orten passiert.

— Skizziert den Weg von Marraks Entlarvung durch Rico anhand einer Zeitleiste.

Rico findet den Stadtplan mit allen Entführungsstandorten. *Ricos Verdacht, dass ...* *Krankenhauszimmer*

— Verfasst aus Ricos Sicht einen Aufruf an den Kidnapper, in dem Rico darum bittet, seinen Freund Oskar freizulassen.

Die Arbeit planen und durchführen

1 Klärt, wie viel Zeit ihr für die Arbeit in den Gruppen habt, und erstellt einen Zeitplan. Hängt den Zeitplan für alle gut sichtbar im Klassenzimmer auf.

Zeitplan für das bewertete Projekt „Rico, Oskar und die Tieferschatten"	
Montag, den xx.xx.xx	*2./3. Stunde*
Mittwoch, den xx.xx.xx	*5. Stunde*
...	*...*
Freitag, den xx.xx.xx	*Präsentation der Ergebnisse Beenden des Projekts*

2 a Findet euch in euren Gruppen ein, besprecht euer Vorgehen und verteilt ggf. einzelne Aufgaben, z.B. das Besorgen von Requisiten.

b Legt ein Arbeitsprotokoll an. Hinweise dazu findet ihr im blauen Kasten auf Seite 110.

Wissen und Können   **Ein Arbeitsprotokoll führen**

In einem bewerteten Projekt geht es nicht nur darum, dass ihr am Ende ein **vorzeigbares Ergebnis präsentieren** könnt. Ihr sollt auch den **Weg zu diesem Ergebnis festhalten.**

In einem **Arbeitsprotokoll** könnt ihr eure Arbeitsschritte planen, festhalten und selbst bewerten. So zeigt euch das Arbeitsprotokoll auch schon während der Arbeitsphase, in welchen Bereichen ihr eure Ziele erreicht habt bzw. in welchen Bereichen ihr in den nächsten Stunden noch besser arbeiten müsst.

- Füllt das Protokoll am Ende jeder Arbeitseinheit aus.
- Sprecht die Einträge in eurer Gruppe ab.
- Schreibt eure Einschätzung ehrlich und konstruktiv auf.
- Zieht nach jedem Arbeitsschritt eine Trennlinie, damit das Protokoll übersichtlich wird.

Arbeitsprotokoll der Gruppe „Entführung der Kinder"

Tag	Zeit/Dauer	Ziel	Wie wurde es verfolgt?	Wer hat den Arbeitsschritt durchgeführt?	Seid ihr zufrieden / nicht zufrieden? Warum?
…	…	…	…	…	…
Montag, xx.xx.xx	45 Minuten	Stadtplan zeichnen und im Buch genannte Orte eintragen	Jeder hat seine Ideen vorgetragen; verschiedene Entwürfe wurden besprochen und diskutiert.	alle (Maxi, Ben, Sybille und Susi)	Zufrieden, weil wir uns schnell auf ein Ergebnis einigen konnten. Nur die Art der Präsentation des Stadtplans ist noch unklar.

3 Untersucht mit Hilfe eurer Ergebnisse aus den Gruppen, wie die jeweiligen Themen im Film „Rico, Oskar und die Tieferschatten" gestaltet wurden. Schaut euch dazu den Film an und achtet auf die Auswahl der Schauplätze, das Verhalten der Figuren, die Kameraeinstellung und die Musik.

4 Am Ende des Projekts präsentiert ihr die Ergebnisse. Jedes Gruppenmitglied muss dabei einen Teil selbst vorstellen.
a Sprecht euch genau ab, wer welchen Teil übernimmt und in welcher Reihenfolge ihr präsentiert.
  Klärt im Vorfeld auch, welche Präsentationsmedien (z. B. Plakat, Flipchart, Computer, Dokumentenkamera) ihr einsetzen wollt.
b Übt die Präsentation gemeinsam. Unterstützt euch auch während der Durchführung gegenseitig.

Es war einmal –
Auf Märchen trifft man überall

1 Betrachtet den Märchensetzkasten. In welchen Märchen kommen die Figuren bzw. Gegenstände vor, die ihr hier abgebildet seht?

2 Woran erkennt ihr Märchen? Nennt verschiedene Merkmale.

In diesem Kapitel …

– lest ihr Märchen aus Deutschland und anderen Ländern,
– findet ihr heraus, anhand welcher Merkmale man Märchen erkennen kann,
– schreibt ihr selber Märchen weiter.

7.1 Märchen aus aller Welt – Textsortenmerkmale erkennen

Märchenhafte Merkmale erkennen

Jacob und Wilhelm Grimm

Jorinde und Joringel

Es war einmal ein altes Schloss mitten in einem großen, dichten Wald, darinnen wohnte eine alte Frau ganz allein, das war eine Erzzauberin. Am Tage machte sie sich zur Katze oder
5 zur Nachteule, des Abends aber wurde sie wieder ordentlich wie ein Mensch gestaltet. Sie konnte das Wild und die Vögel herbeilocken und dann schlachtete sie's, kochte und briet es. Wenn jemand auf hundert Schritte dem
10 Schloss nahe kam, so musste er stille stehen und konnte sich nicht von der Stelle bewegen, bis sie ihn lossprach: Wenn aber eine keusche Jungfrau in diesen Kreis kam, so verwandelte sie dieselbe in einen Vogel und sperrte sie
15 dann in einen Korb ein und trug den Korb in eine Kammer des Schlosses. Sie hatte wohl siebentausend solcher Körbe mit so raren Vögeln im Schlosse.

Nun war einmal eine Jungfrau, die hieß Jorinde: Sie war schöner als alle anderen Mädchen. 20 Die und dann ein gar schöner Jüngling, namens Joringel, hatten sich zusammen versprochen[1]. Sie waren in den Brauttagen und sie hatten ihr größtes Vergnügen eins am andern. Damit sie nun einsmalen vertraut zusammen 25 reden könnten, gingen sie in den Wald spazieren. „Hüte dich", sagte Joringel, „dass du nicht so nahe ans Schloss kommst." Es war ein schöner Abend, die Sonne schien zwischen den Stämmen der Bäume hell ins dunkle Grün des 30 Waldes und die Turteltaube sang kläglich auf den alten Maibuchen.
Jorinde weinte zuweilen, setzte sich hin im Sonnenschein und klagte; Joringel klagte auch.

---

1 sich zusammen versprechen: sich verloben

35 Sie waren so bestürzt, als wenn sie hätten sterben sollen: Sie sahen sich um, waren irre und wussten nicht, wohin sie nach Haus gehen sollten. Noch halb stand die Sonne über dem Berg und halb war sie unter. Joringel sah
40 durchs Gebüsch und sah die alte Mauer des Schlosses nah bei sich; er erschrak und wurde todbang. Jorinde sang:
„Mein Vöglein mit dem Ringlein rot
singt Leide, Leide, Leide:
45 Es singt dem Täubelein seinen Tod,
singt Leide, Lei – zicküth, zicküth, zicküth.“
Joringel sah nach Jorinde. Jorinde war in eine Nachtigall verwandelt, die sang: „Zicküth, zicküth.“ Eine Nachteule mit glühenden Au-
50 gen flog dreimal um sie herum und schrie dreimal: „Schu, hu, hu, hu.“
Joringel konnte sich nicht regen: Er stand da wie ein Stein, konnte nicht weinen, nicht reden, nicht Hand noch Fuß regen. Nun war die
55 Sonne unter: Die Eule flog in einen Strauch und gleich darauf kam eine alte, krumme Frau aus diesem hervor, gelb und mager: große, rote Augen, krumme Nase, die mit der Spitze ans Kinn reichte. Sie murmelte, fing die Nach-
60 tigall und trug sie auf der Hand fort. Joringel konnte nichts sagen, nicht von der Stelle kommen; die Nachtigall war fort. Endlich kam das Weib wieder und sagte mit dumpfer Stimme: „Grüß dich, Zachiel, wenn's Möndel ins Körbel
65 scheint, bind los, Zachiel, zu guter Stund.“ Da wurde Joringel los. Er fiel vor dem Weib auf die Knie und bat, sie möchte ihm seine Jorinde wiedergeben, aber sie sagte, er sollte sie nie wiederhaben, und ging fort. Er rief, er weinte,
70 er jammerte, aber alles umsonst. „Uu, was soll mir geschehen?“ Joringel ging fort und kam endlich in ein fremdes Dorf: Da hütete er die Schafe lange Zeit. Oft ging er rund um das Schloss herum, aber nicht zu nahe dabei. End-

lich träumte er einmal des Nachts, er fände 75 eine blutrote Blume, in deren Mitte eine schöne große Perle war. Die Blume brach er ab, ging damit zum Schlosse: Alles, was er mit der Blume berührte, ward von der Zauberei frei: Auch träumte er, er hätte seine Jorinde da- 80 durch wiederbekommen. Des Morgens, als er erwachte, fing er an, durch Berg und Tal zu suchen, ob er eine solche Blume fände: Er suchte bis an den neunten Tag, da fand er die blutrote Blume am Morgen früh. In der Mitte war ein 85 großer Tautropfen, so groß wie die schönste Perle. Die Blume trug er Tag und Nacht bis zum Schloss. Wie er auf hundert Schritt nahe bis zum Schloss kam, da ward er nicht fest, sondern ging fort bis ans Tor. Joringel freute 90 sich hoch, berührte die Pforte mit der Blume und sie sprang auf. Er ging hinein, durch den Hof, horchte, wo er die vielen Vögel vernähme: Endlich hörte er's. Er ging und fand den Saal, darin war die Zauberin und fütterte die Vögel 95 in den siebentausend Körben. Wie sie den Joringel sah, ward sie bös, sehr bös, schalt, spie Gift und Galle gegen ihn aus, aber sie konnte auf zwei Schritte nicht an ihn kommen. Er kehrte sich nicht an sie und ging, besah die 100 Körbe mit den Vögeln; da waren aber viele hundert Nachtigallen, wie sollte er nun seine Jorinde wiederfinden? Indem er so zusah, merkte er, dass die Alte heimlich ein Körbchen mit einem Vogel wegnahm und damit nach der 105 Türe ging. Flugs sprang er hinzu, berührte das Körbchen mit der Blume und auch das alte Weib: Nun konnte sie nichts mehr zaubern, und Jorinde stand da, hatte ihn um den Hals gefasst, so schön, wie sie ehemals war: Da 110 machte er auch alle die andern Vögel wieder zu Jungfrauen, und da ging er mit seiner Jorinde nach Hause, und sie lebten lange vergnügt zusammen.

1　a Hört euch den Text „Jorinde und Joringel" an.

　b Die beiden Hauptfiguren heißen so wie der Titel des Textes.
　　Nennt deren Namen.

　c In dem Märchen kommt auch eine alte Frau vor. Beschreibt ihre Rolle.

2 Überlegt euch Antworten auf die folgenden Fragen:
- Wer ist Jorinde? Ein schöner Jüngling, eine alte Frau oder ein junges Mädchen?
- Was verbindet Jorinde und Joringel? Sind sie Geschwister, ein Liebespaar oder die Eltern des Jünglings?
- In was wird Jorinde verwandelt? In eine Nachtigall, in eine Nachteule oder in eine Jungfrau?

3 Erzählt nach, wie Joringel Jorinde retten konnte.

4 Im Info-Kasten findet ihr verschiedene Merkmale, die für Märchen typisch sind. Welche dieser Merkmale kommen in „Jorinde und Joringel" vor? Nennt entsprechende Textstellen.

Wissen und Können   **Merkmale von Märchen**

Märchen haben wiederkehrende Merkmale, an denen man sie gut erkennen kann.
Dabei sind natürlich nicht in jedem Märchen alle diese Merkmale zu finden.
- **Ort** und **Zeit** der Handlung sind nicht genau festgelegt, z. B.: *im Wald, vor langer Zeit.*
- Es treten typische **Figuren** auf, wie z. B. *König und Königin, Prinz und Prinzessin, Handwerker und Bauern, die böse Stiefmutter,* aber auch fantastische Figuren wie *sprechende Tiere, Feen, Hexen, Riesen, Zwerge, Zauberer, Drachen.*
- Die Figuren sind häufig auf wenige **Eigenschaften** festgelegt, z. B.: *die gute Fee, die böse Hexe, die schöne Königstochter.*
- Meist **siegt** am Ende das **Gute** und das **Böse** wird **bestraft.**
- Der Held / Die Heldin muss **Prüfungen** bestehen oder **Aufgaben** erfüllen (häufig drei).
- Im Märchen geschehen **wundersame Dinge:** Tiere können sprechen, es gibt magische Gegenstände (z. B. *einen Wundertisch, ein Zauberkästchen*) und Zauberei.
- Oft enthalten Märchen feste **sprachliche Formeln,** z. B.: *„Es war einmal …", „Und wenn sie nicht gestorben sind …"*
- Die **magischen Zahlen** 3, 7 und 12 spielen häufig eine besondere Rolle, z. B. *drei Wünsche, sieben Zwerge, zwölf Gesellen.*
- Oft gibt es **(magische) Verse** oder **Zaubersprüche,** z. B.: *Ach wie gut, dass niemand weiß, dass ich Rumpelstilzchen heiß.*

Typische Märchenfiguren vergleichen

1

Eine Witwe hatte zwei Töchter. Davon war die eine **?** und **?** , die andere **?** und **?** . Sie hatte aber die **?** und **?** Tochter viel lieber, denn sie war ihre richtige Tochter. Die andere musste alle Arbeit tun und das Aschenputtel im Hause sein. Das **?** Mädchen musste sich täglich hinaus neben die große Straße an einen Brunnen setzen und so viel spinnen, dass ihm das Blut aus den Fingern tropfte.

2

Es war einmal ein kleines Mädchen, dem waren Vater und Mutter gestorben, und es war so **?** , dass es kein Kämmerchen mehr hatte, darin zu wohnen, und kein Bettchen mehr, darin zu schlafen, und schließlich gar nichts mehr als die Kleider auf dem Leib und ein Stückchen Brot in der Hand, das ihm ein mitleidiges Herz geschenkt hatte. Es war aber **?** und **?** . Und weil es so von aller Welt verlassen war, ging es im Vertrauen auf den lieben Gott hinaus ins Feld.

3

Eine Witwe lebte einmal in einer kleinen Hütte. Vor der Hütte lag ein Garten, in dem zwei Rosenbäumchen standen. Davon trug das eine weiße, das andere rote Rosen. Die Frau hatte zwei Kinder, die den beiden Rosenbäumchen glichen. Sie waren so **?** und **?** , so **?** und **?** , wie es noch nie zwei Kinder auf der Welt gewesen sind.

1 Zu welchen Märchen gehören die Märchenanfänge? Ordnet zu.

> **A** Schneeweißchen und Rosenrot • **B** Frau Holle • **C** Die Sterntaler

2 Mit Adjektiven kann man etwas über die Eigenschaften von Personen oder Figuren aussagen. Welche dieser Adjektive passen in die Lücken? Passende Wörter können mehrfach verwendet werden.

> schön • fleißig • hässlich • faul • arm • böse • gut • fromm • vergnügt

3 a Vergleicht die Anfänge der Märchen:
  – Welche Eigenschaften der Märchenfiguren kommen am häufigsten vor?
  – Was denkt ihr: Sind die Eigenschaften für die weitere Handlung wichtig?
b Lasst euch die Fortsetzungen der Märchen erzählen oder vorlesen. Untersucht:
  – Welche Eigenschaften haben die Figuren am Anfang, welche am Schluss?
  – Wie kommt es zu diesen Veränderungen?

4 Die Figuren in Märchen haben meist gegensätzliche Eigenschaften: Eine ist gut, die andere böse, einer ist reich, der andere arm ...
a Bildet aus den nachfolgenden Adjektiven Wortpaare mit gegensätzlichen Eigenschaften.
b Welchen Figuren aus euch bekannten Märchen könnt ihr diese Gegensatzpaare zuordnen?

> gut • hartherzig • mutig • böse • traurig • fleißig • hässlich • wild • alt • zahm • faul • ängstlich • riesig • klitzeklein • vergnügt • jung • mitleidig • schön

Märchensprache untersuchen

Märchen erzählten sich die Leute früher auf Marktplätzen, in Wirtshäusern oder in der Familie zum Zeitvertreib. Um das Jahr 1800 begannen die Brüder Jacob Grimm (1785–1863) und Wilhelm Grimm (1786–1859), die sich als Wissenschaftler mit der deutschen Sprache und Literatur beschäftigten, solche Erzählungen zu sammeln. 1812 erschien ihr Band „Kinder- und Hausmärchen", der bis heute immer wieder aufgelegt worden ist, zum ersten Mal.
Die Grimms schrieben die Geschichten nicht so auf, wie sie ihnen erzählt wurden, sondern gaben ihnen eine gemeinsame sprachliche Gestalt. So entstand der sogenannte Märchenton, den man z. B. an festen Wendungen wie „Es war einmal …" oder „Und wenn sie nicht gestorben sind …" erkennt.

Jacob und Wilhelm Grimm

Die weiße Schlange

Es ist nun schon lange her, da lebte ein König, dessen Weisheit im ganzen Land berühmt war. Nichts blieb ihm ungekannt, und es war, als ob ihm Nachricht von den verborgensten Dingen
5 durch die Luft zugetragen würde. Er hatte aber eine seltsame Sitte. Jeden Mittag, wenn von der Tafel alles abgetragen und niemand mehr zugegen war, musste ein vertrauter Diener noch eine Schüssel bringen. Sie war aber
10 zugedeckt, und der Diener wusste selbst nicht, was darin lag, und kein Mensch wusste es, denn der König deckte sie nicht eher auf und aß nicht davon, bis er ganz allein war. Das hatte schon lange Zeit gedauert, da überkam ei-
15 nes Tages den Diener, der die Schüssel wieder

wegtrug, die Neugierde, dass er nicht widerstehen konnte, sondern die Schüssel in seine Kammer brachte. Als er die Tür sorgfältig verschlossen hatte, hob er den Deckel auf, und da sah er, dass eine weiße Schlange darin lag. Bei
20 ihrem Anblick konnte er die Lust nicht zurückhalten, sie zu kosten; er schnitt ein Stückchen davon ab und steckte es in den Mund. Kaum aber hatte es seine Zunge berührt, so hörte er vor seinem Fenster ein seltsames Gewisper
25 von feinen Stimmen. Er ging und horchte, da merkte er, dass es die Sperlinge waren, die miteinander sprachen und sich allerlei erzählten, was sie im Felde und Walde gesehen hatten. Der Genuss der Schlange hatte ihm die Fähig-
30 keit verliehen, die Sprache der Tiere zu verstehen.
Nun trug es sich zu, dass gerade an diesem Tage der Königin schönster Ring fortkam und auf den vertrauten Diener, der überall Zugang
35 hatte, der Verdacht fiel, er habe ihn gestohlen. Der König ließ ihn vor sich kommen und drohte ihm unter heftigen Scheltworten, wenn er bis morgen den Täter nicht zu nennen wüsste, so sollte er dafür angesehen und gerichtet wer-
40 den. Es half nicht, dass er seine Unschuld beteuerte, er ward mit keinem besseren Bescheid

entlassen. In seiner Unruhe und Angst ging er hinab auf den Hof und bedachte, wie er sich aus seiner Not helfen könne. Da saßen die Enten an einem fließenden Wasser friedlich nebeneinander und ruhten, sie putzten sich mit ihren Schnäbeln glatt und hielten ein vertrauliches Gespräch. Der Diener blieb stehen und hörte ihnen zu. Sie erzählten sich, wo sie heute Morgen alle herumgewackelt wären und was für gutes Futter sie gefunden hätten. Da sagte eine verdrießlich: „Mir liegt etwas schwer im Magen, ich habe einen Ring, der unter der Königin Fenster lag, in der Hast mit hinuntergeschluckt." Da packte sie der Diener gleich beim Kragen, trug sie in die Küche und sprach zum Koch: „Schlachte doch diese ab, sie ist wohlgenährt." „Ja", sagte der Koch und wog sie in der Hand, „die hat keine Mühe gescheut, sich zu mästen, und schon lange darauf gewartet, gebraten zu werden." Er schnitt ihr den Hals ab, und als sie ausgenommen ward, fand sich der Ring der Königin in ihrem Magen. Der Diener konnte nun leicht vor dem König seine Unschuld beweisen, und da dieser sein Unrecht wiedergutmachen wollte, erlaubte er ihm, sich eine Gnade auszubitten, und versprach ihm die größte Ehrenstelle, die er sich an seinem Hofe wünschte.

Der Diener schlug alles aus und bat nur um ein Pferd und Reisegeld. Denn er hatte Lust, die Welt zu sehen und eine Weile darin herumzuziehen. Als seine Bitte erfüllt war, machte er sich auf den Weg und kam eines Tages an einem Teich vorbei, wo er drei Fische bemerkte, die sich im Rohr verfangen hatten und nach Wasser schnappten. Obgleich man sagt, die Fische wären stumm, so vernahm er doch ihre Klage, dass sie so elend umkommen müssten. Weil er ein mitleidiges Herz hatte, so stieg er vom Pferde ab und setzte die drei Gefangenen wieder ins Wasser. Sie zappelten vor Freude, steckten die Köpfe heraus und riefen ihm zu: „Wir wollen dir's gedenken und dir's vergelten, dass du uns errettet hast!" Er ritt weiter, und nach einem Weilchen kam es ihm vor, als hörte

er zu seinen Füßen in dem Sand eine Stimme. Er horchte und vernahm, wie ein Ameisenkönig klagte: „Wenn uns nur die Menschen mit den ungeschickten Tieren vom Leib blieben! Da tritt mir das dumme Pferd mit seinen schweren Hufen meine Leute ohne Barmherzigkeit nieder!" Er lenkte auf einen Seitenweg ein und der Ameisenkönig rief ihm zu: „Wir wollen dir's gedenken und dir's vergelten!" Der Weg führte in einen Wald und da sah er einen Rabenvater und eine Rabenmutter, die standen bei ihrem Nest und warfen ihre Jungen heraus. „Fort mit euch, ihr Galgenschwengel!", riefen sie. „Wir können euch nicht mehr satt machen, ihr seid groß genug und könnt euch selbst ernähren." Die armen Jungen lagen auf der Erde, flatterten und schlugen mit ihren Fittichen und schrien: „Wir hilflose Kinder, wir sollen uns selbst ernähren und können noch nicht fliegen! Was bleibt uns übrig, als hier Hungers zu sterben!" Da stieg der gute Jüngling ab, tötete das Pferd mit seinem Degen und überließ es den jungen Raben zum Futter. Die kamen herbeigehüpft, sättigten sich und riefen: „Wir wollen dir's gedenken und dir's vergelten!"

Er musste jetzt seine eigenen Beine gebrauchen, und als er lange Wege gegangen war, kam er in eine große Stadt. Da war großer Lärm und Gedränge in den Straßen, und einer kam zu Pferde und machte bekannt, die Königstochter suche einen Gemahl, wer sich aber um sie bewerben wolle, der müsse eine schwere Aufgabe vollbringen, und könne er sie nicht glücklich ausführen, so habe er sein Leben verwirkt. Viele hatten es schon versucht, aber vergeblich ihr Leben darangesetzt. Der Jüngling, als er die Königstochter sah, ward er von ihrer großen Schönheit so verblendet, dass er alle Gefahr vergaß, vor den König trat und sich als Freier meldete.

Alsbald ward er hinaus ans Meer geführt und vor seinen Augen ein goldener Ring hineingeworfen. Dann hieß ihn der König, diesen Ring aus dem Meeresgrund wieder hervorzuholen, und fügte hinzu: „Wenn du ohne ihn wieder in die Höhe kommst, so wirst du immer aufs Neue hinabgestürzt, bis du in den Wellen umkommst." Alle bedauerten den schönen Jüngling und ließen ihn dann einsam am Meere zurück. Er stand am Ufer und überlegte, was er wohl tun solle. Da sah er auf einmal drei Fische daherschwimmen, und es waren keine andern als jene, welchen er das Leben gerettet hatte. Der mittelste hielt eine Muschel im Munde, die er an den Strand zu den Füßen des Jünglings hinlegte, und als dieser sie aufhob und öffnete, so lag der Goldring darin. Voll Freude brachte er ihn dem König und erwartete, dass er ihm den verheißenen Lohn gewähren würde. Die stolze Königstochter aber, als sie vernahm, dass er ihr nicht ebenbürtig war, verschmähte ihn und verlangte, er sollte zuvor eine zweite Aufgabe lösen. Sie ging hinab in den Garten und streute selbst zehn Säcke voll Hirse ins Gras. „Die muss er morgen, eh die Sonne hervorkommt, aufgelesen haben", sprach sie, „und es darf kein Körnchen fehlen." Der Jüngling setzte sich in den Garten und dachte nach, wie es möglich wäre, die Aufgabe zu lösen, aber er konnte nichts ersinnen, saß da ganz traurig und erwartete, bei Anbruch des Morgens zum Tode geführt zu werden. Als aber die ersten Sonnenstrahlen in den Garten fielen, so sah er die zehn Säcke alle wohl gefüllt nebeneinanderstehen, und kein Körnchen fehlte darin. Der Ameisenkönig war mit seinen tausend und tausend Ameisen in der Nacht angekommen, und die dankbaren Tiere hatten die Hirse mit großer Emsigkeit aufgelesen und in die Säcke gesammelt. Die Königstochter kam selbst in den Garten herab und sah mit Verwunderung, dass der Jüngling vollbracht hatte, was ihm aufgegeben war. Aber sie konnte ihr stolzes Herz noch nicht bezwingen und sprach: „Hat er auch die beiden Aufgaben gelöst, so soll er doch nicht eher mein Gemahl werden, bis er mir einen Apfel vom Baume des Lebens gebracht hat." Der Jüngling wusste nicht, wo der Baum des Lebens stand. Er machte sich auf und wollte immerzu gehen, solange ihn seine Beine trügen, aber er hatte keine Hoffnung, ihn zu finden. Als er schon durch drei Königreiche gewandert war und abends in einen Wald kam, setzte er sich unter einen Baum und wollte schlafen: Da hörte er in den Ästen ein Geräusch und ein goldener Apfel fiel in seine Hand. Zugleich flogen drei Raben zu ihm herab, setzten sich auf seine Knie und sagten: „Wir sind die drei jungen Raben, die du vom Hungertod errettet hast; als wir groß geworden waren und hörten, dass du den goldenen Apfel suchtest, so sind wir über das Meer geflogen bis ans Ende der Welt, wo der Baum des Lebens steht, und haben dir den Apfel geholt." Voll Freude machte sich der Jüngling auf den Heimweg und brachte den goldenen Apfel der schönen Königstochter, der nun keine Ausrede mehr übrig blieb. Sie teilten den Apfel des Lebens und aßen ihn zusammen: Da ward ihr Herz mit Liebe zu ihm erfüllt, und sie erreichten in ungestörtem Glück ein hohes Alter.

1 Lest das Märchen und beurteilt, ob sein Titel zum Inhalt passt.

2 Einige im Märchen verwendete Formulierungen würde man so heute nicht mehr benutzen. Ersetzt folgende Textstellen durch euch geläufige Ausdrücke. Schreibt ins Heft.
— Zeile 3: „Nichts blieb ihm ungekannt"
— Zeile 33: „Nun trug es sich zu"
— Zeile 38: „unter heftigen Scheltworten"
— Zeile 42 f.: „er ward mit keinem besseren Bescheid entlassen"
— Zeile 85: „Wir wollen dir's gedenken und dir's vergelten"
— Zeile 130: „Dann hieß ihn der König …"

●○○ Wenn ihr unsicher seid, bietet euch der folgende Wortspeicher Hilfe:

> er wurde mit dieser Entscheidung hinausgeschickt • Nun passierte es •
> Dann befahl ihm der König • Nichts blieb ihm verborgen •
> Wir werden dir das nicht vergessen und dich belohnen • mit heftigen Beschimpfungen

3 In dem Text kommt ein Spruch mehrfach vor.
a Schreibt ihn aus dem Text heraus und gebt die jeweiligen Fundstellen der formelhaften Wendungen mit Zeilenangabe an.
b Notiert die Situationen, in denen der Spruch jeweils verwendet wird.

4 In „Die weiße Schlange" stehen die Verben in der Regel im Präteritum (▶ S. 225).
a Sucht mögliche Begründungen, warum in Märchen diese Zeitform verwendet wird.
b Schreibt aus dem Abschnitt von Zeile 71 bis 88 alle Verben im Präteritum heraus und ergänzt den passenden Infinitiv. Legt dazu in eurem Heft eine Tabelle an.

Zeilenangabe	Verb im Präteritum	Verb im Infinitiv
71	schlug ... aus	ausschlagen

5 Dass die Sprache der Märchen oft altertümlich wirkt, liegt auch an ungewöhnlichen Vergangenheitsformen (▶ S. 225).
a Schreibt die Infinitive auf, die zu den nachfolgenden Präteritumsformen gehören.
b Bildet mit den Verben Sätze im Präteritum, die inhaltlich zu einem Märchen passen könnten.

> schuf • riet • schied • lud • lieh • schwang • sank • hieb • bog • befahl • fuhr • genas •
> stieß • bewog • blies • wusch • überwand • buk

6 a Setzt in den Auszügen aus dem Märchen „Hans im Glück" die Verben in Klammern ins Präteritum (▶ S. 225). Notiert die vervollständigten Sätze in euer Heft. Wenn ihr unsicher seid, schaut im hinteren Umschlagdeckel nach.

> Hans hatte sieben Jahre bei seinem Herrn gedient, da (sprechen) er zu ihm.
> Hans (ziehen) sein Tüchlein. Der Reiter (absteigen), (nehmen) das Gold und (helfen) dem
> Hans hinauf. Ehe sich's Hans (versehen), war er abgeworfen.
> Ein Bauer, der des Weges (kommen) und eine Kuh vor sich (treiben), (halten) das Pferd auf.

●●● b Geht bei den folgenden Verben genauso vor:

> Hans (bedenken) den glücklichen Handel. Hans (wiegen) die Gans mit der einen Hand.
> Hans (laden) den Stein auf.

Ein japanisches Märchen erschließen

Der Brückenbauer und der Dämon

Irgendwo gab es einmal einen reißenden Strom. Jedes Mal, wenn man eine Brücke über ihn schlagen wollte, riss das Wasser die Brücke fort. Die Leute des Dorfes waren darüber sehr
5 bekümmert und berieten sich, was sie da machen sollten. Nachdem lange hin und her beratschlagt worden war, entschloss man sich, dem berühmtesten Zimmermeister des Landes, der in einer nahen Gemeinde wohnte, den
10 Auftrag zum Brückenbau zu geben. Weil der Zimmermeister auf seine Geschicklichkeit vertraute, gab er gern seine Zustimmung dazu. Innerlich aber, ganz im Geheimen, machte er sich Sorgen, ob ihm das Werk auch gelingen
15 werde. Er ging daher ganz allein an den Fluss und suchte am Ufer nach einer günstigen Stelle, wo man die Brücke schlagen könnte. Als er so nachdenklich auf und ab schritt und prüfende Blicke auf die Strömung des Flusses
20 warf, bildete sich mitten im Fluss plötzlich ein Wirbel, Blasen stiegen platzend empor und

plötzlich tauchte ein großer Dämon mitten im Strome auf und rief ihn an: „Du großer Zimmermeister, über was denkst du so angestrengt nach?" Der antwortete: „Ich überlege, wie und
25 wo man hier eine gute Brücke über den Strom schlagen kann, und will mir den Platz dafür aussuchen."

Der Dämon lachte laut: „Magst du auch ein noch so geschickter und kunstfertiger Zim-
30 mermann sein, hier wird es dir nicht glücken, eine Brücke zu schlagen. Ich will dir aber einen Vorschlag machen: Wenn du mir deine Augen dafür gibst, so will ich für dich den Brückenbau schaffen." Der Zimmermeister antwortete:
35 „Ich bin damit einverstanden", und kehrte in sein Haus zurück. Als er am nächsten Tag zum Fluss kam, sah er, dass die Brücke schon zur Hälfte fertig war, und am folgenden Tage war der Brückenbau, als er wieder dorthin ging,
40 vollendet. Während er, der nicht im Ernst daran geglaubt hatte, noch fassungslos vor Er-

staunen auf das Werk sah, erschien der Dämon, trat vor ihn hin und rief ihm zu: „So, gib mir nun deine Augen." Der Zimmermann bat ihn: „Warte damit noch etwas", und floh entsetzt in die Berge, wo er ziellos umherlief und überlegte, wie er sich von seinem Versprechen lösen könne. Plötzlich hörte er die Stimmen von spielenden Kindern, die nur immer den einen Vers sangen:

Oniroku, komm schnell,
Hol dir deine Augen ab,
Das wird gut sein, das wird gut sein!

Dem Zimmermann schien der Gesang der Kinder wie eine Aufmunterung, den Mut nicht zu verlieren. Er fasste sich ein Herz, kehrte nach Hause zurück und schlief fast beruhigt ein. Am nächsten Morgen ging er wieder zum Fluss hinunter und wieder erschien der Dämon und rief ihm zu: „Gib die Augen her!" Und als der Zimmermann nochmals bat, sich noch kurze Zeit zu gedulden, machte er ihm plötzlich den Vorschlag: „Höre, ich sehe, dass du mir die Augen nicht gerne geben willst. Wenn du meinen Namen erraten kannst, da will ich darauf verzichten und sie dir lassen."

„Gut, ich will es versuchen, ihn zu erraten", sagte der Zimmermann, „wie wirst du heißen, heißest du vielleicht Taro?" Da lachte der Dämon: „Nein, so heiße ich nicht, so heißt kein Dämon, du wirst es nicht erraten." – „Heißest du dann vielleicht Jiro?", riet der Zimmermann. „Nein, nein, das ist kein Dämonenname, du wirst ihn nicht erraten." – „Heißest du etwa Saburo?", riet der Zimmermann, und als der Dämon wieder „nein, nein, nein" geantwortet hatte, schrie ihm der Zimmermann mit donnernder Stimme ins Gesicht: „Oniroku heißt du!" Da sprang der Dämon, ohne ein Wort zu sagen, in das Wasser, tauchte unter und kam nicht wieder zum Vorschein.

1 Untersucht das Märchen „Der Brückenbauer und der Dämon" genau.
a Beantwortet folgende Fragen:
– An welchen Orten spielt es?
– Vor welchem Problem steht der Brückenbauer?
– Wie löst er es?
– Wie findet der Brückenbauer den Namen des Dämons heraus?
b Woran erkennt ihr, dass „Der Brückenbauer und der Dämon" aus einem fremden Land stammt? Sucht Textbelege und gebt die entsprechende Zeile an.

2 Der Text stammt aus Japan. Trotzdem zeigt er viele Übereinstimmungen mit Märchen, wie sie z. B. die Brüder Grimm gesammelt haben.
a An welches Märchen erinnert euch dieser Text?
b Woran erkennt man, dass „Der Brückenbauer und der Dämon" ein Märchen ist? Schreibt einen kurzen Text, in dem ihr Märchenmerkmale und Textstellen nennt. Dazu könnt ihr die folgenden Satzanfänge nutzen.

> Wenn man **über Texte** schreibt, z. B. Textmerkmale nennt, verwendet man **das Präsens.**

Bei dem Text der „Der Brückenbauer und der Dämon" handelt ...
Das sieht man zum Beispiel an den Figuren: Die Hauptfigur ...
Der Held muss eine schwierige Aufgabe bestehen ...
Wie bei den meisten Märchen wird der Ort, an dem es spielt ...
Typisch für Märchen sind Verse oder Zaubersprüche ...

Wenn ihr Unterstützung braucht, könnt ihr mit Hilfe der Satzanfänge und der Satzbruchstücke auf der nächsten Seite einen Text zimmern.

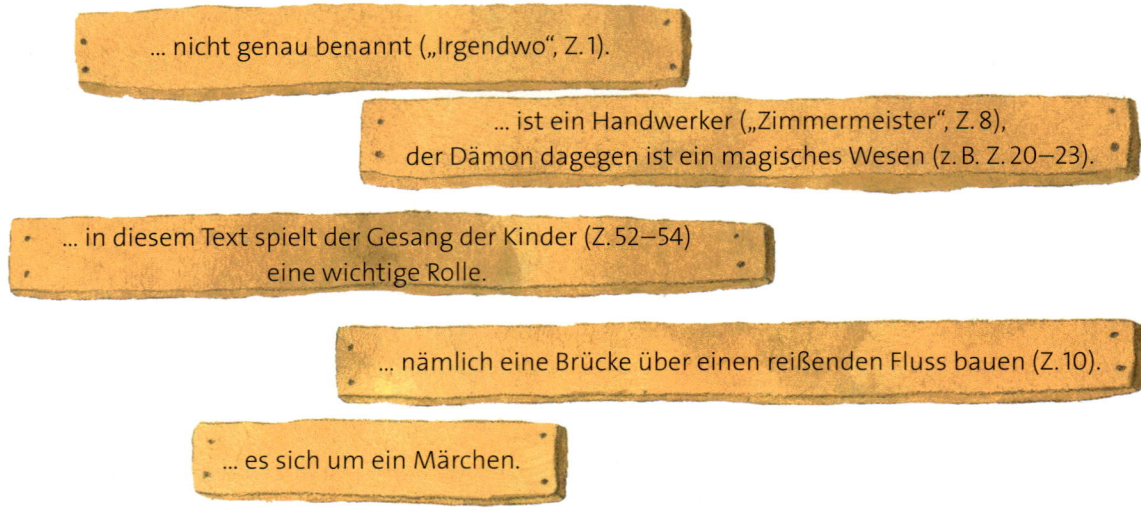

... nicht genau benannt („Irgendwo", Z. 1).

... ist ein Handwerker („Zimmermeister", Z. 8),
der Dämon dagegen ist ein magisches Wesen (z. B. Z. 20–23).

... in diesem Text spielt der Gesang der Kinder (Z. 52–54)
eine wichtige Rolle.

... nämlich eine Brücke über einen reißenden Fluss bauen (Z. 10).

... es sich um ein Märchen.

„Märchenstunde" – Märchen vorstellen und erzählen

1
a Sucht wenig bekannte Märchen, z. B. auch aus einem anderen Land.
Sicher werdet ihr in der Bibliothek fündig (▶ S. 105).
b Erzählt das Märchen in der Klasse.
c Bereitet euren Märchenvortrag in der Gruppe vor und spielt die Dialogszenen mit verteilten Rollen.

2
Sammelt Informationen über bekannte Märchensammler und -schreiber (z. B. die Gebrüder Grimm, Christian Andersen, Johann Bechstein oder Franz Xaver von Schönwerth). Stellt euren Mitschülern die Ergebnisse vor. Achtet auf den Unterschied zwischen Märchensammler und Märchenerzähler.

Wissen und Können   **Eine „Märchenstunde" vorbereiten**

Damit ihr euer Märchen **frei erzählen** könnt, solltet ihr es gut kennen.

- Lest das Märchen zu Hause mehrmals laut vor.

- Lernt wiederkehrende Formulierungen (z. B. Zaubersprüche) auswendig.

- Übt den Vortrag zu Hause: Erzählt das Märchen, ohne in den Text zu blicken, laut euren Eltern, Geschwistern oder Freunden.

- Überlegt euch einen passenden Gesichtsausdruck und eindrucksvolle Bewegungen zu bestimmten Textstellen.

- Gestaltet eine dazu passende Atmosphäre. Ihr könnt Gegenstände mitbringen, die in eurem Märchen eine Rolle spielen, oder eure Erzählung mit Musik unterlegen. Denkt auch an geeignete Geräusche.

Testet euer Wissen!

Märchen

1 Entscheidet bei den folgenden Sätzen, ob sie richtig oder falsch sind.
Haltet ihr den Satz für richtig, schreibt ihn unverändert ab. Wenn er falsch ist, übertragt ihn verbessert in euer Heft.

A Früher wurden Märchen hauptsächlich in der Kirche erzählt.

F Bestimmte Zahlen kommen in Märchen gehäuft vor, z. B. die Drei oder die Sieben.

B Der sogenannte Märchenton entstand durch formelhafte Wendungen, Sprüche und Reime, die von den Märchensammlern hinzugefügt wurden.

G Märchen sind in einer modernen Sprache verfasst.

H Songtexte haben eine magische Wirkung.

C Typische Figuren in Märchen sind einfache Menschen, wie ein Schneider, oder Adlige, z. B. eine Prinzessin.

I Ort und Zeitpunkt der Handlung sind genau bekannt.

D Es treten aber auch Aliens oder Götter auf, die sprechen können oder Zauberkräfte haben.

J Am Anfang und am Schluss stehen oft formelhafte Wendungen.

E Häufig wird der Held vor Aufgaben gestellt und scheitert dabei immer.

K Die Brüder Grimm haben viele Märchen erfunden.

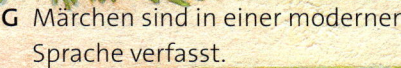

7.2 Märchen fortsetzen

Den Märchenanfang untersuchen

Ein Märchenanfang

Es war einmal ein armer Bauer, der lebte mit seinem Weib und seinem Töchterlein in einem kleinen Dorf. Nun geschah es, dass die Mutter des Mädchens schwer erkrankt war und niemand ihr helfen konnte. Als sie starb, waren
5 der Vater und sein Kind unendlich traurig und sie weinten viele Tage und Nächte. Das Mädchen schwor, seinen Vater nie im Leben allein zu lassen. Dabei hatten sie kaum das Nötigste
10 zum Leben.
Trotz dieser Not wuchs das Mädchen zu einer wunderschönen jungen Frau heran. Sie hatte eine gar liebliche Stimme, und immer, wenn sie die Hausarbeit verrichtete, sang sie ein
15 Lied.

Wenn im Dorf irgendjemand betrübt oder ärgerlich war, so kam er an das Häuschen der jungen Frau, denn sie hatte die Gabe, durch ihren Gesang die Menschen froh und vergnügt zu machen. Selbst die Vögelein aus dem Wald 20 flatterten herbei, um dem Gesang zu lauschen. Oft warf das Mädchen ihnen dann Brotkrumen hin, denn sie war zwar arm, doch sie hatte ein gutes Herz.
Eines Tages hörte der König im nahe gelege- 25 nen Schloss von der Gabe des Mädchens und beschloss, sie zu sich zu holen, denn …

1 Besprecht, woran ihr erkennt, dass es sich hier um den Anfang eines Märchens handelt.

2 Tragt alles zusammen, was ihr über die Hauptfigur in diesem Erzählanfang erfahrt:
   – Wer ist sie und wie lebt sie?
   – Welche Eigenschaften hat sie?
   – Welche besondere Fähigkeit hat sie?

3 Prüft die Notizen zu Textstellen, die Hinweise für die Fortsetzung geben könnten.
   Es wurden nicht nur wichtige und richtige Dinge aufgeschrieben.
   a Findet die Stichpunkte heraus, die falsch oder für den weiteren Verlauf des Märchens unbedeutend sind.
   b Übertragt die wichtigen und richtigen Notizen in euer Heft.

> *Ort: Dorf und Schloss*
> *Vater weinte, als die Mutter starb*
> *Mutter war sehr krank*
> *Mädchen war arm*
> *Vater wollte das Mädchen verlassen*
> *Das Mädchen wollte bei seinem Vater bleiben*
> *Traurige Menschen riefen das Mädchen*
>
> *Ihr Gesang machte froh und vergnügt*
> *Vögel sangen vor dem Fenster*
> *Vögel kamen aus dem Wald*
> *Mädchen war gut zu den Vögeln*
> *König hoffte, dem Mädchen helfen zu können*
> *König hoffte, dass das Mädchen ihm hilft*
> *König hatte ein gutes Herz*

Ideen sammeln und ordnen

1 Warum wollte der König das Mädchen, das Menschen froh machen konnte, zu sich holen? Sammelt Ideen. Übertragt dazu den Cluster in euer Heft und setzt ihn fort.

> ... musste einmal im Jahr einem Drachen ein außergewöhnliches Mädchen opfern.

Der König ...

> ... und die Königin waren unglücklich, weil sie keine Kinder hatten.

> **?**

> ... hatte eine Frau, die immer traurig war. Das Mädchen sollte sie aufheitern.

2 Eine Klasse hat Ideen für drei mögliche Fortsetzungen gesammelt. Die einzelnen Handlungsschritte sind aber durcheinandergeraten.
a Ordnet die Handlungsschritte nach ihrer Reihenfolge. Die Lösungsbuchstaben helfen euch: Sie ergeben den Namen eines bekannten Märchens.
b Welche der Fortsetzungen passen für ein Märchen, welche passt nicht? Begründet.

> **F** Die Königin und der König waren betrübt, weil sie keine Kinder hatten, und suchten Aufheiterung durch das Mädchen.
>
> **O** Die Vögel gaben dem Mädchen Ratschläge. Beim dritten Versuch wurde die Königin froh.
>
> **L** Das Mädchen wollte sich durch Gesang beim König einschmeicheln und ihn hinterher ausrauben.
>
> **A** Beide überhäuften zum Dank das Mädchen mit Gold und Edelsteinen. Dieses kehrte zum Vater zurück und musste nun nicht mehr Not leiden.
>
> **R** Durch die Anwesenheit des Mädchens und ihr Singen wurden König und Königin wieder glücklich und bekamen schließlich das ersehnte Kind.
>
> **E** In der dritten Nacht stahlen Vater und Tochter die Kronjuwelen.
>
> **U** Der König hoffte, dass das Mädchen seine traurige Frau aufheitern könnte, und befahl, sie an den Hof zu bringen. Das Mädchen wehrte sich, da es den Vater nicht allein lassen wollte.
>
> **H** Das Mädchen musste für die Königin singen. Diese blieb aber zunächst traurig.
>
> **L** An drei Abenden sang das Mädchen vor dem König, der Königin und ihrem Hofstaat. In der Zwischenzeit erkundete der Vater, wo sich die Schatzkammer befand.

3 Sammelt eigene Ideen für eine Fortsetzung.

Schreibplan: **Ein Märchen fortsetzen**

Titel:	?
Figuren:	die Sängerin, der König, die Königin, die Waldvögel, der alte Vater
Handlung der Fortsetzung:	König ließ Mädchen zum Schloss bringen Königin war traurig Mädchen sollte die Königin durch Singen aufheitern
1. Versuch:	fehlgeschlagen / Königin weinte noch mehr Mädchen traurig Waldvögelein gab ihm Tipp → „Bauernmaid, Bauernmaid, es ist schon bald so weit. ? macht die Königin gesund." pfiff Melodie vor
2. Versuch:	Mädchen sang Lied vor / Königin wieder traurig, weil ? Mädchen verzweifelt Vögelein kam wieder: „Bauernmaid, Bauernmaid, es ist schon bald so weit. Nimm diese edlen Kräuter, dann wird die Königin wieder heiter." Mädchen braute einen Tee ...
3. Versuch:	?
Schluss:	?

4 a Untersucht den Schreibplan.
  – Welche Ideen von S. 125 wurden aufgegriffen? Welche eigenen Ideen wurden entwickelt?
  – Welche Elemente, die ganz typisch für Märchen sind, wurden dabei aufgenommen?
  b Übertragt den Schreibplan in euer Heft und ergänzt die Stellen, die noch fehlen.

Das Mädchen beendete das Lied, das das Vögelein ihm beigebracht hatte, und lächelte schüchtern. Doch die betrübte Königin weinte weiter bittere Tränen. Der erzürnte König kam hinzu und jagte das Mädchen aus dem Gemach: „Du wirst erst wieder zu deinem Vater zurückkehren, wenn du die Königin mit deinem Gesang froh gestimmt hast!" So setzte sich die junge Frau zum zweiten Mal im Park unter den Baum. Sie seufzte, denn
5 sie dachte an ihren Vater, der alleine war. Und da flog das kleine Vögelein erneut herbei und zwitscherte:
„Bauernmaid, Bauernmaid,
es ist schon bald so weit.
Nimm diese edlen Kräuter,
dann wird die Königin wieder heiter."
10 Das Tier hielt dem unglücklichen Mädchen ein Heilkraut mit schneeweißen Blüten hin, das es in seinem Schnabel trug.

5 Welche Handlungsschritte aus dem Schreibplan hat Philipp hier ausformuliert?

Märchenfortsetzungen untersuchen und überarbeiten

... und lud sie zu sich ein, damit sie ihm ein Konzert gäbe. Der Prinz verliebte sich in ihre schöne Stimme. Doch als er zu seinem Vater in den Saal rannte, war das Mädchen schon weg. „Vater, ich möchte diese Frau mit der lieblichen Stimme kennen lernen!", sagte der Prinz. Der König sprach: „Du darfst sie heiraten. Vorher muss sie drei Aufgaben erledigen."

1 a Lest den Text und überlegt gemeinsam, was noch zu unvermittelt erzählt wird oder gar nicht logisch nachvollziehbar ist.
  b Beurteilt, ob die Vorgaben vom Märchenanfang hier geschickt aufgegriffen sind.

Der König hockte auf seinem Thron und rief ihr zu: „Hey, komm her! Hab gehört, dass du voll gut singen kannst. Lass mal einen Song hören." Das Mädchen sang mit wohltönender
5 *Stimme eine sanfte Melodie. „So was haut mich nicht vom Hocker. Du bleibst in meinem Schloss, bis ich durch dein Singen wieder besser drauf bin", ließ der König sie ungnädig wissen. Da fing die Bauerstochter an zu*
10 *flennen: „Bislang war mein Gesang allen eine Freude. Bitte, lass mich zu meinem Papa zurück!" „Okay, du sollst noch eine Chance bekommen: heute in einer Woche." Mit diesen Worten ließ der König das unglückliche*
15 *Mädchen stehen.*

2 Lest den Text und überlegt, was noch überarbeitet werden muss.
Schreibt eine überarbeitete Fassung dieses Auszugs aus einer Märchenfortsetzung in euer Heft.
○○ Ihr könnt die folgenden Textbausteine benutzen:

befahl	in unfreundlichem Ton	finde dich in einer Woche wieder hier ein
nun gut	mit barscher Stimme	zu meinem alten Vater zurückkehren
tritt näher	mir ist zu Ohren gekommen	dein Gesang erfreut mich nicht
fing ... an zu weinen	dass du eine liebliche Stimme hast	bis ich ... erheitert bin

> *Beim dritten Versuch schaute die Königin wieder der Sängerin entgegen. Der König saß an ihrer Seite auf dem Thron. Das Mädchen hatte dieses Mal alle Ratschläge des Vögeleins befolgt. Dieses Mal wurde die Königin froh und dankte der Sängerin für den Vortrag. Der König gab dem Mädchen fünf Goldstücke und entließ es.*

3 **a** Notiert Adjektive und andere geeignete Wörter und Wendungen, mit denen ihr die Figuren und ihre Stimmung im Text anschaulich machen könnt. Wie fühlen sie sich am Anfang des Textauszugs, wie am Ende?

	Sängerin	Königin	König
Textanfang	*verzagt*	*hoffnungslos*	*verbittert*
	schüchtern	*…*	*…*
Textende	*erleichtert*	*…*	*dankbar*

b Auch wörtliche Rede kommt in Märchen immer wieder vor. Was könnten die Figuren hier sagen?
c Schreibt eine verbesserte Fassung dieses Textauszugs in euer Heft.

> *Ein Bote des Königs bringt das Mädchen nach Hause. Dort ist der alte Vater überglücklich über die Rückkehr seines Töchterleins. Nun müssen sie auch keine Not mehr leiden. Und eines schönen Tages erscheint vor dem Haus ein Edelmann des Königs, der sich unsterblich in das Mädchen verliebt hat. Da der König der Sängerin mit der wundersamen Stimme dankbar ist, erlaubt er dem Edelmann, diese zu heiraten. Das Paar feiert Hochzeit mit allen Dorfbewohnern und sogar der König und die Königin kommen mit einem wertvollen Geschenk. Glücklich und zufrieden lebt das junge Paar bis an sein Lebensende.*

4 Dass Märchen in einer vergangenen Zeit spielen, wird hier nicht deutlich.
   a Was muss in diesem Text verändert werden?
   b Überarbeitet den Text entsprechend. **Achtung:** An einer Stelle müsst ihr das Plusquamperfekt (▶ S. 226) verwenden!

5 Wenn ihr noch üben wollt, könnt ihr das Märchen „Der Brückenbauer und der Dämon" (▶ S. 120 f.) ab Z. 49 neu erzählen.

Wissen und Können   **Ein Märchen weiterschreiben**

Wollt ihr ein Märchen fortsetzen, lohnt es sich, den Märchenanfang genau zu untersuchen. Oft enthält er Hinweise auf Eigenschaften der Märchenhelden, auf sprechende Tiere oder andere Figuren, die ihr aufgreifen solltet. **Tipp:** Erfindet nicht zu viele Figuren hinzu. Achtet darauf, dass eure Ideen zur Textsorte Märchen passen und dass ihr eine zum Märchen passende Sprache verwendet.

7.3 Fit in …? – Märchenmerkmale erkennen und ein Märchen fortsetzen

In einer Schulaufgabe wurde folgende Aufgabe gestellt:

> Schreibe einen neuen Schluss zum Märchen „Die weiße Schlange". Beginne in Zeile 150.

1 Kontrolliert den folgenden Schreibplan. Schreibt ihn dann verbessert in euer Heft.

Schreibplan „Die weiße Schlange"

Figuren: König, Diener, weiße Schlange; Königin

Ausgangssituation: Diener probiert von der weißen Schlange und kann nun alle Blumen sprechen hören

1. Problem der Hauptfigur: wird beschuldigt, den Ring der Königin gestohlen zu haben
   Ausweg: Diener hört, dass eine Ente das Schmuckstück verschluckt hat, kann seine Unschuld beweisen
   Belohnung: darf sich auf Kosten des Kochs auf Reisen begeben
   Erlebnisse während der Reise: hilft dreimal Tieren aus ihrer misslichen Lage
2. Problem der Hauptfigur: möchte eine Königstochter heiraten, muss drei Aufgaben lösen

   …

… Die Prinzessin zeigte auf eine Felsspalte und <u>meinte</u>: „Hole mir dort aus der Spalte einen Diamanten." Mit diesen Worten stolzierte sie davon. Da <u>setzt</u> sich der Diener mit dem traurigen Gedanken hin, bald dem Tod ins Auge blicken zu müssen. Auf einmal aber <u>kommt</u> der Ameisenkönig mit tausend anderen Ameisen aus dem Gesteinsriss. Alle zusammen <u>tragen</u> einen Diamanten. Sofort brachte der Jüngling den Kristall zur Königstochter. <u>Diese jedoch erschrak. Sie forderte. Er müsse noch eine Aufgabe bestehen.</u> Sie führte ihn an eine steile Bergwand und deutete auf einen Adlerhorst hoch oben auf einem Felsvorsprung. „Hole das goldene Ei aus dem Nest." Mit diesen Worten ging sie wieder davon.

T!

A! Satzverknüpfungen!

∀ Plötzlich hörte er jedoch ein Geräusch, und als er aufblickte, sah er die Raben, denen er das Leben gerettet hatte. Sie schwangen sich in die Höhe und einer kam mit dem Ei im Schnabel zurück.

Logik! Hier fehlt ein Erzählschritt

Glücklich kehrte der Jüngling zum Schloss zurück. Die Prinzessin aber hatte keine Ausrede mehr und stimmte der Heirat zu. Drei Tage später fand ein prächtiges Hochzeitsfest statt und sie lebten noch viele glückliche Jahre.

2 a Untersucht die Fortsetzung des Märchens. Welche Vorgaben wurden aufgegriffen?
  b Ergänzt den Schreibplan mit den Angaben aus der Fortsetzung des Märchens.

> die weiße Schlange • die Ameisen • den gestohlenen Ring • die Rabeneltern •
> den Gegensatz zwischen dem armen Diener und der stolzen Königstocher •
> alle Figuren aus dem Märchenanfang • die Aufgaben • die jungen Raben •
> die Fische

3 An einigen wenigen Stellen hat die Lehrkraft Anmerkungen gemacht. Schreibt den Text in euer Heft und überarbeitet die markierten Stellen.

Checkliste ✔

Märchenmerkmale benennen und ein Märchen fortsetzen

Inhalt der Märchenfortsetzung

- Habe ich die **Vorgaben** aus dem Märchenanfang aufgegriffen und sinnvoll ergänzt?
- Muss der Held z. B. weitere **Aufgaben** erfüllen, um an sein Ziel zu gelangen?
- Haben die auftretenden **Figuren** gegensätzliche Eigenschaften?
- Passiert etwas **Wundersames,** das in der wirklichen Welt nicht vorkommt?
- Ist die Handlung dennoch nachvollziehbar?
- Spielen **magische Zahlen** eine Rolle?
- Helfen **(magische) Verse** oder **Zaubersprüche** bei der Erfüllung der Aufgaben?
- Schafft der Held es auch wirklich, die Aufgabe(n) zu erfüllen? Welchen „Lohn" bekommt er dafür?
- Gibt es einen **magischen Gegenstand** oder ein **Lebewesen,** der bzw. das ihm bei der Erfüllung der Aufgabe hilft?
- Endet das Märchen mit einer typischen **Formel?**
- Habe ich – wenn nötig – eine passende Überschrift ergänzt?

Sprachliche Gestaltung der Märchenfortsetzung

- Sind die einzelnen Teile/Aufgaben logisch miteinander verbunden?
- Habe ich auf Satzverknüpfungen geachtet?
- Ist zur Auflockerung wörtliche Rede eingebaut?
- Veranschaulichen Adjektive die Figuren und die Situation?
- Ist die Sprache märchengerecht?
- Habe ich bei der Fortsetzung des Märchens das Präteritum verwendet?
- Sind die Rechtschreib- und Zeichensetzungsregeln berücksichtigt?

8 Tiere wie Menschen –
Fabeln verstehen und ausgestalten

1 Betrachtet die Bilder und entwickelt kurze Dialoge zwischen den Tieren.

2 Denkt nach, welche Fabeln ihr kennt.
Nennt die Tiere, die darin vorkommen.

3 In Fabeln können Tiere miteinander sprechen. Überlegt, in welchen Texten manchmal ebenfalls sprechende Tiere vorkommen.

In diesem Kapitel ...

– lernt ihr Fabeln kennen und verstehen,
– findet ihr heraus, woran man Fabeln erkennt,
– könnt ihr Fabeln auf verschiedene Arten gestalten.

131

8.1 Fabeln aus alter und neuer Zeit – Merkmale von Fabeln kennen lernen

Alte Fabeln – bis heute aktuell

Äsop

Der Wolf und das Lamm

Ein Wolf kam an einen Bach, um dort zu
trinken. Da gewahrte[1] er ein Lamm, das ein
Stück unterhalb von ihm seinen Durst löschte.
„Warum trübst[2] du mir das Wasser, das ich trin-
5 ken will?", wollte er wissen. „Wie kann ich das
Wasser trüben, das von dir zu mir herab-
fließt?", antwortete das Lamm. „Jedenfalls
weiß ich", sagte der Wolf, „dass du vor fünf
Monden[3] übel von mir geredet hast."
10 „Wie sollte das möglich sein?", erwiderte das
Lamm. „Damals war ich noch gar nicht geboren." „Dann ist es dein Vater gewesen",
schrie der Wolf und zerriss das Lamm, um es
zu verschlingen.
15 Für seine Untaten ist dem Bösewicht jeder Vor-
wand recht.

Äsop (6. Jh. v. Chr.) war der erste
uns bekannte Fabeldichter. Er war
ein griechischer Sklave und lebte in
der Stadt Delphi. Mit seinen Fabeln
wies er oft auf Missstände seiner
Zeit hin.

---

1 gewahren: sehen, bemerken

2 das Wasser trüben: *(hier)* verunreinigen, schmutzig machen

3 vor fünf Monden: vor fünf Monaten

1 Erzählt in eigenen Worten, was an dem Bach geschah.

2 Fabeln haben meist einen festgelegten Aufbau:
Ausgangssituation – Konflikt (Rede und Gegenrede) – Lösung – Lehre
Ordnet die folgenden Handlungsschritte der Fabel (was passiert zuerst, was danach), schreibt sie
mit der Zeilenangabe auf und ergänzt die passende Bezeichnung für den Aufbau.

> Der Böse findet immer einen Schuldigen für seine Untaten. (Z. 15–16)
> Der Wolf macht dem Lamm Vorwürfe, welche es begründet als unwahr zurückweist. (Z. 4–12)
> Wolf und Lamm treffen sich am Bach beim Trinken. (Z. 1–3)
> Der Wolf schiebt die Schuld auf den Vater des Lamms und zerreißt es. (Z. 12–14)

Jean de La Fontaine

Der geschmeichelte Sänger

Herr Rabe auf dem Baume hockt,
Im Schnabel einen Käs.
Herr Fuchs, vom Dufte angelockt,
Ruft seinem Witz gemäß:
5 „Ah, Herr Baron von Rabe,
Wie hübsch Ihr seid, wie stolz Ihr seid!
Entspricht auch des Gesanges Gabe
Dem schönen schwarzen Feierkleid,
Seid Ihr der Phönix-Vogel¹ unter allen!"
10 Der Rabe hört's mit höchstem Wohlgefallen,
Lässt gleich auch seine schöne Stimme schallen.
Da rollt aus dem Rabenschnabel der Fraß
Dem Fuchs ins Maul, der unten saß.
Der lachte: „Dank für die Bescherung!
15 Von mir nehmt dafür die Belehrung:
Ein Schmeichler lebt von dem, der auf ihn hört,
Die Lehre ist gewiss den Käse wert."
Der Rabe saß verdutzt und schwor:
Das käm ihm nicht noch einmal vor.

Jean de La Fontaine
(1621–1695) lebte am Hofe des „Sonnenkönigs" Ludwig XIV. in Paris und Versailles. Er schrieb für die adlige Hofgesellschaft viele Fabeln und witzige Geschichten.

---

1 Phönix-Vogel: ein wunderschöner Sagenvogel

3 La Fontaine schrieb eine bekannte Fabel auf, die auch bei Äsop zu finden ist.
   a Klärt schwierige Wörter und erzählt die Fabel in eigenen Worten nach (▶ S. 296).
   b Beschreibt die Textform der Fabel und benennt die Reimform (▶ S. 148).
   c Stellt den Aufbau der Fabel mit Zeilenangaben dar:
   Z.1–X: Ausgangssituation, ...

4 Begründet, warum dem Raben das Missgeschick passiert.

5 Welche Eigenschaften hat der Fuchs, welche hat der Rabe? Nennt je eine passende Eigenschaft und begründet sie am Text.
   Hier findet ihr einige Adjektive zur Auswahl:

> beeinflussbar • berechnend • eitel • gierig • schlau • stolz

6 Tragt die Fabel wirkungsvoll in der Klasse vor (▶ S. 155).

7 Schreibt die Verse in einen Erzähltext um.
   Ein Rabe saß einmal auf einem Baum und hatte ein Stück Käse im Schnabel. Da ...

8 Den Tieren in Fabeln werden bestimmte menschliche Eigenschaften (Stärken und Schwächen) zugewiesen, z. B.: die *fleißige* Ameise.

a Ordnet den folgenden Tieren je eine passende Eigenschaft aus dem Wortspeicher zu.

b Vergleicht eure Ergebnisse in der Klasse.

> die Eule • der Hase • der Esel • der Fuchs • der Rabe • der Wolf • der Hund • der Löwe • die Grille • die Ameise

> fleißig • schlau • treu • ängstlich • gierig • stolz • frech • dumm • weise • leichtsinnig

Fabelhaftes aus neueren Zeiten

Rudolf Kirsten

Ungleiche Boten

Der Adler hörte einst viel Rühmens von der Nachtigall und hätte gern Gewissheit gehabt, ob alles auf Wahrheit beruhe.

Darum schickte er den Pfau und die Lerche
5 aus; sie sollten ihr Federkleid betrachten und ihren Gesang belauschen.

Als sie wiederkamen, sprach der Pfau: „Der Anblick ihres erbärmlichen Kittels hat mich so verdrossen, dass ich ihren Gesang gar nicht gehört habe." – Die Lerche sprach: „Ihr Gesang 10 hat mich so entzückt, dass ich vergaß, auf ihr Federkleid zu achten."

1 **a** Was verraten die Aussagen von Pfau und Lerche über die Nachtigall – was über sie selbst?

b Welche der folgenden Lehren passt am besten zur Fabel? Begründet eure Meinung.

– Man sollte nicht nur auf das achten, was einen selbst interessiert.

– Wer sich nur auf Äußerlichkeiten konzentriert, übersieht das Wesentliche.

– Man vergleicht andere immer mit sich selbst.

– Man sollte auch für Unbekanntes offen sein.

2 Schreibt die Fabel in moderner Sprache auf und fügt eine Lehre an.

Wissen und Können   **Fabeln**

- Fabeln sind **kurze Erzähltexte,** sie können aber **auch in Versen** geschrieben sein.
- In der Fabel **handeln und sprechen** in der Regel **Tiere,** die **menschliche Charaktereigen-schaften** verkörpern, z. B. *schlauer Fuchs, dummer Esel.*
- Die Tiere sind oft **ungleiche Gegenspieler** (z. B. *Löwe gegen Maus*), die ein **Streitgespräch** führen. Am Ende siegt der Stärkere oder der Listigere.
- **Ausgangssituation:** Die Tiere, der Ort und ihre Situation werden genannt.
- **Konfliktsituation und Lösung:** Zwischen den Tieren entsteht ein Konflikt, der in Rede und Gegenrede dargestellt wird. Dabei versucht oft ein Tier, das andere zu überlisten oder zu besiegen.
- **Lehre:** Am Ende wird häufig eine Lehre formuliert. Die Leserschaft soll etwas über ein bestimmtes Verhalten lernen.

Drei wahre Worte

Aus Afrika

Der Schakal traf den Bock auf dem Wege und packte ihn. „Ich lasse dich nicht lebendig von hier fortkommen", sprach er, „wenn du mir nicht drei Worte sagst, die wahr sind."

Der Bock erwiderte: „Wenn ich in mein Dorf zurückkomme, und ich erzähle den Ziegen, der Schakal hätte eine von ihnen gepackt und sie wieder laufen lassen, so werden sie das nicht glauben."

„Das ist ein wahres Wort", sagte der Schakal, „nun sage mir ein zweites."

„Wenn du in dein Dorf zurückkommst", sprach der Bock, „und erzählst den Schakalen, ein Schakal hätte eine Ziege gepackt und sie nur wieder laufen lassen, weil sie ihm drei wahre Worte sagen konnte, so werden sie das auch nicht glauben."

„Das ist ebenfalls ein wahres Wort", sagte der Schakal, „nun sage noch das dritte."

„Großer Schakal", sprach der Bock, „du musst dich schon vollkommen satt gefressen haben, sonst würdest du nicht so scherzen, sondern mich schon lange verspeist haben."

„Das ist auch wahr", antwortete der Schakal und ließ den Bock laufen.

3 Schakal und Ziegenbock sind in Europa eher ungewöhnliche Fabeltiere.
Welche Eigenschaften verkörpern die Tiere in dieser Fabel? Nennt Adjektive.

4 Gebt in eigenen Worten wieder, wie der Bock argumentiert:
 – *Erstes wahres Wort: Die Ziegen glauben dem Bock nicht, dass der Schakal ihn laufen ließ.*
 – *Zweites wahres Wort: ...*
 – *Drittes wahres Wort: ...*

5 Die Fabel hätte auch anders enden können.
Verändert den letzten Satz so, dass ein anderer Schluss entsteht.

6 Am Ende der Fabel steht keine Lehre.
 a Welche der folgenden Lehren passt eurer Meinung nach am besten? Begründet eure Wahl.

> – Mit überzeugenden Argumenten kann man sich aus einer gefährlichen Lage retten.
> – Ein ehrliches Wort gegenüber einem Stärkeren führt immer zum Erfolg.
> – Der Schwächere ist den Launen des Stärkeren ausgeliefert.

 b Formuliert eine eigene Lehre zu der Fabel.

Testet euer Wissen!

Fabeln

Die Schildkröte und der Leopard

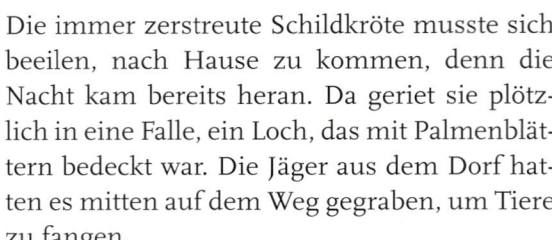

Die immer zerstreute Schildkröte musste sich beeilen, nach Hause zu kommen, denn die Nacht kam bereits heran. Da geriet sie plötzlich in eine Falle, ein Loch, das mit Palmenblättern bedeckt war. Die Jäger aus dem Dorf hatten es mitten auf dem Weg gegraben, um Tiere zu fangen.

Dank ihres dicken Panzers hatte sich die Schildkröte bei dem Sturz nicht ernstlich verletzt. Aber wie sollte sie hier nur wieder herauskrabbeln? Bis zum nächsten Morgengrauen musste sie sich etwas einfallen lassen, wenn sie nicht im Suppentopf der Dorfbewohner enden wollte.

Die Schildkröte dachte gerade über einen Ausweg nach, als ein Leopard in dieselbe Falle geriet. Die Schildkröte machte einen Sprung, und indem sie so tat, als hätte der Leopard sie in ihrem Schlupfwinkel gestört, brüllte sie die verdutzte Raubkatze an: „Was soll das heißen? Was hast du hier zu suchen? Sind das vielleicht Manieren, einfach so in mein Haus einzudringen?" Dann fuhr sie aufgebracht fort: „Pass doch auf, wo du hintrittst! Weißt du denn nicht, dass ich nachts nicht gern unerwarteten Besuch habe? Verschwinde bloß, du ungezogener Gefleckter!"

Wutentbrannt über die freche Schildkröte packte sie der Leopard und schleuderte sie mit aller Kraft aus dem Loch. Die Schildkröte freute sich ihres Lebens und setzte in aller Ruhe ihren Nachhauseweg fort.

1 Beantwortet die folgenden Fragen und notiert den Lösungsbuchstaben.
Als Lösungswort ergibt sich der Name eines Fabeldichters.

---

1 Woran erkennt ihr, dass es sich um eine Fabel handelt?
C – am guten Ende   **F** – dass Tiere handeln und sprechen   **K** – am Witz in der Geschichte

---

2 Was ist an dieser Fabel ungewöhnlich?
O – die Tierarten   **B** – die Auseinandersetzung zwischen den Tieren   **C** – die Sprache

---

3 Welcher typische Bestandteil von Fabeln fehlt hier?
M – die Einleitung   **D** – die Auseinandersetzung   **N** – die Lehre

---

4 Woher könnte die Fabel stammen?   **E** – aus Europa   **T** – aus Afrika   **Z** – aus Australien

---

5 Welche Eigenschaft hat die Schildkröte hier?   **A** – schlau   **P** – gutmütig   **B** – bösartig

---

6 Welche Eigenschaft hat der Leopard?   **I** – jähzornig   **R** – überlegen   **S** – traurig

---

7 Wie gelingt es der Schildkröte, ihr Leben zu retten?
H – Sie springt auf den Leoparden.   **R** – Sie lässt sich aus der Grube herausziehen.
N – Sie beschimpft den Leoparden, sodass er sie aus der Grube schleudert.

---

8 Welche Gegenspieler sind ebenfalls sehr bekannt?
Y – Ameise und Mistkäfer   **E** – Wolf und Lamm   **J** – Storch und Hase

---

8.2 Sprechende Weinfässer, tanzende Grillen … – Kreativ mit Fabeln umgehen

Ignacy Krasicki

Der Wein und das Wasser

Ein Fass mit Wein vom besten Jahrgang wurde vor einem Wirtshaus abgeladen und lag, während der Kutscher noch mit dem Wirt um den Preis feilschte, neben einem munter plät-
5 schernden Brunnen in der Sonne. Der Wein, den seine Qualität und der teure Preis, den man für ihn zahlen würde, übermütig gemacht hatten, sprach zu dem Wasser, das aus der Brunnenröhre floss: „Na, Bruder! Immer em-
10 sig! Sieh mich an: Ich liege tagaus, tagein in meinem Fass, bis ich köstlich prickelnd über die Zungen der vornehmen Trinker laufe. Das nenne ich ein Leben, Bruder. Du dauerst mich. Wenn ich daran denke, dass ich nur wie du dem blöden Vieh und den groben Bauern zur 15 Labe dienen sollte, würde ich mich schämen und grämen." Da antwortete das Wasser: „Wenn ich den Rebstock nicht tränkte und des Winzers Durst nicht löschte, der den Rebstock hegt in der prallen Glut des Sommertags, nie 20 würdest du entstehen können." Da der Wein dies hörte, wurde er still und ließ sich ohne weitere Prahlrede in den Keller schaffen.

1
a Beschreibt, wer bei dieser polnischen Fabel anstelle der Tiere die Gegenspieler sind.
b Einige Wörter in der Fabel sind heute nicht mehr so gebräuchlich.
  Entscheidet, welche der folgenden Worterklärungen jeweils passen:

> *feilschen* (Z. 4): streiten, reden, verhandeln
> *emsig* (Z. 9 f.): flink, fleißig, häufig
> *jemanden dauern* (Z. 13): jemandem leidtun, auf jemanden warten, jemanden verärgern
> *zur Labe* (Z. 15 f.): zur Ernährung, zum erfrischenden Durstlöschen, zum Trinken
> *der Rebstock* (Z. 19): der Blumenstock, die Weintraube, der Weinstock

c Erzählt die Fabel mit eigenen Worten, schreibt sie auf und gestaltet sie mit einer Zeichnung (► S. 296).

2 Verfasst die Fabel neu. Überlegt euch dazu zwei tierische oder nicht-tierische Gegenspieler, z. B.: *Biene und Apfel, Wurm und Vogel, Kartoffel und Sack Erde.*

Äsop

Die Ameise und die Grille

Es war kalter Winter und Schnee fiel vom Olymp[1]. Die Ameise hatte zur Erntezeit viel Speise eingetragen und ihre Scheuern damit angefüllt. Die Grille hingegen kauerte in ihrem
5 Loch und litt gar sehr, von Hunger und arger Kälte geplagt. Sie bat darum die Ameise, ihr von ihrer Speise abzugeben, damit sie davon essen könne und nicht zu sterben brauche. Doch die Ameise sprach zu ihr: „Wo warst
10 du denn im Sommer? Warum hast du zur Erntezeit nicht Speise eingetragen?" Darauf die Grille: „Ich habe gesungen und mit meinem Gesang die Wanderer erfreut." Da lachte die Ameise laut und rief: „So magst du im
15 Winter tanzen!"[2]

1 der Olymp: Berg, der als Wohnsitz der Götter galt
2 „So magst du im Winter tanzen!": Dann tanze doch auch im Winter!

3 a Lest die Fabel mit verteilten Rollen laut vor. Achtet auf die passende Betonung.
    b Ergänzt eine passende Lehre: *Die Fabel zeigt …*

4 a Sammelt Ideen für ein Streitgespräch zwischen Ameise und Grille.
    Notiert mögliche Argumente auf Stichwortkarten und formuliert sie anschließend aus.
    Ameise: „Also, ich habe den ganzen Sommer über … Ich verstehe nicht, warum du …"
    Grille: „Dazu hatte ich gar keine Zeit, denn …"
    b Spielt das Streitgespräch vor.
    c Spielt das gleiche Gespräch noch einmal im Dialekt vor und vergleicht:
    Was fiel euch leichter? Wie unterscheidet sich die Wirkung?

Helmut Arntzen

Grille und Ameise

„Was das Singen und Arbeiten betrifft, so habe ich schon deiner Mutter
gute Ratschläge gegeben", sagte die Ameise zur Grille im Oktober.
„Ich weiß", zirpte die, „aber Ratschläge für Ameisen."

5 a Formuliert ausführlicher, warum die Grille die Ratschläge der Ameise nicht befolgt hat:
    Wir Grillen sind eben anders als … Im Gegensatz zu euch ist es uns das Wichtigste, …
    b Was hat dieser kurze Text mit der Fabel von Äsop zu tun? Erklärt den Zusammenhang.

6 Erzählt die Fabel weiter und ergänzt eine passende Lehre, z. B.: *Was für den einen gut ist, …*

Fabeln szenisch darstellen

Georg Born

Sie tanzte nur einen Winter

Es war Sommer. Auf einer Wiese, wo sich die Blumen im weichen Winde wiegten, saß eine Grille. Sie sang. Am nahen Waldrand eilte geschäftig eine Ameise hin und her. Sie trug Nahrung für den Winter zusammen. So reihte sich Tag an Tag. Der Winter kam. Die Ameise zog sich in ihre Wohnung zurück und lebte von dem, was sie sich gesammelt hatte. Die sorglose Grille aber hatte nichts zu nagen und zu beißen. In ihrer Not entsann sie sich der fleißigen Ameise. Sie ging zu ihr, klopfte an und bat bescheiden um ein bisschen Nahrung. „Was hast du im Sommer getan?", fragte die Ameise hintergründig, denn sie liebte die Tüchtigkeit über alles. „Ich habe gesungen", antwortete die Grille wahrheitsgetreu. „Nun gut, dann tanze!", antwortete die Ameise boshaft und verschloss die Tür. Die Grille begann zu tanzen. Da sie es gut machte, wurde sie beim Ballett engagiert. Sie tanzte nur einen Winter und konnte sich dann ein Haus im Süden kaufen, wo sie das ganze Jahr singen konnte.
Moral: Ein guter Rat ist oft mehr wert als eine Scheibe Brot.

1 a An welchen Stellen gleicht die Fabel der von Äsop (▶ S. 138)? Nennt die Zeilen.
   b Stellt fest, wie der Autor die Fabel abgeändert hat.
   c Welche Fassung gefällt euch besser? Begründet eure Meinung.

2 a Schreibt die Fabel als kurzes Stegreifspiel (▶ S. 166) auf.
     Überlegt euch, an welchen Stellen ihr im Dialekt sprechen könntet.

> *(Ameise saust umher, Grille singt. – Ameise setzt sich gemütlich hin.)*
> **Grille** *(klopft an der Tür, Ameise öffnet:)* Hallo, Frau Nachbarin, wie geht's?
> **Ameise:** Es fehlt mir nichts, bei mir ist es gemütlich.
> **Grille** *(frierend):* Prima, das freut mich. Aber nun hätte ich eine kleine Bitte ...

   b Führt euer Spiel vor.

James Thurber

Der Seehund, der berühmt wurde

Ein Seehund, der auf einem breiten, glatten Felsen in der Sonne lag, sagte zu sich selbst: „Mein Leben besteht nur aus Schwimmen. Keiner der anderen Seehunde kann besser schwimmen als ich", grübelte er, „aber andererseits können sie alle genauso gut schwimmen wie ich." Je länger er über die Eintönigkeit seines an Ereignissen so armen Daseins nachdachte, desto niedergeschlagener[1] wurde er. In der Nacht schwamm er davon und schloss sich einem Zirkus an.
Binnen zwei Jahren brachte es der Seehund in

der Kunst des Balancierens zu höchster Vollendung. Er konnte nicht nur Lampen, Regenschirme und Fußmatten balancieren, sondern auch Schemel, Bälle, dicke Zigarren und alles, was man ihm sonst noch gab. Eines Tages fand er in einem Buch einen Hinweis auf das „Große Siegel der Vereinigten Staaten". Da er ein amerikanischer Seehund war und das Wort *seal* im Amerikanischen sowohl „Siegel" als auch „Seehund" bedeutet, nahm er natürlich an, mit dem „Großen Seehund" sei er gemeint.

Im Winter seines dritten Artistenjahres kehrte er zu dem breiten, glatten Felsen zurück, um seine Freunde und Angehörigen zu besuchen. Er präsentierte sich ihnen mit sämtlichen Großstadterrungenschaften: neue Slangausdrücke, Likör in einer goldenen Taschenflasche, Reißverschluss, eine Nelke am Rockaufschlag.

Voller Stolz balancierte er alles, was es auf dem Felsen zu balancieren gab – viel war das allerdings nicht. Als er sein Repertoire² erledigt hatte, fragte er die anderen Seehunde, ob sie diese Kunststücke wohl auch fertigbrächten, und sie sagten Nein.

„Okay", meinte er, „dann führt mir mal irgendwas vor, was *ich* nicht fertigbringe."

Da Schwimmen das Einzige war, was sie konnten, stürzten sie sich alle von dem Felsen ins Meer. Der Zirkusseehund sprang flugs hinterdrein, aber seine elegante Stadtkleidung, zu der auch ein Paar Siebzigdollarschuhe gehörten, war so schwer, dass sie ihn augenblicklich in die Tiefe zog. Außerdem war er drei Jahre lang nicht geschwommen und hatte vergessen, wie er seine Flossen und den Schwanz gebrauchen musste. [...]

---

1 niedergeschlagen: unglücklich
2 das Repertoire: das gesamte Programm, alle Darbietungen

3 a Der Schluss der Fabel fehlt. Sammelt Ideen, wie der Text enden könnte.
b Sprecht darüber, was ihr von dem Seehund haltet, z. B.: *Der Seehund ist mir sympathisch / nicht sympathisch, denn ... Der Seehund tut mir (nicht) leid, weil ...*

4 Die Fabel eignet sich sehr gut zum Theaterspielen.
a Erarbeitet die folgenden Szenen in Gruppen. Verteilt die Rollen und macht euch Notizen.

> **1. Szene: Der Seehund bittet um Aufnahme in den Zirkus**
> Die Zirkusleute fragen den Seehund, wo er herkommt, warum er zum Zirkus möchte usw.
> **2. Szene: Der Seehund kommt wieder nach Hause zurück**
> Die anderen Seehunde begrüßen den Heimkehrer und fragen ihn nach seinen Erlebnissen.
> **3. Szene: Die Angehörigen und Freunde reden über den Seehund**
> Die einen bewundern ihn, die anderen finden ihn unmöglich.
> **4. Szene: Der Sprung vom Felsen**
> Der Seehund springt den anderen Seehunden hinterher ins Wasser und ...
> *Denkt euch einen passenden Schluss aus (tragisches oder glückliches Ende).*

b Probt die Szenen und führt sie der Klasse vor. Beachtet die Checkliste auf Seite 172.

Eine Fabel mit anderen Texten vergleichen

Babrios

Der kranke Rabe

Der Rabe war sehr krank und seine Mutter weinte.
„So wein doch nicht!", der Rabe sprach,
„Und bete lieber zu den Göttern,
Dass die Gesundheit sie mir wiedergeben!"
„Ich tät es gern, mein Kind, doch welchen von den Göttern
soll ich denn bitten? Sitzt doch keiner im Olymp,
Dem du noch nichts gestohlen hast!"

1 Lest die Fabel und ergänzt die folgende Lehre.

> *Wenn du jemanden geschädigt hast, wundere dich nicht ...*

Brüder Grimm

Die sieben Raben

Ein Mann hatte sieben Söhne und immer noch kein Töchterchen, so sehr er sich's auch wünschte; endlich gab ihm seine Frau wieder gute Hoffnung zu einem Kinde, und wie's zur
5 Welt kam, war es auch ein Mädchen.
Weil den Brüdern der Krug für das Taufwasser in den Brunnen fällt, verwünscht der Vater sie in Raben. Das Mädchen aber wächst heran, erfährt von dem Unglück seiner Brüder und möchte sie befrei-
10 *en. Mit einem Ring der Eltern bricht es auf. Von den Sternen erfährt es, dass sie in einem Glasberg wohnen. Hungrig isst es dort von den Speisen auf den Tellern und trinkt aus den Bechern.*
Auf einmal hörte es in der Luft ein Geschwirr
15 und ein Geweh, da sprach das Zwerglein: „Jetzt kommen die Herren Raben heimgeflogen." Da kamen sie, wollten essen und trinken, und suchten ihre Tellerchen und Becherchen. Da sprach einer nach dem andern: „Wer hat von meinem Tellerchen gegessen? Wer hat aus 20 meinem Becherchen getrunken? Das ist eines Menschen Mund gewesen." Und wie der siebente auf den Grund des Bechers kam, rollte ihm das Ringlein entgegen. Da sah er es an und erkannte, dass es ein Ring von Vater und 25 Mutter war, und sprach: „Gott gebe, unser Schwesterlein wäre da, so wären wir erlöst." Wie das Mädchen, das hinter der Türe stand und lauschte, den Wunsch hörte, so trat es hervor, und da bekamen alle die Raben ihre 30 menschliche Gestalt wieder. Und sie herzten und küssten einander und zogen fröhlich heim.

2 Lest den Text und erklärt, warum es sich um ein Märchen handelt. Notiert, wie sich das Märchen von der Fabel unterscheidet (▶ S.114, S.134). Prüft dazu den Inhalt, den Schluss des Textes und die Figuren.

3 Lest das gesamte Märchen nach (Bibliothek, Internet).

Hermann Löns

Jakob

An einem schönen Junimorgen sah ein junger Jäger einen fast flüggen Raben im Heidekraut sitzen. Er nahm ihn mit und verschenkte ihn an Bekannte in der Stadt, die in ihrem Garten
5 allerlei Tiere hielten.

Es gab einen großen Aufstand in dem Garten, als Jakob, wie man das schwarze Ungetüm nannte, auf den Rasen gesetzt wurde. Jaköble, der Häher, war ganz entsetzt, als das groß-
10 mächtige Rabenvieh seinen Riesenrachen aufsperrte und ihm auf den Leib rückte; aber schließlich holte er Futter und stopfte es ihm in den roten Schlund. Auch Jackelchen, die Elster, kam herangehüpft, sah sich das Scheusal
15 an, und als das Gegirre nicht aufhören wollte, holte sie irgendetwas Essbares und tat es vorsichtig in Jakobs unersättlichen Schnabel. [...]

Immer hatte er Dummheiten im Kopfe. Eines Tages ging die Familie aus und vergaß, ihn ein-
20 zusperren. Auf dem Rasen lag die Wäsche zum Bleichen. Jakob pflückte sich Kirschen, setzte sich damit auf die Wäsche und massakrierte die Kirschen, dass der Saft nur so herumstob. Sechs Hemden und vier Unterröcke mussten
25 noch einmal gewaschen werden. Im Frühjahr wurden Maßliebchen gepflanzt, abwechselnd rote und weiße. Nach dem Mittagessen gab es ein großes Geschrei: alle Maßliebchen waren geköpft, und Jakob stand vor zwei Löchern, die
30 er in ein Beet gehackt hatte, und besah wohlgefällig seine Sammlung; in dem einen Loch lagen die weißen, in dem andern die roten Blumen. [...]

4 Hermann Löns schrieb viele Geschichten über Tiere.
Erklärt, was in der Erzählung über Jakob anders ist als in der Fabel oder im Märchen.

5 Stellt dar, an welchen Stellen deutlich wird, dass der Text vor etwa 100 Jahren verfasst wurde.

Rabe

Aussehen, Vorkommen und Verhalten
Der Rabe wird auch Rabenkrähe genannt. Er hat ein schwarzes Gefieder.
Der Rabe tritt meistens zu zweit oder in kleinen Trupps auf; häufig an Waldrändern, aber auch in Gärten, Parks, Siedlungen und Städten. Außerhalb der Brutzeit bilden am Abend die Rabenkrähen einer ganzen Region eine Schlafplatzgemeinschaft. Rabenkrähen leben entweder als Paare in Revieren oder als nicht brütende Schwarmvögel.

Ernährung
Die Rabenkrähe ist ein typischer Allesfresser unter den Vögeln: Insekten, Würmer, Schnecken, Mäuse, Frösche, Eier und Nestlinge von Vögeln, Aas, Samen, Pflanzenteile und Abfälle.

6 Klärt Begriffe aus dem Artikel, die ihr nicht versteht.

7 Überlegt, wo der Text stehen könnte und wie er sich sprachlich von den vorangegangenen Texten unterscheidet. Achtet dazu auf die Wortwahl.

8.3 Projekt: Tierisch gute Texte! – Einen Fabelweg (Gallery Walk) gestalten

Den Fabelweg planen

In einem „Fabelweg" könnt ihr eure Fabeltexte anderen vorstellen. Dabei werden die von euch geschriebenen und gestalteten Fabeltexte an einem Ort aufgehängt, an dem möglichst viele Leute sie lesen können (▶ S. 133, Aufgabe 7; S. 134, Aufgabe 2; S. 137, Aufgaben 1c, 2; S. 138, Aufgabe 6; S. 139, Aufgabe 2a).

1 Entscheidet euch zunächst, wo ihr eure Fabeltexte ausstellen wollt. Überlegt gemeinsam, welcher der folgenden Orte für euch in Frage käme und bei wem ihr jeweils um Erlaubnis bitten müsstet:

> Klassenzimmer • ein Gang / mehrere Gänge im Schulgebäude • Schulhof • eine bestimmte Straße (z. B. in der Nähe der Schule) • Einrichtungen wie Rathaus, Altenheim, Bank

2 Erstellt einen Zeitplan und hängt ihn im Klassenzimmer auf, z. B.:

Mo, (Datum) 3. Stunde (ganze Klasse)	Mi, (Datum) 3./4. Stunde (5er-Gruppen)	Fr, (Datum) 5./6. Stunde (5er-Gruppen)
– Diskussion über Ort, Zeit – Informationen an Eltern, Presse, Schülerzeitung usw.	– mitgebrachte eigene Fabeln aussuchen, verbessern – sauber aufschreiben (→ am Computer?) – mit Zeichnungen versehen	– den Fabelweg anlegen und vorführen

Die Texte auswählen und überarbeiten

1 Legt ein Arbeitsprotokoll an, z. B.:

Tag:	Mittwoch, 14. Mai 20XX
Zeit:	90 Minuten
Ziel:	– eigene Fabeln in Kleingruppen vorlesen, aussuchen, verbessern – gut lesbar aufschreiben (evtl. im Computerraum) – mit Zeichnungen versehen – in Einsteckfolien stecken oder laminieren
Teilnehmer/-innen:	Lara, Benni, Simon, Irina, Gülsah (Gruppensprecherin)
Durchführung:	Die Fabeln wurden nacheinander vorgelesen und gemeinsam verbessert. Anschließend schrieben wir unsere Texte neu auf und zeichneten Bilder dazu.
Einschätzung der Ergebnisse:	Wir sind zufrieden, weil unsere Blätter fertig wurden, lesbar sind und schön aussehen.

Die Fabeln präsentieren

1 Hängt die Fabelblätter an dem festgelegten Ort in Augenhöhe auf.
Jede Gruppe bekommt einen bestimmten Abschnitt zugewiesen.

2 Zur Eröffnung der Ausstellung solltet ihr dem Publikum eure Werke vorstellen.
Wählt eine der folgenden Möglichkeiten aus:
– Jeder präsentiert kurz seine Fabel, indem er die Überschrift nennt
 und in wenigen Sätzen den Inhalt wiedergibt.
– Eine Gruppensprecherin / Ein Gruppensprecher stellt die Fabeln der Gruppe vor.

3 Sammelt von eurem Publikum ein Feedback ein. Ihr könnt dazu ein Plakat aushängen mit folgenden Überschriften:

Das hat mir gefallen	Dazu habe ich noch Anmerkungen
...	...

Die Fabeln aus unserer Gruppe haben wir uns alle selbst ausgedacht. Die meisten handeln von Haustieren, es gibt aber auch ...

Tipps zur Präsentation:
- Damit man die Fabeln gut lesen kann, solltet ihr **kurze Texte auswählen** und sie in möglichst **großer Schrift** abschreiben oder abtippen.
- Steckt die Blätter in **Klarsichthüllen** oder laminiert sie, um sie zu schützen.
- Vergesst nicht, euer Publikum rechtzeitig zu **informieren** (Aushang, Flyer usw.).
- Hinterher könnt ihr einen **Bericht mit Fotos** veröffentlichen, z. B. in der Schülerzeitung.

9

Spaß an Gedichten –
Vortragen und gestalten

Robert Gernhardt

Die weißen Riesenhasen

Wenn die weißen Riesenhasen
abends übern Rasen rasen
und die goldnen Flügelkröten
still in ihren Beeten beten,
5 wenn die schwarzen Buddelraben
tief in ihrem Graben graben
und die feisten Felsenquallen
kichernd in die Fallen fallen:
dann schreibt man, wie jedes Jahr,
10 den hundertzwölften Januar.

Was? Ihr kennt ihn nicht, den Tag?
Schaut mal im Kalender nach!

---

1 a Lest euch das Gedicht gegenseitig
vor. Stellt fest, was ungewöhnlich ist.
b Erklärt, warum die Verse beim Lesen
und Sprechen gut klingen.

In diesem Kapitel ...

– entdeckt ihr Merkmale von Gedichten,
– lernt ihr, selbst Gedichte zu schreiben,
– tragt ihr Gedichte wirkungsvoll vor,
– gestaltet ihr ein Gedichtbuch.

| **Wissen und Können** | **Reimformen: Paarreim, Kreuzreim, umarmender Reim** |

In Gedichten könnt ihr verschiedene Reimformen erkennen.

Wenn zwei aufeinanderfolgende Verse sich reimen, spricht man von einem **Paarreim.**

Am Fuß von einem Aussichtsturm a
sitzt ganz erstarrt ein langer Wurm. a
Doch plötzlich kommt die Sonn' herfür, b
erwärmt den Turm und auch das Tier. b
Da fängt der Wurm an, sich zu regen, c
und heißt jetzt Regenwurm deswegen. c
(Heinz Erhardt)

Reimen sich der 1. und 3. sowie der 2. und 4. Vers (über Kreuz), so nennt man das **Kreuzreim.**

Da sitze ich und suche. a
Ich suche einen Reim. b
Ich suche, suche – fluche! a
Was hilft's? Mir fällt nichts ein. b
(Josef Guggenmos)

Wird ein Paarreim von zwei Versen „umarmt", die sich ebenfalls reimen, so heißt das **umarmender Reim.**

Will man was ganz stark und fest, a
Geht's auch ohne Wunschmaschine. b
Selbst ein Schwein lernt Violine, b
Wenn es nur nicht lockerlässt. a
(Paul Maar)

7 Benennt die Reimformen der Gedichte auf den Seiten 146 und 147.

Jürgen Spohn

Warum der Rollmops sauer ist

Der Rollmops ist ein armes Tier gewickelt
in ein Stück Papier Er hat nicht viel vom Leben
mehr und fürchtet sich vor dem Verzehr Sein
Glück ist nicht von Dauer und deshalb ist er sauer.

8 Ihr merkt natürlich, dass die Gedichtverse falsch verteilt sind.
a Tragt das Gedicht laut vor. Findet durch Klatschen oder Trommeln seinen richtigen „Takt".
b Schreibt den „Rollmops" richtig in euer Heft – mit Punkt und Komma.
Der Rollmops ist ein armes Tier,
gewickelt …
c Vermerkt am Rand des Gedichts das Reimschema (a a …) und bestimmt die Reimform.

Auf die Sprache kommt es an – Selber dichten

Parallelgedichte schreiben

Mira Lobe

Der verdrehte Schmetterling

Ein Metterschling
Mit flauen Blügeln
Log durch die Fluft.

5 Er war einem Computer entnommen,
dem war was durcheinandergekommen,
irgendein Drähtchen,
irgendein Rädchen.

Und als man es merkte, da war's schon zu spätchen,
da war der Metterschling schon feit wort
10 wanz geit.
Mir lut er teid.

1 a Lest das Gedicht und stellt fest, was hier verdreht ist.
b „Repariert" die erste und die dritte Strophe.

2 Versucht selbst, ein „verdrehtes" Tiergedicht zu schreiben. Probiert es z. B. mit Perserkatze, Honigbiene, Pottwal oder Haselmaus.

Eine Bergziege   Eine Zergbiege
Mit festen Hufen   Mit hesten Fufen ...

Joachim Ringelnatz

Die Ameisen

In Hamburg lebten zwei Ameisen,
die wollten nach Australien reisen.
Bei Altona[1] auf der Chaussee,
da taten ihnen die Beine weh,
und da verzichteten sie weise
dann auf den letzten Teil der Reise.

1 Altona ist ein Stadtteil von Hamburg.

3 a Joachim Ringelnatz schrieb viele witzige Gedichte, die im Unsinn einen Sinn enthalten. Besprecht: Worin liegt der Unsinn, worin der Sinn und damit die Aussage des Gedichts?
b Schmiedet ähnliche Verse, z. B.:
In Würzburg lebten zwei Schnecken,
die wollten ...

Elfchen und Rautengedichte verfassen

Lustig!	1. Vers: 1 Wort	Farbe, Eigenschaft
Meine Fische	2. Vers: 2 Wörter	Gegenstand, Person, Tier
Fliegen im Wasser.	3. Vers: 3 Wörter	Aussage über den Gegenstand, die Person, das Tier
Ich kann nicht fliegen.	4. Vers: 4 Wörter	Aussage über mich selbst
Schade!	5. Vers: 1 Wort	Zusammenfassung – Was kommt dabei heraus?

1 Lest das Gedicht. Erklärt, warum diese Gedichtform **„Elfchen"** genannt wird.

2 Dichtet nun selbst ein Elfchen, zum Beispiel zu einem Tier.
Überlegt euch, welches Thema euer Elfchen haben soll, und achtet auf die Wortanzahl.
●○○ Falls euch nichts Geeignetes einfällt, versucht es mit folgenden Eigenschaften:

| federleicht | geschmeidig | silbern | sprungbereit |

| lautlos | behäbig | putzig |

Gertraud Bildl

Januar
Klirrende Kälte
Beißender Wind fegt
Durch eisig erstarrte Straßen
Raureif auf Bäumen und Zäunen
Verzaubert weiß die Welt
Dunkle Wolken nahen
Und plötzlich
Schneegestöber

3 Lest das Gedicht, das in Form einer Raute verfasst ist. Probiert, ein solches **Rautengedicht** zu schreiben, bei dem sich die Anzahl der Wörter von Zeile zu Zeile erhöht und wieder vermindert. Nehmt euch die Monate oder die Jahreszeiten vor!

4 a Versucht auch, ein solches Gedicht in der Gruppe zu verfassen. Jeder schreibt, wenn er dran ist, in seiner Zeile ein Wort mehr bzw. weniger.
b Stellt euch eure Gedichte gegenseitig vor.

Auf am Tirmle – Schreiben im Dialekt

Auf am Tirmle
schdohd a Wirmle
mid am Schirmle
onderm Ärmle.
Kommd a Schdirmle,
nemmd des Wirmle
mid dem Schirmle
onderm Ärmle
von dem Tirmle.

1 a Lest den schwäbischen Kindervers. Habt ihr ihn verstanden? „Übersetzt" ihn erst mündlich, dann schriftlich ins Hochdeutsche: *Auf einem Türmchen* ...
   b Besprecht, wie sich die Verse auf Hochdeutsch anhören. Was ist der Unterschied?
   c Falls ihr selbst einen Dialekt sprecht, tragt das Gedicht entsprechend vor.

2 Kennt ihr weitere Kinderverse in einem deutschen Dialekt oder in einer anderen Sprache? Tragt sie vor und übersetzt sie für eure Mitschüler.

3 Dichtet selbst ein Dialektgedicht. Wählt als Thema eines eurer Hobbys.

Fuaßboispuin

Fuaßboispuin geh i no heit.
Am Fuaßboispuin do hob i Freid.
Wenn ma g'winnan is mas recht,

denn mei Grupp'm is net schlecht.
Aba wenn ma uns net miah'n,
kunnt's a sei, dass ma valiern.

Maximilian Krieger

Baurarechln – racht und schlacht

Geits Schnää und Eis im Januar,
fängt mit Kelt glei a es ? .

Geits in Winter Eis und Schnää,
freuerts een a Hend und ? .

5 Ja, dos is Kalannerwill;
Noach en März künnt dr ? .

Stellt in Mai si Dunner ei,
muoß dos a Gewitter ? .

Kräht dr Göüker nou in Mai,
10 Is April scho längst ? .

Is es a Ägidi schüa,
Is es mästens niet arch ? .

4 Schreibt die fränkischen „Weisheiten" ab und ergänzt dabei die fehlenden Reimwörter.

sei • Zää • April • Jahr • drüa • vorbei

5 Übersetzt die Bauernregeln ins Hochdeutsche. Untersucht eure Übersetzung: Wo bleiben im Hochdeutschen die Reime erhalten, wo nicht?

fitzgerald kusz

gänseblümmlä

weiß und ä weng gelb
zu glaa fiä ä vosn
unscheiboä
wäi di schboodzn
5 glanne laid woumä gern ibäsichd
jeds joä schbidzns
ausm buudn raus
obbä blouß ä weng
mehr drauäsäsi ned
10 sie schämäsi
dass wachsn

6 a „Übersetzt" das Gedicht Wort für Wort. Besprecht, worum es geht.

   b Schreibt es ab Vers 6 auf Hochdeutsch auf. Wo müsst ihr aufpassen? Benennt zwei Besonderheiten in der Schreibung dieses Gedichts.

   c Mundartdichter wie der Nürnberger Fitzgerald Kusz schreiben auch häufig Gedichte über die Natur, über ihre Umgebung und die Heimat. Sucht mögliche Begründungen dafür.

7 Wählt eine Pflanze, ein Tier oder eine Naturerscheinung, wie etwa das Wetter, aus und schreibt ein Gedicht dazu – wenn möglich, in eurer Mundart.

Testet euer Wissen

Fachbegriffe Gedicht

Mehrere Gedichtzeilen bilden zusammen eine **?** (6).
Wenn sich zwei aufeinanderfolgende Verse reimen, nennt man das **?** (7).
5 Reimen sich die 1. und 3. sowie die 2. und 4. Zeile, ist das ein **?** (3).
Für Mundart gibt es auch das Wort **?** (7).

Eine Gedichtzeile heißt **?** (3).
Bilden zwei Verse, die sich reimen, einen Rahmen um zwei Verse mit einem anderen Reim, so heißt das **?** (8). 10
Es gibt verschiedene Gedichtformen. Eine Strophe aus elf Wörtern in einem bestimmten Aufbau nennt man z. B. ein **?** (4).

1 Kennt ihr die Fachbegriffe, mit denen man Gedichte beschreiben kann? Übertragt den Lückentext in euer Heft. Füllt dabei die Lücken mit den richtigen Fachbegriffen.

2 a Sucht nun aus den eingefügten Fachbegriffen die geforderten Buchstaben heraus, z. B. vom Lösungswort der ersten Lücke den sechsten Buchstaben. Schreibt sie ins Heft.

   b Knackt nun das Rätsel, indem ihr die gesammelten Buchstaben in die richtige Reihenfolge bringt: Bist du auch schon ein **?** ?

9.2 Gedichte auswendig lernen und vortragen

Hans Adolf Halbey

Urlaubsfahrt

koffer koffer kindertragen
flaschen taschen puppenwagen
papa mama koffer kinder
autokarte notlichtblinker

5 früh geweckt gefrühstückt raus
winke winke schlüssel haus
autobahnen autoschlange
kinderplappern mama bange

schlange kriechen sonne heiß
10 stinken staub benzin und schweiß
stockung hunger mama brote
papa skatspiel radio: tote

schlafen schimpfen hupen schwitzen
weiterfahren weitersitzen
15 müde mitternacht hotel pension
dreißigtausend warten schon

Joachim Ringelnatz

Der Stein

Ein kleines Steinchen rollte munter
Von einem hohen Berg herunter.

Und als es durch den Schnee so rollte,
Ward es viel größer, als es wollte.

5 Da sprach der Stein mit stolzer Miene:
„Jetzt bin ich eine Schneelawine."

Er riss im Rollen noch ein Haus
Und sieben große Bäume aus.

Dann rollte er ins Meer hinein
10 Und dort versank der kleine Stein.

1 a Lest das Gedicht „Urlaubsfahrt" und erklärt, was an seiner Form auffällt.
b Tragt das Gedicht vor. Probiert dabei aus, die Verse abwechselnd vorzutragen und deutlich zu betonen.
c Das Gedicht ist nicht in ganzen Sätzen geschrieben. Beschreibt, wie der Autor die Urlaubsfahrt in Worte fasst. Erklärt, warum dies gut zum Inhalt passt.

2 Tragt das Gedicht „Der Stein" im Rap-Rhythmus vor. Jede Strophe wird dabei von einer kleinen Gruppe mit der passenden Gestik rhythmisch dargestellt.

Roman Herberth

Regen, Regen, Regen

Hoch vom Himmel schnürt der Regen.
Vogelwelten halten still.
Sicher fragst du mich, weswegen.
Weil kein Lied gelingen will.

5 Alle gönnen sich die Pause.
Und verweilen nun im Nest.
Jeder „hockt" verstimmt zu Hause.
Denkt, was sich nicht sagen lässt.

Das gilt auch für Vogelkinder.
10 Wenn es regnet, sind sie brav.
Und sie gönnen sich – nicht minder –
Einen langen Mittagsschlaf.

Plötzlich lachen Sonnenstrahlen,
Gleich erwacht die Zwitscherwelt.
15 Vögel plustern sich und prahlen,
weil der Regen nicht mehr fällt.

Vera Ferra-Mikura

Regenschirme

Wenn die ersten Tropfen fallen,
lustig auf das Pflaster knallen,
blühen sie wie Blumen auf.
Bunt gestreifte, bunt gefleckte,
5 bunt getupfte, bunt gescheckte
nehmen fröhlich ihren Lauf.
Seit die ersten Tropfen fielen,
schweben sie auf dünnen Stielen,
leuchtend, schimmernd, rund und glatt.
10 Bunt gestreifte, bunt gefleckte,
bunt getupfte, bunt gestickte
Schirme blühen in der Stadt.

Erwin Moser

Gewitter

Der Himmel ist blau
Der Himmel wird grau

Wind fegt herbei
Vogelgeschrei
5 Wolken fast schwarz
Lauf, weiße Katz!

Blitz durch die Stille
Donnergebrülle
Zwei Tropfen im Staub
10 Dann Prasseln auf Laub.

Regenwand
Verschwommenes Land
Blitze tollen
Donner rollen

15 Es plitschert und platscht
Es trommelt und klatscht
Es rauscht und klopft
Es braust und tropft

Eine Stunde lang
20 Herrlich bang

Dann Donner schon fern
Kaum noch zu hör'n
Regen ganz fein
Luft frisch und rein

25 Himmel noch grau
Himmel bald blau!

3 Untersucht die Wettergedichte auf S. 154:
Wie stellen die Dichter den Regen dar?
Wie reimen sich die Verse?

4 Achtet auf den Klang der Wörter: An welchen Stellen befinden sich dunkle Vokale (z. B. Donner rollen), an welchen helle (z. B. Blitz)?
Welche Stimmung wird dadurch erzeugt?

5 Wählt eines der Gedichte aus.
a Tragt euch das Gedicht in verschiedenen Lautstärken (laut, leise, flüsternd) und Geschwindigkeiten vor. Experimentiert mit verschiedenen Sprechweisen, zum Beispiel überdeutlich sprechen wie ein Nachrichtensprecher, abgehackt wie ein Roboter.
b Besprecht, wie sich Sprache und Bedeutung dadurch ändern können.

6 Bereitet das Gedicht nun für einen Vortrag in der Klasse vor.

Wissen und Können   **Ein Gedicht wirkungsvoll vortragen**

Beachtet **beim Gedichtvortrag** Folgendes:
- Sprecht das Gedicht **deutlich, betont** dabei **wichtige Wörter.**
- Macht wirkungsvolle **Sprechpausen** – sie gehören nicht automatisch ans Ende der Verszeile.
- Achtet auf die **Lautstärke** und werdet je nach Bedeutung lauter oder leiser.
- Verwendet eine zum Gedichtthema passende **Gestik** (Körperhaltung, Bewegungen) und **Mimik** (Gesichtsausdruck).
- Versucht, **Blickkontakt** zu eurem Publikum zu halten.

Damit der Vortrag gut gelingt, solltet ihr ihn **vorbereiten.**
- Schreibt das Gedicht ab. Lasst dabei viel Platz zwischen den Wörtern und zwischen den Versen. Unterstreicht dann die Wörter, die ihr besonders betonen wollt.
- Tragt auch ein, wo ihr Pausen machen wollt (ˈ für eine kurze, | für eine lange Pause) oder das Tempo oder die Lautstärke wechseln wollt.

---

7 Tragt euer Gedicht in der Klasse vor. Die anderen beachten je einen der folgenden Punkte und bewerten mit + oder –:

- Betonung: Werden wichtige Ausdrücke hervorgehoben?
- Sprechpausen: Werden sie an den richtigen Stellen gemacht?
- Lautstärke: Wird „laut" und „leise" passend eingesetzt?

- Mimik/Gestik: Passen sie zu dem Gedicht?
- Blickkontakt: Findet er statt? Fühlt sich das Publikum angesprochen?

Denke bei einem Vortrag immer an dein Publikum!

8 Lernt das Gedicht, das euch am besten gefällt, auswendig. Die folgenden Tipps helfen euch dabei:

Wissen und Können   Tipps zum Auswendiglernen

- Macht euch den Inhalt des Gedichts klar: Stellt euch den Inhalt bildlich vor, wie einen Film, der vor dem inneren Auge abläuft.

- Schreibt euer Gedicht mit Bleistift ab. Radiert verschiedene Stellen des Gedichts aus und ergänzt sie beim Lernen.

- Wenn ihr euch für den Gedichtvortrag eine bestimmte Gestik, Mimik und Körperhaltung überlegt, behaltet ihr den Text besser.

- Sprecht das Gedicht auch einmal in einem anderen Rhythmus (z. B. Rap), um es besser im Gedächtnis zu behalten.

- Lange Gedichte könnt ihr nur schwer auf einmal lernen. Nehmt euch für jeden Tag einen Teil vor und wiederholt ihn mehrmals.

- Klebt die einzelnen Strophen dorthin, wo ihr euch am Tag öfter aufhaltet, zum Beispiel an den Spiegel im Bad oder auf den Schreibtisch.

- Nehmt ein Blatt und deckt die rechte Hälfte des Gedichts ab, sodass ihr nur den Anfang jedes Verses seht. Könnt ihr die Verse vollständig aufsagen?

9.3 Projekt: Ein Gedichtbuch gestalten

Das Projekt organisieren

1 Stellt ein Gedichtbuch mit euren Gedichten zusammen.
Klärt in der Klasse folgende Fragen:

Was soll es enthalten?
Viele Gedichte, die im Lauf des Schuljahrs gemacht wurden, Elfchen, Rautengedichte, von jedem nur ein Gedicht oder mehrere?

Wie soll es gestaltet sein?
Mit oder ohne Zeichnungen, mit Computer oder Handschrift, kopiert, geheftet, mit Spirale, mit festerem Einband?

Wann soll das Buch fertig sein?
Zum Elternabend am ..., zum Schulfest am ..., zur Präsentation der Schule ..., zu Weihnachten?

Wer übernimmt welche der folgenden Aufgaben (Gruppenarbeit)?
– Texte sammeln
– Texte zu einem Buch zusammenstellen (Layout)
– Einband und Titelblatt gestalten
– Inhaltsverzeichnis zusammenstellen
– Illustrationen anfertigen oder aussuchen
– Zeitmanagement (darauf achten, dass die Texte von allen rechtzeitig da sind und die Zeiten eingehalten werden)
– Öffentlichkeitsarbeit (Bekanntgabe bei Eltern, im Direktorat, Anschlagtafel, Plakate)

2 Erstellt einen Projektplan nach folgendem Muster. Der Plan wird im Klassenzimmer aufgehängt, damit jeder Bescheid weiß.

Fertigstellung des Buchs bis spätestens ...

Woche	Aufgaben	Wer macht was?
1. Woche (Datum)	*Klarwerden über Inhalt und Anzahl der Gedichte, Texte erstellen*	*alle*
2. Woche (Datum)	*Sammeln der Texte*	*Ayla, Paul und Mira*

Gedichte am Computer gestalten

Wilhelm Busch

Fink und Frosch

Im Apfelbaume *pfeift* ein *Fink*
sein: *pinkepink* !
Ein Laubfrosch klettert **m ü h** s a m nach
bis auf des Baumes Blätterdach

5 und **bläht** sich auf und quakt: „**Ja, ja!**

Herr Nachbar, **ik** bin **o c h** noch **da!**"

Und wie der Vogel *frisch* und *süß*
sein *Frühlingslied* erklingen ließ,
gleich muss der Frosch in **rauen** Tönen

10 den Schusterbass dazwischen**dröhnen**.

„*Juchheija, heija*.", spricht der *Fink*,
„Fort flieg ich *flink* !"
Und *schwingt* sich in die Lüfte hoch.

„**Wat!**", ruft der Frosch. „**Dat** kann **ik** och!"

15 Macht einen ungeschickten Satz,
fällt auf den harten Gartenplatz,
ist p l a t t, wie man die Kuchen backt

und hat für ewig **a u s g e** quakt.

Wenn einer, der mit **M ü h e** kaum
20 **g e k r o c h e n** ist auf einen Baum,
schon meint, dass er ein *Vogel* wär
so **irrt** sich der.

1 a Lest das Gedicht „Fink und Frosch".
Wie werden die beiden Tiere beschrieben? Besprecht die Unterschiede.
b Erklärt die Bedeutung der letzten vier Verse.

2 Das Gedicht oben wurde am Computer gestaltet.
a Schaut euch die auffälligen Wörter an und beschreibt, wie sie gestaltet wurden.
b Lest das Gedicht laut vor. Versucht, die Wörter dabei so zu lesen, wie sie aussehen.
c Gebt an, welche der unten aufgeführten Schaltflächen für die einzelnen Wörter im Gedicht verwendet wurden.

▼ Schriftart Helvetica	Schriftart ändern	F	Buchstaben oder Wörter fett schreiben
12 ▼	Schriftgröße auswählen	K	Buchstaben oder Wörter kursiv schreiben
A ▼	Schriftfarbe wählen	U	Buchstaben oder Wörter unterstreichen
ABC ▼	Wörter farbig markieren	A WordArt	Schrift gestalten

Paul Maar

EIN BAUM
TRÄGT SEINE
KRONE IMMER
DER KÖNIG NIMMT
SIE AB IM ZIMMER
DIE FRAU REIBT SIE MIT
PUTZFIX EIN, DAS FINDET
IHR GEMAHL GANZ FEIN.
ER IST AUF SEINEN
STAMM-
BAUM
STOLZ.
DES
BAUMES
STAMM
BESTEHT
AUS HOLZ.

Timm Ulrichs

ordnung	ordnung
ordnung	ordnung
ordnung	ordnung
ordnung	ordnung
ordnung	ordnung
ordnung	unordn g
ordnung	ordnung
ordnung	ordnung
ordnung	ordnung
ordnung	ordnung
ordnung	ordnung

3 a Beschreibt die Gestaltung der beiden Gedichte. Was ist jeweils das Besondere?
b Ähnliche Gedichte könnt ihr selbst dichten und mit dem Computer gestalten. Probiert es aus.

4 Der Innentitel (1. Seite) und das Inhaltsverzeichnis bestimmen den ersten Eindruck, den man von eurem Buch hat. Gebt der Gruppe, die sich darum kümmert, Hinweise für die Gestaltung.

Gedichtbuch

der Klasse ...

...

Inhalt

Lorenz Witt
Laubbäume   3

Anne Meier
Winterspaß   4

Gerald Jatzek

Kirschkerne spucken

Ki-Ki-Kirschkerne spucken,
pft!
pfft!
gegen den Wind,
das kann jedes Kind.

Ki-Ki-Kirschkerne spucken,
pfft!
pffft!
gegen den Föhn,
ist leicht und schön.

Ki-Ki-Kirschkerne spucken,
pfffft!
pffffffffft!
gegen den Sturm,
ist schon enurm.

Ki-Ki-Kirschkerne spucken,
pffffffffft!
pffffffffffffffffft!
Gegen den Orkan,
phhh!
Kann keiner an.

 5 Auch ein solches Gedicht könntet ihr ähnlich herstellen und mit dem Computer gestalten.
●●● Probiert es aus!

Seifenblasen machen – weitspringen – laut singen …

10

Vorhang auf! –
Szenen spielen

1. Schweriner Kinder und Jugendtanzprojekt
am Mecklenburgischen Staatstheater, 2008

1 *Bei „Theater" denke ich an ...*
Notiert eure Einfälle.
Erläutert sie den anderen.

2 Berichtet von Theateraufführungen,
die ihr besucht habt.

3 Erzählt, wie ihr selbst einmal Theater
gespielt habt.

In diesem Kapitel ...

– werdet ihr euch eurer Körpersprache
bewusst,
– stellt ihr Situationen und Handlungen
mit und ohne Worte dar,
– lernt ihr, Dialoge fortzuschreiben und
eigene Stücke zu entwickeln.

10.1 Schritt für Schritt auf die Bühne – Alltagsszenen spielen

Unsere Körpersprache – Sprechen ohne Worte

Schauspieler/-innen sprechen nicht nur einen Text. Sie gebrauchen ihren ganzen Körper, um Gefühlen und Stimmungen Ausdruck zu verleihen.

Es gibt eine Form von Theater, bei der ganz auf Worte verzichtet wird: die **Pantomime**. Dabei drücken die Darsteller/-innen mit **Mimik** und **Gestik** aus, was sie sagen wollen.

Wissen und Können	Mimik und Gestik

Mimik nennt man den Gesichtsausdruck eines Menschen. An der Mimik kann man erkennen, wie jemand sich gerade fühlt und was er denkt.

Um deutlicher auszudrücken, wie man sich fühlt, lassen sich auch Körperhaltung und Bewegungen einsetzen: Kopfschütteln, Schulterzucken, mit dem Fuß stampfen, Handbewegungen usw. Das nennt man **Gestik**.

1 Schaut euch das Bild auf S. 162 an.

a Versucht, jeweils den gezeigten Gesichtsausdruck und die Haltung nachzuahmen.

b Nennt Adjektive, Verben und Nomen, die zu den dargestellten Gefühlen passen.

c – Stellt euch vor, wer oder was den einzelnen Kindern gerade gegenüberstehen könnte.
   – Sprecht aus, was sie gerade denken könnten.
   – Legt ihnen Sätze in den Mund, die sie vielleicht als Nächstes sagen würden.

2 Überlegt euch selbst ein bestimmtes Gefühl und versucht, es durch Gestik und Mimik auszudrücken. Euer Nachbar / Eure Nachbarin soll das Gefühl erraten.

3 Versucht, euer Gesicht langsam von einer Stimmung in eine andere zu verändern:
– von Trauer zu Freude,
– von Fröhlichkeit zu Entsetzen,
– von Überheblichkeit zu einem fragenden Ausdruck.

4 Mit den folgenden Übungen könnt ihr allein, zu zweit oder in der Gruppe eure pantomimischen Fähigkeiten trainieren.

A Sich fortbewegen:
spazieren gehen • wandern •
schlendern • schleichen • hinken •
stolzieren • kriechen

B Stumme Aussagen:
– Mir geht es gut. Ich habe gerade gut gegessen.
– Das möchte ich nicht! Lass mich in Ruhe!
– Seid leise! Ich bin müde.
– Lass mich mal kurz nachdenken!

C Alltagsbeschäftigungen pantomimisch darstellen:
– einen Apfel essen
– einen Löffel bittere Medizin schlucken
– eine schwere Kiste schleppen

D Kleine Alltagsszenen spielen (zu „Szene" ▶ Merkkasten auf S. 164 unten):
– Ihr wacht morgens auf, räkelt euch, gähnt, steht langsam auf, schlurft verschlafen ins Bad, schaut in den Spiegel, putzt die Zähne …
– Ihr habt Hunger, holt etwas Gutes aus dem Kühlschrank, deckt den Tisch und beginnt, langsam zu essen, ihr steigert das Tempo, ihr schlingt das Essen herunter, bis ihr Bauchkrämpfe bekommt.
– Ihr bekommt eine gute/schlechte Klassenarbeit zurück.
– Ihr rennt zur Bahnstation, verpasst den Zug und ärgert euch.
– Ihr quetscht euch durch ein völlig überfülltes Zugabteil.

E Berufe pantomimisch darstellen:
Denkt euch einen Beruf aus und stellt typische Tätigkeiten und Handgriffe den anderen in der Klasse wortlos vor. Lasst eure Mitschüler raten, um welchen Beruf es sich handelt.

F Tätigkeiten in Zeitlupe darstellen:
- ein Fenster putzen
- den Fußboden kehren
- mit Pfeil und Bogen schießen
- …

G Pantomimische Paar- und Gruppenübungen:
- **Paargehen:** Einer geht hinter dem anderen und ahmt dessen Bewegungen genau nach.
- **Marionettentheater:** Einer ist Marionettenspieler mit den Fäden in der Hand, der andere spielt die Marionette.
- **Tauziehen:** Zwei Personen oder zwei Gruppen stehen sich gegenüber und spielen Tauziehen ohne Seil.
- **Medizinball:** Ein unsichtbarer Medizinball wird zunächst vorsichtig weitergereicht, dann geworfen.
- **Spiegelpantomime:** Steht euch zu zweit gegenüber. Einer tut so, als stünde er vor dem Spiegel, der andere spielt das Spiegelbild. Achtung: Bewegt euch zunächst nur sehr langsam!
- **Scharade:** Eine Gruppe überlegt sich ein zusammengesetztes Wort (z. B. Schlüsselloch, Waldsterben, Schrankwand, Hosentasche) und spielt es pantomimisch einer anderen Gruppe vor, die das Wort erraten muss. Alternative: Ein oder zwei Spieler oder Spielerinnen müssen ihrer eigenen Gruppe Wörter vorspielen, die sich eine andere Gruppe ausgedacht hat.

Wissen und Können Szene

Eine Szene ist ein **Handlungsabschnitt** in einem Theaterstück. Auch Handlungen, die man im Alltagsgeschehen beobachtet, nennt man manchmal Szene.

Die Stimme einsetzen – Der Ton macht die Musik

Unsere Stimme ist ein unglaublich vielseitiges Instrument. Sie kann **laut** oder **leise, hoch** oder **tief** sein, sie kann aber auch **warm** oder **kalt** klingen. Wir können **schnell** oder **langsam** sprechen und wir haben die Möglichkeit, **Sprechpausen** zu machen oder bestimmte Wörter zu **betonen.**

1 Welche Situationen kennt ihr, in denen hoch und schnell gesprochen wird? Oder tief und warm? Kennt ihr eine Situation, in der etwas leise und kalt gesagt wird?

2 Versucht, die unten genannten beiden Sätze auf verschiedene Arten zu sprechen.

| im Befehlston | beruhigend | ärgerlich, zornig | schmeichelnd | lachend | ... |

> *Achtung, alle mal herhören!*

> *Morgen gehen wir in den Zoo.*

Das Gedicht von den fünf Gefühlen

An manchen Tagen bin ich wirklich froh,
dann spring ich durch die Gegend, freu mich so.

An manchen Tagen bin ich auch mal traurig,
dann weine ich und finde alles schaurig.

5 An manchen Tagen krieg ich echt die Wut,
dann stampf und schrei ich laut, fühl mich nicht gut.

An manchen Tagen hab ich richtig Mut,
dann g'lingt mir alles und ich fühl mich gut.

An manchen Tagen fürchte ich mich sehr,
10 ich habe Angst und das Alleinsein fällt mir schwer.

3 Tragt das Gedicht so ausdrucksvoll vor, dass die genannten Gefühle durch eure Stimmlage und durch den Tonfall deutlich zum Ausdruck kommen. Lernt es am besten auswendig.

4 Setzt nun euer Gesicht, den ganzen Körper und Bewegungen ein, um die Stimmung der einzelnen Strophen zu verdeutlichen.

5 a Verwendet Orff'sche oder andere Musikinstrumente, um die fünf Gefühle im Gedicht auszudrücken.
 b Erfindet passende Melodien zu den einzelnen Strophen.

Aus dem Stegreif spielen

Beim Stegreifspielen wird nur ein Thema vorgegeben. Die Darsteller/-innen haben deshalb keine Zeit, sich einen Text auszudenken, den sie auswendig lernen. Sie müssen improvisieren, sich also sehr schnell in eine Rolle und Situation hineinversetzen und möglichst glaubwürdig spielen.

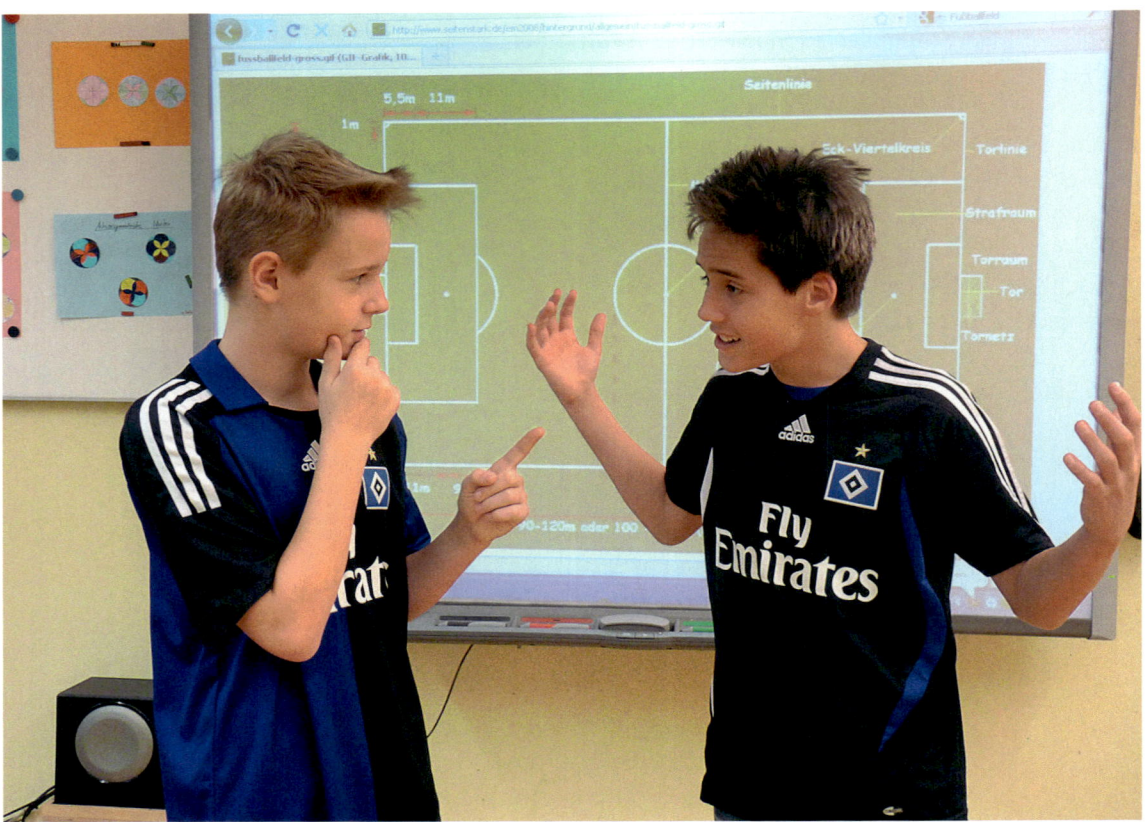

1 Spielt ohne Vorbereitung eine der folgenden Szenen. Setzt Mimik, Gestik und Sprache so wirkungsvoll wie möglich ein. Beobachtet euch gegenseitig und tauscht euch am Ende aus, wer besonders überzeugend gespielt hat.

> Du bist mit einem Freund oder einer Freundin bei einer Sportveranstaltung und ihr unterhaltet euch über das Spiel beziehungsweise den Wettkampf.

> Dein Freund oder deine Freundin kommt viel zu spät zu eurem vereinbarten Treffpunkt.

> Du sprichst mit deinen Eltern über eine Taschengelderhöhung.

> Du bekommst einen lästigen Werbeanruf. Der Anrufer will dir eine kostenpflichtige App für das Handy aufschwatzen.

10.2 Theater muss sein – Szenen schreiben und spielen

Dialoge entwerfen

Immer Ärger mit der Schule

Natalie hat schon wieder eine Fünf geschrieben. Das ist jetzt schon die dritte in diesem Schuljahr. Na und? Na und. Du bist gut. Wenn sie so weitermacht, bleibt sie kleben. Ach, sie wird's schon schaffen. Nati hat bisher immer alles geschafft. Aber jetzt in der 5. Klasse ist's schwerer. Nun dräng das Mädchen nicht. Sie wird's schon schaffen. Fred, ich weiß nicht, wo du diese Zuversicht hernimmst. Deine Tochter schreibt Fünfer am laufenden Meter und dich interessiert das nicht die Bohne. Erstens ist es nicht meine Tochter, sondern unsere. Und zweitens interessiert es mich sehr wohl. Dann unternimm gefälligst etwas! Und was soll ich deiner Meinung nach unternehmen? Ja, soll ich vielleicht in die Schule gehen? Zum Beispiel, warum nicht? … und ihre Klassenarbeiten schreiben? Natürlich nicht! Aber mit dem Lehrer könntest du reden. Ach, das bringt doch nichts! Ja, Herr Krämer ist ein ganz schwieriger Typ! Das finde ich auch! Was machst du denn hier? Um diese Zeit! Herr Krämer hat mich nach Hause geschickt, weil ich zu frech bin, hat er gesagt. Na, er wird's nicht so gemeint haben. Eigentlich ist Herr Krämer doch ganz nett.

1 In dieser Szene treten folgende Figuren auf: Mutter, Vater und Tochter Natalie.
Schreibt den Text so auf, dass der **Dialog** (siehe Merkkasten unten) deutlich wird. Dabei steht zunächst der Figurenname, dann ein Doppelpunkt, dann folgt der Text. Wenn ihr festlegen wollt, wie ein bestimmter Satz gesprochen werden soll, könnt ihr **Regieanweisungen** (siehe Merkkasten) einfügen, z. B. so:

Mutter (verzweifelt):	*Natalie hat schon wieder eine Fünf geschrieben. Das ist jetzt schon die dritte in diesem Schuljahr.*
Vater (gelangweilt):	*Na und?*
Mutter (entsetzt):	*…*

2 Schreibt die Szene zu Ende und spielt einige eurer Dialoge vor.

> **Wissen und Können** **Dialoge und Regieanweisungen**
>
> Wenn sich zwei oder mehrere Personen im Alltag oder auf einer Schauspielbühne unterhalten oder streiten, nennt man das einen **Dialog.**
> Hinweise in einem Theatertext, die angeben, **wie** Dialogpartner miteinander reden und sich verhalten, nennt man **Regieanweisungen.** Sie stehen in Klammern hinter der Nennung der sprechenden Figur oder zwischen den Dialogbeiträgen, z. B.:
> Vater *(gereizt):* …
> *(Die Mutter steht auf und geht unruhig hin und her.)*

Einen Dialog schreiben und spielen

1 Stellt euch vor, ihr müsst euren Eltern eine schlechte Note mitteilen.
Sammelt mögliche Begründungen, Fragen, Vorwürfe, Verteidigungen, Versprechen in einer Tabelle.

Tochter/Sohn	Vater	Mutter
Ich hatte einen schlechten Tag.	Du hast doch dafür geübt!	Davon geht doch die Welt nicht unter.
...	...	

2 Schreibt einen möglichen Dialog über eine schlechte Note.
Benutzt dazu eure Notizen aus Aufgabe 1. Denkt vor allem auch an sinnvolle Regieanweisungen, in denen ihr den Spielern und Spielerinnen mitteilt, wie sie reden und was sie tun sollen.

> **Tochter** (stockend): Ich müsste mal mit euch reden ...
> **Vater** (erstaunt): Du klingst ja so ernst!
> **Mutter** (besorgt): Ist etwas passiert?
> **Tochter** (setzt sich auf das Sofa): ...

3 a Besetzt die Rollen eurer Dialoge mit Mitschülern und Mitschülerinnen.
b Sprecht und spielt euch die Dialoge gegenseitig vor.

Wissen und Können	**Rolle**

Rolle nennt man die Gestalt oder Figur, die ein Schauspieler oder eine Schauspielerin auf der Bühne oder im Fernsehen verkörpert, z. B.: Vater, Königin, Dieb, Kommissarin.

Eine Szene entwerfen und gestalten

Das verschwundene Handy

In der Umkleidekabine ist nach dem Sportunterricht ein Handy verschwunden. Die Kabine war während des Unterrichts abgesperrt, sodass jemand aus der Klasse für das Verschwinden verantwortlich sein muss. Als der Lehrer/die Lehrerin die Umkleidekabine betritt, beklagt sich der betroffene Schüler/die betroffene Schülerin.

Schüler 1 *(verzweifelt)*: Frau/Herr ..., mein Handy ist verschwunden. Vor dem Sportunterricht hatte ich es noch hier in meiner Tasche.

Lehrer: Aber die Kabine war die ganze Zeit verschlossen.

Schüler 2: Dann muss es ja jemand von uns geklaut haben.

(Unruhe und Empörung bei den anderen Mitschülern.)

Lehrer: Nun seid doch einmal still! *(Zu Schüler 1:)* Denk doch noch einmal nach: Hast du denn auch wirklich schon alles genau durchsucht ...?

 1 Überlegt euch eine interessante Fortsetzung der Situation, die ihr später in eine Szene umsetzen könnt.

a Sammelt Ideen,
  – was passieren könnte,
  – wer was sagen könnte.

b Überlegt, welche Requisiten (siehe Merkkasten unten) ihr einsetzen könnt.
Stellt dafür eine Requisitenkiste in eure Klasse, die ihr mit passenden mitgebrachten Kleidungsstücken und Gegenständen füllt.

 2 a Schreibt eine kleine Szene „Das verschwundene Handy".

b Probt die Szene und verbessert sie.

c Spielt euch eure überarbeiteten Szenen vor.

d Vergleicht und besprecht die Szenen.

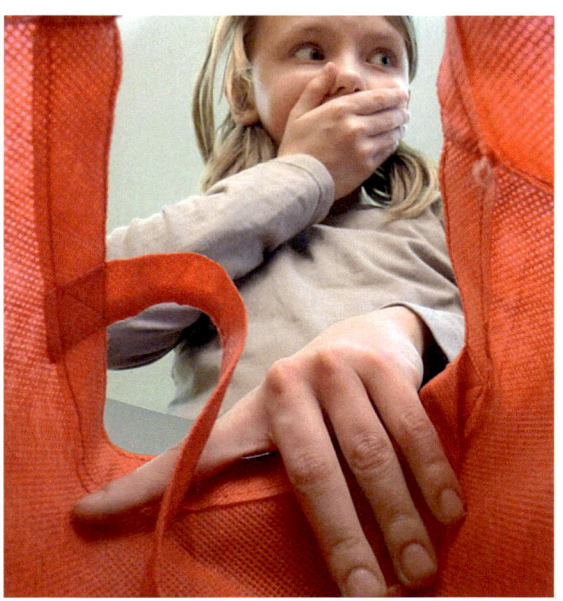

Wissen und Können   **Kostüme, Requisiten, Kulissen**

Wenn ihr schon einmal ein Theaterstück gesehen habt, dann wisst ihr, dass die Schauspieler und Schauspielerinnen für ihre Rollen **Kostüme** anlegen.
Auch Möbel oder Gegenstände, die für bestimmte Szenen benötigt werden, z. B. Tassen, ein Stock, ein Telefon, ein Fahrrad, fehlen auf der Bühne nicht. Hier spricht man von **Requisiten.**

Oft spielen Theaterstücke nicht nur an einem, sondern an mehreren Orten oder Schauplätzen. Wenn in einem Theaterstück der Schauplatz wechselt, dann wird der Vorhang geschlossen und die Bühne umgebaut. Oft wechselt dann auch die **Kulisse,** ein (gemalter) Hintergrund, der den Schauplatz verdeutlicht (z. B. Wald oder Wohnzimmer).

10.3 Lakritzbonbons – Ein Stück in Szene setzen

Lustiges zum Nachspielen

Bei dem folgenden Stück handelt es sich um einen Sketch und der hat, wie die meisten Sketche, eine Pointe.

1 Schlagt nach, was ein **Sketch** ist und was **Pointe** bedeutet. Auch andere „Theaterwörter", die noch nicht ganz klar sind, könnt ihr nachschlagen.

2 Lest das Stück erst mit verteilten Rollen und bereitet dann euer Spiel vor.
Ihr solltet dabei weitgehend auswendig spielen, wobei der Text nur so etwas wie der rote Faden ist; Abweichungen sind erlaubt.

- Achtet darauf, verständlich und langsam zu sprechen und gut zu betonen.
- Setzt Mimik, Gestik und Bewegungen ein.
- Spielt nicht mit dem Rücken zum Publikum.

Lakritzbonbons

Figuren:	4 Kinder, Ladenbesitzerin
Raumgestaltung und Requisiten:	2 oder 3 Tische, als Theke zusammengestellt. Falls vorhanden, kann hinter der Theke eine Leiter lehnen. (Das Hinaufsteigen auf die Leiter kann auch gespielt werden, indem man nur so tut, als ob eine Leiter da wäre.) 
Kostüme:	Die Kinder können frech angezogen sein und z. B. zu weite oder zu große, eventuell ausgefranste oder zerschlissene Kleidung tragen. Die Ladenbesitzerin trägt die Haare zu einem Knoten zusammengedreht. Sie hat eine Schürze oder ein großes Tuch vor den Bauch gebunden.
Spielhinweise:	Bei diesem Sketsch ist es besonders wichtig, dass zum Ausdruck kommt, wie schwer es der alten Frau fällt, die Leiter hoch- und runterzusteigen. Sie muss also durch Bewegungen und Sprechen zeigen, dass es ihr Mühe macht, z. B. durch einen gebeugten, schlurfenden, schleppenden Gang. Sie kann zur Stütze die Hand in die Hüfte stemmen, jammern, stöhnen, schwer atmen usw.

Die vier Kinder betreten das Süßwarengeschäft. Die Ladenbesitzerin kommt hinter die Ladentheke geschlurft.

FRAU: Guten Tag, Kinder. Was bekommt ihr denn?

1. KIND: Ich hätte gern für einen Euro Lakritzbonbons.

FRAU *(stöhnt):* O je, o je. Die stehen da ganz oben auf dem Regal! Na, da muss ich mir mal die Leiter hinstellen. *(Steigt auf die Leiter und kommt mit dem Glas in der Hand wieder herunter.)* O weh, o weh, mein Hexenschuss! *(Stöhnt, stemmt eine Hand in den Rücken.)* Hier, mein Junge, da hast du deine Lakritzbonbons.

1. KIND: Danke. *(bezahlt und verlässt den Laden)*

FRAU *(klettert mühsam wieder hoch, stellt das Glas weg und wendet sich, wieder unten angekommen, an das nächste Kind):* Na, mein Junge: Was möchtest du?

2. KIND: Ich hätte gerne für einen Euro Lakritzbonbons.

FRAU *(ärgerlich):* Hättest du das nicht gleich sagen können? *(Klettert die Leiter hoch.)*

Und das auf meine alten Tage! *(Jammert.)* Mit meinem Hexenschuss! *(Klettert wieder herunter.)* So, bitte schön!

2. KIND *(bezahlt und geht hinaus)*

FRAU *(bringt das Glas wieder hoch und atmet dabei schwer und rasselnd):* Und was kann ich dir geben, mein Kind?

3. KIND: Ich will auch für einen Euro Lakritzbonbons!

FRAU *(stemmt die Hände in die Hüften):* Na, zum Donnerwetter noch mal! Wollt ihr mich arme alte Frau ärgern und hetzen?! *(Sieht das 4. Kind an.)* Kriegst du etwa auch für einen Euro Lakritzbonbons?

4. KIND *(schüttelt den Kopf):* Mm.

FRAU *(klettert wieder hoch und runter, gibt dem dritten Kind die Bonbons)*

3. KIND *(legt das Geld auf den Tisch und geht)*

FRAU *(bringt stöhnend das Glas wieder hoch):* O jemine, o jemine. *(Kommt herunter.)* So, und was möchtest du, bitte schön?

4. KIND *(grinst verschmitzt):* Ich hätte gern für 50 Cent Lakritzbonbons!

3 a Wie findet ihr das Verhalten der vier Kinder? Begründet euer Urteil.
    b Nennt andere Möglichkeiten, wie die Ladenbesitzerin reagieren könnte.

Checkliste

Szenen schreiben und Szenen spielen

Achtet beim **Schreiben von Szenen** auf Folgendes:

1. Ist die **Handlung folgerichtig** und schlüssig?
2. Steigert sich die Handlung und hat sie einen **Wendepunkt**/einen Punkt, an dem sich etwas ändert?
3. Hat das Stück eine **Pointe** oder einen einfallsreichen Schluss?
4. Kann die Szene **ohne** allzu **großen Aufwand umgesetzt** werden?
5. **Passt** der **Text** der handelnden Figuren **zu** ihren **Rollen?**
6. Sind die **Regieanweisungen** treffend und hilfreich formuliert?
7. Sind **Kostüme, Requisiten** und ein **Bühnenbild** nötig?

Berücksichtigt beim **Vorspielen von Szenen:**

1. **Passen Mimik** und **Gestik** zu der Rolle, die ihr spielt?
2. **Sprecht** ihr **verständlich** und deutlich?
3. Setzt ihr eure Stimme so ein, dass die **Stimmung,** die ihr darstellt, **deutlich** wird?
4. Gelingt es euch, euch **glaubwürdig in** eure **Rolle hineinzuversetzen?**
5. Beachtet ihr wichtige „**Bühnenregeln"?** Ihr solltet z. B. nicht mit dem Rücken zum Publikum spielen, nicht zu früh mit dem Sprechtext beginnen und bewusst Pausen lassen.

Testet euer Wissen!

Theatersprache

1 Stellt euch vor, dass nach der letzten Probe vor einer Aufführung das gespielte Stück noch einmal besprochen wird. Euer Spielleiter macht folgende lobende und kritische Anmerkungen. Ordnet in eurem Heft die Aussagen links den passenden Bewertungen rechts zu.

„Jonas hat gegrinst, obwohl er eigentlich traurig und nachdenklich wirken sollte."	hinderliche Requisiten
„Als Anna in ihrer Szene mutig und entschlossen wirken sollte, hat sie das mit ihrer aufrechten Körperhaltung und ihren in die Hüften gestützten Händen sehr gut zum Ausdruck gebracht".	unpassende Mimik
„Die kaputten Sandalen und zerlumpten Kleider des Bettlers wirken sehr überzeugend."	gelungene Gestik
„Auf der Bühne befinden sich zu viele Gegenstände, die den Schauspielern manchmal im Weg stehen und sie stören."	Mängel beim Vortragen des Textes
„Bei den Dialogen, die ihr verfasst habt, erfährt man als Schauspieler zu wenig, in welcher Stimmung man seinen Text vortragen soll."	passendes Kostüm
„Manche von euch haben noch zu leise und zu schnell gesprochen."	ungenaue Regieanweisungen im Text

11

Fernsehen, Radio, Internet –
Medien bewusst nutzen

Kinder steuern Software durch Berührung und Gesten, IdeenPark, Essen 2012

1 Das Foto wurde auf einer Medienmesse aufgenommen.
  a Besprecht, welches Medium ihr auf dem Bild erkennt.
  b Nennt weitere Medien, die es auf einer solchen Messe geben könnte.

2 Gebt dem Foto eine Bildunterschrift. Vergleicht eure Vorschläge.

3 Wie und wo informiert ihr euch am liebsten? Sammelt dazu Medien und nennt auch konkrete Sendungen oder Internetportale.

In diesem Kapitel ...

– lernt ihr, Informationen aus Wissenssendungen zu entnehmen,
– informiert ihr euch über Nachrichten,
– untersucht und diskutiert ihr eure Gewohnheiten bei der Nutzung von Medien.

11.1 Wissenssendungen untersuchen – Sich informieren

Fernsehsendungen unterscheiden

1 Stellt euch gegenseitig eure Lieblingssendung vor. Geht so vor:

a Notiert euch Stichworte zu eurer Lieblingssendung, z. B.:

- *Name der Lieblingssendung*: ...   – *Inhalt der Sendung*: ...
- *Fernsehsender, Sendetag und -zeit*: ...   – *Warum ich die Sendung mag*: ...

b Stellt nun eure Lieblingssendung vor.

c Gibt es Sendungen, die eher von Mädchen oder eher von Jungen angeschaut werden? Welche Gründe könnte es hierfür geben?

2 a Man kann verschiedene Arten von Sendungen unterscheiden. Lest dazu die Informationen im unten stehenden Merkkasten.

b Oben findet ihr Beispiele für Fernsehsendungen. Bestimmt jeweils die Art der Sendung.

c Sucht weitere Beispiele für die verschiedenen Arten von Fernsehsendungen. Ihr könnt dazu die Seite aus der Fernsehzeitschrift auf Seite 180 verwenden.

Wissen und Können	**Arten von Fernsehsendungen**

Man unterscheidet Unterhaltungs- und Informationssendungen.
Zu den **Unterhaltungssendungen** gehören z. B. Fernsehserien, die entweder täglich oder wöchentlich gesendet werden, Fernsehshows (z. B. „Wer wird Millionär?") und Fernsehfilme.
Zu den **Informationssendungen** zählen z. B. Nachrichtensendungen (wie die „Tagesschau") und Dokumentationen (z. B. „Expeditionen ins Tierreich").
Außerdem gibt es Magazine, die Wissen auf unterhaltsame Art vermitteln (▶ Infotainment S. 175).

Informationen für Vorträge nutzen

„Fixies" sind Fahrräder, die eigentlich für Bahnrennen entwickelt worden sind. Sie haben feststehende Naben, es gibt keinen Leerlauf, keine Gangschaltung und nicht mal Bremsen! Das verspricht den neuesten Kick. Ihren Namen verdanken sie dem Englischen: fixed gears, kurz „Fixies"!

Immer häufiger benutzen Fahrradkuriere, aber auch Freizeitstrampler die modischen Rennräder. Die Polizei sieht das mit Sorge, denn das Unfallrisiko der „Fixies" ist hoch.

Anders ist das bei den inzwischen sehr weit entwickelten Mountainbikes und den Crossrädern, die durch Scheibenbremsen und hydraulische Bremssysteme eine kurze Bremsstrecke und schnelles Stehenbleiben ermöglichen.

Ein Fahrradkurier auf seinem Fixie, Dresden 2009

1 In einer Wissenssendung wurde das Bild oben ausgestrahlt. Dazu war der daneben stehende Text zu hören.
Wertet den Beitrag aus.
a Was sind „Fixies"? Beantwortet diese Frage mit eigenen Worten in ein bis zwei Sätzen.
b Prüft, ob Bild und Text gut zusammenpassen: Was erfahrt ihr aus dem Text, was über das Bild?

2 „Fixies" sind gefährlich. Besprecht in der Klasse, ob man deshalb ihren Verkauf verbieten sollte.

3 Welche weiteren Wissenssendungen kennt ihr noch? Sammelt die Namen und gebt zu jeder eine kurze Bewertung ab.

Wissen und Können	Infotainment

Neben reinen Informations- und Unterhaltungssendungen gibt es auch eine Vielzahl von Fernsehmagazinen, die wissenschaftliche Themen unterhaltsam präsentieren. Diese Sendungen versuchen, auf spielerische Art und Weise Wissen zu vermitteln. Indem Informationen (engl. *information*) mit Unterhaltung (engl. *entertainment*) kombiniert werden, entsteht mit Infotainment eine neue Sparte in den Medien.

4 Bildet Gruppen und nehmt jeweils eine andere Wissenssendung genauer unter die Lupe.

a Wählt eine Wissenssendung aus. Achtet darauf, dass jede Gruppe eine andere Wissenssendung untersucht.

b Erstellt einen Bewertungsbogen eurer Sendung für eure Mit-schülerinnen und Mitschüler. Orientiert euch dabei an dem Beispiel unten. Ihr könnt aber auch zusätzliche Kriterien ergänzen.

> Im Internet findet ihr zu eurer Sendung zusätzliche Informationen, die das Thema und die Hintergründe betreffen.

Bewertungsbogen für „Planet Wissen"

Name der Schülerinnen und Schüler (Gruppe):	*Nina, Marie, Jonas, Josip*
Sendetag und -zeit:	*Mittwoch 19.10.2015, 15:00–16:00 Uhr*
Thema der Sendung:	*geniale Erfinder*
Inhalt der Sendung:	*Rudolf Diesel, der Erfinder des Dieselmotors. Er starb auf einer Schiffsreise, als er in England und Frankreich seine Erfindung lizensieren ließ.*
Altersempfehlung:	*ab elf Jahre*
Informationswert:	*hoch*
Unterhaltungswert:	*hoch*
Verständlichkeit:	*Wir konnten der Sendung insgesamt gut folgen, aber es kamen auch viele Fremdwörter vor, wie z.B. „Lizenz" und „Patent", hier mussten wir in einem Wörterbuch nachschlagen.*
Bewertung:	*Wir haben viel über den Erfinder Diesel gelernt und uns dabei auch noch gut unterhalten.* ★★★

Bei eurer Schlussbewertung dürft ihr Sternchen vergeben:

sehr gute Sendung ★★★	gute Sendung ★★	mittelmäßige Sendung ★

5 Wissenssendungen kann man für einen Drei-Minuten-Vortrag nutzen.

a Welches Thema interessiert euch? Wählt mit Hilfe einer Fernseh-App oder Programmzeitschrift eine passende Wissenssendung aus.

b Zeichnet die Sendung auf oder sucht in der Mediathek des Senders nach einem Podcast (▶ S. 179).

c Notiert in Stichpunkten, welche Fragestellung behandelt wird, welche Informationen die Sendung dazu gibt und wie die Frage abschließend beantwortet wird.

6 Für seinen Drei-Minuten-Vortrag über das Basteln eines Papierdrachens hat ein Schüler eine Wissenssendung gesehen.

a Bringt die Notizen, die er sich gemacht hat, in eine sinnvolle Ordnung.

> – einzelne Arbeitsschritte
> – Material, das man benötigt
> – Werkzeug, das man braucht
> – Frage: Wie bastle ich einen Drachen?

b Sucht im Internet eine Anleitung zum Drachenbasteln.
Ergänzt die Notizen aus Aufgabe 6 a und bereitet einen Drei-Minuten-Vortrag zum Thema vor.

Wissen und Können **Drei-Minuten-Vortrag**

Ein Drei-Minuten-Vortrag soll euer Publikum informieren und gut verständlich sein.
- Schreibt zur Vorbereitung einen kurzen Notizzettel mit den wichtigsten Punkten, damit ihr nichts vergesst. Ihr könnt die Punkte auch einzeln auf Karteikärtchen schreiben.
- Geht ordentlich nach vorne und redet nicht schon während des Gehens.
- Stellt euch gerade hin und schaut euer Publikum an.
- Zur Sicherheit könnt ihr immer wieder kurz auf eure Notizen schauen.
- Sprecht laut, deutlich und nicht zu schnell.

---

7 **a** Sprecht über eure Erfahrungen mit Suchmaschinen:
  – Welche kennt ihr? Welche richten sich an Kinder? Welche nutzt ihr am häufigsten?
  – Wie geht ihr vor, wenn ihr dort etwas sucht?
  – Welche Schwierigkeiten hattet ihr schon beim Suchen?
b Gebt bei einer Kindersuchmaschine den Suchbegriff „Drachen" ein.
Sprecht über eure Suchergebnisse und wie man sie einschränken kann.

Wissen und Können **Im Internet recherchieren**

- Überlegt euch ein genaues Wort für eure Suche.
- Überfliegt zunächst die Seite mit den Suchergebnissen. Findet ihr wirklich die gewünschten Informationen?
- Oft lohnt es sich, auch zwei oder drei Begriffe als Suchwörter einzugeben, damit man genau das gewünschte Ergebnis findet.
- Habt ihr eine Seite gefunden, die Informationen enthält, könnt ihr euch Notizen machen oder die Seite ausdrucken und bearbeiten.
- Manchmal werden sogenannte *Links* angeboten. Sie führen zu verwandten Seiten.
  Prüft immer genau, ob diese Links für eure Fragestellung nützlich sind, sonst verirrt man sich schnell im Internet-Dschungel!

11.2 Nachrichtensendungen – Medienangebote prüfen

Merkmale von Nachrichten für Kinder

1 Dieses Bild stammt aus der Kindernachrichtensendung „logo!" von ZDF/KiKa.

a Habt ihr diese Sendung schon einmal gesehen? Schildert eure Eindrücke.

b Kennt ihr noch weitere Kindernachrichtensendungen? Erstellt eine Liste, die ihr in eurem Klassenzimmer aushängen könnt.

c Nennt weitere Medien, die Nachrichten für Kinder anbieten.

„Logo!"-Moderatorin Linda Joe Fuhrich, 2014

Eine Programmverantwortliche für Kindernachrichten sagt Folgendes:

> Kindernachrichten berichten aber auch über Kinderaktionen, über Umweltthemen, über Musik, Tiere und Sport sowie das Neueste aus der Welt der Promis. Es geht um den Blickwinkel der Kinder, um ihre Lebenswelt, nicht um das, von dem Erwachsene meinen: Das hat Kinder zu interessieren.

2 a Lest die Aussage der Programmverantwortlichen und gebt wieder, welche Merkmale sie für Kindernachrichten nennt.

b Erklärt Unterschiede zu den Nachrichtensendungen, die sich an Erwachsene richten.

3 Vereinbart einen Tag, an dem jede Gruppe eine andere Kindernachrichtensendung anschaut. Macht euch Notizen und berichtet in der nächsten Deutschstunde darüber. Vergleicht die Inhalte der verschiedenen Sendungen.

4 Gute Nachricht! Erfindet eine Nachricht, die ihr gerne in den Fernsehnachrichten sehen würdet. Als Thema könnt ihr z. B. Sport, Musik, Film oder Stars wählen.

a Schreibt einen kurzen Beitrag in euer Heft.

b Tragt eure Nachricht vor der Klasse vor.

Wissen und Können **Nachricht**

Nachrichtensendungen vermitteln Neuigkeiten. Sie informieren in den Massenmedien wie Fernsehen, Radio, Zeitung, Zeitschrift und Internet über aktuelle Ereignisse.
Die wichtigsten Inhalte sind Antworten auf die journalistischen W-Fragen: **Wer? Wo? Was? Wann? Wie?** Eine Nachrichtenmeldung ist so aufgebaut, dass das Wichtigste gleich zu Beginn genannt wird.

Nachrichten in verschiedenen Medien vergleichen

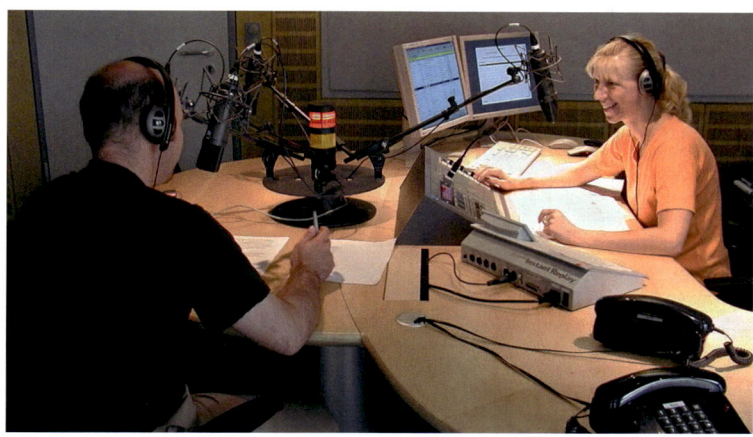

Blick in das Sendestudio von KiRaKa (Kinder-Radio-Kanal)

1 Nachrichten gibt es in allen Medien. Welche Kindernachrichten kennt ihr über das Fernsehen hinaus?
  a Sammelt alle Nachrichtenformen, die euch einfallen.
  b Ordnet die gesammelten Nachrichten den verschiedenen Medien zu: Radio, Fernsehen, Internet.

2 Untersucht ein bestimmtes Thema, z. B. ein Sportereignis oder eine Filmpremiere, in allen unterschiedlichen Nachrichtenmedien.
  a Bildet Gruppen und wählt anschließend ein aktuelles Thema aus.
  b Verteilt dann die einzelnen Medien – Radio, Fernsehen, Internet, Printmedien – auf unterschiedliche Personen innerhalb eurer Gruppe.
  c Notiert die Informationen, die ihr zu diesem Ereignis aus dem jeweiligen Medium erhaltet. Folgende Punkte sollten in eurer Mitschrift enthalten sein:
    – Werden die wichtigsten W-Fragen beantwortet?
    – Vermisst ihr Inhalte?
    – Fühlt ihr euch gut informiert?
    – Was wurde besonders hervorgehoben?
  d Vergleicht nun innerhalb eurer Gruppe die Ergebnisse und bewertet diese.

> Nehmt eine Nachrichtensendung auf oder seht und hört sie euch mehrmals im Internet an. So könnt ihr erfassen, was ihr beim ersten Anschauen oder Anhören nicht mitbekommen habt.

3 Tragt abschließend eure Ergebnisse zu den unterschiedlichen Themen und Medien gemeinsam vor der Klasse vor.

Wissen und Können	**Podcast**

Um Videos bzw. sogenannte Streams auf dem Computer ansehen zu können, benötigt ihr einen Mediaplayer. Mit diesem könnt ihr verschiedene kostenlose Video- oder Audiodateien abspielen. Einen Podcast ladet ihr herunter, indem ihr auf das Bild oder den Link klickt und diesen speichert. Öffnet anschließend die Datei mit dem Mediaplayer und schon könnt ihr die Datei ansehen, die Pausetaste drücken und bestimmte Ausschnitte mehrmals ansehen.

Fernsehzeitschriften untersuchen

DAS ERSTE HD ①

5.30 **Morgenmagazin** HD 61-095-808
9.00 **Tagesschau** HD ⊿ 43-342
9.05 **Rote Rosen** HD (Wh.) 3-362-006
9.55 **Sturm der Liebe** HD ⊿ (Wh.)
Telenovela, D 2015 9-276-483
10.44 **Tagesschau** HD ⊿ 406-579-071
10.45 **Um Himmels Willen** ⊿
Schreckschuss 9-059-236
11.35 **Papageien, Palmen & Co.**
Zoogeschichten HD ⊿ 1-955-174
12.00 **Tagesschau** HD 60-025
12.15 **ARD-Buffet** HD ⊿ 8-736-716

13.00 **Mittagsmagazin** ⊿ 55-919
14.00 **Tagesschau** HD ⊿ 24-629
14.10 **Rote Rosen** HD 9-677-667
15.00 **Tagesschau** HD ⊿ 30-241
15.10 **Rad: Tour de France** HD ⊿
LIVE Nach dem gestrigen Ruhe-
INFO tag führt die 17. Etappe über
161 km von Digne-Les-Bains
nach Pra-Loup → 169 4-225-342
17.15 **Brisant** HD ⊿ 6-221-006
Boulevardmagazin
18.00 **Wer weiß denn so was?** HD
Quiz mit Kai Pflaume ⊿ 22-483
18.50 **Hubert und Staller** HD ⊿
Krimiserie, D 14. „Nachhilfe in
Sachen Mord" erhalten die
Cops im Fall der verschwun-

ZDF HD 2DF

5.30 **Morgenmagazin** HD 77-390-290
9.00 **heute Xpress** 41-984
9.05 **Volle Kanne –**
Service täglich HD 6-724-803
10.30 **Die Rosenheim-Cops**
Krimiserie, D 2002
Feuervogel 9-804-716
11.15 **SOKO Wismar** HD ⊿ 3-539-071
Krimiserie. Tot im Beton
12.00 **heute** 58-280
12.10 **Drehscheibe** HD 8-352-358
13.00 **Mittagsmagazin** ⊿ 46-261

14.00 **heute – in Deutschl.** 43-700
14.15 **Die Küchenschlacht** 47-342
15.00 **heute Xpress** 31-434
15.05 **Bares für Rares** HD ⊿ 9-222-716
16.00 **heute – in Europa** 46-803
16.10 **SOKO Kitzbühel** ⊿ 8-181-716
Krimiserie, Österr./D 2006
Nachrichten vom Tod
17.00 **heute** 28-483
17.10 **hallo deutschland** HD ⊿
Boulevardmagazin 956-464
17.45 **Leute heute** HD ⊿ 4-722-822
18.05 **SOKO Wismar** HD ⊿ 3-889-396
Krimiserie, D 2014. Die
Leiden des Sammlers
18.54 **Lotto am Mittwoch** 402-769-629
19.00 **heute** ⊿ 80-071

RTL HD **RTL**

5.35 **Explosiv** HD (Wh.) 4-319-754
6.00 **Guten Morgen**
Deutschland HD 19-532
8.30 **Gute Zeiten, schlechte**
Zeiten HD (Wh.) 8-822
9.00 **Unter uns** HD (Wh.) 9-551
9.30 **Betrugsfälle** 9-938
Dokusoap
10.00 **Die Trovatos – Detektive**
decken auf 7-710-735
Dokusoap
12.00 **Punkt 12** HD 969-193

14.00 **Verdachtsfälle** 41-577-280
Laiendarsteller inszenieren
die Konfliktsituation in Famili-
en, wenn ein Angehöriger einer Straftat verdächtigt wird
17.00 **Betrugsfälle** 9-735
Betrug hat viele Gesichter:
Anhand von fiktiven Beispielen wird in der Dokusoap
gezeigt, welche Folgen
eine Straftat haben kann
17.30 **Unter uns** HD Daily Soap 2-822
18.00 **Explosiv – Das Magazin** HD
Boulevardmagazin 3-551
oder **Regionalprogramme**
18.30 **Exclusiv –**
Das Star-Magazin HD 35-174

SAT.1 HD 🎈

5.30 **Frühstücksfernsehen** HD
Magazin mit Infos, Tipps und
Reportagen, u. a. mit Matthi-
as Killing, Jan Hahn, Marlene
Lufen, Alina Merkau 87-248-803
10.00 **Auf Streife** (Wh.) 65-822
Dokusoap über den Einsatz
von Großstadt-Polizisten
11.00 **Richterin Barbara Salesch**
Gerichtsshow 29-006
12.00 **Richter Alexander Hold**
Gerichtsshow 228-358

14.00 **Auf Streife** HD 10-358
Dokusoap, D 2014
15.00 **Im Namen der Gerechtig-**
keit – Wir kämpfen für Sie!
Realitysoap HD 76-990
16.00 **Anwälte im Einsatz** HD 87-006
17.00 **Mein dunkles Geheimnis** HD
Dokusoap 6-174
17.30 **Schicksale – und plötzlich**
ist alles anders HD 9-261
oder **Regionalprogramme**
18.00 **In Gefahr – Ein verhängnis-**
voller Moment HD 94-342
Die Dokusoap (Deutschl.
2015) erzählt von Menschen,
die unverschuldet in eine
Straftat verwickelt werden

1
a Schreibt aus der Fernsehzeitschrift fünf Sendungen heraus, die vor allem unterhalten sollen.
b Welche Wissenssendungen kündigt die Fernsehzeitschrift an?
Notiert sie.
●●● c Bei welchen Sendungen ist eine Unterscheidung in Wissens- und Unterhaltungssendung
schwierig? Schreibt sie in euer Heft und begründet.

2 Welche Nachrichtensendungen könnt ihr auf den drei Programmen erkennen?
Schreibt sie in euer Heft und macht eine Anmerkung, ob sie für Kinder oder Erwachsene sind.

3 Sucht in der Programmzeitschrift nach Sendungen, die ihr euch ansehen würdet.
a Begründet eure Auswahl.
b Erklärt, wie ihr diese Wahl getroffen habt und welche Informationen aus der Zeitschrift
geholfen haben.

4 Findet mit Hilfe der Programmzeitschrift heraus, wann und auf welchen Sendern die Sendungen
Bares für Rares, heute in Europa und *Wer weiß den so was*? laufen.
Legt in eurem Heft eine Tabelle wie die folgende an und füllt sie aus:

Uhrzeit	Sendung	Sender
11.35 Uhr	Papageien, Palmen & Co.	Das Erste
...	...	...

Fernsehsendungen gezielt auswählen

> Denkt daran, mehr als eineinhalb Stunden dürft ihr nicht fernsehen. Und, Niko: Ich möchte auch nicht, dass du deine kleine Schwester vor dem Fernseher alleine lässt.

> Ich will nicht immer nur Kindersendungen sehen!
> Eine Reisedoku wäre aber okay. Und dann auch eine Wissenssendung für Kinder.

> Ich will „ENE MENE BU" sehen und auch was mit Tieren!

1   **a**   Tauscht euch über eure Fernsehgewohnheiten aus:
- Wer entscheidet bei euch, was angeschaut wird?
- Wie lange am Tag und wann seht ihr fern?
- Wo steht euer Fernseher?
- Schaut ihr allein fern oder gemeinsam mit der Familie oder Freunden?

    b   Viele Eltern legen fest, wie lange ihre Kinder fernsehen dürfen. Tragt Gründe dafür zusammen.

2   **a**   Lest das Gespräch zwischen Niko, Sarah und ihrer Mutter und prüft im Programm auf dem Tablet, welche Sendungen für beide Kinder in Frage kämen.

    b   Erstellt einen Fernsehplan für die Kinder, mit dem alle zufrieden sein können.

11.3 Projekt: Mediengewohnheiten untersuchen

Diagramme auswerten und erstellen

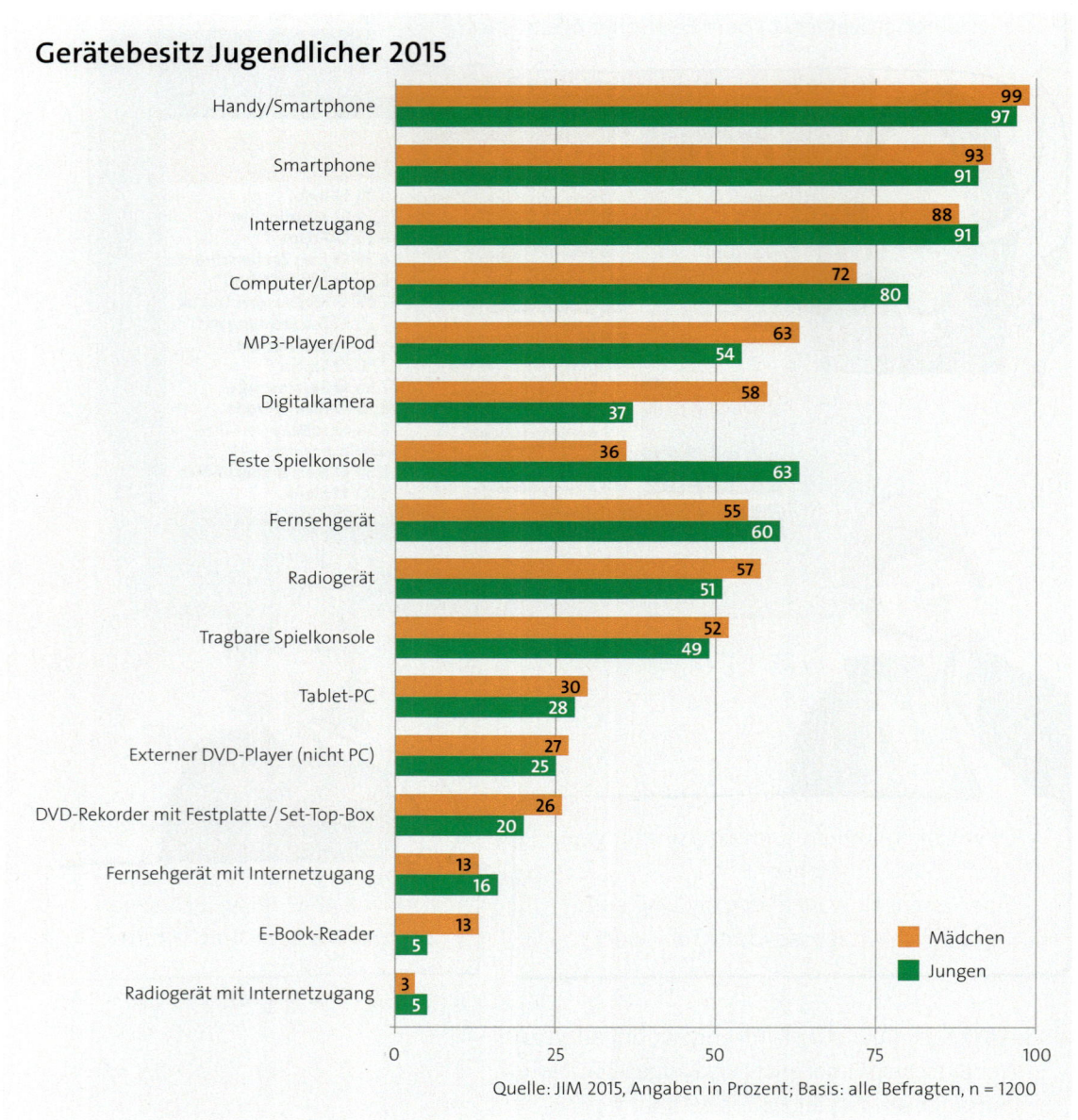

Gerätebesitz Jugendlicher 2015

Gerät	Mädchen	Jungen
Handy/Smartphone	99	97
Smartphone	93	91
Internetzugang	88	91
Computer/Laptop	72	80
MP3-Player/iPod	63	54
Digitalkamera	58	37
Feste Spielkonsole	36	63
Fernsehgerät	55	60
Radiogerät	57	51
Tragbare Spielkonsole	52	49
Tablet-PC	30	28
Externer DVD-Player (nicht PC)	27	25
DVD-Rekorder mit Festplatte / Set-Top-Box	26	20
Fernsehgerät mit Internetzugang	13	16
E-Book-Reader	13	5
Radiogerät mit Internetzugang	3	5

Quelle: JIM 2015, Angaben in Prozent; Basis: alle Befragten, n = 1200

1 Welche Geräte besitzt ihr? Sammelt gemeinsam an der Tafel.

2 a Betrachtet und beschreibt das Balkendiagramm. Wozu macht es Angaben?
b Beschreibt die Angaben in eigenen Worten. Was fällt auf? Welche Werte sind ähnlich?
c Erklärt, welche Vorteile Diagramme und Schaubilder im Vergleich zu einem Text haben.

3 Erstellt ein Balkendiagramm zum Gerätebesitz in eurer Klasse.

a Findet heraus, wie viele von euch bestimmte Geräte haben. Schreibt diese Zahlen auf.

b Legt nun ein Diagramm im Heft an – am besten auf Kästchenpapier und im Querformat. Auf der senkrechten Achse notiert ihr die einzelnen Geräte, auf der waagerechten Linie tragt ihr nach jeweils 0,5 cm einen kleinen Strich ein – für jedes Kind in der Klasse einen.

c Jetzt könnt ihr eure Balken zeichnen und die Zahlen eintragen.

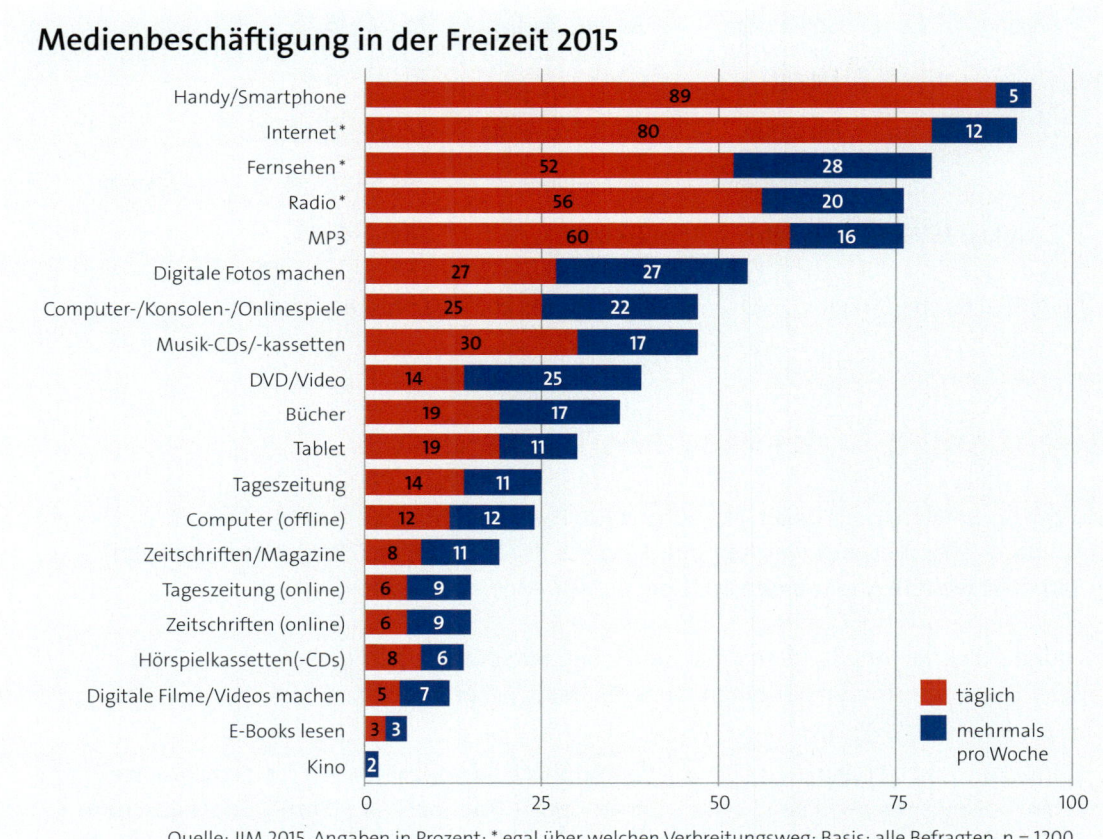

Medienbeschäftigung in der Freizeit 2015

Quelle: JIM 2015, Angaben in Prozent; * egal über welchen Verbreitungsweg; Basis: alle Befragten, n = 1200

4 Wertet das Diagramm „Medienbeschäftigung in der Freizeit 2015" mit Hilfe des Merkkastens aus.

Wissen und Können **Diagramme erschließen**

1 Lest die **Überschrift** oder die **Bildunterschrift** und findet heraus, worüber das Diagramm informiert.

2 Betrachtet das Diagramm genau: Welche **Angaben** könnt ihr **ablesen?** Welche Maßeinheiten werden verwendet, z. B. Prozent?

3 **Vergleicht die Angaben im Diagramm:** Welches ist der höchste und welches der niedrigste Wert? Welche Werte sind ähnlich oder gleich groß?

4 **Wertet aus, was im Diagramm gezeigt wird:** Fasst zusammen, was sich an dem Diagramm ablesen lässt. Welche Angaben findet ihr erstaunlich, welche habt ihr erwartet?

Ein Medientagebuch führen

1 Haltet eure täglichen Mediengewohnheiten in einem Medientagebuch fest.

   a Schreibt eine Woche lang auf, wann und wie lange ihr welches Medium genutzt habt.

Datum	Medium	Was genau?	Uhrzeit	Medienzeit gesamt
Montag, 17.10.	Schulbücher	Mathe, Englisch	15:00 –16:15	
	Handy	SMS	16:20 –16:40	
	Fernsehen	Schloss Einstein	17:20 –17:45	
	Jugendbuch	Winn-Dixie	19:15 –20:30	1 ¼ Stunden
Dienstag, 18.10.	Computer	E-Mails	13:50 –14:15	

   b Erstellt Schaubilder oder Diagramme, in denen ihr die Ergebnisse auswertet.

Anglizismen in der Mediensprache untersuchen

1 Die Wörter Smartphone, Tablet, Notebook oder Pad bezeichnen bestimmte Medien.

   a Könnt ihr erkennen, aus welcher Sprache diese Bezeichnungen übernommen wurden?

   b Sammelt weitere Anglizismen aus dem Bereich Medien.

2 **a** Ordnet folgende Anglizismen ihren deutschen Entsprechungen zu. Schreibt ins Heft.

   b Zwei Begriffe stammen aus einem anderen Bereich. Benennt ihn.

> Internet • sich stylen •
> Link • News Soap • Sale •
> Touchscreen • E-Mail

> Verknüpfung zu Internetseiten • elektronischer Brief •
> Seifenoper • Nachrichten • Berührungsbildschirm •
> Vernetzung von PCs • Schlussverkauf • sich herausputzen

3 Sammelt Anglizismen aus anderen Bereichen. Findet ihr für alle eine deutsche Entsprechung?

4 **a** Lest den Text und verbessert ihn vollständig in eurem Heft.

   b Sprecht darüber, an welchen Stellen es sinnvoll ist, die deutsche Bezeichnung zu verwenden.

> *Ein kuhler Tag*
> *Am Vormittag war ich mit meinen Eltern bei einem leckeren Bransch. Danach gingen wir zum*
> *Schoppen in die citty. Ich brauchte mal wieder eine neue Jeans. Außerdem wollte ich nach dem*
> *neuen Läibell bei den Turnschuhen sehen. Nach einem weiteren Blick auf mein Smartfohn wusste ich,*
> *wo ich hinwollte – in die Schopping-Mahl. Schnell tschekte ich auch noch meine Meihls. Am Abend*
> *durfte ich dann noch auf eine Pahrti.*

12 Die Natur ist ein fantastischer Erfinder! –
Sachtexte erschließen

1 Beschreibt das Bild:
  a Sammelt Begriffe, mit denen ihr das Bild beschreiben könnt.
  b Schreibt eine kurze Erklärung zu dem Foto, in der die Begriffe vorkommen.

In diesem Kapitel ...

– übt ihr, Sachtexte inhaltlich zu erschließen,
– trainiert ihr, andere über den Inhalt von Sachtexten zu informieren,
– lernt ihr Methoden, um Informationen aus einem Sachtext zu veranschaulichen.

12.1 Wale und Delfine – Sachtexte lesen und verstehen

Das Thema erfassen

Mit Delfinen schwimmen

An der Westküste Australiens wartet auf Urlauber ein einmaliges Naturerlebnis: In der Rockingham Bay können sie mit einer Gruppe von Delfinen schwimmen, die in freier Wildbahn leben.

Schon als Kind war Terry Howson von den Tümmlern fasziniert, die ihm auf Bootsausflügen rund um den Ferienort Rockingham (50 Kilometer südlich von Perth) begegneten. Eines Tages fasste der Australier den Entschluss, Freundschaft mit diesen Tieren zu schließen. Doch jedes Mal, wenn er sich ihnen im Wasser näherte, verschwanden die Meeressäuger. Erst sieben Monate später schwamm ein neugieriges Delfinweibchen auf ihn zu – es war der Beginn einer engen Freundschaft.

15 Jahre später kennt der Australier fast jeden der 150 Delfine rund um den westaustralischen Ferienort. Die Tiere haben Vertrauen zu ihm und seinen Mitarbeitern gefasst, die einmal täglich ein paar Besucher hinaus in die Bay bringen Ausgestattet mit Schnorcheln und Masken, wartet die kleine Gruppe im Wasser auf die ersehnte Begegnung: Und in 99 Prozent der Fälle tauchen Logo, Bumerang und andere Artgenossen auf, um vor Publikum herumzutollen.

Wer glaubt, mit den Delfinen auf Schmusekurs gehen zu können, liegt falsch. Howson und sein sechsköpfiges Team erklären ihren Kunden immer wieder, dass es sich um wilde Tiere handelt, die nur wenig mit ihren trainierten Artgenossen gemeinsam haben. „Wir müssen uns vorsichtig und respektvoll verhalten und dürfen nie annehmen, dass wir Kontrolle über ihr Verhalten haben", mahnt er. Kunden, die sich nicht ins Wasser trauen, können die Delfine auf einer separaten Tour vom Boot aus beobachten.

Seine behutsame Vorgehensweise brachte Howsons kleinem Unternehmen „Rockingham Dolphins" drei Jahre hintereinander den australischen Preis für Ökotourismus ein. Ein wichtiges Kriterium war auch, dass er und sein Team die Tiere niemals füttern, um ihre natürlichen Lebensgewohnheiten nicht zu verändern.

1 Lest den Text „Mit Delfinen schwimmen" aufmerksam. Worum geht es?

a Wählt die richtige Antwort aus. **Tipp:** Beachtet vor allem die Überschrift des Textes.
Im Text geht es …
… um den australischen Preis für Ökotourismus.
… um das Leben des Australiers Terry Howson.
… um die Möglichkeit, vor der Küste Australiens mit frei lebenden Delfinen zu schwimmen.
… darum, wie man Wildtiere mit Geduld und Futter zähmen kann.

b Schreibt eure Antwort nun in eigenen Worten in einem Satz auf.
Nutzt dabei eine der folgenden Formulierungen:
Der Text berichtet von …
Der Artikel informiert über …
Der Text handelt von …

c Würdet ihr gerne einmal an einem Schwimmausflug mit Delfinen
teilnehmen? Tauscht euch aus.

> „Delfin" – Schlagt
> das Wort im Wör-
> terbuch nach: Was
> findet ihr zu seiner
> Rechtschreibung?

Wissen und Können   **Das Thema benennen**

Wenn nach dem Thema eines Textes gefragt wird, ist immer **der gesamte Text** gemeint. Es geht
also um das Textganze, nicht um einzelne Aussagen, die sich im Text finden. Hinweise auf das
Thema geben oft die Überschrift und die Abbildungen.
Beachtet: Wenn man **über Texte** schreibt, verwendet man in der Regel das **Präsens.**

---

2 Was bedeutet die Formulierung „[Wir] dürfen nie annehmen, dass wir Kontrolle über ihr Verhalten
haben" (▶ Z. 32–35)? Nur eine der vier Antworten ist richtig.

> Wir können das Verhalten der Delfine nicht kontrollieren.
> Wir kontrollieren ihr Verhalten.
> Es ist nie sicher, dass wir ihr Verhalten kontrollieren können.
> Unsere Kontrolle hat nichts zu bedeuten.

---

3 Versucht, die Begriffe „Meeressäuger" (▶ Z. 13), „Schmusekurs" (▶ Z. 27) und „Ökotourismus" (▶ Z. 41)
ohne fremde Hilfe nur aus dem Zeitungsartikel zu erklären.

Wissen und Können   **Bedeutungen erschließen**

Um einen Text zu verstehen, müsst ihr nicht immer jedes einzelne Wort kennen. Viele Informa-
tionen werden aus dem Zusammenhang verständlich. Die **Tipps** helfen euch:
■ Sucht nach **Hinweisen im Text:**
Logo und *Bumerang* (Z. 25): Danach heißt es *und andere Artgenossen* (Z. 24 f.). Also sind *Logo*
und *Bumerang* wohl Namen von Delfinen.
■ **Zerlegt** das Wort in seine Bausteine:
Unterschlupf: *-schlupf* kommt von dem Verb *schlüpfen* und bedeutet *kriechen, sich klein
machen. Unterschlupf* bedeutet also *in einen Ort hineinkriechen, sich verstecken.*

Fragen entwickeln, Schlüsselwörter markieren

Warum schwimmen Wale im Meer, obwohl sie keine Fische sind?

Die Vorfahren der Wale und Delfine schwammen nicht im offenen Meer, sondern lebten an der Küste. Wasserscheu waren sie schon damals nicht: Sie jagten im flachen Wasser Fische, Tintenfische und andere kleine Tiere. Im Meer konnten sie gut leben. Dort gab es jede Menge Nahrung, außerdem viel Platz und nur wenige Feinde. Denn die schwimmenden Saurier, die vorher das Meer unsicher gemacht hatten, waren ein paar Millionen Jahre zuvor ausgestorben.

Also jagten die Vorfahren der Wale immer öfter im Meer und kamen schließlich gar nicht mehr aus dem Wasser heraus. Nach und nach veränderten sich dadurch ihre Körper, denn ein Fell und vier Beine brauchten sie zum Schwimmen nicht mehr.
Vor zwanzig bis dreißig Millionen Jahren entwickelten sich die beiden Arten von Walen, die es heute gibt.

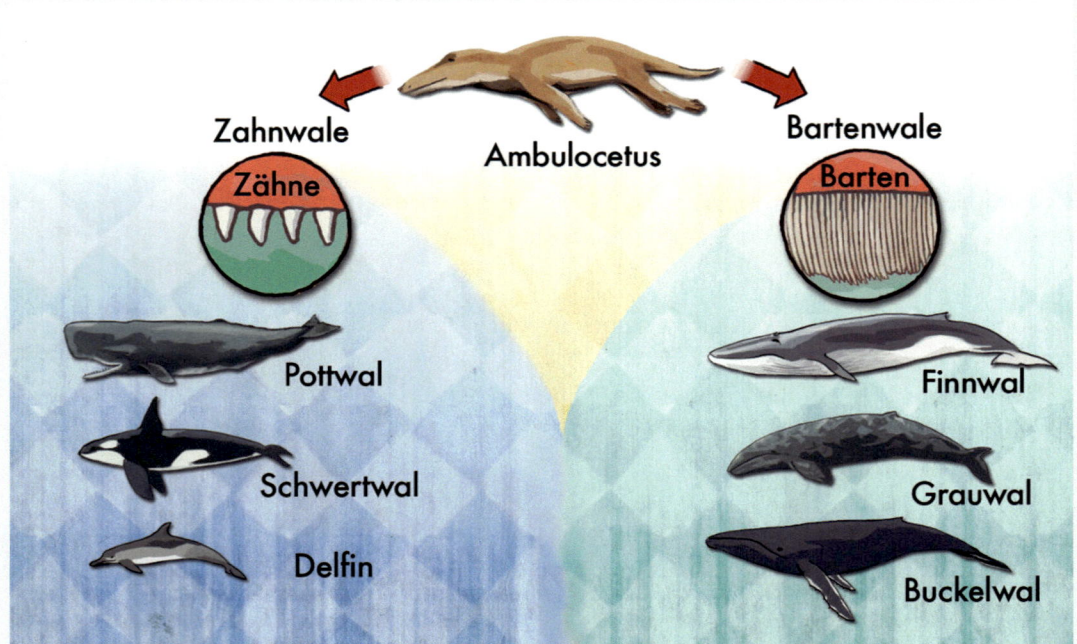

1. Zahnwale jagen Fische und Tintenfische. Zu den Zahnwalen zählen z. B. der Pottwal, der Schwertwal, aber auch alle Delfine. Delfine sind also kleine Wale, auch wenn sie anders heißen. Klein bleiben sie wahrscheinlich deshalb, weil für die Jagd ein schneller und wendiger Körper nützlicher ist als ein riesig großer.
2. Bartenwale haben keine Zähne, sondern Barten, biegsame Hornplatten, die wie ein dichter Vorhang nebeneinanderliegen. Die Vorfahren der Bartenwale begannen nämlich, winzige Tierchen zu fressen, die man mit Zähnen nicht gut festhalten kann. Dadurch veränderte sich ihr Maul, bis es so aussah wie heute.

30 Wale sind wie ihre Vorfahren luftatmende Säugetiere, keine Fische. Dass heutige Wale trotzdem aussehen wie Fische, liegt daran, dass beide Tierarten im Wasser leben und sich daran angepasst haben. Es gibt aber et-was, an dem man Fische und Wale un-
35 terscheiden kann. Vergleicht mal den gro-ßen Fisch links mit dem Wal auf dem Foto rechts.
Seine Schwanzflosse steht senkrecht, nicht waagerecht wie die der Wale. Fische bleiben nämlich immer unter Wasser. Sie schwim-
40 men nach vorne, und das geht mit einer senkrechten Flosse, die die Fische seitlich hin- und herbewegen, sehr gut. Wale und Delfine müssen dagegen immer wieder zum Atmen nach oben kommen, schwim-
45 men also ständig rauf und runter. Dafür ist eine waagerechte Schwanzflosse, die auf und ab schlägt, praktischer.

1 Lest den Text aufmerksam. Formuliert den Inhalt in einem Satz.

2 a Nun könnt ihr W-Fragen an die einzelnen Absätze stellen. Einige sind hier vorgegeben:
Wo lebten die Vorfahren der Wale?
Warum veränderte sich der Körper der Vorfahren der Wale?
Wann entwickelten sich verschiedene Arten von Walen?
b Zu den letzten Abschnitten (ab Z. 21) fehlen passende Fragen. Formuliert sie selbst.

3 Lest den Text nun ein zweites Mal. Legt eine Folie über den Text und unterstreicht die Schlüssel-wörter. Die ersten sind schon im Text markiert (▶ S. 290).

Wissen und Können	Fragen an einen Text stellen und Schlüsselwörter markieren

Wenn ihr den Text genau erfassen oder bestimmte Informationen finden wollt, könnt ihr
W-Fragen (Wer? Was? Wo? …) an ihn stellen. Oft sind solche Fragen schon vorgegeben.
Lest den Text noch ein zweites Mal genau, um die Fragen zu beantworten.
Schlüsselwörter sind oft Wörter, an denen ihr beim Überfliegen des Textes mit euren Augen
hängen bleibt. Meist geben die Schlüsselwörter die Antworten auf die **W-Fragen.**
Die Schlüsselwörter helfen euch später dabei, einen Text gut zusammenzufassen.

4 **a** Gliedert den Text in Sinnabschnitte.

b Formuliert Überschriften zu den Sinnabschnitten. Die W-Fragen und Schlüsselwörter helfen euch dabei. Beispiel zum ersten Abschnitt: *Die Küste war Lebensraum der Vorfahren der Wale.*

Wissen und Können | **Sinnabschnitte und Zwischenüberschriften finden**

Um einen Text genau zu überblicken, könnt ihr ihn in einzelne **Sinnabschnitte** unterteilen.
Ein neuer Sinnabschnitt beginnt dort, wo ein neues Unterthema angesprochen wird.
In der Regel könnt ihr bei gedruckten Texten die Sinnabschnitte an den Absätzen erkennen.
Fasst dann die Abschnitte in einer **Zwischenüberschrift** zusammen.
Die Zwischenüberschriften können verschieden formuliert werden:

- als Satz: *Die Küste war Lebensraum der Vorfahren unserer Wale.*
- in Stichworten: *Küste als Lebensraum der Vorfahren unserer Wale*

Grafiken und Abbildungen entschlüsseln

1 Der Text auf Seite 188/189 enthält auch Abbildungen.

a Beschreibt, was ihr auf den Abbildungen seht. Verwendet dabei die Begriffe „Grafik" und „Fotografie".

b Überlegt, welche Textabschnitte durch die Grafik bzw. die Fotos jeweils veranschaulicht werden. Nennt die entsprechenden Zeilenangaben.

2 Abbildungen zum Text haben eine ganz bestimmte Aufgabe.

a Welche Aussage trifft auf die abgebildete Grafik zu?

Die Grafik soll ...
... zeigen, wie ein Wal aussieht.
... Interesse für den Text wecken.
... den gesamten Text zusammenfassen.
... die verschiedenen Walarten anschaulich darstellen.
... zum Nachdenken über Walarten anregen.

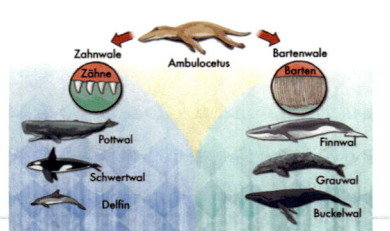

b Formuliert nun, was auf den Fotos veranschaulicht wird.

c Benennt die Aufgaben, welche die Abbildungen haben. Formuliert dazu jeweils einen Satz zu Grafik und Fotos. Ihr könnt dazu die folgenden Verben nutzen.

darstellen • zeigen • angeben • liegen • beschreiben • verdeutlichen • erläutern

3 Häufig findet man bei Sachtexten auch Karten wie diese:

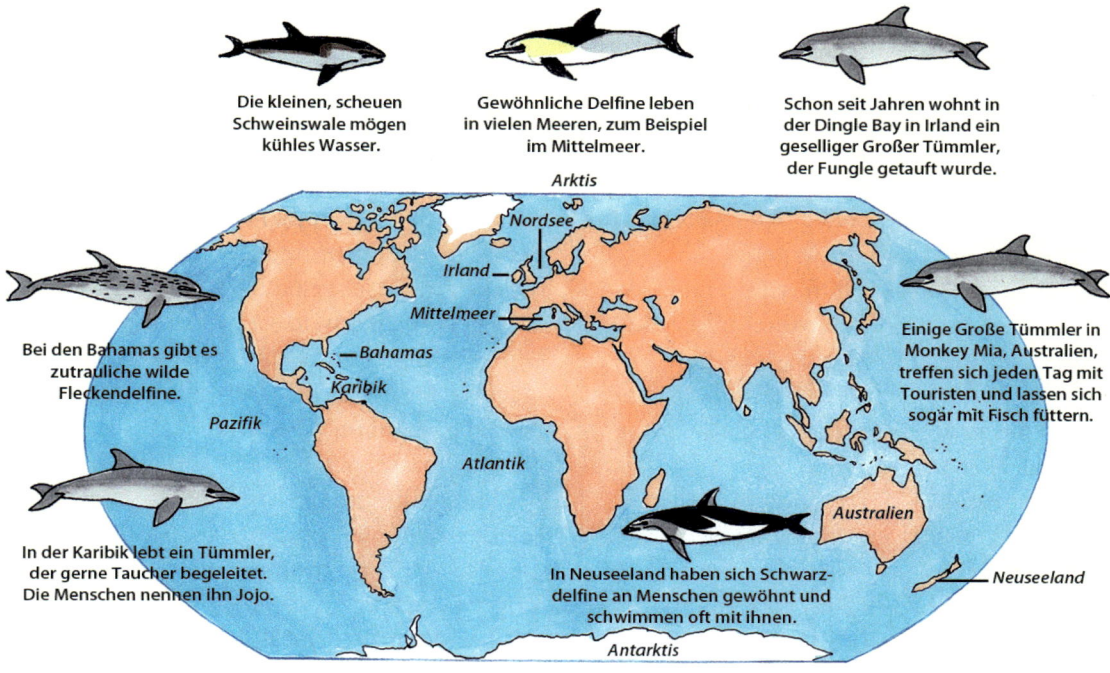

Die kleinen, scheuen Schweinswale mögen kühles Wasser.

Gewöhnliche Delfine leben in vielen Meeren, zum Beispiel im Mittelmeer.

Schon seit Jahren wohnt in der Dingle Bay in Irland ein geselliger Großer Tümmler, der Fungle getauft wurde.

Bei den Bahamas gibt es zutrauliche wilde Fleckendelfine.

In der Karibik lebt ein Tümmler, der gerne Taucher begleitet. Die Menschen nennen ihn Jojo.

Einige Große Tümmler in Monkey Mia, Australien, treffen sich jeden Tag mit Touristen und lassen sich sogar mit Fisch füttern.

In Neuseeland haben sich Schwarz- delfine an Menschen gewöhnt und schwimmen oft mit ihnen.

a Welche Aussage trifft auf diese Karte zu?

> Die Karte veranschaulicht....
> ... ein Größenverhältnis, weil sie zeigt, welche Delfinarten es wo auf der Welt am häufigsten gibt.
> ... eine Lage, indem gezeigt wird, wo welche Delfinarten leben.
> ... einen Vorgang, indem sie erläutert, wie welche Delfinarten leben.

b Formuliert wie zu Aufgabe 2 c die Funktion, die diese Karte hat.

Wissen und Können   **Grafiken und Karten entschlüsseln**

Eine **Grafik** oder **Karte** stellt Zahlen (z. B. Größenverhältnisse, Zeitangaben), Vorgänge (wie etwas funktioniert) oder **Orts- bzw. Lageangaben** (z. B. die Lage von Orten, die Verbreitung von Tieren) bildlich dar.

Beim **Entschlüsseln** einer Grafik könnt ihr so vorgehen:

- Stellt fest, worum es in der Grafik geht. Hierbei hilft euch die **Überschrift** oder die **Bild- unterschrift,** wenn es eine gibt.
- Untersucht, was in der Grafik dargestellt wird: Erklärt sie einen Vorgang, gibt sie Größen- verhältnisse an oder verdeutlicht sie eine Lage, wie z. B. eine Landkarte?
- Prüft, ob die Grafik **Farben, Beschriftungen oder Symbole** enthält, die erklärt werden.
- Schreibt auf, worüber die Grafik informiert.

Informationen zusammenfassen

Delfine – Clowns mit Köpfchen

Heute spielen sie wieder verrückt, sagt Charlie Phillips und lacht. Etwa 50 Meter vor dem Motorboot des britischen Biologen schießen nacheinander zwei graue Leiber wie Raketen aus
5 der Nordsee. Für einen Augenblick spiegelt sich die Sonne auf ihrer nassen Haut. Dann überschlagen sich die Delfine und stürzen kopfüber zurück ins Meer. Kurzes Abtauchen. Anlauf für den nächsten Sprung. Während
10 Charlie die wilde Hopserei genießt, fotografiert seine Kollegin Barbara Cheney die beiden Meeresakrobaten.

Jeder Delfin besitzt ein besonderes Merkmal, an dem ihn die Wissenschaftler erkennen. Ne-
15 vis' Rückenflosse etwa ziert eine schneeweiße Spitze, weshalb er nach Schottlands höchstem Berg „Ben Nevis" benannt ist.

Anhand der Fotos überprüft Barbara später, mit welchen Artgenossen Nevis herumtollt,
20 mit wem er jagt, welchen Gruppen sich das Tier anschließt. Die Forscher wissen zwar, dass Delfine meist in „Schulen" leben und ihre Freundschaften zehn Jahre und länger halten. Wie sie sich aber das Gemeinschaftsleben or-
25 ganisieren und wie sie miteinander „reden", ist noch ein Rätsel.

Nevis und seine Spielkameraden gehören zu einer der größten Delfinarten, den „Großen Tümmlern", von denen hier oben, in der schot-
30 tischen Moray-Bucht, rund 130 Tiere auf die Jagd gehen. Wie Burgwächter lauern die bis zu vier Meter langen Kleinwale vor der Flussmündung auf Lachse, die jeden Spätsommer zu Zehntausenden hierherkommen. Ein idealer
35 Platz für Charlie und Barbara, um die quirligen Meeresbewohner zu beobachten und ihren Gesprächen aus Pfeif-, Quietsch- und Klicktönen zu lauschen.

Ein Geheimnis haben die Forscher den Tieren
40 schon entlockt: Jeder Große Tümmler gibt sich im ersten Lebensjahr einen eigenen „Namen", besser gesagt einen persönlichen Erkennungspfiff, den die anderen lernen. Möchte ihm nun jemand aus der Gruppe etwas mitteilen, pfeift derjenige diese spezielle Tonfolge und spricht 45 den Delfin damit gezielt an.

Und gesprochen wird viel: etwa über Jagdstrategien! Haben die Tümmler einen Schwarm Heringe ausgemacht, übernimmt jedes Gruppenmitglied eine bestimmte Aufgabe. Wäh- 50 rend ein paar der Tiere eine Mauer bilden, treiben ihnen die anderen die Fische direkt vor die Mäuler. Die Falle schnappt zu, für die Heringe gibt es kein Entkommen.

Es geht sogar noch cleverer! An der Küste des 55 US-Bundesstaates South Carolina wurden Große Tümmler dabei beobachtet, wie sie Fische auf den Strand jagten. Anschließend robbten die Räuber selbst aufs Trockene, um die gestrandete Beute aufzulesen. Und im Golf von 60 Mexiko betäuben die Meeressäuger ihre Opfer mit einem gezielten Schlag auf die Schwanzflosse, bevor sie die Fische fressen.

Delfine singen und pfeifen jedoch noch aus einem zweiten Grund: um sich zu orientieren. 65 Sie senden wie Fledermäuse hohe Ultraschallsignale aus, die wir Menschen nicht hören können. Treffen diese Schallwellen auf ein Hindernis, etwa ein Riff oder einen Fischschwarm, prallen sie daran ab und kehren als 70 Echo zurück. Am Klang des Echos und der Zeit, die es für den Rückweg gebraucht hat, erkennen Delfine genau, welches Hindernis sie vor sich haben und wie weit es entfernt ist. Dieser Spürsinn ist so ausgefeilt, dass die Tiere 75 sogar Fische aufstöbern, die sich im Meeresboden eingegraben haben. Versteckte Beute oder Stein? Diese Frage beantwortet das Delfin-Echolot meist richtig!

1 a Entscheidet, welcher Satz das Thema des Artikels „Delfine – Clowns mit Köpfchen" am besten trifft.

> Der Artikel erzählt, wie Delfine miteinander spielen.
> Der Artikel informiert darüber, wie schlau Delfine sind.
> Der Artikel berichtet darüber, wie Delfine leben.

b Begründet, warum die beiden anderen Aussagen nicht ganz treffend sind.

2 Erklärt die folgenden Formulierungen aus dem Zusammenhang (▶ S. 187):

> Meeresakrobaten (Z. 12) • Jagdstrategien (Z. 47 f.) • Delfin-Echolot (Z. 78 f.)

3 a Beantwortet die folgenden W-Fragen an den Text. Legt eine Folie auf den Text und unterstreicht die Schlüsselwörter, die die Antworten geben.
  – Wer ist beteiligt?
  – Wo geschieht es?
  – Was wird erforscht?
  – Wie gehen die Forscher vor?
  – Welche Ergebnisse finden die Forscher?

b Erklärt die aus dem Englischen stammenden Wörter „Clown" (▶ Überschrift) und „clever" (▶ Z. 55) aus dem Textzusammenhang.

4 a Teilt den Text in sinnvolle Abschnitte und findet geeignete Zwischenüberschriften, die den Inhalt des Abschnitts zusammenfassen (▶ S. 290).

> *Abschnitt 1:   Zwei Meeresbiologen beobachten und fotografieren Delfine.*
> *Abschnitt 2:   Die Delfine können an bestimmten Merkmalen unterschieden werden.*
> *Abschnitt 3:   ...*

b Schreibt die Zwischenüberschriften in euer Heft.

5 Fasst nun den Inhalt des Textes mit Hilfe eurer Zwischenüberschriften und Schlüsselwörter zusammen. Schreibt dafür zu jedem Abschnitt ein bis zwei Sätze. Nicht immer ist es notwendig, alle Schlüsselwörter zu verwenden.
Beispiel:
Die Forscher Charlie Phillips und Barbara Cheney beobachten und fotografieren Delfine in der Nordsee.
Dabei stellen sie fest, wie die Tiere aussehen und wie sie sich verhalten ...

Wissen und Können	Texte zusammenfassen

Schreibt in der Zeitform **Präsens** und verwendet möglichst **eigene Worte**.
Denkt an einen **abwechslungsreichen Satzbau**.

Einen Stichpunktzettel anlegen

Delfine – Clowns mit Köpfchen

Beobachtungen britischer Biologen
- Große Tümmler in der Nordsee,
  schottische Moray-Bucht
- Zweck: Erforschung des Sozialverhaltens
- beobachten, fotografieren, lauschen

Delfine = Clowns
Charlie Phillips und Barbara Cheney beobachten
Delfine.
Sie möchten mehr über das Sozialverhalten erfahren.
Ideal hierfür ist die Nordsee. Dort leben besonders
viele Große Tümmler. Diese werden fotografiert,
beobachtet und belauscht.

1 Vergleicht die beiden Stichpunktzettel, die zu den ersten vier Abschnitten des Textes „Delfine – Clowns mit Köpfchen" erstellt wurden.
- a Worin unterscheiden sie sich?
- b Welcher Stichpunktzettel eignet sich besser als Stütze für einen Kurzvortrag? Begründet.

2 Ergänzt den Stichpunktzettel mit Stichworten zu den übrigen Absätzen. Greift dabei auf eure Vorarbeiten zu den Aufgaben 3 und 4 auf Seite 193 zurück.

3 Haltet einen Kurzvortrag zum Text „Delfine – Clowns mit Köpfchen" mit Hilfe eures Stichwortzettels.

4 Habt ihr Fragen, die der Text „Delfine – Clowns mit Köpfchen" nicht beantwortet? Recherchiert dazu im Internet (▶ S. 177). Denkt daran, genaue Suchbegriffe einzugeben. Oft lohnt es sich, zwei Suchwörter zu verbinden.

5 a Was möchtet ihr noch über Wale und Delfine wissen? Tragt Fragen zusammen.
- b Einigt euch auf zwei oder drei Fragen, die alle interessieren. Überlegt, wie und wo ihr die Antworten finden könnt, und übertragt eure Vorschläge in euer Heft.
- c Wählt eine der Fragen aus und sucht Informationen dazu, die ihr auf einem Stichpunktzettel festhaltet. Berichtet anschließend eurer Klasse mit Hilfe des Stichpunktzettels, was ihr in Erfahrung gebracht habt.

Wissen und Können   **Einen Stichpunktzettel anlegen**

Ein Stichpunktzettel eignet sich gut als **Grundlage für einen Kurzvortrag,** da er nur die wesentlichen Informationen festhält.
- Notiert nur Stichpunkte, keine ganzen Sätze.
- Lasst alles Unwichtige weg.
- Schreibt übersichtlich untereinander, groß und deutlich.
- Orientiert euch an den Abschnittsüberschriften, die ihr zuvor für euren Sachtext formuliert habt.

12.2 Schlafende Vulkane und tierische Alarmanlagen – Über Sachtexte informieren

Sachtextformate vergleichen

„Als der Vulkan ausbrach, war alles grau"

Im Frühjahr 2010 spuckte der Vulkan Eyja-fjallajökull kilometerhohe Aschewolken aus. Menschen in den umliegenden Dörfern muss-ten fliehen, in Teilen Europas lag der Flugver-kehr lahm. Birta Guamundsdottir, 15 Jahre, erinnert sich:

Wenn ich aus dem Fenster unseres Hauses gucke, sehe ich den zimtbraunen Strand, das blaue Meer und dahinter, am Horizont, die grünen Hänge der Westmännerinseln.

5 Als der Vulkan ausbrach, war alles nur grau. Wir hatten tagsüber schon im Fernsehen und Radio davon gehört, dass der Eyjafjalla-jökull Asche spuckte. Aber ich habe mir da-bei echt nichts gedacht. Das ist für andere

10 vielleicht schwer vorstellbar, aber Vulkan-ausbrüche sind hier bei uns so normal wie anderswo Gewitter. So etwas passiert bei uns dauernd, auf Island gibt es über 30 ak-tive Vulkane. Also sind wir abends einfach

15 ins Bett gegangen. Mitten in der Nacht, um zwei Uhr, hat mich meine Mutter dann ge-weckt. Sie sagte: „Komm, wir müssen weg. Der Vulkan!" Ich habe mich ganz schnell angezogen und bin rausgelaufen. Man

20 konnte echt nichts sehen, so qualmig war alles. Meine Eltern und ich sind dann etwa zehn Minuten mit dem Auto gefahren, in den nächsten Ort. Da war es nicht so ver-qualmt.

Das Schlimmste an dieser Nacht war, so 25 früh geweckt zu werden. Ich war tierisch müde am nächsten Tag. Und natürlich die-se Asche! Als wir an einem der nächsten Tage wieder in unser Dorf gefahren sind, lag alles unter einem grauen Schleier. Wir 30 mussten lange putzen, bevor wir wieder in unser Haus einziehen konnten. Zum Glück ist der Vulkan seitdem ruhig geblieben.

1 a Fasst den Artikel „Als der Vulkan ausbrach, war alles grau" mit eigenen Worten zusammen (▶ S. 291).
  b Birta hat ihren Artikel für eine bestimmte Zielgruppe verfasst. Benennt den Adressaten und den Zweck.
  c Beschreibt, wie der Text geschrieben und gestaltet ist.
  d Bewertet Birtas Text: Erfahrt ihr alles, was ihr über Vulkanausbrüche wissen wolltet? Gibt es Informationen, die eher unwichtig sind?

Der **Vulkan.** Vulkane sind Öffnungen in der Erd-
kruste, aus denen Gase, flüssiges Gestein
(Lava) und Asche austreten. Einen heftigen
Ausbruch nennen wir eine Eruption.

5 Es gibt unterschiedliche Vulkanformen. Einige
Vulkane haben flach aufsteigende Hänge. Aus
ihrem Krater oder aus Spalten fließt dünnflüssi-
ge Lava, die weite Gebiete bedecken kann. Die
kegelförmigen Vulkane haben oftmals steile

10 Hänge und fast immer einen oder mehrere Kra-
ter, die explosionsartig sehr viel Asche und Schlacke ausstoßen.
Auf der ganzen Welt gibt es rund 800 aktive Vulkane. Durch die Weltmeere hindurch ziehen sich
endlos lange Gebirgsketten, die sogenannten Mittelozeanischen Rücken. Sie bestehen alle aus
Vulkanen. Aus ihren Kratern tritt ständig Lava aus und verfestigt sich zu neuem Meeresboden.

15 Dabei werden die Platten zu beiden Seiten der Vulkanspalte auseinandergedrückt. So kommt es,
dass sich Europa von Amerika jedes Jahr um rund zwei Zentimeter entfernt.

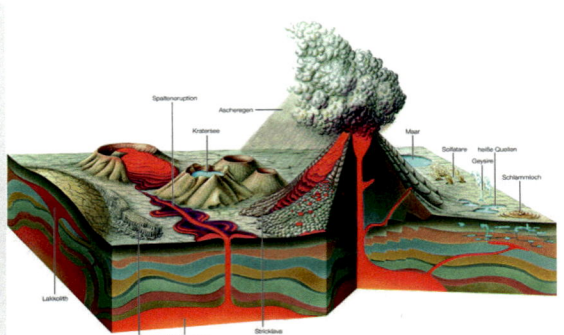

2 a Versucht, den Lexikonartikel „Der Vulkan" mit eigenen Worten wiederzugeben (▶ S. 290).
　 b Erklärt, zu welchem Zweck der Lexikonartikel geschrieben wurde.
　 c Nennt weitere Quellen, die ihr zur Information über Vulkane heranziehen könnt.

3 Vergleicht Birtas Erlebnisbericht und den Lexikonartikel.
　 a Welcher Text war für euch leichter zu verstehen? Nennt die Gründe dafür.
　 b Vergleicht die beiden Texte, indem ihr die Tabelle in euer Heft übertragt und ergänzt.

	Birtas Erlebnisbericht	**Lexikonartikel**
Zweck	…	…
Adressat	…	…
Inhalt	*Erlebnisbericht einer Jugendlichen über einen Vulkanausbruch in Island*	*allgemeine Informationen zur Entstehung und Verbreitung von Vulkanen*
Länge	*relativ knapp*	…
Gestaltung	…	…
Sprache	…	*anspruchsvoll, weil …*

Wissen und Können **Sachtexte**

Sachtexte informieren über bestimmte Themen. Manche Sachtexte wollen auch zu etwas
anleiten oder **auffordern.** Beispiele für Sachtexte sind Lexikonartikel, Zeitungsartikel, Bastel-
und Spielanleitungen, Kochrezepte oder Schaubilder und Diagramme.
Die Sprache ist in der Regel eindeutig und sachlich.

4 Sucht in eurem Erdkundebuch einen Text über Vulkane.
Vergleicht den Lexikonartikel mit dem Text in eurem Schulbuch. Beschreibt die Unterschiede in den Kategorien, wie ihr dies in Aufgabe 3 gemacht habt.

Fragen an einen Text stellen und beantworten

1 **a** Lest die Überschrift des folgenden Textes und betrachtet die Abbildungen. Was erfahrt ihr bereits hier über das Thema des Textes?
b Lest den gesamten Text einmal zügig durch.
c Notiert euch anschließend Fragen, auf die der Text Antworten gibt.

Was ist ein schlafender Vulkan?

Manche Vulkane würdet ihr auf den ersten Blick gar nicht als solche erkennen. Sie sehen aus wie ganz gewöhnliche Berge, vielleicht liegt sogar Schnee auf dem Gipfel. Doch viele dieser Feuer-
5 *berge ruhen nur – man sagt auch, sie „schlafen". Es kann sein, dass sie in ein paar Hundert oder Tausend Jahren wieder ausbrechen.*

Der „Schlaf" eines Vulkans ist beendet, wenn aus dem Erdinneren Magma nachkommt. Aber
10 das muss nicht passieren. Manchmal kühlt sich das Innere eine Vulkans im Lauf von Tausenden von Jahren immer mehr ab. Irgendwann ist er wirklich „tot", also erloschen. Ein Vulkan gilt als erloschen, wenn er seit 10 000 Jahren nicht ausgebrochen ist. 15

Auch in Deutschland gibt es einen großen erloschenen Vulkan, den Vogelsberg. Früher war hier die Hölle los, und das sogar zehn Millionen Jahre lang. Aus zahlreichen Kratern floss Lava, mehr als 700 Meter dicke Schichten von 20 Vulkangesteinen und Asche bauten sich auf. Doch irgendwann war Schluss. Der letzte Ausbruch liegt über neun Millionen Jahre zurück. Zu dieser Zeit gab es schon keine Dinosaurier mehr, aber auch noch keine Menschen. 25

Wenn ein Vulkan erst einmal erloschen ist, dann lässt das Wetter sein Gestein nach und nach zerbröckeln. So war es auch beim Vogelsberg. Während der Eiszeiten, als es auf der Erde kälter war als heute, schabten dann auch noch gewal- 30 tige Eismassen über die ehemaligen Vulkangipfel und gruben Täler in die Landschaft. So wurde der Vogelsberg nach und nach niedriger.

Häuser aus Vulkangestein

35 Auch die Menschen sorgten dafür, dass der Vulkan immer kleiner wurde. Bis heute wird am Vogelsberg Basalt abgebaut, ein dunkles Vulkangestein, aus dem Pflastersteine und Schotter für den Straßenbau gemacht werden.

Und weil Basalt nur durch Vulkanausbrüche entsteht, weiß jeder Experte schon nach einem Blick auf solch einen Steinbruch: „Aha, hier gab es mal einen Vulkan!" 40

2 Untersucht, welche Angaben die folgende Zusammenfassung des Textes „Was ist ein schlafender Vulkan?" enthält.

> *Bei dem vorliegenden Text „Was ist ein schlafender Vulkan?" von Sylvia Englert handelt es sich um einen Sachtext. Er ist im Jahr 2011 in dem Buch „Frag doch mal die Maus! Vulkane und Erdbeben" vom cbj-Verlag erschienen. In dem Artikel wird erklärt, was ein schlafender Vulkan ist.*

●○○ Folgende Stichworte helfen euch dabei: Autor, Inhalt, Quelle, Textsorte, Titel.

3
a Vergleicht eure Fragen aus Aufgabe 1c mit denen in der Tabelle unten. Welche Fragen habt ihr auch gefunden? Wo habt ihr andere Fragen formuliert?
b Fragen zu einem Sachtext sollte man knapp, sachlich und mit eigenen Worten beantworten. Untersucht die folgenden Antworten. Beurteilt, welche gelungen sind und welche nicht. Begründet eure Einschätzung.
c Überarbeitet die nicht gelungenen Antworten.
d Eine Antwort fehlt. Formuliert diese selbstständig.

Fragen zum Text	Antworten
Was ist der Unterschied zwischen einem schlafenden und einem toten Vulkan?	*Schlafende Vulkane können wieder ausbrechen, ein Vulkan gilt als tot, also erloschen, wenn er seit 10 000 Jahren nicht mehr ausgebrochen ist.*
Wann und wo gab es in Deutschland Vulkane?	*Vor über neun Millionen Jahren, der Vogelsberg*
Was passiert mit einem Vulkan, wenn er erloschen ist?	*...*
Warum „verkleinern" auch die Menschen den Vogelsberg?	*Die Menschen bauen das Vulkangestein, den Basalt, in Steinbrüchen ab und nutzen ihn als Pflasterstein und Schotter für den Straßenbau.*
Woran erkennt ein Experte, dass ein Berg ein erloschener Vulkan ist?	*Der Experte erkennt auf einen Blick die Gesteinssorte Basalt und weiß gleich, dass es einmal ein Vulkan gewesen sein muss, da es diesen Stein nur bei Vulkanausbrüchen gibt.*

4 Erstellt zu dem Text „Was ist ein schlafender Vulkan?" eine Tabelle, in der ihr kurz den Zweck, den Adressaten, den Inhalt, die Länge, die Gestaltung und die Sprache beschreibt (▶ S.196).

Textinhalte in einer anderen Form wiedergeben

1 a Benennt die Abbildungen zum Text „Was ist ein schlafender Vulkan?" (▶ S. 197) und beschreibt, was darauf jeweils zu sehen ist.
   b Überlegt, welche Textabschnitte durch die Abbildungen jeweils veranschaulicht werden. Nennt die entsprechenden Zeilenangaben.
   c Schreibt auf, welche Funktion die jeweilige Abbildung für den Text hat (▶ S. 191).

2 Übertragt die Zeichnung / das Flussdiagramm in euer Heft und ergänzt fehlende Informationen mit entsprechenden Pfeilen und Stichpunkten.

Der Vogelsberg – ein erloschener Vulkan

10 Millionen Jahre lang:

während der letzten 9 Millionen Jahre:

heute:

3 Findet mit Hilfe eures Atlas oder eures Erdkundebuches heraus, wo es in Deutschland weitere schlafende oder erloschene Vulkane gibt.

4 Wählt in Absprache mit eurer Erdkundelehrkraft einen Text aus eurem Erdkundebuch aus. Übertragt den Inhalt des Textes mit Hilfe von Pfeilen und Bildern in eine andere Form.

Wissen und Können **Textinhalte in einer anderen Form wiedergeben**

Wichtige Informationen aus einem Text können auch in einer anderen Form wiedergegeben werden. Folgende Darstellungsformen können geeignet sein:
- Liste
- Tabelle
- Mindmap
- Zeitstrahl
- Schaubild

Wähle abhängig vom Text eine geeignete Form aus.
Verwende Stichpunkte, Pfeile, Symbole, Zeichnungen zur Veranschaulichung.

Textstrukturen mit Hilfe des Layouts erfassen

Tierische Alarmanlagen –

Können Kröten und Co. Katastrophen voraussagen?

Schlangen flüchten plötzlich aus ihren Verstecken, Vögel unterbrechen ihre Wanderungen: Forscher fragen sich, ob Tiere einen besonderen SINN für Katastrophen haben und ob sie bei deren Vorhersage helfen können

Schon seit Menschengedenken gibt es Berichte von Tieren, die Katastrophen „ankündigten". Im Jahr 373 vor Christus sollen angeblich Ratten, Schlangen und Käfer aus dem griechischen Helike geflohen sein – fünf Tage vor einem Erdbeben, das die Stadt völlig zerstörte. Bauern in der italienischen Region Friaul beobachteten 1976, wie Mäuse vor einem heftigen Beben aus allen Ritzen schossen und Schweine sich vor Panik gegenseitig die Schwänze abbissen. Und als im Dezember 2004 eine tödliche Tsunami-Welle die Küsten Südasiens überschwemmte, fanden sich in den Fluten erstaunlich wenige Tierkadaver – als seien die Tiere rechtzeitig vor den heranrollenden Fluten geflohen.

Chinesische Forscher schwören auf Schlangen als Erdbeben-Vorhersager. Die Wissenschaftler hatten mehrfach mitbekommen, dass die Reptilien bis zu drei Tage im Voraus fühlten, wenn ein Beben drohte. Warum, ist umstritten. Womöglich entstehen durch die Reibung im Gestein elektrische Ströme, auf die die Schlangen reagieren.

Es gibt auch Berichte darüber, dass Tiere Wirbelstürme im Vorfeld spüren können. Als im September 2001 ein Hurrikan auf den US-Bundesstaat Florida zusteuerte, tauchten die kleinen Schwarzspitzenhaie ab – aus den flachen Küstengewässern tief ins Meer. Auch 2004 bekamen Forscher vor einem Sturm dieses Verhalten mit. Offenbar reagieren Fische sehr empfindlich, wenn sich der Luftdruck vor einem Hurrikan verändert. Sie fliehen, um von den hohen Wellen nicht an Land gespült zu werden. Ein relativ zuverlässiges Warnsystem!

Auch Ameisen könnten als Alarmsystem dienen – vor Vulkanausbrüchen. Geologen wiesen nach, dass die Krabbler in vulkanisch aktiven Gebieten ihre Nester gern an Bodenbrüchen bauen, aus denen die Wärme aus dem Untergrund nach oben dringt. Nimmt das Brodeln in der Erde zu, strömen aus diesen Rissen giftige Gase nach oben. Das treibt wohl die Ameisen in die Flucht.

Viele Wissenschaftler zweifeln trotzdem an solchen Superkräften. Die Tiere hätten sich vor den Katastrophen nur zufällig anders verhalten, sagen sie – weil sie hungrig waren oder die Paarungszeit nahte. Studien, die alle Zweifel ausräumen könnten, sind praktisch unmöglich; Naturkatastrophen wie Erdbeben lassen sich schließlich nicht planen.

1 **a** Lest den Text und fasst kurz zusammen, worum es geht.

b Klärt die Bedeutung folgender Wörter: Tsunami-Welle (▶ Z. 10), Tierkadaver (▶ Z. 11), relativ (▶ Z. 23), reagieren (▶ Z. 16, 21).

2 Schaut euch zunächst das Äußere des Textes „Tierische Alarmanlagen" genau an.

a Erklärt die folgenden Begriffe mit Hilfe der äußeren Gestaltung (= Layout) dieses Textes.

> Überschrift • Vorspann • Bild • Grafik • Spalte • Absatz

b Jedes Gestaltungsmerkmal eines Textes hat eine Funktion für den Text.
Ordnet jedem Textmerkmal passende Funktionen zu. Manche Funktionen können auch mehrfach zutreffen. Übertragt dazu die Tabelle in euer Heft.

Textmerkmal	Funktion	
fett gedruckte Überschrift	...	**Funktionen:**
Vorspann	...	auffällig • weckt Neugier bei den Leserinnen und Lesern •
Bild/Grafik	...	bessere Übersicht • gibt Ausblick auf den Inhalt •
Spalte	...	macht den Inhalt anschaulich • lockert den Text auf
Absatz	...	

3 Das Layout kann helfen, die Struktur des Textes zu erfassen.

a Gliedere den Text mit Hilfe des Layouts in Sinnabschnitte.

b Formuliere zu jedem Absatz eine Frage oder eine Zwischenüberschrift, z. B. Abschnitt 1 (▶ Z. 4–12):
Frage: Warum glauben die Menschen, dass Tiere Naturkatastrophen vorhersehen können?
Zwischenüberschrift: Beispiele für Reaktionen von Tieren vor Naturkatastrophen

4 Übertragt die Mindmap zum Text „Tierische Alarmanlagen" in euer Heft und ergänzt sie mit Informationen aus dem Text.

Zweifel, die dagegen sprechen
... ...

Beobachtungen, die dafür sprechen
... ...

Können Tiere Katastrophen vorhersehen?

...

gesicherte Erkenntnis?

Wissen und Können | **Das Layout zur Erfassung des Textes verwenden**

Als **Layout** bezeichnet man die äußere Gestaltung eines Textes. Ist das Layout übersichtlich gestaltet, so erleichtert es das Lesen eines Textes.
- Die Überschrift weckt das Interesse des Lesers, der Vorspann gibt einen Ausblick auf den Inhalt.
- Bilder oder Grafiken machen den Inhalt anschaulicher.
- Der Artikel kann als Fließtext oder zur Auflockerung in Spalten gesetzt werden.
- Zur besseren Übersicht wird der Text in inhaltlich zusammengehörige Absätze unterteilt.

Zu einem Thema Stellung nehmen

1 Jetzt ist eure Meinung gefragt. Im Text „Tierische Alarmanlagen" (▶ S. 200) wurde das Verhalten von Tieren vor Naturkatastrophen beschrieben.

a Entscheidet euch, welche Information aus dem Text euch am meisten beeindruckt hat.

Wenn ihr zu einem Text Stellung nehmen sollt, müsst ihr eure Antwort sachlich und aus dem Text heraus begründen.

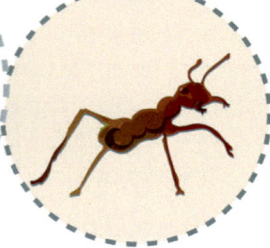

b Fünf Kinder in einer Klasse haben ihre Meinung formuliert. Drei Kinder hatten dabei Schwierigkeiten. Welche Fehler haben sie gemacht? Ordnet zu.

kein Bezug zum Text • Umgangssprache • keine Begründung • zu allgemein • ungenau

Elias: Ich finde es voll cool, dass so ein winziges Tier wie 'ne Ameise spüren kann, dass es gleich losgeht. Wo doch nicht mal die Wissenschaftler rechtzeitig dran sind.

Miriam: Ich habe schon mal davon gehört, dass auch Schmetterlinge spüren können, wenn ein Hurrikan aufzieht. Das hat mich beeindruckt.

Emil: Ich mag die Schlangen.

Eva: Ich fand es interessant, dass bei dem Tsunami kaum Tiere ums Leben gekommen sind. Ich frage mich, ob sie einfach schneller laufen konnten als die Menschen oder ob sie, wie im Text am Ende beschrieben, im Vorfeld die schnelleren Wellen des Erdbebens spüren konnten und rechtzeitig geflohen sind.

Masut: Mich hat am meisten beeindruckt, dass der kleine Schwarzspitzenhai sich bei einem aufkommenden Sturm ins tiefe Wasser zurückzieht. Wahrscheinlich ist dort auch bei Sturm das Wasser ruhiger, sodass er sich sicherer fühlt. Das ist eigentlich wie bei uns Menschen, denn wir suchen auch das sichere Haus auf, wenn zum Beispiel ein Gewitter heranzieht.

c Schreibt eine eigene Antwort in euer Heft.

12.3 Fit in …? –
Einen Vortrag anschaulich gestalten

Vorbild Natur
Wenn Tüftler von Pflanzen und Tieren lernen

Die Natur ist ein fantastischer Erfinder! In Jahrmillionen hat sie ihre Tiere, Pflanzen und Materialien immer weiter verbessert und perfekt an ihre Umwelt angepasst. Seit Langem versuchen Forscher, von der Natur zu lernen. „Bionik" heißt ihre Wissenschaft – denn dabei schauen sie von der Biologie ab. Wir stellen euch drei ihrer einfach genialen Kopien vor.

Geckofüße – Volle Haftung

Geckos gehen oft an die Decke – nicht weil sie sauer sind. Sondern um zu flüchten oder Insekten zu fangen. Mühelos spazieren sie an Wänden und kopfüber an Decken entlang. Man könnte dabei das Zehnfache seines eigenen Gewichts an einen Gecko hängen, er fiele trotzdem nicht hinab. Lange vermuteten Forscher, dass die Füße der Reptilien wie Saugnäpfe funktionieren. Tatsächlich aber sind Millionen feinster Härchen an den Zehen für die Superhaftung verantwortlich. Durch sie entstehen starke Anziehungskräfte, die Geckofüße selbst an glattesten Oberflächen kleben lassen. Nach diesem Vorbild haben Forscher nun Roboter entwickelt, die Glasscheiben hochlaufen – und diese bald womöglich auch putzen können. Allerdings sind diese Kunst-Geckos noch sehr träge.

Kletten – Starke Verbindung

Manchmal haben Erfindungen der Natur einen Haken – und das ist gut so! Wann immer der Schweizer Ingenieur Georges de Mestral mit seinem Hund Gassi ging, brachte er lästige Anhängsel mit – Kletten, die sich im Hundefell verfangen hatten. Könnte das nicht Vorbild für einen Verschluss sein? Mestral entdeckte unter dem Mikroskop, dass die piksigen Blättchen Widerhaken an den Enden besitzen. Er stellte daraufhin zwei Stoffstreifen her – einen mit solchen Haken, den anderen mit winzigen Schlaufen. Diese konnte er verbinden und lösen, ohne sie zu zerreißen. 1951 meldete er diesen Klettverschluss zum Patent an.

Spinnfäden – Tierisch tragfähig

Spinnfäden sind seidenzart – und dabei fünfmal so reißfest wie Stahl. Sie zu kopieren beschäftigt Forscher seit Langem. Viele Jahre dauerte es allein herauszufinden, wie Spinnen ihre Fäden weben. Die Antwort: In ihren Drüsen lagern unterschiedliche Seiden-Bausteine. Diese verwebt die Spinne rasend schnell zu Ketten, die ebenso dehnbar wie reißfest sind. Erst kürzlich gelang es, mit komplizierten Maschinen solche künstlichen Fäden nachzuspinnen. Noch ist das Verfahren aufwendig. Aber eines Tages könnte es normal sein, komplett reißfeste Klamotten zu tragen.

Katharina Beckmann, aus GEOlino extra. Erfindungen (2013), S. 12–19 (gekürzt)

1
a Lest den Text und fasst kurz zusammen, welche Erfindungen ihr Vorbild in der Natur haben (▶ S. 189).
b Beschreibt den inhaltlichen Aufbau des Textes, indem ihr das Layout zu Hilfe nehmt.

2 Erstellt gemeinsam einen Stichpunktzettel zum Text „Vorbild Natur"
(▶ S. 194). Anschließend hält jeder von euch mit Hilfe eures Stichpunkt-
zettels einen **kurzen Vortrag** über den Forschungsbereich Bionik.
Filmt eure Vorträge, seht sie euch anschließend gemeinsam an
und beurteilt das Ergebnis mit Hilfe des Merkkastens unten: Ergänzt
die Checkliste „Tipps für einen gelungenen Vortrag" in eurem Heft:
Checkliste: Tipps für einen gelungenen Vortrag
– Sprecht laut, ...
– ...

> Lautstärke •
> Geschwindigkeit/Pausen •
> Blickkontakt •
> Umgangssprache/Dialekt •
> freies Sprechen

3 Es gibt vielfältige Möglichkeiten, einen Vortrag anschaulich und somit interessanter zu gestalten.
Ergänzt mit Hilfe des Merkkastens die folgende Tabelle in eurem Heft. Entscheidet dabei, welche
Möglichkeiten sich für den Text „Vorbild Natur" eignen, und ergänzt konkrete Ideen.

Einen Vortrag anschaulich gestalten – „Vorbild Natur"			
Methode	**geeignet**	**nicht geeignet**	**Idee**
einen Dialog führen	*x*		*Interview zwischen Wissen-schaftler und Laie*
die Zuhörer mit Fragen einbeziehen			*...*
...			*...*

Wissen und Können **Einen Vortrag interessant und anschaulich gestalten**

Je nachdem, welches Thema ihr vorstellen sollt, sind verschiedene Möglichkeiten denkbar,
den Vortrag anschaulich zu gestalten.
Folgende Methoden helfen, den eigentlichen Vortrag interessant zu gestalten:
- mit eurem Vortragspartner einen Dialog, z. B. als Interview, führen
- die Zuhörer mit Fragen einbeziehen
- Stichworte an der Tafel notieren
- eine kurze Gliederung vorstellen

Folgende Hilfsmittel können den Vortrag anschaulicher gestalten:
- Bilder auf Folie oder ein Plakat mit Bildern und kurzen Texten
- Anschauungsmaterial
- ein Lied, ein Gedicht oder ein kurzes Video
- ein Comic
- ein Test als Abschluss des Vortrags

4 a Sammelt an der Tafel verschiedene Sachthemen, die euch interessieren.
b Verteilt die Themen in der Klasse, sodass ihr immer zu zweit ein Thema bearbeiten könnt.
  Sucht euch zu eurem Thema einen interessanten Sachtext, erstellt einen Stichpunktzettel für
  einen kurzen Vortrag und überlegt euch, mit welchen Möglichkeiten ihr ihn anschaulich
  gestalten könnt.
c Haltet einen kurzen anschaulichen Vortrag zum Inhalt eures Textes.

Hier seht ihr Frederik Fuchs. Er hat sich ein großes Ziel gesetzt: Frederik Fuchs möchte alle Wörter der deutschen Sprache kennen, die großen und die kleinen, und er möchte wissen, welche Arten von Wörtern es gibt und nach welchen Regeln man die Wörter verändern kann – kurz: Frederik Fuchs ist ein Sprachforscher. Er beschäftigt sich so sehr mit den Wörtern, dass sie ihn sogar nachts im Schlaf verfolgen, diesmal in Gestalt einer riesigen Schlange.

1 Schreibt auf, aus welchen Wörtern die Schlange besteht.

2 **a** Helft Frederik Fuchs dabei, die Wörter nach Wortarten einzuteilen. Kennt ihr die Namen der Wortarten?
b Erklärt, woran ihr die einzelnen Wortarten erkennt.

In diesem Kapitel ...

– lernt ihr die verschiedenen Wortarten kennen und unterscheiden,
– untersucht ihr, welche Aufgaben Verben haben und wann ihr welche Zeitform verwendet,
– übt ihr, wie man Texte mit Hilfe von Grammatikkenntnissen besser formulieren kann.

13.1 Rund ums Nomen

Das Nomen

Frederik Fuchs hat schon so viele Wortarten entdeckt, dass er sich kaum noch zurechtfindet.
Um es sich einfacher zu machen, beschäftigt er sich zunächst nur mit den Nomen.
Er hat eine Möglichkeit entdeckt, Nomen in verschiedene Gruppen einzuteilen.

1 **a** Legt in eurem Heft eine Tabelle an. Schreibt die Wörter aus jedem der drei Bilder jeweils in eine Spalte. Lasst eine Zeile für die Überschriften der Spalten frei.

?	?	?
Mädchen	Stein	Gedanke
Hund	Bett	Erfolg
...	...	...

b Ordnet die folgenden Wörter in die Spalten ein. Begründet eure Zuordnung.

> Schlange • Fenster • Regenwurm • Höflichkeit • Erwachsener • Liebe • Backofen •
> Zukunft • Säge • Ehrgeiz • Fahrrad

c Gebt den Spalten der Tabelle Überschriften.

Wissen und Können   **Das Nomen** (Plural: die Nomen)

Viele Wörter unserer Sprache sind Nomen (auch: Hauptwörter, Substantive). Sie werden immer **großgeschrieben.** Nomen bezeichnen:
- **Lebewesen,** z. B.: *Frosch, Vogel, Mensch, Mädchen,*
- **Gegenstände,** z. B.: *Haus, Schreibtisch, Stift,*
- **Begriffe** (Gedanken, Gefühle, Zustände ...), z. B.: *Idee, Freude, Freundschaft, Angst.*

Nomen haben ein Genus (ein grammatisches Geschlecht)

Frederik Fuchs hat noch eine weitere Möglichkeit gefunden, Nomen zu ordnen.
Dafür hat er ein Puzzle entworfen.

1 **a** Wie müsste das Puzzle zusammengesetzt werden? Schreibt die richtige Anordnung der Nomen
als Tabelle in euer Heft. Ergänzt dabei den bestimmten Artikel (*der, die* oder *das*), z. B. *der Mann*.
b Erklärt, warum Frederik die Puzzleteile so angeordnet hat.

2 Frederik Fuchs ist bei seiner Beschäftigung mit dem grammatischen Geschlecht der Nomen
(▶ Merkkasten) eine Besonderheit aufgefallen, die er in einem Bild festgehalten hat. Erläutert, was
er bemerkt hat, und findet weitere Beispiele für diese Besonderheit.

Wissen und Können	**Nomen: das Genus** (das grammatische Geschlecht; Plural: die Genera)

Jedes Nomen hat ein Genus (ein grammatisches Geschlecht), das man **an seinem Artikel
erkennen** kann. Ein Nomen ist entweder

- ein **Maskulinum** (männliches Nomen), z. B.: *der Stift, der Regen, der Hund,*
- ein **Femininum** (weibliches Nomen), z. B.: *die Uhr, die Sonne, die Katze,* oder
- ein **Neutrum** (sächliches Nomen), z. B.: *das Buch, das Eis, das Kind.*

Nomen haben einen Numerus (eine grammatische Zahl)

Es gibt noch ein zweites Puzzle, das aber leider unvollständig ist. Nur einige Teile hat Frederik Fuchs zusammengetragen.

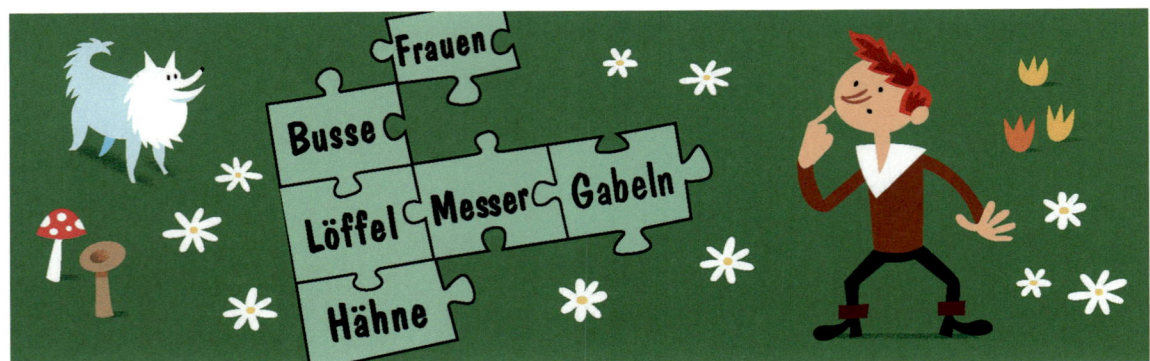

1 Weil ihr das erste Puzzle kennt (▶ S. 207), könnt ihr leicht herausfinden, welche Teile fehlen und wie diese angeordnet werden müssen.
Schreibt das vollständige zweite Puzzle als Tabelle in euer Heft.

2 **a** Ordnet die folgenden Wörter richtig in eine Tabelle wie die unten abgebildete ein. Ergänzt jeweils die entsprechende Form im Plural oder im Singular (▶ Merkkasten).

> Tisch • Haare • Kinder • Obst • Erlebnis • Schulstunde • Eimer • Kühe • Vorsicht • Ast • Schnee • Schlaf • Durst • Buch • Kartoffeln • Meer • Nummer • Schlitten • Wohnungen • Zoo

Nomen im Singular	Nomen im Plural
der Tisch	*die Tische*
das Haar	*die Haare*
...	...

> Achtung:
> Bei zwei Wörtern ist die Singular- und die Pluralform gleich.
> Von manchen Wörtern gibt es nur die Singularform.

b Bestimmt anhand der Singularform das Genus der Nomen aus Aufgabe a. Markiert dazu in eurer Tabelle <u>Maskulinum</u>, <u>Femininum</u> und <u>Neutrum</u> mit den entsprechenden Farben.

Wissen und Können	**Nomen: der Numerus** (die grammatische Zahl; Plural: die Numeri)

Nomen haben einen Numerus, d. h. eine Anzahl. Sie stehen entweder im
- **Singular** (Einzahl), z. B.: *der Wald, die Jacke, das Haus,* oder im
- **Plural** (Mehrzahl), z. B.: *die Wälder, die Jacken, die Häuser.*

Nur bei wenigen Nomen ist entweder nur eine Singularform oder nur eine Pluralform möglich, z. B.: *der Regen, die Ferien.*

Nomen kann man in vier Kasus (Fällen) gebrauchen

Auf dem festlich gedeckten Tisch
entdeckt der Kater gedünsteten Fisch.
Die Pupillen des Katers weiten sich:
„Ist das hier wohl für mich?"
Dem Kater wird ganz warm ums Herz,
doch plötzlich verspürt er einen Schmerz.
Der Hausherr hat ihm sofort eine gewischt,
als er den Kater auf frischer Tat erwischt.

1 **a** Frederik sollte in der Schule ein Gedicht schreiben. Lest sein Gedicht und findet heraus, welches Nomen viermal darin vorkommt, aber jedes Mal in einer anderen Form.

b Schreibt die folgenden Fragen und Antworten in euer Heft. Füllt dabei die Lücken.

> Wer oder was entdeckt auf dem festlich gedeckten Tisch gedünsteten Fisch?
> ❓ entdeckt auf dem festlich gedeckten Tisch gedünsteten Fisch.
> Wessen Pupillen weiten sich?
> Die Pupillen ❓ weiten sich.
> Wem wird ganz warm ums Herz?
> ❓ wird ganz warm ums Herz.
> Wen oder was hat der Hausherr auf frischer Tat erwischt?
> ❓ hat er auf frischer Tat erwischt.

c Unterstreicht in den Fragen die Fragewörter und in den Antworten die Artikel (▸ S. 211) sowie die Endung des Nomens. Bestimmt anhand des Merkkastens auf ▸ Seite 210, in welchem Kasus (Fall) das Nomen „Kater" in den vier Antwortsätzen jeweils verwendet wird.

d Schreibt das Gedicht auf „die Katze" und „das Kätzchen" um. Unterstreicht die verschiedenen Formen des Nomens „Katze" bzw. „Kätzchen" und die dazugehörigen Artikel.

> Während Frederik die Hausaufgaben erledigt, setzt sich Kater Fridolin auf seinen Schoß. In Gedanken vertieft, streichelt der Junge das weiche Fell des Tiers. Dem Schüler kommen dabei die besten Ideen für sein Referat. Da er nächste Woche einen Kurzvortrag über sein Haustier halten soll, will er die Lehrerin um Erlaubnis bitten, Fridolin in die Schule mitbringen zu dürfen. Er will den Klassenkameraden Fridolin nämlich unbedingt zeigen! Schon jetzt ist er gespannt auf die Reaktion der Mitschüler.

2 **a** Ermittelt anhand des Merkkastens auf ▸ Seite 210, in welchem Kasus die im Text unterstrichenen Nomen jeweils stehen. Macht dazu die Frageprobe, z. B.:
Frage: Wen oder was erledigt Frederik? – Antwort: Frederik erledigt die Hausaufgaben.
→ *4. Fall, Akkusativ*

b Bestimmt zusätzlich Numerus (▸ S. 208) und Genus (▸ S. 207) der unterstrichenen Nomen, z. B.:
die Hausaufgaben: Plural Femininum.

> – Die Hauskatze ist eine Unterart (die Wildkatze).
> – Bei guter Pflege erreichen Katzen (ein Alter) von etwa 15 Jahren.
> – Weil (die Krallen) beim Gehen (der Boden) nicht berühren, kann sich die Katze (ein Beutetier) geräuschlos nähern.
> – Die Katze bringt (der Hausherrn) als Liebesbeweis manchmal (eine Maus) oder (ein Vogel) mit.
> – Im Gegensatz zum Hund benötigen Katzen nicht ständig die Aufmerksamkeit (der Mensch).
> – Wenn sie gereizt sind, fauchen sie, machen (ein Buckel) und stellen sich (die Bedrohung) mit gesträubtem Fell entgegen.

3
a Frederik hat für sein Referat einige Fakten über Hauskatzen notiert. Schreibt die Sätze ab und setzt dabei die Artikel und Nomen aus den Klammern im richtigen Kasus (▶ Merkkasten) ein.
b Unterstreicht die eingesetzten Nomen mit ihren Artikeln in diesen Farben: Nominativ, Genitiv, Dativ, Akkusativ.
c Schreibt selbst einen kurzen Text über die Haltung und Pflege einer Katze. Verwendet dabei jedes der Nomen rechts in einem anderen Kasus.

> Napf • Katzenkörbchen • Kratzbaum • Katzentoilette

Wissen und Können	**Nomen: der Kasus** (der Fall; Plural: die Kasus, mit langem *u* gesprochen)

In Sätzen erscheinen Nomen immer in einem bestimmten Kasus, das heißt in einem grammatischen Fall. **Im Deutschen gibt es vier Kasus.** Nach dem Kasus richten sich die Form des Artikels (▶ S. 211) und die Endung des Nomens. Man kann den **Kasus** eines Nomens **durch Fragen ermitteln.**

Kasus	Kasusfrage	Beispiele
1. Fall: **Nominativ**	Wer oder was …?	*Der Junge* liest ein Buch. *Die Katze* trinkt Milch. *Das Kind* spielt mit einem Ball.
2. Fall: **Genitiv**	Wessen …?	*Das Buch des Jungen* ist spannend. *Die Milch der Katze* steht in der Küche. *Der Ball des Kindes* ist rot.
3. Fall: **Dativ**	Wem …?	*Ein Mädchen schaut dem Jungen* zu. *Die Kinder geben der Katze* Milch. *Eine Frau wirft dem Kind* einen Ball zu.
4. Fall: **Akkusativ**	Wen oder was …?	*Sie beobachtet den Jungen* genau. *Die Kinder mögen die Katze* gern. *Die Frau lächelt das Kind* an.

Meist ist der Kasus am veränderten Artikel des Nomens erkennbar, manchmal auch an der Endung des Nomens, z. B.: *des Mannes, des Mädchens, den Kindern.*
Wenn man ein Nomen in einen Kasus setzt, nennt man das **deklinieren** (beugen).

Der Artikel

Sicher habt ihr wie Frederik Fuchs bei eurer Beschäftigung mit den Nomen gemerkt, dass diese häufig von einem Wort wie *der, die, das* oder *ein, eine, ein* begleitet werden.

Nachts im Urwald

Frederik schläft um kurz vor sieben noch fest. Er träumt davon, wie er sich gemeinsam mit Fridolin, seinem Kater, durch <u>einen</u> tiefen Urwald schlägt. Die beiden sind von <u>einer</u> grünen Wildnis umgeben. Ständig beherrscht sie <u>die</u> Angst vor Schlangen und gefährlichen Raubtieren. Frederik schlägt immer wieder Laub ins Gesicht, das er wegwischen muss. Er schützt <u>das</u> Gesicht mit <u>den</u> Händen, kann aber <u>die</u> Blätter nicht abwehren. Oder ist es <u>ein</u> Tier, das nach ihm greift? Erschrocken reißt er <u>die</u> Augen auf und bemerkt <u>eine</u> Tatze, die nach ihm schlägt.

Frederik entfährt ? Schrei und sofort sitzt er hellwach auf ? Kante ? Betts. Schließlich stellt er aber lachend fest, dass ? Pfote seinem Kater Fridolin gehört. Da Frederik wieder einmal ? Wecker überhört hat, streichelt Fridolin ? Jungen mit ? Tatze ? Wangen. Nun freut sich Frederik auf ? aufregenden Tag.

5
10
15
20

1 **a** Im ersten Teil des Textes sind alle Artikel (▶ Merkkasten) unterstrichen. Ordnet die bestimmten und unbestimmten Artikel mit den Nomen in eine Tabelle wie die folgende ein:

> Achtung: Manchmal steht zwischen Artikel und zugehörigem Nomen noch ein Adjektiv!

Bestimmter Artikel + Nomen	Unbestimmter Artikel + Nomen
die Angst	*einen Urwald*

b Der Artikel wird mit dem Nomen dekliniert. Markiert in eurer Tabelle Beispiele dafür.
c Schreibt den zweiten Teil des Textes (ab Z. 13) in euer Heft und setzt anstelle der Fragezeichen passende Artikel in der richtigen Form ein.

Wissen und Können — Der Artikel (Plural: die Artikel)

Das Nomen tritt selten allein auf, sondern wird häufig von einem Artikel begleitet. Man unterscheidet zwischen dem bestimmten Artikel *(der, die, das)* und dem unbestimmten Artikel *(ein, eine, ein)*, z. B.:

	Bestimmter Artikel	Unbestimmter Artikel
männlich	*der Stift*	*ein Stift*
weiblich	*die Uhr*	*eine Uhr*
sächlich	*das Buch*	*ein Buch*

Das Adjektiv

Neumarkt, den 12.12.20XX

Liebe Lea,

gestern habe ich mit meinem [?] Bruder trotz des [?] Wetters einen [?] Tag im Nürnberger Zoo verbracht.

5 Zuerst haben wir uns Yaks mit ihrem [?] Fell und den [?] Hörnern angesehen. Aber ich zwang meinen Bruder zum Weitergehen, weil ich unbedingt ins Delfinarium wollte. Schon lange faszinieren mich diese [?] Säugetiere mit ihrer [?] Schnauze und der [?] Rückenflosse. Während einer Show durfte ich die Delfine mit [?] Fischen füttern und ihre [?] Haut berühren. Das war wirklich ein [?] Erlebnis für mich!

10 Kommst du mich bald besuchen? Dann erzähle ich dir mehr von diesem [?] Tag.

[?] Grüße aus Mittelfranken

Frederik

1 a Frederik hätte den Brief auch so anfangen können:

> [...] gestern habe ich mit meinem großen Bruder trotz des eiskalten Wetters einen wunderschönen Tag im Nürnberger Zoo verbracht.

Beschreibt die unterschiedliche Wirkung der beiden Briefanfänge.

b Benennt die Wortart, die in Frederiks Brief ausgespart ist.

c Überarbeitet Frederiks Brief, indem ihr für die Lücken geeignete Adjektive aus dem Wortspeicher auswählt. Denkt daran, dass Adjektive mit dem Nomen dekliniert werden.

groß • wunderschön • außergewöhnlich • lang • mächtig • eindrucksvoll • lieb • zottelig • eiskalt • glatt • klein • dreieckig • intelligent

---

Wissen und Können   **Das Adjektiv** (das Eigenschaftswort; Plural: die Adjektive)

Adjektive drücken aus, **wie** etwas ist. Mit Adjektiven können wir die **Eigenschaften** von Lebewesen, Dingen, Vorgängen, Gefühlen und Vorstellungen **genauer beschreiben,** z.B.: *der eiskalte Tag, der heiße Tag, der regnerische Tag.*

Adjektive werden **kleingeschrieben.** Adjektive, die vor einem Nomen stehen, haben den gleichen Kasus wie das Nomen: *der starke Löwe, des starken Löwen, die starken Löwen.*

Mit Adjektiven vergleichen

So lang ist die Zunge von:

Chamäleon: 120 cm
Giraffe: 54 cm
Ameisenbär: 61 cm

So hoch ist der Körper von:

Giraffe: 6 Meter
Elefant: 4 Meter
Strauß: 2,80 Meter

So tief tauchen:

Pottwal: 2500 Meter
Pinguin: 500 Meter
Meeresschildkröte: 1000 Meter

1 **a** Lest den Text und schaut euch die Abbildungen oben an. Vergleicht die Merkmale der Tiere miteinander. Verwendet in euren Sätzen treffende Adjektive und unterstreicht diese, z. B.:

> – Der Ameisenbär hat eine <u>längere</u> Zunge als die Giraffe.
> – Die <u>längste</u> Zunge …

b Ordnet die Adjektive rechts in eine Tabelle ein (▶ Merkkasten):

Grundform	Komparativ	Superlativ
klein	…	…

klein • knapp •
schneller •
reich • einzig •
ruhiger • weit •
schwächer •
am schlausten •
ähnlich •
dreieckig

c Ergänzt die fehlenden Steigerungsstufen, besprecht Ausnahmen (▶ Merkkasten).

d Bildet Sätze, in denen ihr die Adjektive *gut*, *viel* und *hoch* in ihren verschiedenen Steigerungsstufen verwendet. Besprecht, was euch auffällt.

Wissen und Können   **Steigerung der Adjektive**

Die meisten Adjektive kann man steigern (z. B.: *schön – schöner – am schönsten*). So kann man z. B. Dinge und Lebewesen miteinander vergleichen.
Es gibt drei Steigerungsstufen:

Positiv (Grundform)	Komparativ (Höherstufe)	Superlativ (Höchststufe)
Lars ist <u>groß</u>.	Stefan ist <u>größer</u>.	Fabian ist <u>am größten</u>.

Manche Adjektive wie *tot* oder *blind* lassen sich nicht steigern.

Testet euer Wissen!

Nomen, Artikel, Adjektive

Fürsorgliche Katzen

In den ersten Wochen verlässt **?** ihre Kinder nur, wenn sie schlafen. Bei der Aufzucht **?** will sie von der Familie, bei der sie lebt, nicht gestört werden. Wird sie dann von **?**, der unbedingt die Kätzchen sehen will, nicht in Ruhe gelassen, nimmt sie **?** mit dem Nackenbiss und versteckt sie an einer anderen Stelle. Eines Tages sucht die Katze dann wieder die Nähe **?** und zeigt **?** die Katzenkinder. Von diesem Zeitpunkt an dürfen **?** die Kätzchen streicheln und mit ihnen spielen.

10

1 **a** Schreibt den Text ab und setzt die Nomen rechts mit ihren Begleitern ein.
b Ordnet die eingesetzten Nomen aus Aufgabe a in eine solche Tabelle ein:

Nominativ	Genitiv	Dativ	Akkusativ
die Katzenmutter	...	...	...
...	...	...	...

der Familie •
einem Menschen •
der Jungen •
die Kleinen •
die Katzenmutter •
die Menschen •
den Menschen

Tierfreunde

Zu Beginn (die Urlaubszeit) werden besonders viele herrenlose Tiere, vor allem Hunde, gefunden. Gerade (das Tierheim) in der Nähe von Autobahnen sind dann überfüllt. Denn viele Menschen setzen (der ungeliebte Hund) auf dem Weg in (die Ferien) aus. (der aufmerksame Tierschutzverein) kontrollieren die Strecken. Denn (das verwirrte Tier) sollte schnell geholfen werden. (ein Ausweg) bietet die Aktion „Nimmst du mein Tier, nehm ich dein Tier". Dabei helfen Tierfreunde einander bei (die Betreuung) von Haustieren.

10

2 **a** Schreibt den Text ab und setzt die Artikel, Adjektive und Nomen aus den Klammern im richtigen Numerus und Kasus ein.
b Bestimmt Kasus, Genus und Numerus der eingesetzten Artikel, Adjektive und Nomen, z.B.:
der Urlaubszeit – Genitiv Femininum Singular

3 Bildet aus den Silben im Kasten rechts die folgenden Adjektive:
– Superlativ von traurig
– Superlativ von viel
– anderes Wort für behutsam (Komparativ)
– Komparativ von klug
– Komparativ von gut
– Gegenteil von behaglich (Positiv)

ten • bes • ti •
ge • ger • trau •
sten • müt • ger •
ser • am • meis •
vor • lich • klü •
sich • un • am • rig

Die Pronomen

Das Personalpronomen

Besuch im Zoo

Lena und Jonas sind heute Morgen aufgeregt. Endlich findet der erste Wandertag mit der neuen Klasse statt. Gemeinsam laufen Lena und Jonas zum Bus, an dem Frau Zedler schon auf Lena und Jonas wartet. Aufmerksam hören Lena und Jonas ihrer Lehrerin zu, als diese noch einige wichtige Informationen gibt: „Der Busfahrer wird uns direkt zum Eingang des Zoos fahren. Da er dort nicht parken kann, bitte ich euch, dass ihr die Rucksäcke nicht im Bus liegen lasst. Jonas und Lena gehen am Ende der Klasse, damit wir keinen verlieren. Stellt euch geordnet an der Kasse an."

1   a   In den Zeilen 1 bis 7 des Textes tauchen zwei Nomen immer wieder auf. Welche sind das?

     b   Beschreibt, wie sich der Text durch die Wiederholungen anhört.

     c   Erläutert, wer mit den unterstrichenen Wörtern im zweiten Textteil (▶ Z. 8–14) jeweils gemeint ist.

     d   Erklärt, welche Aufgabe die Wörter wie *ich, er, wir, ihr, sie* haben.

     e   Verändert den ersten Abschnitt so, dass ihr die Wiederholungen vermeidet.

2   a   Lest den Merkkasten unten.

     b   Wodurch könnte man die Nomen im Kasten rechts ersetzen? Schreibt sie mit ihren Artikeln im Nominativ und im Akkusativ auf und notiert jeweils das passende Personalpronomen, z. B.:
     Nominativ: der Bus – er. Akkusativ: den Bus – ihn

> Bus • Klasse •
> Eingang •
> Eintrittsgeld •
> Tiere • Affen

Wissen und Können   **Das Personalpronomen** (persönliches Fürwort; Pl.: die Personalpronomen)

Es gibt verschiedene Arten von Pronomen. **Personalpronomen** *(ich, du, er, sie, es, wir, ihr, sie)* können **Nomen und Namen ersetzen,** z. B.:

Die Katze möchte ins Haus. Sie miaut. Schnell lassen wir sie herein.

Paul rennt zum Bus. Er hat verschlafen und weiß, dass der Busfahrer nicht auf ihn wartet.

Personalpronomen werden wie die Nomen **dekliniert** (gebeugt). Die wichtigsten Formen sind:

Kasus	Singular			Plural		
	1. Pers.	2. Pers.	3. Pers.	1. Pers.	2. Pers.	3. Pers.
Nominativ	ich	du	er/sie/es	wir	ihr	sie
Dativ	mir	dir	ihm/ihr/ihm	uns	euch	ihnen
Akkusativ	mich	dich	ihn/sie/es	uns	euch	sie

215

Das Possessivpronomen

Glück gehabt!

Am Ende des Zoobesuchs fährt Franziska der Schreck in die Glieder.

„<u>Mein</u> Geldbeutel ist weg!"

„Wo könntest du <u>deinen</u> Geldbeutel denn gelassen haben?", erkundigt sich Frau Zedler.

5

„Überprüft bitte alle <u>eure</u> Taschen, ob ihr <u>ihren</u> Geldbeutel aus Versehen eingesteckt habt."

Birgit und Hans drehen sofort ihre Hosentaschen um, während Andreas seinen Rucksack durchsucht.

10

„Ich glaube, ich weiß, wo Franziska ihren Geldbeutel liegen gelassen hat – an der Eisbude", ruft Tom.

Sofort stürzt Franziska los.

15

Kurze Zeit später kommt sie strahlend mit ihrem Geldbeutel zurück.

„Danke, Tom, du hast unseren Ausflug gerettet", sagt Frau Zedler erleichtert.

1

a Beschreibt, welche Aufgabe die unterstrichenen Wörter oben im Text haben.

b Lest den Merkkasten unten auf der Seite. Sucht im Text ab Zeile 9 fünf weitere Possessivpronomen.

c Schreibt alle Possessivpronomen mit dem zugehörigen Nomen aus dem Text oben heraus, z. B.:
mein Geldbeutel.

d Bestimmt jeweils den Kasus, in dem die Possessivpronomen (und dazugehörigen Nomen) im Text verwendet werden.

2
●●●

Schreibt den folgenden Text ab und füllt dabei die Lücken sinnvoll mit den Arten von Pronomen, die ihr bereits kennt. Unterstreicht die Personalpronomen blau und die Possessivpronomen grün.

Karla berichtet am Abend <u>ihrem</u> Vater ausführlich über 🔲 Erlebnisse auf dem Ausflug. „Das war wirklich toll! 🔲 Lehrerin hat 🔲 eine Stunde freigegeben. Da konnten 🔲 alleine durch den Zoo wandern.

5

Das neugeborene Nashorn fand 🔲 ganz besonders süß. Das hättest 🔲 sehen müssen! Es war noch ganz tollpatschig. 🔲 Mutter hat 🔲 vorsichtig mit 🔲 Maul beschnuppert.

10

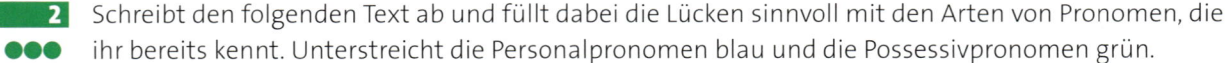

Wissen und Können   **Das Possessivpronomen** (besitzanzeigendes Fürwort)

Possessivpronomen *(mein/meine – dein/deine – sein/seine, ihr/ihre – unser/unsere – euer/eure – ihr/ihre)* **geben an, zu wem etwas gehört,** z. B.: *<u>mein</u> Buch, <u>deine</u> Tasche, <u>unsere</u> Lehrerin.*
Possessivpronomen begleiten meist Nomen und stehen dann in dem gleichen Kasus (Fall) wie das dazugehörige Nomen, z. B.:
Ich gebe <u>meinen</u> <u>Freunden</u> eine Einladungskarte. (Wem ...? → Dativ)

Das Demonstrativpronomen

Jonas: Guck mal, Lena, ein Gorilla! <u>Das</u> ist mein Lieblingstier!

Lena: <u>Der</u> hat sicher ein angenehmes Leben. Schau mal, <u>dieser</u> leckere Obstsalat, den man ihm gebracht hat.

Jonas: Mit <u>diesem</u> Gorilla würde ich gerne tauschen.

Lena: Ob der so glücklich ist? Sieh mal diesen finsteren Gesichtsausdruck!

Jonas: Das sieht nur so aus, weil er diese dicken Wülste über den Augen hat.

1
a Lest das Gespräch mit verteilten Rollen.
b Beschreibt, welche Aufgabe die unterstrichenen Wörter haben.
c Findet ab Zeile 8 vier weitere Demonstrativpronomen.

> **?** ist ein Pandabär,
> **?** ist hundert Kilo schwer.
>
> Tyrannosaurus nennt man **?**
> leider ziemlich fiesen Riesen.
>
> **?** hungrige Hyäne
> hat ganz furchtbar scharfe Zähne.

2 Schreibt die drei Tierreime ab und setzt dabei die nebenstehenden Demonstrativpronomen (▶ Merkkasten) passend ein.

> der • diesen • dieses • jene

3 Stellt euch gegenseitig Rätsel, in denen ihr mit einem Demonstrativpronomen auf den gesuchten Gegenstand hinweist, z. B.:
Dieser Gegenstand hat Beine, kann aber doch nicht laufen. – Lösung: der Tisch.

Wissen und Können	**Das Demonstrativpronomen** (hinweisendes Fürwort)

Mit Demonstrativpronomen kann man auf etwas **zeigen** oder **hinweisen.** Sie werden wie Nomen dekliniert (gebeugt). Demonstrativpronomen sind z. B.:
- ***dieser, diese, dieses***
  Beispiel: *Ich glaube, <u>diese</u> Tiere sind nachtaktiv.*
- ***jener, jene, jenes***
  Beispiel: *<u>Jenes</u> Nashorn läuft den ganzen Tag im Kreis.*
- ***der, die, das,*** wenn sie im Unterschied zum bestimmten Artikel (▶ S. 211) betont sind.
  Beispiel: *<u>Das</u> ist der kleine Elefant, der im letzten Jahr geboren wurde.*

Das Relativpronomen

Nach dem Zoobesuch besprechen die Kinder, welche Tiere sie am meisten beeindruckt haben:

> Am besten gefielen mir die Seelöwen, <u>die</u> bei der Fütterung Kunststücke machten.
> Ich habe von dem Löwen geträumt, <u>der</u> so laut brüllte.
> Ich erinnere mich an den Eisbären, <u>dem</u> der Wärter Leckerbissen zugeworfen hat.
> Das Gehege der Fledermäuse, <u>das</u> völlig dunkel war, fand ich ziemlich gruselig.

1 Überprüft, worauf sich die unterstrichenen Wörter jeweils beziehen.
Schreibt die Sätze ab und verbindet das unterstrichene Wort und das Bezugswort mit einem Pfeil.
Beispiel: *Am besten gefielen mir die Seelöwen, die bei der Fütterung Kunststücke machten.*

2 **a** Lest den Merkkasten unten auf der Seite.
b Verbindet die folgenden Satzpaare zu Satzgefügen (▶ S. 245) mit Relativsatz.
Unterstreicht die Relativsätze. Kreist die Relativpronomen ein und verbindet sie mit dem
Bezugswort im Hauptsatz.
Beispiel: *Den Orang-Utan, (der) faul in einer Hängematte lag, habe ich beneidet.*

Den Orang-Utan habe ich beneidet.	Er lag faul in einer Hängematte.
Mir gefielen die Paviane.	Sie haben sich gelaust.
Die Gorillas konnte man im Affenhaus sehen.	Ihr Freigehege wurde gerade gereinigt.
Ich beobachtete einen Elefanten.	Er warf sich Heu auf den Rücken.
Ein Delfin spritzte die Besucher nass.	Ihm machte das offensichtlich Spaß.

Wissen und Können   **Das Relativpronomen** (rückbezügliches Fürwort)

Relativpronomen leiten einen Relativsatz ein. Sie **beziehen sich auf ein Nomen im Hauptsatz.**
Der **Relativsatz** ist ein Nebensatz, der einen Bezug zu einem Nomen im Hauptsatz herstellt.

Beispiel: *Der Tiger, <u>der heute noch kein Futter bekommen hatte,</u> lief im Käfig auf und ab.*

　　　　　Relativpronomen　　Relativsatz

Als Relativpronomen werden die Wörter *der, die, das, welcher, welche, welches* verwendet.

Relativpronomen können wie Nomen dekliniert werden. Den Fall, in dem sie stehen, kann man
erfragen.

Beispiel: 　　　*Der Tiger, <u>dessen</u> Fütterung unmittelbar bevorstand, lief im Käfig auf und ab.*

Frageprobe: 　　　　　*Wessen Fütterung stand unmittelbar bevor?*

Antwort: 　　　　　*<u>Dessen</u> Fütterung stand unmittelbar bevor.* → Genitiv

Testet euer Wissen!

Pronomen

Lena und Jonas haben sich nach ihrem Zoobesuch im Internet genauer über Menschenaffen informiert.

Orang-Utans

Sie sind scheu, aber schlau, und ihr sympathisches Wesen fasziniert uns: Die Orang-Utans mit ihrem roten, langen Fell sind die einzigen Menschenaffen, die in Asien leben. Ihr zotteliges Fell hängt an den Armen in bis zu 50 Zentimeter langen Fransen herab. Diese dienen einem besonderen Zweck: An ihnen läuft das Regenwasser ab, das das Fell der Tiere sonst durchnässen würde.

1 Schreibt aus dem Text alle Pronomen heraus. Entscheidet, um welche Art von Pronomen es sich handelt (Personalpronomen, Possessivpronomen, Demonstrativpronomen oder Relativpronomen). Begründet eure Entscheidung, z. B.: *Sie – Personalpronomen. Begründung: Es ersetzt das Nomen „Orang-Utans".*

VORSICHT FEHLER!

Schimpansen

Die Schimpansen sind unsere nächsten Verwandten im Tierreich. Die Schimpansen faszinieren uns, weil das Verhalten der Schimpansen unserem so ähnlich ist. Die Menschen haben das Verhalten der Schimpansen genau erforscht. Ebenso wie die Menschen haben Schimpansen Freunde. Außerdem gelingt es den Schimpansen genauso wie den Menschen, Freude und Trauer durch ihre Mimik zu zeigen. Darüber hinaus können Schimpansen Werkzeuge herstellen, und die Werkzeuge benutzen die Schimpansen auch sehr geschickt. Beispielsweise dient den Schimpansen ein Stock als Verteidigungswaffe. Zur Verständigung verwenden sie bestimmte Laute.

5

10

15

2 Der Text wirkt wegen der vielen Wortwiederholungen langweilig. Ersetzt alle unterstrichenen Wörter bzw. Wortgruppen durch passende Pronomen, z. B.:
das Verhalten der Schimpansen → *ihr Verhalten; die Menschen* → *wir*.

Gorillas

Gorillas sind die größten Menschenaffen. Gorillas werden bis zu zwei Meter groß.
Sie leben in Gruppen. Die Gruppen umfassen zwei bis 40 Tiere.
Der Bestand der Gorillas hat sich bedrohlich verringert. Gorillas werden schon lange gejagt.

3 Verbindet die Satzpaare zu Satzgefügen mit Relativsatz.

Das Adverb

Sophie: Wie wäre es, wenn wir unsere Eltern <u>bald</u> <u>hierher</u> einladen würden, um ihnen von unseren Erfahrungen im Zoo zu berichten?
Linus: Das ist eine tolle Idee! Meine Mutter
5 fragt schon <u>ständig</u>, wann wieder ein Präsentationsabend geplant ist. Sie findet diese Veranstaltungen <u>immer</u> so schön.

Fadime: <u>Hier</u> im Klassenzimmer könnten wir über die Geschichte des Nürnberger Zoos und <u>nebenan</u> über die Arbeit eines Tierpflegers be- 10 richten. <u>Oben</u> im ersten Stock könnten wir Plakate zu den Tierarten ausstellen!
Toni: Du hast <u>manchmal</u> wirklich gute Ideen! Wir sollten <u>sofort</u> mit der Arbeit beginnen.

1 a Beschreibt, worüber die unterstrichenen Wörter Auskunft geben. Welche W-Fragen (Wer? Was? Wo? …) beantworten sie?
 b Man nennt diese Wörter **Adverbien** (▶ Merkkasten).
 Ordnet sie in eine Tabelle ein:

Temporaladverbien (Umstandswörter der Zeit) *(Wann?)*	**Lokaladverbien** (Umstandswörter des Ortes) *(Wo? Wohin? Woher?)*
bald	*hierher*

Liebe Eltern,
wir möchten euch ? *ab 19 Uhr zu einem interessanten Abend* ? *in der Schule einladen.*
Wie ihr wisst, waren wir vor einigen Tagen ? *im Zoo und* ? *wollen wir euch von dort berich-*
ten. Ihr werdet dann folgendes Programm erleben: ? *geben wir euch einen Überblick über die Ge-*
schichte des Nürnberger Zoos. ? *könnt ihr durch das Schulhaus laufen und* ? *Plakate mit Infor-*
mationen über verschiedene Tierarten betrachten. Mit einem Video werden wir euch ? *noch die*
Arbeit eines Tierpflegers näherbringen. Außerdem gibt es ? *im Pausenhof eine kleine Stärkung!*
Eure Klasse 5c

2 a Schreibt die Einladung ab und setzt in die Lücken Adverbien
 (▶ Merkkasten) aus dem Wortspeicher ein.
 b Unterstreicht die Lokaladverbien blau, die Temporaladverbien grün.
 ●●● c In der Einladung finden sich zwei weitere Adverbien. Findet diese
 und unterstreicht sie in eurem Heft mit den gleichen Farben wie
 in Aufgabe 2 b.

zuletzt • übermorgen •
draußen • vormittags •
nun • hier • zuerst •
überall • danach

Wissen und Können	**Das Adverb** (Umstandswort; Plural: die Adverbien)

Adverbien beschreiben die **genauen Umstände eines Geschehens.** Sie erklären beispielsweise:
■ **die Zeit (Wann?) – Temporaladverbien,** z. B.: *jetzt, heute, gestern, manchmal,*
■ **den Ort (Wo? Wohin? Woher?) – Lokaladverbien,** z. B.: *hier, dort, draußen, überall.*
Adverbien ändern ihre Form meistens nicht.

Zahlwörter (Numeralia)

Pia hat notiert, was für den Präsentationsabend vorbereitet werden muss:

> – ertenss: Jeweils deir Schüler gestalten ein Plakat zu einer beliebigen Tierart. Die Plakate müssen zur sestench Unterrichtsstunde fertig sein, da sie nach Schulschluss in der Aula aufgehängt werden.
> – zwnsteie: Ziew Schüler suchen im Internet nach Informationen über die Geschichte des Zoos.
> – densttir: Samir kann den Film über die Arbeit eines Tierpflegers ab ffünzhne Uhr in der Bibliothek abholen. Bis um efl Uhr am zeehtnn Ausleihtag muss er zurückgegeben werden.
> – vnsteier: Es kümmern sich ffnü Schüler um die Verpflegung. Beim Metzger müssen znhe Kilogramm Steaks und beim Bäcker sebizgi Brötchen bestellt werden.

1 **a** In den Notizen sind die Buchstaben der einzelnen **Zahlwörter** (Numeralia, ▶ Merkkasten) durcheinandergeraten. Lest den Text mit den richtig zusammengesetzten Zahlwörtern vor.

b Lest den Merkkasten unten auf der Seite. Übertragt die Tabelle in euer Heft und ordnet die Zahlwörter aus dem Text ein.

Kardinalzahlen	Ordinalzahlen
drei	erstens

Lea und Boris haben für ihr Referat einige Stichpunkte aufgeschrieben:

> ### Der Nürnberger Zoo
> – feierte bereits vor einigen Jahren 100. Geburtstag
> – 1. Tiergarten am Luitpoldhain
> – nach fast 30 Jahren geschlossen
> – nach 2 Jahren Bauzeit 2. Tiergarten am Schmausenbuck eröffnet
> – etwa 15 Jahre später: Zoo musste nach Luftangriffen im Krieg wiederaufgebaut werden
> – mit fast 70 Hektar einer der größten zoologischen Gärten Europas
> – knapp 300 Tierarten
> – jährlich über 1 000 000 Besucher
> – nimmt 8. Platz unter beliebtesten Zoos in Deutschland ein
> – täglich geöffnet, selbst am 24. Dezember

2 **a** Übertragt diese Stichpunkte in euer Heft und schreibt dabei die Zahlen als Wörter, z.B.:
– feierte bereits vor einigen Jahren hundertsten Geburtstag.

●●● **b** Formuliert die Stichpunkte zu vollständigen Sätzen aus.

Wissen und Können	**Zahlwörter** (Numeralia, Singular: das Numerale)

Bei den Zahlwörtern (Numeralia) unterscheidet man unter anderem:
- **Kardinalzahlen:** Sie legen die Anzahl fest, z.B.: *drei, hundert, tausend.*
- **Ordinalzahlen:** Sie legen eine Reihenfolge fest, z.B.: *erstens, der vierte Tag.*

13.2 Rund ums Verb

Infinitiv und Personalform

Es __?__ zwar in der Wirklichkeit keine Zeit-maschinen, die eine Reise in die Vergangen-heit oder in die Zukunft __?__ . Dennoch __?__ Autoren seit Jahrhunderten Bücher über Zeitreisen, weil dieses Thema viele Men-
5 schen __?__ . __?__ ihr das Buch „Last Secrets"? Es __?__ von den Zwillingen Franziska und Fynn, die mit Hilfe einer Zeitmaschine die letzten großen Rätsel der Welt __?__ . Leider
10 __?__ die Maschine nicht immer einwandfrei ... Für ihre erste Aufgabe __?__ die beiden zum sagenumwobenen Loch Ness in Schottland. Sicherlich __?__ euch, wie die Geschichte __?__ . Das __?__ ich aber nicht. Ich __?__ euch einen
15 Vorschlag: Ihr __?__ das Buch einfach selbst.

1 a Kennt ihr Bücher, Filme oder Fernsehsendungen, in denen die Figuren in andere Zeiten reisen? Erzählt davon.

b Schreibt den Text oben ab und füllt dabei die Lücken: Wählt dazu Verben aus dem Kasten aus und setzt sie in der richtigen Form ein.

> enden • lesen • schreiben • interessieren • reisen • geben • verraten • ermöglichen • beeindrucken • kennen • handeln • lösen • laufen • machen

c Die Verben verändern sich beim Einsetzen in den Text. Erklärt, wie und warum.

Wissen und Können   **Das Verb** (das Tätigkeitswort; Plural: die Verben)

Verben geben an, **was jemand tut** (z. B. *laufen, reden, lachen*), **was geschieht** (z. B. *regnen, brennen*) oder **was ist** (z. B. *haben, sein, bleiben*).

■ Der **Infinitiv** (die Grundform) eines Verbs endet auf *-en* oder *-n*, z. B.:
  rennen, sagen, antworten, rudern, lächeln.

■ Wenn man ein Verb in einem Satz verwendet, bildet man **die Personalform des Verbs.**
  Das nennt man **konjugieren (beugen)**, z. B.:
  suchen (Infinitiv) → *Ich suche den Schlüssel* (1. Person Singular).
  In welcher Person und in welchem Numerus ein Verb verwendet wird, bestimmt das Subjekt, z. B.:
  Das Kind rennt (3. Person Singular). *Die Kinder rennen* (3. Person Plural).

Tempus (Zeitform) des Verbs

Präsens und Futur I

> Heute besucht Svenja ihren Freund Linus Findig. Er ist ein Bastler und Tüftler. Svenja mag seine Werkstatt, in der er an einer Zeitmaschine bastelt. Linus erklärt ihr, wie die Maschine funktioniert: „Zuerst setzt man den Steuercomputer in Gang. Er überprüft dann alle Systeme. Anschließend lädt er mein neues Zeitreise-Programm Chronos 3000. Nun identifiziert man sich und wählt die Zeit, in die man reist."

a Schreibt alle Verben aus dem Text heraus und bestimmt ihre Zeitform.
b Erklärt für jeden Satz des Textes, warum diese Zeitform verwendet wird.

> Morgen probiert Svenja mit Linus die Zeitmaschine aus. Ihr gehen viele Fragen durch den Kopf: „Was wird da auf mich zukommen? Werde ich mich in der anderen Zeit zurechtfinden? Sehe ich meine Familie schon morgen Abend wieder? Was passiert bei einer falschen Zeiteingabe? Welche Abenteuer erwarten mich?"

a Gegenwart – Zukunft? Auf welchen Zeitraum beziehen sich Svenjas Fragen?
b Beschreibt anhand von Svenjas Fragen zwei verschiedene Möglichkeiten, wie man ausdrücken kann, dass man sich auf die Zukunft bezieht.
c Lest den Merkkasten unten und dann noch einmal den Text oben. Darin stehen vier Sätze im Präsens, obwohl sie etwas Zukünftiges aussagen. Formt sie in eurem Heft in Futur I um.
d Umkreist bei diesen Sätzen die Personalform von *werden* in Schwarz, den Infinitiv in Orange.
e Überlegt euch zwei weitere Fragen. Notiert sie jeweils im Präsens und im Futur I in eurem Heft.

Wissen und Können   **Die Zeitformen Präsens und Futur I**

Verben kann man in verschiedenen Zeitformen verwenden. Die Zeitformen (Tempora; Sg.: das Tempus) der Verben sagen uns, wann etwas passiert, z. B. in der Gegenwart oder in der Zukunft.

Das Präsens (die Gegenwartsform)
- Das Präsens wird verwendet, wenn etwas in der **Gegenwart** (in diesem Augenblick) geschieht, z. B.: *Er startet gerade den Computer.*
- Im Präsens stehen auch **Aussagen, die immer gelten,** z. B.: *Die Zukunft ist nicht vorhersehbar.*
- Man kann das Präsens auch einsetzen, um etwas **Zukünftiges** auszudrücken. Meist ergänzt man dann eine Zeitangabe, die auf die Zukunft verweist, z. B.: *Morgen besuche ich Linus.*

Das Futur I (die Zukunftsform)
- Das Futur I wird verwendet, um ein **zukünftiges Geschehen** auszudrücken.
  Das Futur I wird gebildet durch: Personalform von *werden* im Präsens + Infinitiv des Verbs, z. B.: *Ich werde Linus in seiner Werkstatt besuchen. Er wird mit mir auf eine Zeitreise gehen.*

Perfekt und Präteritum

Linus programmiert die Zeitmaschine auf das Jahr 3000. Svenja und Linus staunen nicht schlecht:

> **Zeitreise ins Jahr 3000 (Erzählung 1)**
> Wir trauten unseren Augen nicht. Vor uns schwebten elegante Fahrzeuge in der Luft, die wie Flugzeuge ohne Flügel auf unsichtbaren Luftstraßen flogen. Die Gebäude waren meist hohe Türme mit Einflugschneisen für die Flugautos, die in allen möglichen Farben in der Sonne glitzerten.

> **Zeitreise ins Jahr 3000 (Erzählung 2)**
> Wir haben unseren Augen nicht getraut. Vor uns sind elegante Fahrzeuge in der Luft geschwebt, die wie Flugzeuge ohne Flügel auf unsichtbaren Luftstraßen geflogen sind. Die Gebäude sind meist hohe Türme mit Einflugschneisen für die Flugautos gewesen, die in allen möglichen Farben in der Sonne geglitzert haben.

1 a Welche der beiden Erzählweisen (Erzählung 1 oder Erzählung 2) würdet ihr für eine mündliche Darstellung der Erlebnisse wählen, welche für eine schriftliche?

b Schreibt aus beiden Texten die Verben heraus und stellt sie in einer Tabelle wie der rechts abgebildeten einander gegenüber. Beschreibt, was euch bei der Bildung der Zeitformen auffällt.

trauten	haben getraut
schwebten	...

2 a Lest den Merkkasten auf ▶ Seite 225.

b Erfindet eine Fortsetzung von Svenjas und Linus' Erzählung. Schreibt im Präteritum. Verwendet einige der Verben aus dem folgenden Kasten:

> staunen • sehen • kommen • glauben • schauen • fahren • landen • gleiten

c Unterstreicht in euren Texten die regelmäßigen (schwachen) Verben blau und die unregelmäßigen (starken) Verben grün.

Linus erzählt Svenja von einer anderen Zeitreise, die er unternommen hat:

Ich **?** ins Jahr 1356 **?** (reisen). Es war der 17. Oktober, als ich in einem Wald **?** **?** (aufwachen), wo mich sofort ein Reitertrupp gefangen **?** **?** (nehmen). Die Reiter **?** mich **?** (verdächtigen), ein feindlicher Spion zu sein. Als ich im Kerker **?** **?** (liegen), **?** mir eine Idee **?** (kommen):
Ich habe mich an das große Erdbeben vom 18. Oktober 1356 erinnert. (Ich lese gerade ein Buch, das davon handelt.) Falls sie mich nicht sofort freilassen würden, so habe ich ihnen gedroht, würde ich morgen die Erde beben lassen, denn ich sei ein großer Zauberer. Als am 18. dann wirklich die Erde bebte, hat man mich tatsächlich sofort freigelassen, denn die Menschen hatten Angst, dass ich sonst weiteres Unheil anrichte. Ich habe mich mit der Zeitmaschine so schnell wie möglich wieder in unsere Gegenwart zurückversetzt.

 3
a Schreibt den ersten Absatz des Textes ab. Füllt dabei die Lücken, indem ihr die in Klammern im Infinitiv angegebenen Verben in der passenden Perfektform einsetzt: *Ich bin ins Jahr 1356 gereist* …
b Lest den Merkkasten unten auf der Seite. Umkreist dann bei euren Sätzen die Personalform von *haben* oder *sein* in Schwarz, das Partizip II in Orange.
c Schreibt aus dem zweiten Absatz des Textes (ab Z. 9) alle Perfektformen heraus, z. B.: *habe erinnert*, …
d Übertragt alle Perfektformen aus dem Text ins Präteritum, z. B.: *Ich reiste*, …
e Unterstreicht alle starken Verben aus Aufgabe 3 d grün.

Wissen und Können   **Die Zeitformen Perfekt und Präteritum**

Das Perfekt
Wenn man mündlich von etwas Vergangenem erzählt oder berichtet, verwendet man häufig das Perfekt, z. B.: *Ich habe heute schlecht geträumt.*
Das Perfekt ist eine **zusammengesetzte Vergangenheitsform,** weil es mit **einer Form von *haben* oder *sein* im Präsens** (z. B. *hast, sind*) und dem **Partizip II des Verbs** (z. B. *geträumt, gefahren*) gebildet wird.
Das Partizip II beginnt meist mit *ge-*, z. B.: *gehen → gegangen; reisen → gereist.*

Das Präteritum
Das Präteritum ist eine **einfache Zeitform der Vergangenheit.** Diese Zeitform wird vor allem in schriftlichen Erzählungen (z. B. in Märchen, in Geschichten) verwendet, z. B.:
Wir gingen in einen Wald und verliefen uns.
Man unterscheidet:
- **regelmäßige (schwache) Verben:** Bei ihnen ändert sich der Vokal *(a, e, i, o, u)* oder Diphthong *(au, äu, ei, eu)* im Verbstamm nicht, wenn das Verb ins Präteritum gesetzt wird, z. B.: *ich reise* (Präsens) → *ich reiste* (Präteritum).
- **unregelmäßige (starke) Verben:** Bei den unregelmäßigen Verben ändert sich im Präteritum der Vokal *(a, e, i, o, u)* oder Diphthong *(au, äu, ei, eu)* im Verbstamm, z. B.: *ich fahre* (Präsens) → *ich fuhr* (Präteritum); *ich laufe* (Präsens) → *ich lief* (Präteritum).

Plusquamperfekt

Hier ein Ausschnitt aus Linus' Aufzeichnungen über seine Zeitreise ins Jahr 1356:

> Nachdem die Männer mich gefangen hatten, bekam ich große Angst. Ich hatte ihren Gesprächen entnommen, dass sie mich für einen Spion hielten. Weil die Männer bei meiner Festnahme ständig Beschwörungsformeln gemurmelt hatten, hielt ich sie für ziemlich abergläubisch. Tatsächlich hatten sie dann riesige Angst vor mir, nachdem meine Vorhersage eingetroffen war.

 1
a Schreibt die vier Sätze in euer Heft. Lasst nach einer beschriebenen Zeile immer eine Zeile frei.
b Lest den Merkkasten unten. Unterstreicht in den Sätzen den Teil gelb, der die vorausgegangene Handlung erzählt, den anderen rot. Bestimmt die jeweilige Zeitform.
Beispiel: _Nachdem die Männer mich gefangen hatten_, _bekam ich große Angst_.
(Plusquamperfekt) (Präteritum)
c Umkreist bei den Sätzen im Plusquamperfekt die Personalform von _haben_ oder _sein_ in Schwarz, das Partizip II in Orange.

 2
Schreibt die folgenden Sätze in euer Heft und setzt dabei die eingeklammerten Verben passend ins Präteritum oder ins Plusquamperfekt. Überlegt, in welcher Reihenfolge die Handlung geschieht.

> Nachdem ich das Zeitreiseprogramm ❓ (starten), ❓ (wählen) ich eine Reise in das Jahr 3000.
>
> Als wir uns an das merkwürdige „Deutsch 3000" ❓ (gewöhnen), ❓ (fallen) uns die Verständigung leicht.
>
> Weil wir unsere altmodische Kleidung noch nicht durch neue ❓ (ersetzen), ❓ (betrachten) uns die Menschen auf der Straße neugierig.
>
> Wir ❓ (besuchen) alle Städte, die uns der „Zeitreiseführer Chronos 3000" ❓ (empfehlen).
>
> Nachdem ich das Leben im Jahr 3000 ❓ (kennen lernen), ❓ (sehnen) ich mich in meine eigene Gegenwart zurück.

Wissen und Können   **Die Zeitform Plusquamperfekt**

Wenn etwas vor dem passiert, wovon im Präteritum erzählt wird, verwendet man das Plusquamperfekt. Das Plusquamperfekt wird deshalb auch **Vorvergangenheit** genannt, z. B.:
Nachdem sie den Computer gestartet hatten, wählten sie das Zeitreiseprogramm.
Das Plusquamperfekt ist wie das Perfekt (▶ S. 225) eine **zusammengesetzte Vergangenheitsform**. Es wird mit **einer Form von _haben_ oder _sein_ im Präteritum** (z. B. _hatte, war_) und dem **Partizip II des Verbs** (z. B. _gelesen, aufgebrochen_) gebildet, z. B.:
Nachdem sie gefrühstückt hatte, fuhr Svenja zu Linus.
Nachdem sie von ihrer Reise zurückgekehrt waren, verabschiedeten sich Linus und Svenja.
Tipp: Oft leitet die Konjunktion _nachdem_ einen Nebensatz im Plusquamperfekt ein.

Testet euer Wissen!

Zeitformen der Verben

Jeff Kinney

Gregs Tagebuch (Auszug)

Dank meines großen Bruders Rodrick <u>haben</u> meine Sommerferien diesmal nicht so toll <u>angefangen</u>. Am dritten Tag der Ferien <u>hat</u> Rodrick mich nämlich mitten in der Nacht <u>geweckt</u> und
5 mir erzählt, ich hätte die ganzen Ferien verschlafen. Doch zum Glück sei ich pünktlich zum ersten Schultag wieder aufgewacht.
Nun <u>haltet</u> ihr mich vielleicht für ziemlich bescheuert, dass ich auf so einen dämlichen Trick
10 <u>reingefallen bin</u>. Aber Rodrick <u>hat</u> sich seine Schulsachen <u>angezogen</u> und meinen Wecker vorgestellt, damit es <u>aussieht</u> wie sieben Uhr morgens. Und er <u>hatte</u> meine Vorhänge <u>zugezogen</u>, damit ich nicht sehen <u>konnte</u>, dass es
15 draußen noch total dunkel <u>war</u>.

Nachdem Rodrick mich <u>geweckt hatte</u>, <u>habe</u> ich mich also <u>angezogen</u> und bin zum Frühstück runtergegangen – wie an jedem anderen Schultag auch.
Allerdings <u>habe</u> ich wohl einen ziemlichen 20 Lärm <u>gemacht</u>. Denn ehe ich mich versah, <u>stand</u> mein Vater in der Küche und hat mich zur Schnecke gemacht, warum ich denn ausgerechnet um 3 Uhr in der Früh Cornflakes essen müsse. 25
Ich habe erst nach einer Minute kapiert, was los war. Dann <u>habe</u> ich Vater <u>erklärt</u>, dass Rodrick mir einen Streich gespielt hat und dass er doch bitte *ihn* anbrüllen soll.

1 a Gregs Tagebucheintrag wirkt wie eine mündliche Erzählung. Beschreibt, woran das liegt.
　 b In einigen Sätzen des Textes sind Verbformen unterstrichen. Schreibt sie in euer Heft und bestimmt jeweils Person, Numerus und Tempus, z. B.: *haben angefangen – 3. Person Plural Perfekt.*

2 Setzt die Verben rechts in die Formen, die in der Tabelle unten angegeben sind. Unterstreicht die regelmäßigen (schwachen) Verben blau, die unregelmäßigen (starken) Verben grün.

tragen • essen • fassen • schreiben • machen

Infinitiv	1. Person Singular Präteritum	2. Person Plural Perfekt	3. Person Plural Plusquamperfekt
tragen	ich trug	…	…

3 Die folgenden Sätze enthalten Vermutungen über die Zukunft. Übertragt sie in die Zeitform Futur I.

Im Jahr 3000 fahren vielleicht keine Autos mit Benzinmotor mehr. Zur Energieversorgung gibt es viel mehr Windräder und Solaranlagen als heute. Flüge sind sehr teuer, weil der Treibstoff knapp ist. Im Jahr 3000 isoliert man die Häuser viel besser gegen Kälte. Man verfügt wahrscheinlich über neue Techniken zur Energiegewinnung.

13.3 Fit in …? – Wörter und Wortarten

In diesem Kapitel könnt ihr mit verschiedenen Arten von Aufgaben für die Grammatik-Schulaufgabe üben.

1 Sucht zu den deutschen Begriffen im linken Kasten aus den Wörtern im rechten Kasten jeweils den passenden lateinischen Fachbegriff. Schreibt die Wörter in der richtigen Zuordnung in euer Heft, z. B.: *Hauptwort – Nomen*.

Hauptwort • Begleiter • hinweisendes Fürwort • Tätigkeitswort • persönliches Fürwort • Eigenschaftswort • besitzanzeigendes Fürwort

Personalpronomen • Nomen • Adjektiv • Demonstrativpronomen • Artikel • Verb • Possessivpronomen

Bluejeans

Angefangen hat alles 1848, als der 18-jährige Levi Strauss von Deutschland nach Amerika auswanderte. Amerika war damals im Goldrausch und auch Levi zog es nach Westen in die Goldgräbercamps. Dem jungen Auswanderer fiel auf, dass die Goldsucher strapazierfähige Hosen brauchten. Aus Segeltuch, das Levi eigentlich als Zelt- oder Wagenplane verkaufen wollte, ließ er von einem jungen Mann Hosen nähen. „Levi's Hosen" wurden ein voller Erfolg. [10]

Etwa 20 Jahre später brachte der Schneider Jacob Davis an Nähten und Taschen des Kleidungsstücks Nieten zur Verstärkung an. Er ging mit seiner Idee zu Levi Strauss. [15]

Am 20. Mai 1873 meldete Levi die stabilen Nietenhosen zum Patent an. Dieser Tag gilt als Geburtsstunde der Jeans.

2 Ordnet die unterstrichenen Wörter den in Aufgabe 1 genannten lateinischen Fachbegriffen zu. Achtung: Unterstrichen ist auch eine in Aufgabe 1 nicht genannte Wortart, das Relativpronomen! Ordnet auch dieses zu.

3 Bestimmt Kasus, Genus und Numerus der folgenden Nomen aus dem Text oben:

die Goldsucher (▶ Z. 6) • einem jungen Mann (▶ Z. 9) • der Schneider (▶ Z. 12) • des Kleidungsstücks (▶ Z. 13 f.) • Nieten (▶ Z. 14) • die stabilen Nietenhosen (▶ Z. 16 f.) • der Jeans (▶ Z. 18)

4 Tragt die Adjektive rechts in den richtigen Formen in eine Tabelle wie die folgende ein:

neu • strapazierfähig • voll • spät • stabil

Positiv	Komparativ (Höherstufe)	Superlativ (Höchststufe)
neu	…	…

Der Reißverschluss

Leonard Judson war es leid, sich immer umständlich mit Schnürsenkeln die Schuhe zuzubinden. Deshalb entwickelte Judson am 29. August 1893 einen „Klemmöffner und
5 Klemmschließer für Schuhe". Das waren Metallketten mit Schiebeverschluss. Aber diese Verschlüsse, die dann auch an Kleidern angebracht wurden, sorgten für ziemlich unangenehme Situationen:
10 Frauen brauchten schon mal eine Zange, um sich aus ihrem Rock zu befreien, oder Männer standen mit rutschenden Hosen auf der Straße.
Dann kam der Schwede Gideon Sundback in
15 die USA. Er heiratete Judsons Tochter und rätselte ein Jahr lang, wie er die Erfindung seines Schwiegervaters verbessern könnte.
Das Ergebnis: Er erfand den Reißverschluss, den wir heute noch benutzen.

5 **a** Schreibt den zweiten Satz des Textes ab und ersetzt dabei ein Nomen durch ein Personalpronomen. Der Text muss dabei verständlich bleiben.

b Der erste Absatz des Textes enthält zwei Demonstrativpronomen. Schreibt sie heraus.

c Schreibt das Possessivpronomen aus dem zweiten Absatz heraus und bestimmt seinen Kasus.

d Schreibt die Satzgefüge mit Relativsatz aus dem Text heraus. Unterstreicht den Relativsatz und kreist das Relativpronomen ein.

6 Zeichnet den „Zug der Zeit" in euer Heft und beschriftet die einzelnen Waggons mit neuen Beispielen, indem ihr die Sätze *„Er geht."* und *„Sie singt."* in die entsprechenden Zeitformen setzt.

Plusquamperfekt
Er war gekommen.
Sie hatte gelernt.

Präteritum
(schriftlich)
Er kam.
Sie lernte.

Perfekt
(mündlich)
Er ist gekommen.
Sie hat gelernt.

Präsens
Er kommt.
Sie lernt.

Futur I
Er wird kommen.
Sie wird lernen.

Präsens
(+ Zeitangabe)
Er kommt
(morgen).
Sie lernt
(morgen).

Vorvergangenheit   **Vergangenheit**   **Gegenwart**   **Zukunft**

Der Einkaufswagen

Weltweit (rollen) sie millionenfach durch die Supermärkte, es (geben) sie in vielen Formen und Farben und jeder von euch (kennen) sie: Einkaufswagen. Sylvan Goldman, der Besitzer einer amerikanischen Supermarktkette, (erfinden) vor mehr als 80 Jahren den Einkaufswagen, nachdem ihm (auffallen), dass seine Kunden immer dann zur Kasse (gehen), wenn nichts mehr in ihren Einkaufskorb (passen). „Wir (brauchen) einen größeren Einkaufskorb", (denken) sich der clevere Geschäftsmann und (präsentieren) 1937 einen doppelten Einkaufskorb auf Rädern mit zwei übereinandergestapelten Drahtkörben. Aus den sperrigen Urmodellen haben sich in den letzten Jahrzehnten moderne Gitterwagen entwickelt.

Heute nutzen viele Menschen bereits „Einkaufswagen" im Internet. Sie surfen durch Onlinemärkte und ziehen die ausgewählten Waren per Mausklick in den „Warenkorb". Anschließend bezahlen sie elektronisch und ein paar Tage später erhalten sie die Bestellung vom Paketdienst.

Wie wohl der Einkaufswagen der Zukunft aussieht? Vielleicht stellen in einigen Jahren Drohnen die Pakete zu. Oder man druckt viele Waren schon bald selbst aus.

7

a Schreibt den ersten Absatz des Textes (▶ Z. 1–17) in euer Heft und setzt dabei die Verben aus den Klammern in der passenden Zeitform ein.

b Zeigt auf, in welcher Form das Verb im letzten Satz des ersten Absatzes (▶ Z. 14 ff.) verwendet wird:
  – im Infinitiv
  – in der 3. Person Singular Perfekt
  – in der 3. Personal Plural Perfekt
  – in der 3. Person Singular Plusquamperfekt
  – in der 3. Person Plural Plusquamperfekt

c Schreibt die letzten drei Verben des zweiten Absatzes (▶ Z. 18–24) heraus und tragt sie in eine Tabelle nach dem folgenden Muster ein. Verwendet die 3. Person Singular und die angegebenen Zeitformen.

	Tempus	Infinitiv: ziehen	Infinitiv: ...	Infinitiv: ...
3. Person Singular	Präsens	zieht	...	...
	Präteritum	...	...	...
	Plusquamperfekt	...	...	...

d Entscheidet und begründet, welche der folgenden Aussagen richtig ist:

  1 Im letzten Absatz wird die Zeitform Präsens falsch verwendet.
  2 Im letzten Absatz wird vorwiegend die Zeitform Futur I verwendet.
  3 Im letzten Absatz wird die Zeitform Präsens dazu verwendet, zukünftiges Geschehen auszudrücken.

Grammatiktraining:
Satzglieder und Sätze

den Safe · knacken · um Mitternacht · dem Grafen · sie · den Diamanten · im Salon · 5566 · 6655 · die Einbrecher · stehlen

1 Fügt die Satzbausteine aus der Abbildung zu zwei Sätzen zusammen. Achtet auf die Großschreibung der Satzanfänge. Vergleicht eure Sätze.

2 Bildet mit den folgenden Fragewörtern Fragen zu dem hier berichteten Vorfall, z. B.: *Wer stiehlt ...?* Ermittelt, zu welcher Frage die Satzbausteine jeweils Auskunft geben.

> Wer? • Was? • Wen? • Wem? • Wann? • Wo?

3 Beschreibt einige der Satzbausteine mit treffenden grammatischen Fachbegriffen.

In diesem Kapitel ...

– trainiert ihr, Satzglieder zu erkennen und zu bestimmen,
– überarbeitet ihr Texte mit der Umstellprobe und der Ersatzprobe,
– nutzt ihr verschiedene Satzarten, um unterschiedliche Absichten auszudrücken,
– lernt ihr, mit Hilfe von Satzreihen und Satzgefügen abwechslungsreich zu formulieren.

14.1 Satzglieder bestimmen

Die Umstellprobe und die Ersatzprobe anwenden

Einbruch in Hotelzimmer

Gestern Abend herrschte im Hotel „Schöne Aussicht" große Aufregung. Unbekannte Täter waren in das Hotelzimmer zweier Urlauberinnen aus Berlin eingebrochen.

5 Sie hatten den teuren Schmuck von Sabrina K. gestohlen. Die Polizei übernahm sofort die Ermittlungen. Der Zimmernachbar war noch am selben Abend abgereist, er konnte daher nicht mehr befragt werden. Auch ein Zimmermädchen war an diesem Tag in Urlaub gefahren. 10 Die Polizei erbittet sachdienliche Hinweise: Telefon 0 99 22 52 70

---

1 Der erste Satz des Zeitungsberichts über den Diebstahl im Hotel lautet:

> Gestern Abend ⟩ herrschte ⟩ im Hotel „Schöne Aussicht" ⟩ große Aufregung .

Man hätte auch so schreiben können:

> Im Hotel „Schöne Aussicht" ⟩ herrschte ⟩ gestern Abend ⟩ große Aufregung .

a Vergleicht die beiden Sätze. Was wird im ersten Satz besonders betont und was im zweiten?
b Probiert weitere Umstellungen dieses Satzes aus. Denkt daran: Satzanfänge schreibt man groß.
c Umrahmt in euren Sätzen die Wörter, die bei allen Umstellungen zusammenbleiben.
d Stellt auch den vierten Satz aus dem Zeitungsbericht um. Verändert dabei nicht den Sinn.

2 **a** Schreibt die folgenden Sätze geordnet auf. Denkt daran, die Satzanfänge großzuschreiben.
b Vergleicht eure Lösungen. Welche Unterschiede stellt ihr fest?

> **A** seit dem Vorfall • Frau Kleinert • ihren Urlaub • nicht mehr • genoss
> **B** sie • ihrem geliebten Schmuck • ständig • nachtrauerte
> **C** waren • vergeblich • alle Aufmunterungsversuche
> **D** wurde • von Tag zu Tag • trauriger • die junge Frau

Wissen und Können   **Satzglieder erkennen, die Umstellprobe anwenden**

Ein Satz besteht aus verschiedenen Bausteinen, die man **Satzglieder** nennt.
Ein Satzglied kann aus **einem Wort** oder aus **mehreren Wörtern** bestehen.
Mit der **Umstellprobe** kann man feststellen, welche Wörter gemeinsam ein Satzglied bilden:
Sie bleiben bei den Umstellungen zusammen. Will man ein Satzglied besonders betonen, kann man es an den Anfang oder an den Schluss eines Satzes stellen.

Frau Kleinert vermisste ihren Schmuck.

Zur Mittagszeit aß Frau Kleinert lediglich eine Suppe.

Mit Tränen in den Augen saß Frau Kleinert am Tisch.

Nachmittags weinte Frau Kleinert im verdunkelten Zimmer.

Zur Aufmunterung bekam Frau Kleinert Blumen von der Hotelleitung.

3 Dieser Text wirkt wegen der Wiederholungen langweilig. Überarbeitet ihn:

a Ermittelt mit Hilfe der Umstellprobe (▶ Merkkasten S. 232) die Satzglieder.

b Lest den Merkkasten unten auf dieser Seite und führt die Ersatzprobe durch: Ersetzt das Satzglied „Frau Kleinert" durch ein Wort oder eine Wortgruppe aus dem Wortspeicher.
Verwendet jede Formulierung nur einmal.

> die Urlauberin • sie • die Dreißigjährige • die Touristin • die junge Frau

Die Polizei fand nach einigen Tagen den Zimmernachbarn. Die Polizei befragte ihn in seinem Haus. Die Polizei konnte seiner Aussage aber nichts Brauchbares entnehmen. Die Polizei besuchte deshalb das Zimmermädchen im Urlaub. Die Polizei sah sofort die verschwundene Kette am Hals der jungen Frau. Die Polizei entdeckte nach gründlicher Suche das gestohlene Schmuckkästchen in ihrem Hotelzimmer. Die Polizei verhaftete die Verdächtige im Ur-laubsort Murnau. Die Polizei gab der erleichterten Sabrina Kleinert schließlich ihren Schmuck zurück.

<small>5</small>

<small>10</small>

4 a Erklärt, warum der Text so eintönig wirkt.

b Schreibt den Text verbessert in euer Heft.
Nutzt dazu die Umstellprobe und die Ersatzprobe (▶ Merkkasten).

●●● c In dem Text oben gibt es verschiedene Ersetzungen für „das Zimmermädchen". Benennt sie.

Wissen und Können   **Mit Umstellprobe und Ersatzprobe abwechslungsreich formulieren**

Mit der **Umstellprobe** kann man nicht nur Satzglieder erkennen, sondern auch **Texte abwechslungsreicher gestalten.** Stellt die Satzglieder so um, dass die **Satzanfänge nicht immer gleich sind,** z. B.: *Der Kommissar verdächtigte sofort den Zimmernachbarn.* →
Sofort verdächtigte der Kommissar den Zimmernachbarn.

Mit der **Ersatzprobe** kann man **Wortwiederholungen vermeiden,** indem man Satzglieder, die sich häufig wiederholen, **durch andere Wörter oder Wortgruppen ersetzt,** z. B.:
Im Präsidium recherchierte der Kommissar nach dem Zimmernachbarn. →
Im Präsidium recherchierte er / der Beamte nach diesem Hotelgast / dem Mann.

Das Prädikat – Der Kern des Satzes

Mariettas Hamster heißt Jonathan.

Jonathan wohnt während der Nacht in einem großen Käfig.

Tagsüber versteckt sich der kleine Hamster in der Wohnung.

Am letzten Donnerstag schlief er in Mariettas Lieblingspullover.

 1

a Ermittelt mit Hilfe der Umstellprobe in diesen vier Sätzen die Satzglieder.
b Legt auf einem Querblatt eine Tabelle wie unten an und ordnet die ermittelten Satzglieder ein. Lasst nach jedem Satz eine Zeile frei.
c Bestimmt die Wortart der Satzglieder, die an zweiter Stelle stehen. Überprüft mit Hilfe der Umstellprobe, ob ihr diese auch an eine andere Stelle verschieben könnt, ohne den Sinn des Satzes zu ändern. Tragt die umgestellten Sätze in die leeren Zeilen ein.

1. Satzglied	2. Satzglied	3. Satzglied	4. Satzglied
Mariettas Hamster	*heißt*	*Jonathan.*	
Jonathan	*heißt*	*Mariettas Hamster.*	
Jonathan	*wohnt*	*während der Nacht*	*in einem großen Käfig.*
…	*…*	*…*	*…*

Wissen und Können   **Satzglieder: das Prädikat** (Plural: die Prädikate)

Der **Kern des Satzes** ist das Prädikat. Prädikate werden durch Verben gebildet.
In einem Aussagesatz steht die **Personalform des Verbs** (▶ S. 222) **immer an zweiter Satzgliedstelle,** z. B.: *Mein Hamster frisst gerne getrocknete Möhren.*

2 Setzt in die unvollständigen Sätze ein passendes Prädikat ein. Verwendet Verben aus dem Wortspeicher rechts. Wählt die Präsensform (▶ S. 223).

hüpfen •
wählen •
hausen •
streunen •
schlafen •
schnurren •
bevorzugen •
flattern

Die Katze Rosa in ihrem Katzenkorb.
Der Vorstadtköter Max auf einem verwilderten Grundstück.
Die Schildkröte Polly als Schlafplatz das Salatbeet.
Wellensittich Oskar in seinem goldfarbenen Käfig.

3 Lest den Merkkasten unten. Schreibt den folgenden Text ab und setzt Verben aus dem Wortspeicher rechts in der Präsensform in die Lücken. Markiert die Teile des Prädikats mit einer Prädikatsklammer.
Beispiel: Petra <u>geht</u> *mit ihrem jungen Hund Vincent im Stadtpark* <u>spazieren</u>.

einholen •
spazieren gehen •
losreißen •
herauskommen •
zurückkommen •
hinterherlaufen •
ablassen

Petra ❓ mit ihrem jungen Hund Vincent im Stadtpark ❓ .
Plötzlich ❓ sich der Dackel ❓ und verschwindet im dichten Gebüsch.
Petra ❓ ihm ❓ . Gleich darauf ❓ drei Gestalten aus dem Gebüsch
❓ : zuerst das Kaninchen, dann der Dackel, dahinter Petra.
Fast ❓ Vincent das Kaninchen ❓ , ❓ dann aber doch von
ihm ❓ und ❓ zu Petra ❓ .

4 Übertragt die in Aufgabe 2 gebildeten Sätze in die Zeitform Perfekt (▶ S. 225). Markiert jeweils das Prädikat. Achtet auf die Prädikatsklammer, z.B.: *Die Katze Rosa* <u>hat</u> *in ihrem Katzenkorb* <u>geschlafen</u>.

Wissen und Können **Satzglieder: mehrteilige Prädikate**

Prädikate können aus mehreren Teilen bestehen, z.B.:
- aus einem **Verb**, das in **zwei Bestandteile** getrennt ist: *Der Hund* <u>lief</u> *plötzlich* <u>fort</u>. *(fortlaufen)*
- aus einer **zusammengesetzten Vergangenheitsform**: *Der Hund* <u>ist</u> *plötzlich* <u>losgelaufen</u>.
- aus **zwei Verben**: *Petra* <u>ging</u> *mit ihrem Hund* <u>spazieren</u>.

Prädikatsklammer

Die zwei Teile des Prädikats bilden eine **Prädikatsklammer.** Sie klammern andere Satzglieder ein.

Das Subjekt

Tierisch gut

summen,
    singen,
        fauchen,
            zischen,
                brummen,
                    springen,
                        tauchen,
                            fischen.

1 So entsteht zwar ein Gedicht – aber sinnvoll ist es nicht.
Dieses „Gedicht" besteht nur aus Verben. Es wird nicht gesagt, wer oder was summt, brummt …
a Fügt Nomen (▶ S. 206 ff.) hinzu, sodass vollständige Sätze entstehen, z. B.: *Bienen summen,* …
b Setzt die Nomen in den Singular, z. B.: *Die/Eine Biene summt.*
Wie verändern sich die Prädikate?

Tierrekorde
- Das größte Säugetier auf dem Land hat eine Schulterhöhe
  von über drei Metern und wiegt beinahe sechs Tonnen.
- Im Wasser gehört er zu den größten Säugetieren.
  Er kann über 30 Meter lang werden.
- Auf kurzen Strecken erreicht das schnellste Tier auf
  dem Land zwischen 95 und 100 Kilometer pro Stunde.
- Dieses faule Tier schafft gerade mal 2,5 Meter in der Minute.
- Das Tier wird bis zu 150 Jahre alt.
- Dieser Vogel erreicht im Sturzflug 350 Stundenkilometer.

- dreizehige Faultiere •
- Schildkröten •
- afrikanische Buschelefanten •
- Geparde •
- Blauwale •
- Wanderfalken

2 **a** Lest den Merkkasten unten. Ermittelt in den Sätzen die Subjekte, indem ihr die Frage „Wer/Was …?"
stellt, z. B.: *Wer/Was hat eine Schulterhöhe von über drei Metern und wiegt beinahe sechs Tonnen?*
b Ersetzt die ermittelten Subjekte in den Sätzen oben durch die Tiernamen rechts. Achtet darauf,
dass sich auch die Formen der Prädikate ändern müssen, z. B.:
Afrikanische Buschelefanten haben eine Schulterhöhe von über drei Metern und wiegen beinahe sechs Tonnen.

Wissen und Können	**Satzglieder: das Subjekt** (Plural: die Subjekte)

Das Satzglied, das man mit „**Wer/Was** tut etwas?" erfragen kann, heißt **Subjekt.**
Zwischen Subjekt und Prädikat besteht eine besondere Beziehung:
Die Form des Prädikats richtet sich immer nach dem Subjekt.
Beispiele: *Ich springe.* — *Du springst.*   *Der Affe schläft.* — *Die Tiere schlafen.*

Die Objekte

Alltägliches

Mütter fragen
Schüler tragen
Postboten bringen
Boxer bezwingen
Männer waschen
Kinder naschen
Mäuse bewohnen
Chefs belohnen

1 a Auch dieses „Gedicht" ist – wie das auf S. 236 – unvollständig.
Ergänzt in jeder Zeile ein Satzglied, damit jeweils ein vollständiger Satz entsteht. (Die Verse müssen sich natürlich nicht reimen!)

b Wie müsst ihr nach den Satzgliedern fragen, die ihr ergänzt habt?

2 a Lest den Merkkasten unten auf der Seite. Bildet vollständige Sätze mit den Verben aus dem Wortspeicher. Überlegt, welche Objekte ihr ergänzen müsst:

Ich zeige dir ein Bild. – *Wem zeige ich ein Bild?* → *dir = Dativobjekt*

Ich zeige dir ein Bild. – *Wen/Was zeige ich dir?* → *ein Bild = Akkusativobjekt*

> zeigen • geben • schenken • kaufen • versprechen • erklären • vertrauen

b Stellt eure ersten beiden Sätze nach folgendem Satzbauplan um:
Dativobjekt – Prädikat – Subjekt – Akkusativobjekt.

c Erklärt, von welchem Satzglied es abhängt, wie viele Objekte und welche Art von Objekt(en) ergänzt werden müssen.

Wissen und Können	**Satzglieder: die Objekte** (Singular: das Objekt)

Manche Sätze bestehen nur aus Subjekt und Prädikat, z. B.: *Valentin schläft.*

Die **meisten Prädikate fordern** aber **weitere Satzglieder, nämlich Objekte,** damit die Sätze vollständig sind:

Ich trage eine Jacke.
    | Wen?/Was? |
Satzglieder, die man mit **Wen ...?** oder **Was ...?** erfragt, sind **Akkusativobjekte.**

Ich schreibe meiner Tante.
    | Wem? |
Satzglieder, die man mit **Wem ...?** erfragt, sind **Dativobjekte.**

Akeala – Ungewöhnlicher Besuch im Unterricht

Seit einigen Jahren besitzt die Realschule Arnstein <u>eine Schulhündin</u>. Sie heißt Akeala und begleitet <u>die Lehrer</u> regelmäßig in den Unterricht. Der Schulhund vermittelt <u>den Schülern</u> den verantwortungsvollen Umgang mit Tieren.

Außerdem nimmt er <u>den Kindern</u> mit der Zeit <u>die Angst</u> und sie üben <u>soziales Verhalten</u>. Akealas Besuche haben <u>die Streitigkeiten</u> verringert. <u>Allen</u> gefällt die gute Stimmung und <u>der Hündin</u> bereiten die Streicheleinheiten Freude.

3 Bestimmt die Objekte, die im Text oben unterstrichen sind, und übertragt sie in eine Tabelle:

Akkusativobjekte (Wen?/Was?)	Dativobjekte (Wem?)
eine Schulhündin	*den Schülern*

Regeln für den Umgang mit dem Schulhund
1. Man muss sich **?** langsam nähern, damit er nicht erschrickt.
2. Das Streicheln des Hundes ist **?** nur in Anwesenheit des Besitzers erlaubt.
3. Wenn der Hund auf der Decke liegt, will er **?** haben.
4. Man darf **?** nicht ärgern, treten oder schlagen.
5. **?** darf man **?** nur mit Erlaubnis des Besitzers abnehmen.
6. Das Füttern des Hundes ist nur **?** erlaubt.

> dem Hund • den Hund •
> die Leine • ihm • seine Ruhe •
> den Schülern • den Lehrern

4 Damit der Hund und die Schüler gut miteinander auskommen, gibt es feste Regeln. Schreibt die Regeln oben ab und ersetzt dabei jedes Fragezeichen durch ein Objekt aus dem Wortspeicher. Schreibt in Klammern dahinter, ob es sich um ein Dativobjekt oder ein Akkusativobjekt handelt.

Hell gefleckter Hundemischling vermisst!
Am 7. Mai ist uns die Schulhündin Akeala entlaufen. Zuletzt wurde sie im Stadtpark gesehen.
Der schlanke Mischling hat ein helles, lockiges Fell. Darin erkennt man viele graue und hellbraune Flecken. An der Schulter misst der Hund etwa 45 cm. Akeala besitzt umgeknickte Ohren, hellbraune Augen und eine spitze schwarze Schnauze. Besonders fällt der buschige braune Schwanz auf.
Unser Schulhund liebt Kinder und einem Leckerli kann er nicht widerstehen.
Vor seinem Verschwinden trug er ein rotes Halsband.
Wenn Sie den Hund sehen, informieren Sie bitte 01 51 98 76 54 32.
Dem Finder werden wir den Rasen mähen!
Die Klasse 5 d der Realschule Arnstein

5 Letzten Mai war der Schulhund entlaufen und die Klasse 5 d hat eine Suchanzeige entworfen. Schreibt sie ab und unterstreicht Subjekte gelb, Dativobjekte grün und Akkusativobjekte schwarz.

Die Adverbialien – Lokal- und Temporaladverbialien

1 **a** Ergänzt die Sätze auf den Schildern mit sinnvollen Angaben.
   b Erfragt die Angaben, die ihr ergänzt habt.
   c Sortiert die ergänzten Angaben nach der Art der Frage in Gruppen.

2 **a** Ohne Lokal- und Temporaladverbialien (▶ Merkkasten) könnt ihr viele Ereignisse und Erlebnisse nicht treffend erzählen. Ergänzt die folgenden Sätze, indem ihr aus den unten genannten Angaben passende auswählt.

   Die Sonne scheint.   Die Menschen sitzen.   Alle schwitzen.   Wir schwimmen.

   > im Sand • seit dem frühen Morgen • am ganzen Körper • fast eine Stunde

   b Unterstreicht die Ortsangaben grün und die Zeitangaben schwarz.

Wissen und Können   **Satzglieder: die Adverbialien** (Singular: das Adverbiale)

Um ein Geschehen genauer wiederzugeben, müssen die Umstände näher beschrieben werden. Dies geschieht mit **Adverbialien** (Umstandsbestimmungen).
Adverbialien informieren z. B. über **Ort** und **Zeit** des Geschehens.
Das Adverbiale (die Umstandsbestimmung) ist ein **Satzglied** und kann aus einem Wort oder aus mehreren Wörtern bestehen.
Man unterscheidet z. B.:
- das **Lokaladverbiale** (Ortsangabe):
  Tobias fand am Strand schöne Muscheln. Einen Krebs warf er schnell wieder ins Wasser.
  Frageproben: **Wo …? Wohin …? Woher …?**
- das **Temporaladverbiale** (Zeitangabe):
  Ich spiele täglich am Strand zwei Stunden Volleyball. Seit einer Woche trainiere ich schon.
  Frageproben: **Wann …? Wie lange …? Seit wann …?**

3 Bildet zum Thema „Urlaub" Sätze nach den folgenden Satzbauplänen. Verwendet keine weiteren Satzglieder und haltet die vorgegebene Reihenfolge ein:

A | Subjekt | Prädikat *wandern* | Lokaladverbiale | .

B | Temporaladverbiale | Prädikat | Subjekt *wir* | Lokaladverbiale | .

C | Subjekt | Prädikat *genießen* | Akkusativobjekt | .

D | Subjekt | Prädikat | Temporaladverbiale | Akkusativobjekt *Heimweh* | .

E | Prädikat *Fotografierst* | Subjekt | Akkusativobjekt | ?

Beispiel: *A Wir I wandern I auf dem Höhenwanderweg.*

Klassenausflug an den Bodensee

<u>Bald</u> hatten wir die Koffer <u>in unseren Zimmern</u> ausgepackt. Wir mussten unsere Betten <u>in 20 Minuten</u> beziehen. <u>Nach dieser Arbeit</u> hielt uns nichts mehr <u>in der Unterkunft</u>. Wir woll-
5 ten <u>jetzt gleich</u> den See sehen, über den wir so viel gehört hatten. So führte unser erster Weg <u>an den Badestrand</u>.
Am nächsten Tag gab es gutes Wetter. Alle Kinder durften zwei Stunden am Strand bleiben.
10 Am späten Nachmittag wanderten wir lange am Strand entlang. Jede Gruppe baute danach ihre Sandburg. Gegen 17 Uhr kam Wind auf und die Wellen wurden höher. Wir wollten trotzdem noch einmal schwimmen. Die Lehrer ließen
15 uns jetzt aber nicht mehr ins Wasser gehen. Am Abend aßen wir in einem Restaurant. Leider waren die schönen Tage viel zu schnell vorbei.

4 **a** Im ersten Absatz des Textes sind alle Adverbialien unterstrichen. Sortiert sie in eine Tabelle nach diesem Muster ein:

Lokaladverbialien (Wo …? Wohin …? Woher …?)	Temporaladverbialien (Wann …? Wie lange …? Seit wann …?)
in unseren Zimmern	*bald*
…	…

●●● **b** Ergänzt die Tabelle mit den Adverbialien aus dem zweiten Textabsatz.

Testet euer Wissen!

Satzglieder bestimmen

1 Am vergangenen Donnerstag wurde in einem Münchner Hotel Alarm ausgelöst. **2** Die Polizei vermutete einen Einbruch und kam sofort. **3** Die Polizisten durchsuchten den Speisesaal. **4** Sie sahen den Täter auf einer Vorhangstange sitzen: **5** Ein entflogener Wellensittich hatte am Fenster den Alarm ausgelöst. **6** Die Polizei fing den Ausreißer ein und brachte ihn hinter Gitter.

1 Welche der folgenden Aussagen zum Text oben sind richtig? Schreibt die entsprechenden Buchstaben in euer Heft, z. B.: *A*, ...

> **A** Der erste Satz des Textes enthält ein Temporaladverbiale und ein Lokaladverbiale.
> **B** Der zweite Satz enthält ein Lokaladverbiale.
> **C** Der dritte Satz und der vierte Satz enthalten zwei Akkusativobjekte und ein Dativobjekt.
> **D** Im fünften Satz steht das Subjekt an zweiter Satzgliedstelle.
> **E** Der sechste Satz enthält zwei Akkusativobjekte und ein Lokaladverbiale.
> **F** Der erste Satz enthält ein zweiteiliges Prädikat.
> **G** Der gesamte Text enthält vier Prädikatsklammern.

2 Stellt einen der Sätze aus dem Text oben auf dieser Seite nach folgendem Satzbauplan um:

Akkusativobjekt	Prädikat, erster Teil	Subjekt	Lokaladverbiale

Prädikat, zweiter Teil	.

3 In drei von den folgenden Sätzen ist die Unterteilung nach Satzgliedern falsch. Schreibt diese Sätze mit der richtigen Unterteilung in euer Heft. Verwendet die Umstellprobe.

> Seit Jahresbeginn 2010 fahren | in Nürnberg | automatische U-Bahnen.
> Auf zwei Strecken | verkehren | die modernen Züge.
> Es | gibt | keine Fahrer | in den Bahnen.
> Fahrgäste | können | die vordersten | Plätze | einnehmen.
> Man schaut von dort | in die dunkle Tunnelröhre.

4 Schreibt die folgenden Sätze in euer Heft. Lasst immer eine Zeile frei. Unterstreicht die einzelnen Satzglieder und schreibt unter jedes Satzglied den lateinischen Namen. Zeichnet die eine Satzklammer ein.

Der Tyrannosaurus Rex lebte vor rund 70 Millionen Jahren auf der Erde. In seinem Kiefer wuchsen 60 riesige Zähne. Die Zähne hatten kleine messerscharfe Zacken. Das Gebiss wuchs alle zwei bis drei Jahre nach.

14.2 Sätze untersuchen

Satzarten

HIER FEHLEN SATZSCHLUSS-ZEICHEN!

Heute ist der letzte Schultag

Endlich haben wir Ferien

Ja, nichts wie raus in die Sonne

Unternimm etwas Schönes

Verreist du in den Ferien

Wir fahren wahrscheinlich an die Nordsee

Das ist ja super

Bist du zufrieden mit deinem Zeugnis

Letztes Jahr fand ich mein Zeugnis besser

1
a In den Sätzen fehlen die Satzschlusszeichen. Lest die Sätze mit verteilten Rollen. Betont dabei möglichst natürlich.
b Schreibt die Sätze in den Sprechblasen ab und setzt dabei passende Satzschlusszeichen.
c Vergleicht eure Ergebnisse. Sind bei manchen Sätzen mehrere Lösungen möglich?

> **Satzarten**
> Aussagesatz: **.**
> Fragesatz: **?**
> Ausrufesatz/Auffor-derungssatz: **!**

 **2**
a Erfindet ein Gespräch zum Thema „Ferienbeginn" und schreibt es auf. Verwendet dabei verschiedene Satzarten.
b Tragt eure Texte vor. Macht dabei nach jedem Satz eine Pause, sodass eure Mitschüler und Mitschülerinnen die jeweilige Satzart bestimmen können.

Räum dein Zimmer auf!

Ich möchte, dass du dein Zimmer aufräumst.

Könntest du mal dein Zimmer aufräumen?

3 a Lest die Sätze laut vor und bestimmt die Satzarten.

b Begründet, welche Absicht die Sprecher oder Sprecherinnen dieser Sätze haben.

c Überlegt, warum Aufforderungen häufig als Frage- oder Aussagesätze ausgesprochen werden.

4 Überlegt euch weitere Situationen, in denen ein Fragesatz oder ein Aussagesatz eine andere
Wirkung erzielt, z. B.:

— Fragesatz als Aufforderung, Ratschlag, Warnung: *Willst du das wirklich tun?*

— Aussagesatz als Aufforderung: *Die Musik ist viel zu laut.*

Wissen und Können **Satzarten: Aussagesatz, Fragesatz, Ausrufe- oder Aufforderungssatz**

Je nachdem, ob wir etwas aussagen, fragen oder jemanden auffordern wollen, verwenden wir
unterschiedliche Satzarten: Aussagesatz, Fragesatz oder Aufforderungssatz.

In der gesprochenen Sprache erkennen wir die verschiedenen Satzarten oft an der Stimmführung, in der geschriebenen Sprache an den unterschiedlichen Satzschlusszeichen:
Punkt, Fragezeichen und Ausrufezeichen.

1 Nach einem **Aussagesatz** steht ein **Punkt,** z. B.: *Ich gehe jetzt ins Schwimmbad.*
In einem Aussagesatz wird etwas mitgeteilt oder festgestellt. Wenn man den Satz spricht,
senkt sich am Ende die Stimme.

2 Nach einem **Fragesatz** steht ein **Fragezeichen,** z. B.: *Hast du heute Nachmittag Zeit?*
In einem Fragesatz wird nach etwas gefragt. Die Stimme hebt sich zum Ende des Satzes.

3 Nach einem **Ausrufe- oder Aufforderungssatz** steht meist ein **Ausrufezeichen,** z. B.:
Vergiss die Sonnencreme nicht! Beeilt euch!
In einem Aufforderungssatz wird eine Bitte, ein Wunsch oder eine Anweisung ausgedrückt,
z. B.: *Mach das Fenster schnell zu!*
In einem Ausrufesatz wird etwas gefühlsbetont und kurz geäußert. Dabei wird die Stimme
oft lauter, z. B.:
Ich habe gewonnen!

Die Satzart muss nicht immer mit der Absicht des Sprechers oder der Sprecherin übereinstimmen. Aufforderungen können z. B. mit einem Aufforderungssatz, aber auch mit einem
Fragesatz oder einem Aussagesatz ausgedrückt werden. Wie die Sätze gemeint sind,
erschließen wir aus dem Tonfall oder aus dem Zusammenhang.

Beispiel	Satzart	Absicht/Bedeutung
Muss ich dir immer sagen, dass du dir die Zähne putzen sollst?	Fragesatz	Aufforderung: *Putz dir die Zähne!*

Die Satzreihe

> ### Sommerferien in der Fußballschule
>
> In den Sommerferien war ich in einer Fußballschule. Mit der normalen Schule hat eine Fußballschule wenig zu tun. Das Klassenzimmer wird zum Bolzplatz. Auf dem Stundenplan steht zwei Wochen lang Fußball in Theorie und Praxis. In dieser Trainingszeit habe ich verschiedene Schusstechniken erlernt. Ich spielte immer sicherer. Beim Abschlussspiel erzielte ich sogar das entscheidende Tor. Ich jubelte. Natürlich habe ich viele neue Freunde gewonnen. Ausschlafen konnten wir im Fußballcamp nicht. Morgens um sechs Uhr mussten wir aufstehen. Trotzdem hat das Fußballcamp großen Spaß gemacht. Im nächsten Jahr will ich in den Sommerferien wieder eine Fußballschule besuchen.

1 Wart ihr auch schon einmal in einem Feriencamp oder habt ihr in den Ferien eine neue Sportart oder ein neues Spiel ausprobiert? Erzählt davon.

2 a Lest den Text über die Fußballschule laut vor. Wie wirkt der Satzbau auf euch? Begründet eure Meinung.

b Findet den kürzesten Hauptsatz im Text und erklärt, aus welchen Satzgliedern ein Hauptsatz mindestens bestehen muss.

c Besprecht, an welcher Satzgliedstelle im Hauptsatz die Personalform des Verbs steht.

d Überarbeitet den Text, indem ihr einige der Hauptsätze (▶ Merkkasten unten) sinnvoll miteinander verknüpft. Verwendet dazu passende Konjunktionen (Bindewörter) aus dem nebenstehenden Tippkasten. Achtet auf die Kommasetzung.

> **Nebenordnende Konjunktionen**
> zur Verbindung von Hauptsätzen:
> … und …   …, denn …
> … oder …   …, doch …
> …, aber …

3 Vergleicht eure überarbeiteten Texte mit dem Text oben. Beschreibt, was sich durch die Verknüpfung der Hauptsätze verändert hat.

Wissen und Können   **Die Satzreihe: Hauptsatz + Hauptsatz**

- Ein **Hauptsatz** ist ein selbstständiger Satz. Er enthält mindestens zwei Satzglieder, nämlich Subjekt und Prädikat, z. B.: *Peter schwimmt*.
  Die Personalform des Verbs (das gebeugte Verb, ▶ S. 222) steht im Hauptsatz in der Regel an zweiter Satzgliedstelle, z. B.: *Peter schwimmt im See*.
- Ein **Satz**, der **aus zwei oder mehr Hauptsätzen** besteht, wird **Satzreihe** genannt. Die einzelnen Hauptsätze einer Satzreihe werden durch ein **Komma** voneinander getrennt, z. B.: *Peter schwimmt im See, Philipp kauft sich ein Eis.*
- Häufig werden die Hauptsätze durch die **nebenordnenden Konjunktionen** (Bindewörter) *und, oder, aber, denn, doch* verbunden. Vor den Konjunktionen steht ein Komma, z. B.: *Peter schwimmt im See, <u>denn</u> es ist sehr heiß.*
  Nur vor den Konjunktionen *und* bzw. *oder* darf das Komma wegfallen, z. B.: *Peter schwimmt im See <u>und</u> Philipp kauft sich ein Eis.*

Das Satzgefüge

Auch wenn ihr in den Ferien zu Hause bleibt, müsst ihr euch nicht langweilen. Viele Städte bieten ein spannendes Ferienprogramm für Kinder an. Das Angebot reicht oft von Zirkus-Workshops über Malkurse bis hin zu Kanu-touren oder Ausflügen in einen Kletterwald.

Informationen zum Ferienprogramm

Unseren Tauchkurs veranstalten wir in diesem Jahr im Hallenbad, ...	... obwohl das Wasser noch relativ kühl ist.
Auf unserer Kanutour verpacken wir den Proviant in wasserfeste Tonnen, ...	... weil es hier ein Tauchbecken gibt.
Beim Baden im Waldsee habt ihr viel Spaß, ...	... damit er trocken bleibt.

1 **a** Die Hauptsätze auf der linken Seite könnt ihr mit den Nebensätzen auf der rechten Seite verknüpfen. Verbindet immer zwei Sätze sinnvoll miteinander und schreibt sie in euer Heft.

b Umkreist in jedem Nebensatz die Konjunktion (Bindewort) und unterstreicht die Personalform des Verbs (das gebeugte Verb).

c Vergleicht, welche Satzgliedstelle die Personalform des Verbs in den Hauptsätzen und in den Nebensätzen einnimmt.

Wissen und Können   **Das Satzgefüge: Hauptsatz + Nebensatz**

Einen Satz, der aus mindestens einem **Hauptsatz und** mindestens einem **Nebensatz** besteht, nennt man **Satzgefüge.** Zwischen Hauptsatz und Nebensatz muss **ein Komma** stehen, z. B.:

Wir gehen heute ins Schwimmbad , *weil die Sonne scheint* .
        Hauptsatz   Nebensatz

Nebensätze haben folgende Kennzeichen:
- Ein Nebensatz kann **nicht ohne** einen **Hauptsatz** stehen, da er allein keinen Sinn ergibt.
- Der Nebensatz **ist dem Hauptsatz untergeordnet.** Er wird eingeleitet durch
  – eine **unterordnende Konjunktion** (Bindewort), z. B. *weil, da, obwohl, damit, dass, nachdem,*
  – oder ein **Relativpronomen** (rückbezügliches Fürwort, ▶ S. 218), z. B. *der, die, das.*
- Die **Personalform des Verbs** steht im Nebensatz immer **an letzter Satzgliedstelle.**

Satzgefüge	Hauptsatz	+	Nebensatz
Beispiel:	*Ich sprang heute vom 3-Meter-Brett* ,	*obwohl ich etwas Angst hatte* .	
	Komma Konjunktion		Personalform des Verbs am Satzende

2 Man kann Satzgefüge aus Hauptsatz (Hs) und Nebensatz (Ns) auch zeichnerisch in einem Satzbauplan darstellen.

a Schaut euch die folgenden Satzbaupläne an und erklärt die Unterschiede:

Tina und Florian möchten am Wochenende eine Kanutour machen, wenn die Sonne scheint.
———————————— Hs ————————————,
——————— Ns ———————.

Tina und Florian möchten am Wochenende, wenn die Sonne scheint, eine Kanutour machen.
——————— Hs ———————, — Fortsetzung Hs —.
——————— Ns ———————,

Wenn die Sonne scheint, möchten Tina und Florian am Wochenende eine Kanutour machen.
———————————— Hs ————————————.
——————— Ns ———————,

b Formuliert eine Regel zur Kommasetzung in Satzgefügen.

3 a Zeichnet zu den folgenden Satzgefügen Satzbaupläne wie im Beispiel oben:

> **A** In den Sommerferien haben Vico und ich einen Theaterkurs belegt, obwohl wir beide noch nie Theater gespielt haben.
> **B** Nachdem wir zwei Wochen lang ein Stück geprobt hatten, sollte am letzten Tag des Kurses die Aufführung stattfinden.
> **C** Als das Theaterstück anfing, war ich ziemlich nervös.
> **D** Meine Aufregung war aber ganz grundlos, da wir fantastisch spielten.
> **E** Die Aufführung wurde, weil alle sehr gut vorbereitet waren, ein voller Erfolg.

b Stellt die Teilsätze in den Satzgefügen so um, dass
– in den Sätzen A und D der Nebensatz am Anfang steht,
– in den Sätzen B und C der Hauptsatz am Anfang steht und
– in dem Satz E auf den gesamten Hauptsatz der Nebensatz folgt.

Die Stellung des Nebensatzes
Nebensätze können dem **Hauptsatz vorangestellt** sein, ihm **folgen** oder in den Hauptsatz **eingeschoben** werden.

4 **a** Verbindet die folgenden Sätze zu Satzgefügen. Wählt hierfür geeignete Konjunktionen
aus dem Tippkasten rechts aus.
Formuliert abwechslungsreich: Stellt den
Nebensatz manchmal voran und lasst ihn
manchmal auf den Hauptsatz folgen.
Denkt an die Kommas.

> In einem Kletterwald kann jeder von
> euch Spaß haben.
> Es gibt Parcours mit unterschiedlichen
> Schwierigkeitsstufen.

> Ihr seid durch Klettergurte abgesichert.
> Es kann nichts passieren.

> Ihr habt einen Einführungskurs bekommen.
> Ihr dürft anfangen.

> Ihr rutscht nicht aus.
> Ihr solltet festes Schuhwerk tragen.

> Heute ist schlechtes Wetter.
> Der Kletterpark ist geöffnet.

Unterordnende Konjunktionen
zur Verbindung von Hauptsatz + Nebensatz:

weil	*dass*
da	*nachdem*
damit	*als*
wenn	*während*
sodass	*obwohl*

b Umkreist in den Nebensätzen die Konjunktionen und unterstreicht die Personalform des Verbs
am Ende des Nebensatzes.
Markiert dann die Kommas zwischen Haupt- und Nebensatz.

5 Bei den folgenden Sätzen sind die Konjunktionen falsch verwendet worden.
a Überlegt, wie ihr die Konjunktionen sinnvoll austauschen könnt.

> Ich besuche in den Ferien einen Zirkus-Workshop, <u>obwohl</u> ich das
> Jonglieren lernen möchte.
>
> Im Kletterwald lief ich über eine 50 Meter lange Hängebrücke, <u>damit</u> ich etwas Angst hatte.
>
> Bei der Kanutour trugen wir Schwimmwesten, <u>weil</u> uns nichts passieren konnte.

b Schreibt die Sätze mit den passenden Konjunktionen in euer Heft.
c Unterstreicht die Hauptsätze rot und die Nebensätze grün. Umkreist dann die Konjunktion, die
am Anfang des Nebensatzes steht.

Nebensätze: *das* oder *dass?*

1 Entscheidet bei den folgenden Sätzen, wo „das" und wo „dass" eingesetzt werden muss.
Der Merkkasten unten auf der Seite hilft euch bei der Entscheidung.

> Lina erzählte mir, **1** du in den Ferien diesmal zu Hause bleibst.
> Glaubst du nicht, **2** dir langweilig wird?

> Das Einzige, **3** mir nicht gefällt, ist, **4** fast alle meine Freunde verreisen.

> Habe ich dir von dem Ferienlager erzählt, **5** ich letztes Jahr mitgemacht habe?

> Ich glaube nicht, **6** ich da mitfahren wollte.

> Meinst du nicht, **7** du ganz falsche Vorstellungen von einem solchen Camp hast?

2 Notiert, bei welcher der nummerierten Lücken im folgenden Text „das" und bei welcher „dass" einzusetzen ist.

Im Wald

Unsere Pfadfindergruppe unternahm einen Ausflug in das Naherholungsgebiet, **1** nicht weit von unserem Camp entfernt war. Wir freuten uns, **2** das Wetter so schön war, denn wir hatten schon befürchtet, **3** es regnen könnte. Gegen Mittag wurde es allerdings sehr heiß und wir waren deshalb froh, als wir das Wäldchen, **4** Ziel unseres Ausflugs sein sollte, endlich erreichten. Das Picknick, **5** wir dort abhielten, war einfach super!
Als wir merkten, **6** ein Gewitter kommen würde, machten wir uns auf den Heimweg. Wir waren uns alle sicher, **7** wir uns auskannten. Plötzlich endete jedoch der Weg und wir kämpften uns durch ein Dickicht, **8** kein Ende zu nehmen schien. Das Wetter machte uns Sorgen. Als wir endlich aus dem Gestrüpp herauskamen, merkten wir, **9** wir eine Abkürzung gefunden hatten. Wir waren erleichtert, **10** wir das Camp noch vor dem großen Regen erreichten.

Wissen und Können   Nebensätze: *das* oder *dass*?

Das **Relativpronomen** *das* (▸ S. 218) und die unterordnende **Konjunktion** *dass* werden oft verwechselt. Will man die richtige Schreibweise ermitteln, hilft eine **Ersatzprobe:**
Das **Relativpronomen** *das* kann durch *welches* ersetzt werden, die Konjunktion *dass* nicht.

Wir treffen uns im Freibad, das in diesem Sommer neu eröffnet hat.

Ersatzprobe: *Wir treffen uns im Freibad, welches in diesem Sommer neu eröffnet hat.*

Wir freuen uns, dass wir jetzt ein Freibad in der Nähe haben.
Ersatzprobe: **Die Konjunktion *dass* kann nicht durch *welches* ersetzt werden.**

Testet euer Wissen!

Sätze untersuchen

1 Verknüpft die folgenden Satzpaare zu sinnvollen Satzreihen. Verwendet geeignete Konjunktionen.

> Marco schwimmt selten im Meer. Er baut lieber Sandburgen am Strand.

> Lisa liebt Pizza. Sie mag auch Spaghetti.

2 Verknüpft die folgenden Satzpaare zu Satzgefügen. Verwendet unterordnende Konjunktionen.

> Frau Müller badet lieber im Schwimmbecken. Sie hat Angst vor Haifischen.

> Ole benutzt immer Sonnencreme. Er legt sich nur in den Schatten.

> Anna setzt ihre Mütze auf. Sie bekommt keinen Sonnenstich.

1 Die Menschen verbringen ihren Urlaub ganz unterschiedlich, denn sie haben verschiedene Vorlieben. **2** Martin ist in den nächsten Ferien in der Rummenigge-Fußballschule angemeldet. **3** Wenn er hier durch gutes Ballgefühl, Torinstinkt und Ehrgeiz auffällt, kann ihn die Schule für ein Probetraining bei einem Bundesliga-Verein empfehlen. **4** Etwa 1000 Schüler nehmen pro Jahr an diesem Ferienkurs teil, aber nur wenige davon werden später einmal Profispieler. **5** Die Schüler müssen sich daran gewöhnen, dass jeder Tag im Ferienkurs nach einem genauen Stundenplan abläuft.

3 Prüft, ob die folgenden Aussagen zum Text oben richtig oder falsch sind. Begründet in eurem Heft.

A Satz 1 ist eine Satzreihe.
B Satz 3 beginnt mit einem Nebensatz.
C Satz 4 enthält eine nebenordnende Konjunktion und besteht aus zwei Hauptsätzen.
D Satz 5 ist eine Satzreihe.

Beispiel: *Aussage A ist richtig, denn Satz 1 besteht aus zwei Hauptsätzen, die durch die nebenordnende Konjunktion „denn" verbunden sind.*

4 Schreibt den folgenden Text ab. Achtet auf die Wort- und Satzenden und auf die korrekte Groß- und Kleinschreibung. Setzt alle notwendigen Satzzeichen.

> FRÜHERDACHTEMANDASSHEIMWEHEINEKRANKHEITSEIOBWOHLWIRDAS
> HEUTENICHTMEHRGLAUBENKENNENWIRFASTALLEDIESESGEFÜHLWONACH
> SEHNENWIRUNSEIGENTLICHWENNWIRHEIMWEHHABENSOBALDMANVON
> EINERREISEZURÜCKGEKEHRTISTISTDASGEFÜHLMEISTENSGLEICHVERFLOGEN

14.3 Fit in …? – Satzglieder und Sätze

Satzglieder bestimmen

In diesem Kapitel könnt ihr mit verschiedenen Arten von Aufgabenstellungen für die Schulaufgabe üben.

Italien: Sonntage ohne Auto

1 In 150 italienischen Städten lief am vergangenen Sonntag die Aktion „Sonntag zu Fuß" an.
2 Rund 18 Millionen Italiener ließen ihre Autos von 10 bis 18 Uhr stehen.
3 In den Innenstädten waren Tausende Fahrradfahrer und Inlineskater unterwegs.
4 In Rom spazierten Zehntausende zwischen Kolosseum und Vatikan.
5 Der italienische Umweltminister fuhr an diesem Tag mit dem Fahrrad durch Rom.
6 Er beurteilte die Aktion insgesamt positiv.
7 Jetzt sind jährlich autofreie Sonntage geplant.
8 Die Polizei wird dann in den Innenstädten das Fahrverbot überwachen.

1 a Notiert die beiden Wörter, die in Satz 1 eine Prädikatsklammer bilden.

b Stellt den zweiten Satz nach folgendem Satzbauplan um:

| Temporaladverbiale | Prädikat (1. Teil) | Subjekt | Akkusativobjekt | Prädikat (2. Teil) |

c Schreibt aus Satz 3 und 4 jeweils ein Lokaladverbiale heraus.

d „In Satz 5 steht das Subjekt an zweiter Satzgliedstelle."
Begründet, warum diese Aussage falsch ist.

e „In Satz 6 steht hinter dem Prädikat ein Akkusativobjekt."
Begründet, ob diese Aussage richtig oder falsch ist.

f Schreibt die Sätze 7 und 8 in euer Heft. Lasst nach jeder geschriebenen Zeile eine Leerzeile.
Unterstreicht die Satzglieder einzeln und schreibt jeweils den lateinischen Namen darunter.
Kennzeichnet die Prädikatsklammer.

Sätze untersuchen

Vasco da Gama

1 Weil der Vater von Vasco da Gama den Seeweg nach Indien nicht finden konnte, übertrug der portugiesische König schließlich dem Sohn diese Aufgabe.

2 Die Erkundung eines Seewegs nach Indien war wichtig, denn die wertvollen Gewürze sollten möglichst schnell nach Portugal gebracht werden.

3 König Manuel wollte Portugal zur „Nummer eins" im Gewürzhandel machen, sodass er Vasco da Gama eine sehr gute Mannschaft bezahlte.

4 Etwa 170 Mann wurden für die vier Schiffe angeheuert und am 8. Juli 1497 lief die Flotte nach Indien aus.

5 Vasco da Gama fuhr zuerst Richtung Westen, damit er die guten Westwinde ausnutzen konnte.

1
a Woran erkennt man, dass Satz 1 mit einem Nebensatz beginnt? Nennt zwei Begründungen.
b Zeichnet einen Satzbauplan zu Satz 2.
c Schreibt aus Satz 3 die unterordnende Konjunktion und die Personalformen der Verben heraus.
d Begründet, ob es sich bei Satz 4 um ein Satzgefüge oder um eine Satzreihe handelt.
e Schreibt Satz 5 einmal mit vorangestelltem und einmal mit eingeschobenem Nebensatz auf.

6 Ende November 1497 hatte die Flotte die afrikanische Westküste erreicht. Sie umsegelte anschließend die Südspitze Afrikas.

7 Die Seeleute ankerten nahe der Südspitze. Sie konnten frische Vorräte aufnehmen.

8 Ein ostafrikanischer Lotse half bei der Überfahrt. Die Schiffe erreichten im Mai 1498 Indien.

9 Die Seeleute wollten mit Zimt, Ingwer, Pfeffer und anderen wertvollen Dingen an Bord zurückkreisen. Die Winde standen ungünstig.

10 An Bord brachen Krankheiten aus. Viele Matrosen verloren auf der Rückfahrt ihr Leben.

2 Formt die Satzpaare 6 bis 10 jeweils in Satzgefüge um. Verwendet dabei der Reihe nach die unterordnenden Konjunktionen aus dem Kasten rechts. Achtet auf die Kommasetzung.

> nachdem • damit •
> sodass • als • weil

3 Notiert in eurem Heft, in welche der Lücken im folgenden Text „das" und in welche „dass" eingesetzt werden muss.

Vasco da Gamas Reise war das Ereignis, **1** Portugals Vorherrschaft im Gewürzhandel begründete. Besonders Pfeffer war ein Gut, **2** zeitweise mit Gold aufgewogen wurde. Es war bekannt, **3** Pfeffer ein Mittel ist, **4** ebenso wie Salz Speisen nicht nur wohlschmeckender, sondern auch länger haltbar machen kann. **5** Pfeffer zudem als Heilmittel angesehen wurde, machte das Gewürz noch kostbarer.

Gemischte Aufgaben: Satzglieder und Sätze

Erdbeeren

1 <u>Fast niemandem</u> ist gegenwärtig bewusst, dass unsere heutigen Erdbeeren einst von weither nach Europa gekommen sind.

2 Im Mittelalter wurden <u>auf großen Flächen</u> einheimische Walderdbeeren angebaut.

3 Weil die Ernte mühsam und wenig ergiebig war, <u>wollte</u> man schon früh die Fruchtgröße der aromatischen Winzlinge <u>steigern</u>.

4 Französische Siedler fanden <u>in Amerika</u> eine neue Erdbeersorte mit sehr großen Früchten.

5 In Europa verdrängte die neue Sorte bald <u>die heimische Walderdbeere</u>.

6 Nachdem aus Chile <u>hühnereigroße Erdbeeren</u> nach Europa gebracht worden waren, züchteten Gärtner in Amsterdam weitere Sorten.

7 Weil die Früchte schon damals sehr beliebt waren, gab es <u>bereits 1820</u> ungefähr 70 verschiedene Erdbeersorten.

1 a Schreibt die unterstrichenen Satzglieder heraus. Erfragt und benennt sie.
Beispiel: *Fast niemandem – Wem ist gegenwärtig bewusst, dass ...? → Dativobjekt*

b Ermittelt, zu welchen Sätzen im Text oben dieser Satzbauplan passt:

c Zeichnet einen Satzbauplan zu Satz 1.

d Formuliert Satz 6 um, indem ihr den Nebensatz ans Ende stellt und die Reihenfolge der Satzglieder im Hauptsatz ändert.

e Formt Satz 7 in eine Satzreihe um. Verwendet die Konjunktion „denn".

2 Die Fehler im nächsten Text könnt ihr mit eurem grammatischen Wissen aus diesem Kapitel korrigieren. Überprüft Satzzeichen, Satzbau und Rechtschreibung.
Schreibt den Text richtig in euer Heft.

1 Wusstest du das die Erdbeere gar keine richtige Beere ist, sondern zu den Rosengewächsen gehört. 2 Der rote Teil der Erdbeere ist obwohl wir ihn so lecker finden eigentlich keine Frucht. 3 Die Biologen nennen diesen Teil Scheinfrucht, weil die eigentlichen Früchte sind die harten, gelbbraunen Kügelchen auf der Oberfläche. 4 Erdbeeren schmecken sehr gut. 5 Das liegt daran das sie über 300 verschiedene Geschmacksstoffe enthalten.

Satz 1 enthält drei Fehler,
Satz 2 zwei Fehler,
Satz 3 einen Fehler,
Satz 5 zwei Fehler.

15 Rechtschreibtraining

1 Betrachtet das Bild und besprecht, was euch auffällt.

2 Mit welcher Absicht hat jemand dieses Wort in den Sand geschrieben?
Sammelt eure Vermutungen.

3 a Sollte man auf die Rechtschreibung achten, auch wenn man nur für sich alleine
und zum eigenen Vergnügen schreibt?
Begründet eure Meinungen.

   b Bei welchen Gelegenheiten ist es
besonders wichtig, die Rechtschreib-
regeln einzuhalten? Nennt Gründe.

4 Kennt ihr Tricks, die euch helfen, Fehler
zu vermeiden? Sprecht darüber.

> **In diesem Kapitel ...**
>
> – lernt ihr wichtige Rechtschreibtipps
>   und Arbeitstechniken kennen,
> – findet ihr Regeln zur Rechtschreibung,
> – wendet ihr die Tipps und Regeln an, um
>   Fehler zu vermeiden und die Schreib-
>   weise von Wörtern zu verstehen.

15.1 Tipps und Techniken anwenden

Tipps: Wie finde ich die richtige Schreibweise?

Wissen und Können	Tipp 1: Deutlich sprechen – genau hinhören

Sprecht euch das Wort, das ihr schreiben wollt, deutlich vor. Sprecht dabei jeden Buchstaben einzeln.

- Achtet darauf, ob der **betonte Vokal kurz** gesprochen wird (z. B. *Kamm*) **oder lang** (z. B. *kam*). Ihr könnt als Hilfe bei einem langen Vokal mit beiden Händen ein unsichtbares Gummiband auseinanderziehen. Bei einem kurzen Vokal klatscht ihr in die Hände.
- Unterscheidet deutlich **harte** und **weiche Konsonanten** (z. B. *er tankt / er dankt*).

1 a Sprecht die Wörter rechts deutlich aus. Bildet Wortpaare und schreibt sie in eine Tabelle:

> beten • Bahn • kann • Hütte • Ofen •
> Kehle • reden • Laden • Kelle •
> Betten • Ratten • Hüte • retten • Latten •
> offen • raten • Bann • Kahn

Langer Vokal	Kurzer Vokal
beten	Betten

b Bildet mit den Wortpaaren kurze (lustige) Sätze. Sprecht die Vokale deutlich.
Beispiel: *In der Hütte hängen viele Hüte.*

2 a Prüft in der Tabelle oben, wie viele Konsonanten jeweils nach dem betonten Vokal stehen.
b Formuliert anhand eurer Ergebnisse aus Aufgabe 2a eine Regel.

3 a In die markierten Lücken passt jeweils sowohl der harte als auch der weiche Konsonant. Macht den Unterschied durch klare Aussprache deutlich.

G oder K?	b oder p?	D oder T?
die **?** rippe	das Ge **?** äck	der **?** ank
der **?** reis	**?** acken	die **?** aten

b Bildet Sätze, in denen die unterschiedliche Bedeutung der Wörter deutlich wird.

Wissen und Können | **Tipp 2: Auf Wortbausteine achten – Präfix, Wortstamm, Suffix**

In verschiedenen Wörtern kommen oft gleiche **Wortbausteine** vor.

- Der Grundbaustein eines Wortes heißt **Wortstamm.** Wörter mit dem gleichen Wortstamm gehören zu einer **Wortfamilie.** Beachtet: Die Vokale im Wortstamm können sich ändern, z. B.: b_a_cken, Geb_ä_ck (▶ Tipp 4, S. 256).
- Durch **Präfixe** (Vorsilben) und **Suffixe** (Endungen) können verwandte Wörter gebildet werden.
- Wer die Wortbausteine kennt, kann viele **Rechtschreibfehler vermeiden.**

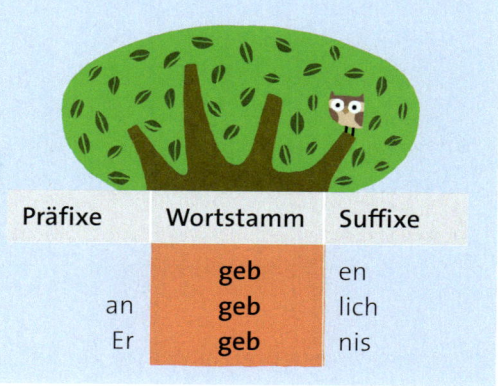

Präfixe	Wortstamm	Suffixe
	geb	en
an	**geb**	lich
Er	**geb**	nis

1
a Ordnet die Wörter rechts in drei Wortfamilien.
b Unterstreicht jeweils den Wortstamm.
c Beschreibt, was euch auffällt.
d Sammelt weitere Beispiele dafür, wie sich ein Wortstamm in einer Wortfamilie ändern kann.

> Helferin • helfen • singen • backen •
> Sänger • gebacken • Bäcker •
> hilfsbereit • Gesang • sie half •
> Gehilfe • geholfen • gesungen

2
a Bildet mit dem Wortstamm **nehm** und allen angegebenen Vorsilben und Endungen Verbformen.

Präfixe	Suffixe
ab- • auf- • be- • ent- • ver- • vor- • zu-	-en • -t • -e

b Wählt einen der Wortstämme aus dem Kasten und bildet Verben mit Präfixen und Suffixen.

> folg • zieh • geh • sag

3 Mit den Suffixen rechts werden viele Nomen gebildet. Sie zeigen an, dass man das Wort großschreiben muss (▶ S. 266).
Bildet mit diesen Suffixen und den folgenden Wörtern Nomen:

-heit	-keit	-ung

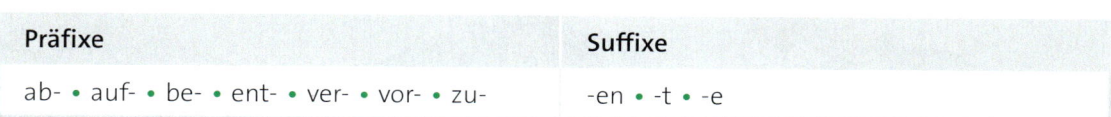

> frei • sauber • klar • aufmerksam • krank • heiter • Zahl • richtig • ehrlich

4 Die rechts genannten Suffixe sind typisch für Adjektive (▶ S. 212, 267). Schreibt aus dem folgenden Text Adjektive mit diesen Endungen heraus. Achtet auf die Kleinschreibung.

-ig	-isch	-lich	-sam

Wir machten in diesem Spiel alles richtig. Die Abwehr war aufmerksam und vermied unsportliche Fouls. Gleich in der zwölften Minute schoss Marc ein herrliches Tor. Heiko hatte im Mittelfeld ein brasilianisches Dribbling hingelegt und alle Gegenspieler umkurvt. Seine fantastische Flanke landete direkt auf Marcos Fuß und gleich darauf im Tor.

| Wissen und Können | Tipp 3: Auf Wortbausteine achten – zusammengesetzte Wörter |

Wörter können aus zwei oder mehr Wörtern zusammengesetzt werden, z. B.:
pfeilschnell, Pfeilspitze.
- Das **Grundwort** steht am Ende. Es bestimmt die Wortart und bei Nomen den Artikel, z. B.:
  der Pfeil + schnell = pfeilschnell (Adjektiv), *der Pfeil + die Spitze = die Pfeilspitze* (Nomen).
- Das **Bestimmungswort** steht am Anfang und erklärt die Bedeutung genauer, z. B.:
  pfeilschnell = schnell wie ein Pfeil; Pfeilspitze = die Spitze eines Pfeils.

Man vermeidet Fehler, wenn man bei zusammengesetzten Wörtern auf die **Wortgrenzen** und auf die entstehende **Wortart** achtet.

1 Bildet zusammengesetzte Wörter. Findet zu jedem Bestimmungswort ein passendes Nomen und ein passendes Adjektiv. Ergänzt bei den Nomen die Artikel, z. B.: *das Bärenfell, bärenstark.*

Bestimmungswörter	Grundwörter
Bären • Kinder • Rost • Butter	freundlich • Dose • Schutz • Fell • weich • stark • Wagen • frei

| Wissen und Können | Tipp 4: Verwandte Wörter suchen (Ableitungsprobe) |

Wenn man unsicher ist, wie ein Wort geschrieben wird, hilft oft die **Suche nach einem verwandten Wort.** Der **Wortstamm** (= Grundbaustein, ▶ S. 255) wird in allen verwandten Wörtern gleich oder ähnlich geschrieben.
- Man schreibt ein Wort mit **ä**, wenn es ein verwandtes Wort mit **a** gibt, z. B.:
  ä oder **e?** *Gl* **?** *ser → Glas → Gläser.*
- Man schreibt ein Wort mit **äu**, wenn es ein verwandtes Wort mit **au** gibt, z. B.:
  äu oder **eu?** *Tr* **?** *me → Traum → Träume.*

Gibt es kein verwandtes Wort mit **a** bzw. **au,** schreibt man das Wort meist mit **e** bzw. **eu.**

1 Überprüft die Schreibweise der folgenden Wörter mit **ä** oder **äu,** indem ihr zu jedem ein verwandtes Wort mit **a** oder **au** sucht, z. B.: *gefährlich – die Gefahr.*

gefährlich • Nähe • schädlich • schätzen • nachträglich • äußerlich • Gebäude • käuflich • Fläche • tatsächlich • glänzend • auffällig • sie hält • er fährt • es hätte • ich wäre • ich bräuchte • er fällt

Die Sonnenblumen

Ferhat fand die Straße, in der er wohnte, unfr **?** undlich und h **?** sslich. Die H **?** user standen so eng, dass die Sonne nicht h **?** ufig in die Fenster schien. Ferhat wollte etwas
5 **?** ndern und ging in sein G **?** rtchen. Er bearbeitete die ganze Fl **?** che. Als die Glocken l **?** uteten, war Ferhat fertig. „Warum hat er sein G **?** rtchen so sorgf **?** ltig ges **?** ubert und bearbeitet?", fragten sich die Nachbarn.
10 Ferhat kümmerte sich nicht um das Ge-

schw **?** tz. Er wünschte sich nur, dass die Pflanzen, die er ges **?** t hatte, wachsen und den Menschen Fr **?** ude bringen würden. Eines Tages waren die kr **?** ftigen St **?** ngel tats **?** chlich höher als Ferhat und die Blüten- 15 bl **?** tter l **?** uchteten wie die Sonne. An diesem Morgen l **?** chelten die Nachbarn in ihren Fenstern. „Die Sonne scheint in unsere Straße!", riefen sie. Dabei waren es Ferhats Sonnenblumen. 20

2 Hier fehlen **ä** bzw. **e.** Schreibt die vollständigen Wörter richtig in euer Heft.
Nutzt die Ableitungsprobe.

3 a Bei einigen Wörtern gibt es keine Ableitungsmöglichkeit. Deshalb müsst ihr sie euch einprägen.
Schreibt die folgenden Wörter in euer Heft:

> Käfig • Geländer • dämmern • ungefähr • Lärm • Märchen • erzählen • während •
> allmählich • Krähe • Käse • gähnen • Säge

b Formuliert Sätze, in die ihr möglichst viele dieser Wörter einbaut.

Wissen und Können	**Tipp 5: Wörter verlängern (Verlängerungsprobe)**

Am Wortende klingen **b** wie **p** *(das Lob)*, **g** wie **k** *(der Tag)* und **d** wie **t** *(der Hund)*.
Wenn man Wörter verlängert, hört man, welchen Buchstaben man schreiben muss.
So kann man **Wörter verlängern:**
- Bilde bei **Nomen** den Plural, z. B.: *der Tag → die Tage,* oder ein Adjektiv, z. B.: *der Sand → sandig*.
- Steigere die **Adjektive** oder ergänze ein Nomen, z. B.: *wild → wilder; ein wildes Tier*.
- Bilde bei **Verben** den Infinitiv oder die Wir-Form, z. B.: *er lobt → loben; wir loben*.

1 **d** oder **t, b** oder **p, g** oder **k** – wie endet das Wort? Macht die Verlängerungsprobe.
Schreibt die Wörter mit ihren Verlängerungen auf, z. B.: *Münder → Mund*.

Mun-, Hun-	Sta-, Gra-	Flu-, Zu-	Kin-, Rin-	Die-, Hie-
Gra-, Pfa-	Ran-, San-	Ber-, Zwer-	Bil-, Schil-	Gel-, Hel-

2 Welche Buchstaben fehlen? Macht je nach Wortart die geeignete Verlängerungsprobe.

> Erfol **?** • blin **?** • har **?** • gro **?** • völli **?** • rau **?** t • pfle **?** t • frem **?** •
> run **?** • lachen **?** • star **?** • wir **?** t • spä **?** • Hel **?**

Wissen und Können **Tipp 6: Richtig trennen**

Mehrsilbige Wörter trennt man nach **Sprechsilben,** die beim langsamen, deutlichen Vorlesen zu hören sind, z. B.: *Spa-zier-gang, Welt-meis-ter, er-zäh-len, Trak-tor, Recht-schrei-bung, kom-men.* Von **mehreren Konsonanten** kommt **nur einer in die neue Zeile,** z. B.: *Git-ter, müs-sen, Kat-ze, knusp-rig, stärks-te.*
Aber Achtung:
- **ch, ck** und **sch** bleiben immer zusammen, z. B.: *la-chen, drü-cken, lau-schen.*
- **Zusammengesetzte Wörter** (▶ S. 256) und **Wörter mit Vorsilbe** (▶ S. 255) trennt man zwischen den Wortbausteinen, z. B.: *Rast-platz, Ab-sprung, Tief-schlaf, Trenn-strich, Ver-trag, be-stellt.*
Einzelne Vokale werden nicht abgetrennt, z. B.: *Abend, Ofen.*

1 **a** Lest die folgenden Wörter so, dass man die Sprechsilben deutlich hört:

> Erdbeere • Richtung • Autofahrer • Apfelsine • Herbstferien • Pferdestall • Geburtstag •
> Mittagessen • Zucker • oben • Schwierigkeit • Ebene • Hausaufgabe • Weihnachten •
> notwendig • Gelegenheit • versprechen

b Schreibt die Wörter mit allen möglichen Trennstrichen auf, z. B. *Erd-bee-re.*

2 Silbenspiel: Baut eine Wortreihe, in der das neue Wort mit der letzten Silbe des vorherigen Wortes beginnt, z. B.: *Fir-ma, ma-ger, ger-ne, Ne-bel* …

3 Löst das folgende Silbenrätsel. Schreibt die Lösungswörter mit allen möglichen Trennstrichen untereinander. Die ersten Buchstaben, von oben nach unten gelesen, ergeben das Lösungswort: eine beliebte Nascherei.

> BE • CKER • ER • ERB • FOR • GI • IN • KER • LI • LUNG • MA • MUT • NACH • ON • PE •
> PICH • RE • RER • SE • SPI • TE • TEP • TER • TI • TROM • ZÄH • ZAU

1. jemand, der magische Kräfte hat
2. Beruf, der mit Computern zu tun hat
3. ein Elternteil
4. Blechblasinstrument
5. unerlaubtes Hilfsmittel bei Tests

6. Bodenbelag
7. Hülsenfrucht
8. ein Unterrichtsfach
9. Aufsatzart

4 Erstellt selbst ein kleines Silbenrätsel für einen Mitschüler / eine Mitschülerin.

R E C H T - S C H R E I B

Arbeitstechniken für das Rechtschreibtraining

Wissen und Können	Arbeitstechnik 1: Richtig abschreiben

Für das Rechtschreibtraining ist es wichtig, Wörter sorgfältig und fehlerfrei abzuschreiben.
So macht ihr beim Abschreiben von schwierigen Wörtern keine Fehler:

- **Lest** das Wort **langsam** und ganz **genau.**
- **Überlegt,** was daran **schwierig** ist.
- **Gliedert** lange Wörter in Teile: *Recht-schreib-trai-ning*.
- **Prägt** euch das Wort **ein** und deckt es dann ab.
- **Schreibt** das Wort **auswendig** auf.
- **Vergleicht** eure Schreibung Buchstabe für Buchstabe **mit der Vorlage.**
- **Streicht** falsch geschriebene Wörter mit dem Lineal durch und schreibt sie richtig auf.

Mit Texten könnt ihr ähnlich verfahren. Schreibt dabei nicht immer ganze Sätze ab. Teilt sie in kürzere, sinnvolle Abschnitte ein und schreibt diese auf. Vergleicht am Ende Wort für Wort.

1 Schreibt die folgenden Wörter ab. Verwendet dabei die Arbeitstechnik 1.

> irgendwo • außerdem • plötzlich • spazieren • ziemlich • draußen • nichts • meistens •
> Angst • herauskommen • zurückgeben • abends • nirgends • erwidern • bisschen •
> Lehrerin • hinterher • mittlerweile

Wissen und Können	Arbeitstechnik 2: Lesbar schreiben

Für das Einüben der Rechtschreibung ist eine gute Handschrift wichtig. Schreibt alle Buchstaben deutlich. Achtet darauf, dass man die kleinge- schriebenen Buchstaben deutlich von den großgeschriebenen unterscheiden kann. Denkt daran: Andere müssen eure Schrift gut lesen können.

1
a Schreibt die Erklärung von Arbeitstechnik 2 möglichst sauber und gut lesbar ab.
b Tauscht die Hefte untereinander. Markiert mit Bleistift, welche Buchstaben deutlicher geschrieben werden müssen.

Arbeitstechnik 3: Im Wörterbuch nachschlagen

Um ein Rechtschreibprofi zu werden, muss man den Umgang mit dem Wörterbuch üben.
Darin kann man schwierige Wörter nachschlagen.
Die Wörter im Wörterbuch sind **alphabetisch** nach Anfangsbuchstaben **geordnet.** Bei gleichem
Anfangsbuchstaben entscheiden die weiteren Buchstaben über die Reihenfolge. Das gefundene
Wort schreibt man mit Hilfe der Arbeitstechnik 1 auf (▶ S. 259).

1 a Ordnet diese Tiernamen untereinander nach dem Alphabet:

> Gepard • Jaguar • Delfin • Ochse • Uhu • Buntspecht • Pferd • Libelle • Nachtigall •
> Turmfalke • Marder • Kiebitz • Robbe • Auerochse • Hamster • Yak • Qualle • Fischotter

   b Welche Anfangsbuchstaben sind nicht vertreten? Ergänzt dazu Tiernamen.
   c Schreibt ein Abc mit Personennamen.

2 Schreibt auch diese Tiernamen in alphabetischer Reihenfolge untereinander. Achtet dabei auf den
zweiten, dritten oder vierten Buchstaben. Markiert den Buchstaben, der die Reihenfolge bestimmt.

> Stier • Star • Storch • Stockente • Stubenfliege • Scholle • Sau • Stabheuschrecke •
> Seehund • Siebenschläfer • Stinktier • Specht • Sumpfschildkröte • Salamander •
> Schimpanse • Steinadler • Schwalbe • Schaf

3 a Stellt euch in der Klasse in der alphabetischen Reihenfolge eurer Nachnamen auf.
   b Wechselt nun eure Position nach der alphabetischen Reihenfolge der Vornamen.

4 Tragt die folgenden Verbformen in eine Tabelle wie die unten abgebildete ein.
Ergänzt den Infinitiv und die Seite aus dem Wörterbuch, auf der ihr das Verb
gefunden habt.

> Verben findet man
> im Wörterbuch nur
> im Infinitiv (▶ S. 222).
> Hier müsst ihr auch
> nach der gebeugten
> Form (▶ S. 222) su-
> chen, z. B. „sie läuft"
> unter „laufen".

> schrieb • gefunden • aß • floss • hängte • verloren • kamen • fiel •
> schlich • erfroren • gerannt • lies • gib • empfand • schwamm

Personalform/Partizip	Infinitiv	gefunden auf S. ...
schrieb	*schreiben*	...

Festival

Fes|ti|val [fäßtiwel] das *engl.*, die Festivals: Festspiele mit der Aufführung von Konzerten, Opern, Schauspielen, Filmen
Fe|te die *franz.*, die Feten: *ugs. für* ein kleines Fest; gestern lief eine tolle Fete
Fe|tisch der *franz.*, die Fetische: Gegenstand mit magischen Kräften, Götzenbild; das Auto war sein Fetisch
fett am fettesten; Fett das, des Fett(e)s, die Fette: er setzt Fett an (wird dicker); fett|arm; fett|en; fett|frei; fett ge|druckt / fett|ge|druckt; fet|tig; Fett|näpf|chen das: ins Fettnäpfchen treten (Anstoß erregen); Fett|säu|ren die: Hauptbestandteil von tierischen oder pflanzlichen Fetten; Fett|trop|fen die
Fe|tus / Fö|tus der *lat.*, des Fetus(ses) / Fötus(ses), die Fetusse / Fötusse / Feten: menschliche Leibesfrucht ab dem 3. Schwangerschaftsmonat
Fet|zen der, die Fetzen: ein billiger Fetzen (schlecht sitzendes oder zerrissenes Kleidungsstück), das wird bald in Fetzen gehen (sich auflösen)
feucht am feuchtesten; feucht|fröh|lich die Stimmung war feuchtfröhlich; Feuch|tig|keit die; feucht|kalt
feu|dal *lat.*: aristokratisch, vornehm, prunkvoll; sie aßen in einem feudalen (vornehmen) Restaurant; Feu|da|lis|mus der: Gesellschaftsform, in der die Herrschaft von der aristokratischen Oberschicht ausgeübt wird; Feu|dal|staat der
Feu|er das, die Feuer: sie waren wie Feuer und Wasser (grundverschieden), er war zwischen zwei Feuer geraten (wurde von zwei Seiten gleichzeitig bedrängt), die Hand für jemanden ins Feuer legen (für ihn garantieren), Öl ins Feuer gießen (anstacheln); feu|er|fest feuerfestes Baumaterial; Feu|er|lö|scher der; Feu|er|mel|der der; feu|ern sie feuerten (schossen) gleichzeitig, er feuerte (schleuderte) die Zeitung in die Ecke, sein Freund war gefeuert (entlassen) worden; feu|er|rot; Feu|er spei|end / feu|er|spei|end ein Feuer speiender / feuerspeiender Vulkan, der Feuer speiende / feuerspeiende Drache; Feu|er|ver|si|che|rung die: Versicherung gegen Brandschaden;

Feu|er|wehr die; Feu|er|werk das; feu|rig leidenschaftlich, temperamentvoll

Feuerwerk

Feuil|le|ton [föjetõ / föjetõ] das *franz.*, des/die Feuilletons: Unterhaltungs- und Kulturteil in Zeitungen
ff *Abk. für* folgende (Seiten)
Fi|as|ko das *ital.*, die Fiaskos: Fehlschlag, Reinfall; ein Fiasko erleiden
Fi|bel die: 1. Lesebuch für Schulanfänger, Lehrbuch 2. mittelalterliche Gewandspange
Fi|ber die *lat.*, die Fibern: Kunstfaser, z. B. Glasfiber
Fich|te die: Nadelbaum
fi|del *lat.*: gut gelaunt, fröhlich
Fie|ber das *lat.*; fie|ber|frei; fie|ber|haft; fie|ber|heiß; fie|be|rig / fieb|rig
Fie|del die *lat.*, die Fiedeln: *veraltet für* Geige; fie|deln
fies sie behandelte ihn ganz fies (gemein), das schmeckt fies (ekelhaft); Fies|ling der
Fi|dschi oder Fi|ji: Fi|dschi|a|ner oder Fidschi|a|ner der/die oder Fid|schi|a|ne|rin die, die Fidschianerinnen; fi|dschi|a|nisch oder fid|schi|a|nisch
Fi|gur die *lat.*, die Figuren: eine gute Figur machen; fi|gür|lich
Fik|ti|on die *lat.*, die Fiktionen: Einbildung, Unterstellung, Erdichtung; fik|ti|o|nal auf

Erdachtem beruhend; ein fiktionaler Text; fik|tiv erdacht
Fi|let [file] das *franz.*, die Filets: zartes Fleischstück von der Lende des Rindes oder des Schweines
Fi|li|a|le die *lat.*, die Filialen: Zweigniederlassung, Zweigbetrieb
fi|li|gran oder fi|li|gran: feingliedrig, zart; Fi|li|gran oder Fi|li|gran das *ital.*, die Filigrane: kunstvolles Geflecht, z. B. aus Silber- oder Golddraht
Film der *engl.*, des Film(e)s; fil|men; Film|schau|spie|ler der/die; Film|schau|spie|le|rin die, die Filmschauspielerinnen; Film|star der, die Filmstars
Fil|ter der oder das: Gerät zum Zurückhalten von festen Teilchen oder Strahlen, z. B. Kaffeefilter, Rotfilter; fil|ter|fein; fil|tern
Filz der des Filzes, die Filze: Faserstoff, *auch* Vetternwirtschaft; filz|ar|tig; fil|zig
Fim|mel der: Vorliebe, kleine Verrücktheit
Fi|nal [fainel] das *engl.*: Endspiel (Sport); Fi|na|le das *lat.*, des Finales, die Finale: Höhepunkt, Endspiel, Schlussteil; Fi|na|list der, die Finalisten; Fi|na|lis|tin die, die Finalistinnen: Teilnehmerin an einer Endausscheidung
Fi|nanz|amt das: Steuerbehörde; Fi|nan|zen die *Pl.*: Geldmittel, staatliches Vermögen; fi|nan|zi|ell; fi|nan|zie|ren mit Geld unterstützen; Fi|nan|zie|rung die
Fin|del|kind das; fin|den du findest er fand, gefunden, er fände: wer sucht, der findet; Fin|der der/die; fin|dig gewitzt, schlau; Find|ling der: 1. ausgesetztes Baby 2. allein stehender, von Gletschern herantransportierter Felsblock

Findling

Fi|nes|se die *franz.*, die Finessen: Spitzfindigkeit, Trick, verfeinerte Technik
Fin|ger der, die Finger: lange Finger machen (stehlen), sich etwas aus den Fingern saugen (etwas frei erfinden), den Finger auf die Wunde legen (auf einen Missstand hinweisen); fin|ger|breit ein fingerbreiter Riss; *aber:* vier Finger breit; fin|ger|dick; fin|ger|fer|tig geschickt; Fin|ger|food / Finger-Food [-fud] das *engl.*: kleine Speisen, meist nur in Bissen, die ohne Teller und Besteck gegessen wird; Fin|ger|pup|pe die: kleine Puppe, die auf den Finger gesetzt und bewegt wird; Fin|ger|spit|zen|ge|fühl das; Fin|ger|zeig der: ein nützlicher Hinweis
fin|gie|ren *lat.*: erdichten, vortäuschen; ein fingierter (frei erfundener) Brief, der Überfall war fingiert (vorgetäuscht)
Fink der, des die Finken: Singvogel
Finn|land: Fin|ne der, die Finnen; Fin|nin die, die Finninnen; fin|nisch
fins|ter am finstersten: es wird finster, er sagte das ganz finster (unfreundlich), wir tappen im Finstern (haben keine Anhaltspunkte); Fins|ter|nis die: totale Dunkelheit
Fin|te die *ital.*, die Finten: Vorwand, Täuschung, Scheinhieb, z. B. beim Fechten
Fir|le|fanz der: wertloses Zeug, dummes Gerede, Albernheit
firm *lat.*: sattelfest, sicher, kenntnisreich
Fir|ma die *ital.*, die Firmen, *Abk.* Fa.; fir|mie|ren einen bestimmten Geschäftsnamen führen
Fir|ma|ment das *lat.*, die Firmamente: Himmel
fir|men; Firm|ling der, die Firmlinge; Fir|mung die: katholisches Sakrament
Firn der, des Firn(e)s: alter, harter Schnee
Fir|nis der *franz.*, des Firnisses, die Firnisse: Anstrich aus schnell trocknendem Öl oder Lack
First der, des First(e)s, die Firste: oberste Dachkante
Fisch der, des Fisch(e)s, die Fische: stumm wie ein Fisch; fisch|arm; fisch|äu|gig; fi|schen; Fi|scher der/die; Fi|sche|rin die, die

Fischerin

A B C D E **F** G H I J K L M N O P Q R S T U V W X Y Z

144   145

---

5 Erklärt, wozu die Angaben auf den oberen Seitenrändern dieses Wörterbuchs dienen.

6 **a** Erläutert die Bedeutung der folgenden blau unterstrichenen Angaben:

> **Fisch** der, des Fisch(e)s
> **Fin|ger|pup|pe**
> **Firmament** das
> **finster** am finstersten
>
> **Finale** das *lat.*, des Finales, die Finale
> **finden** du findest, er fand, gefunden, er fände
> **fies** sie behandelte ihn ganz fies (gemein)
> **Fes|ti|val** [fäßtiwel] das *engl.*

b Nennt weitere Arten von Angaben, die in euren Wörterbüchern enthalten sind.

7 Entwerft für einen Partner / eine Partnerin eine Wörterbuch-Rallye mit fünf Suchaufträgen, z. B.:
(1) Welches Wort steht zwischen „Firma" und „firmen"? • (2) Aus welcher Sprache stammt „Film"? • (3) …

Wissen und Können   **Arbeitstechnik 4: Mit einer Fehlerliste üben**

Mit Hilfe einer Fehlerliste kann man sich **eigene Rechtschreibfehler bewusst machen** und sie **durch regelmäßiges Üben vermeiden.**

Legt auf einem DIN-A4-Blatt eine Tabelle wie die unten abgebildete an:

- Schreibt **alle eure Fehlerwörter** aus Aufsätzen und Hefteinträgen **richtig** in die linke Spalte.
- Notiert in der Mitte, welcher **Tipp** oder welche **Regel** helfen kann, den Fehler zu vermeiden.
- Ergänzt rechts **verwandte Wörter** oder **Verlängerungen,** die euch helfen.

Nun könnt ihr ganz unterschiedlich üben. Benutzt ein Übungsheft:

- Deckt die linke Spalte ab und schreibt die Wörter auf oder lasst sie euch diktieren.
- Hängt die Fehlerliste in euer Zimmer, prägt euch jeweils drei oder vier Wörter ein und schreibt sie auf.

Habt ihr ein Wort richtig geschrieben, dürft ihr es in der Fehlerliste abhaken. Bei drei Haken braucht ihr das Wort nicht mehr zu üben. Ist es jedoch irgendwann wieder falsch, kommt es erneut in die Fehlerliste.

Fehlerwort mit Fehlerstelle	Rechtschreibregel oder Tipp	Wortfamilie, Verlängerungen
mus_ste	*doppelter Konsonant nach kurzem Vokal*	*müssen, ich muss*
Wand	*...*	*Wände*

---

1 Legt eine Fehlerliste für eure persönlichen Fehlerwörter an.

Testet euer Wissen!

Tipps und Techniken

1 Legt mit den Wörtern rechts eine Fehlerliste an.
Füllt alle Spalten der Tabelle aus.
Verwendet die Tipps 1 bis 6 von
▶ S. 254–258.

> Abend • hatte • wichtig • verreist •
> Freundlichkeit • Gemäuer • Gabelstapler •
> säuerlich • drü-cken • Erlebnis

2 Schreibt den Text rechts ab und ergänzt die unvollständigen Wörter.
Überlegt jeweils, welcher Tipp
(▶ S. 254–258) euch hilft.

1. b oder p?
2. l oder ll?
3. l oder ll?
4. e oder ä?
5. d oder t?
6. r oder rr?
7. p oder pp?
8. s oder ss?

Die Tricks der Polarfüchse

Der Wind fegt über das Eis der Arktis. Die Tem **1** era-turen fa **2** en auf minus 30 Grad. Fast a **3** e Tiere wechseln jetzt in eine w **4** rmere Gegen **5** . Nicht so der Polarfuchs.

Wenn sein Magen knu **6** t, sucht er nach Eisbären. Die könnte er natürlich niemals erlegen. Aber er kann ihnen manchmal ihr Futter wegschna **7** en, zum Bei-spiel eine Robbe. Dabei muss er aber aufpa **8** en, nicht selbst als Nachtisch verspeist zu werden.

Fremdwörter aus dem Englischen richtig schreiben

Burger • Community • Snowboard • Server • LED-Display • Techno • Crosstrainer • Pop •
fit • Jeans • Moonboots • rappen • Liveshow • Sneakers • joggen • E-Mail • Sweatshirt •
downloaden • Brunch • Touchscreen • Outfit • Toast • Inlineskates • Coverband

1
  a Lest die Wörter laut und deutlich vor. Die meisten Begriffe kennt ihr wahrscheinlich schon.
  b Besprecht die Bedeutung der Wörter und klärt unbekannte Begriffe mit Hilfe eines Wörterbuchs
     oder Lexikons.
  c Ordnet die Wörter den folgenden Bereichen zu: Sport, Mode, Essen, neue Medien.
  d Einige Begriffe könnt ihr nicht zuordnen. Findet für sie einen passenden Oberbegriff und schreibt
     sie dahinter auf.
●●●   e Ergänzt zu den einzelnen Bereichen weitere Wörter aus dem Englischen (Anglizismen).

2 Lest im Merkkasten unten die Regeln zur Rechtschreibung von Anglizismen und
schreibt die folgenden Wörter korrekt mit den bestimmten Artikeln auf:

tshirt • slogan • show business • Baby's • ebike • Boy Group

3 Bringt Zeitungsartikel und Werbeprospekte zu den verschiedenen Themenbereichen mit in den
Unterricht. Sucht darin Fremdwörter aus dem Englischen (Anglizismen) und schreibt diese heraus.
Überprüft, ob die Schreibweise den Regeln aus dem Merkkasten entspricht.

Wissen und Können   **Fremdwörter aus dem Englischen**

Fremdwörter sind Wörter, die aus anderen Sprachen kommen. Gegenwärtig übernehmen wir viele
Fremdwörter aus dem Englischen (= Anglizismen), z. B.: *Computer, Snowboard, Jeans.*
■ Sie werden übernommen, weil es entweder kein oder kein einfaches deutsches Wort dafür gibt,
  z. B.: *Scanner, Chips.*
■ Es werden aber auch englische Wörter in die deutsche Sprache übernommen, obwohl es
  deutsche Entsprechungen gibt. Diese Anglizismen sollen modern wirken, z. B.: *Shopping-*
  center statt *Einkaufszentrum, Shampoo* statt *Haarwaschmittel.*
Für die **Rechtschreibung** gilt:
■ Fremdwörter aus dem Englischen werden **oft anders geschrieben als gesprochen:** Die Laute
  werden so wiedergegeben wie im Englischen.
■ Aber: **Nomen** aus dem Englischen schreiben wir im Deutschen groß, z. B.: *das Meeting, der Fan.*
■ **Zusammengesetzte Nomen** können meistens zusammengeschrieben werden, z.B.: *das Fast-*
  food, der Fitnesstrainer.
■ Zusammensetzungen, die Abkürzungen enthalten, werden mit Bindestrich geschrieben, z. B.:
  das E-Book.
■ Der **Plural** wird meist durch ein angehängtes s gebildet, z. B.: *die Partys, die Backups.*
Schlagt im **Wörterbuch** nach, wenn ihr unsicher seid.

15.2 Rechtschreibregeln üben

Groß- und Kleinschreibung

Nomen schreibt man groß

Essen mit Verantwortung

Ganz schön schwer, das Mittagessen! Mit ver-
einten Kräften schleppen die beiden Mädchen
einen metallenen Eimer aus der Schulküche.
In der Yasu-Grundschule der japanischen Stadt
5 Hiroshima geht das jeden Mittag so: Riesige
Mengen Reis, Nudeln, Gemüse, Fisch oder
Fleisch werden von Schülern auf Rollwagen
gewuchtet und vor die Klassenzimmer gescho-
ben. Und weil dabei alles sauber zugehen
10 muss, tragen die Kinder weiße Kittel und
Mundschutz. Jeweils vier bis sechs Kinder pro
Klasse sind reihum zum Küchendienst einge-
teilt. Sie holen das Essen ab, teilen die Portio-
nen aus und machen dabei ganz nebenbei ein
15 paar einfache, aber wichtige Erfahrungen: Regelmäßige Mahlzeiten in der Gemeinschaft
erziehen zu gutem Benehmen, Fairness, Rück-
sichtnahme und Verantwortung.

1 Findet ihr es gut, das Essen in der Schule so zu organisieren? Begründet eure Ansichten.

2 Der Zeitungsartikel enthält viele Nomen (▶ S. 206 ff.). Deren Merkmal ist die Groß-schreibung. Manche von ihnen stehen mit, andere ohne Artikel (▶ S. 211).

> Manchmal stehen zwischen dem Artikel und dem zugehörigen Nomen noch andere Wörter, z. B.: *die (beiden) Mädchen*.
> Achtung: Artikel und Nomen stehen nicht immer im Nominativ.

  a Sucht die Nomen heraus und ordnet sie in eine Tabelle wie die folgende ein:

Nomen mit Artikel	Nomen ohne Artikel
das Mittagessen	*Essen*

  b Ergänzt in der rechten Spalte den Nominativ (▶ S. 210) mit Artikel, z. B.: *Essen – das Essen.*
  c Ergänzt in der linken Spalte bei allen Nomen, die nicht im Nominativ stehen, den Nominativ, z. B.: *der Yasu-Grundschule – die Yasu-Grundschule.*

3 **a** Wie werden die folgenden Wörter geschrieben: groß oder klein? Macht die Artikelprobe
(▶ Merkkasten unten auf der Seite), ohne die Wörter zu verändern.

> FREI • FERIEN • AUTOREISEZUG • FLUGZEUG • PÜNKTLICH • SONNIG • KLAR •
> RUCKSACK • AUFSTIEG • WEIT • STRAND • SCHÖN

b Verwendet die Wörter in Wortverbindungen
aus Artikel, Adjektiv (▶ S. 212 f.) und Nomen.
Beispiel: *die freie Zeit.*

Urlaubsreise

Im Urlaub fuhren wir zum Mittelmeer. Vom
Abend bis zum nächsten Morgen sind wir
durchgefahren, denn wir wollten nicht schon
am ersten Tag im Stau stecken bleiben. Weil
5 ich im Auto nicht schlafen kann, wurde ich
schrecklich müde und dachte zum Schluss nur
noch ans Bett im Hotel. Am frühen Morgen
machten wir länger Rast. Ich legte mich einfach ins Gras und schlief sofort ein. Ich wün-
10 sche mir, beim nächsten Mal im Flugzeug zu
verreisen. Da ist man schneller am Ziel.

4 **a** Manchmal sind die Artikel nicht gleich zu sehen oder fehlen völlig. Im Text oben haben sie sich
„versteckt". Schreibt diese Wörter mit dem dazugehörigen Nomen heraus, z. B.: *im (= in dem) Urlaub.*
b Sucht die versteckten Artikel und schreibt sie mit dem dazugehörigen Nomen auf, z. B.:
ins (in das) Haus

> ins Bett gehen • am Abend ankommen • zum Bäcker gehen • im Gras liegen

Wissen und Können **Satzanfänge, Namen und Nomen schreibt man groß.**

Vor Nomen kann man einen Artikel setzen. Mit der **Artikelprobe** kann man prüfen, ob ein Wort
ein Nomen ist und deshalb großgeschrieben werden muss, z. B.: *Auto → das Auto, ein Auto.*
Nomen kann man auch an der Präposition mit verstecktem Artikel erkennen, z. B.:
beim (bei dem) Bäcker, ins (in das) Haus
In Sätzen steht der Artikel nicht immer direkt vor dem Nomen, z. B.:
Paul putzt das neue Auto.

Manchmal fehlt der Artikel, aber das Wort **könnte** mit Artikel stehen, z. B.:
Lisa liebt Radtouren. → die Radtouren

Großmeister

Den weißen Turm zwei Felder vor und mit dem NÄCHSTEN
Zug den schwarzen Bauern schlagen: Wenn Magnus Carlsen
Schach spielt, schauen auch Weltklassespieler bei diesem ER-
EIGNIS genau hin. Schon mit 13 Jahren galt der Norweger als

5 Supertalent. Als ZWEITJÜNGSTER Spieler aller Zeiten hat er
sich 2004 mit ÜBERLEGENHEIT den Titel eines „Großmeisters"
erspielt. Das war eine HOHE AUSZEICHNUNG und Lohn für
viel ÜBUNG. Schon im Alter von acht Jahren hat der Junge mit
Schachspielen begonnen. Denken, rechnen, mit GENAUIGKEIT

10 Strategien entwickeln – da war seine BEGEISTERUNG groß. Die
Schule aber langweilte Magnus: Keine Aufgabe war ihm KNIFF-
LIG genug. Seine Klassenkameraden vermisste er trotzdem auf
den Reisen zu Turnieren rund um die Welt: „Da war wenig Zeit
für FREUNDSCHAFTEN. Aber zu Ostern konnte ich mit mei-

15 nen Freunden endlich wieder Fußball spielen", erinnert sich
der Weltmeister, dem KAMERADSCHAFT sehr wichtig ist. König, Dame und Turm haben große BEDEUTUNG für Magnus,
der als Kind mit LEIDENSCHAFT alte Wikingersagen las.

5 Könnt ihr Schach spielen? Berichtet von euren Erfahrungen mit dem Schachspiel.

6 a Im Text oben sind mehrere Wörter in Großbuchstaben gedruckt. Schreibt sie in der richtigen Groß- und Kleinschreibung in euer Heft. Beachtet dabei den Merkkasten unten und die Artikelprobe.

b Füllt die Tabelle in eurem Heft mit passenden Nomen aus dem Zeitungsartikel.

c Ergänzt jeweils drei weitere Nomen mit diesen typischen Endungen.

> Man kann die Spaltenüber-
> schriften auch mit einigen
> Zeilen Abstand untereinan-
> derschreiben. Die Zuordnun-
> gen werden dann jeweils
> dahinter notiert.

-heit	-keit	-nis	-schaft	-ung
...	...	...	...	...

7 a Bildet aus den Wörtern rechts Nomen mit typischen Endungen (▶ Merkkasten unten).

b Bildet zu den Nomen aus Aufgabe a den Plural. Achtung: Nicht alle Nomen haben eine Pluralform, z. B.: *die Fröhlichkeit*. Kontrolliert dies mit dem Wörterbuch.

> geheim • reich • anstrengen • gefangen •
> fröhlich • gesund • hoffen • erlauben •
> traurig • faul • verwandt • eigen

Wissen und Können **Großschreibung: Nomen an Wortendungen erkennen**

Wörter mit den Endungen **-heit, -keit, -nis, -schaft, -tum, -ung** sind **Nomen** und werden
großgeschrieben, z. B.: *Schönheit, Süßigkeit, Ereignis, Mannschaft, Eigentum, Zeichnung*.

Adjektive schreibt man klein

Marienkäfer – meisterhaft

Ein typisches Merkmal haben alle Käfer gemeinsam: ihre Deckflügel. Wenn etwa der kugelige Marienkäfer losfliegen will, lupft er zuerst seine zwei roten Flügel. Darunter werden die dünnen Flugschwingen sichtbar.
5 Nach der Landung werden diese empfindlichen Schwingen sorgsam zusammengefaltet und zugedeckt. Gepanzert wie ein winziger Ritter, kann er nun durch Dornen oder enge Spalten krabbeln – fast unverletzbar. Sollte er bedroht werden, setzt er seine „chemische"
10 Waffe ein, indem er eine stinkende Flüssigkeit aus seinen Beingelenken drückt – fast unangreifbar! Der Marienkäfer ist in jedem Garten willkommen. Ruhelos verputzt er täglich bis zu 150 Blattläuse – einfach meisterhaft!

1 Habt ihr schon Erfahrungen mit Marienkäfern oder anderen Käfern gemacht? Erzählt davon.

2 „Wie findet ihr die vielfältigen Käfer: hässlich oder liebenswürdig?"
In diesem Satz werden die Käfer mit drei Wörtern – drei Adjektiven (▶ S. 212 f.) – beschrieben. Schreibt diese Adjektive in euer Heft und unterstreicht die für Adjektive typischen Endungen. Verwendet den Merkkasten unten auf der Seite.

3 **a** Notiert die sieben Adjektivendungen aus dem Merkkasten unten mit drei Zeilen Abstand untereinander in eurem Heft und tragt alle Beispiele aus dem Text dahinter ein.

> Achtung: Oft sind die Adjektive gebeugt, also die Endungen erweitert, z. B.: *vielfältigen*.

b Ergänzt zu allen Adjektivendungen weitere Beispiele.
c Verwendet die Adjektive zur näheren Beschreibung eines Gegenstands.
Beispiele: *wichtiges Spiel*, *schwarze Sporttasche* ...

4 **a** Bildet aus den Wörtern rechts Adjektive mit typischen Adjektivendungen.
●● **b** Findet heraus, welche dieser Wörter sich mit drei verschiedenen typischen Adjektivendungen verbinden lassen.
Beispiel: *farbig*, *farblich* ...

> Geiz • Farbe • England • Fehler • wirken • Zorn • Dank • brauchen • sparen • Bild • sorgen • Türkei • Natur • Gefahr • Ruhe • schweigen • Hilfe • Schuld • Traum • Durst

Wissen und Können	**Kleinschreibung: Adjektive an Wortendungen erkennen**

Wörter mit den Endungen **-bar, -haft, -ig, -isch, -lich, -los, -sam** sind **Adjektive** und werden **kleingeschrieben,** z. B.: *sichtbar, schreckhaft, winzig, neidisch, ähnlich, planlos, biegsam*.

Testet euer Wissen!

Groß- oder Kleinschreibung?

Immer der Nase nach – der Ameisenbär

Eine Besonderheit ist er schon – der Ameisenbär. Das Fell ist borstig und hat Ähnlichkeit mit einer drahtigen Fußmatte. Der schmale Kopf gleicht einer länglichen Röhre, erstaunliche 30 cm lang. Maul und Augen sind winzig und Zähne gehören nicht zu seiner Ausstattung – dafür aber eine bewegliche, 60 cm lange Zunge, für die es eine leichte Übung ist, bis zu 160-mal in der Minute hervorzuschnellen! Wenn das seltsame Tier durch das üppige Gras der südamerikanischen Wildnis streift, muss man schon genau hinsehen, um zu erkennen, wo beim Ameisenbär vorn und hinten ist! Ein Ereignis ist es, wenn der wundersame Ameisenfresser in Gefangenschaft – im Zoo – Junge zur Welt bringt.

1 **a** Schreibt die Nomen aus diesem Text im Nominativ in eine Tabelle wie die folgende:

Nomen mit (verstecktem) Artikel	Nomen ohne Artikel
die Nase	*Ähnlichkeit*

b Ergänzt in der rechten Spalte die fehlenden Artikel im Nominativ, z. B.: *die Ähnlichkeit*.
c Unterstreicht die für Nomen typischen Endungen.

2 Schreibt die Adjektive mit typischen Endungen aus dem Text in eine Tabelle:

-ig	-isch	-lich	-sam
...	...	*länglich*	...

3 Welche Wörter sind gemeint? Schreibt sie in der richtigen Groß- und Kleinschreibung in euer Heft. Macht die Artikelprobe und achtet auf die Wortbausteine.

? iegsam	? eisterschaft	? iebisch	? eduldig	? ankbarkeit
? ankbar	? inheit	? iellos	? rfolglos	? agenhaft
? efängnis	? efährlich	? eugnis	? rgiebig	? ufregung

4 Bildet aus folgenden Wörtern Nomen. Verwendet die für Nomen typischen Endungen, z. B.: *Bezahlung*.

bezahlen	tapfer	reinigen	hindern	wissen	frech

STAUS AUF AUTOBAHNEN

EINE WICHTIGE URSACHE FÜR STAUS SIND DIE HOHEN GESCHWINDIGKEITEN AUF DER ÜBERHOLSPUR. MANCHMAL ÜBERHOLT EIN AUTO EINEN LANGSAMEN LASTZUG. FÄHRT EIN
5 SCHNELLERES AUTO ZU DICHT AUF UND BREMST ZU SPÄT, MÜSSEN NACHFOLGENDE FAHRER EBENFALLS DER REIHE NACH AUF DAS BREMSPEDAL TRETEN. IRGENDWANN BLEIBT DER VERKEHR DANN STEHEN. DER GRUND FÜR
10 EINEN STAU SIND ALSO DIE UNTERSCHIEDLICHEN GESCHWINDIGKEITEN. DAS IDEALE TEMPO AUF DEN MEISTEN AUTOBAHNEN IST 80 KM PRO STUNDE.

5 Schreibt den Text in richtiger Groß- und Kleinschreibung auf.
Verbindet jeweils den Artikel und das dazugehörende Nomen mit einem Pfeil, z. B.:
Eine wichtige Ursache für Staus sind ...

Probiert bei Wörtern ohne Artikel aus, ob ein Artikel ergänzt werden könnte:
Staus → die Staus.

Kurze Vokale – Doppelkonsonanten

Saigas – die mit der Rüsselnase

In den Steppen Russlands und Kasachstans ziehen Herden wundersamer Wesen umher: Saigas. Sie sehen aus, als hätte sie jemand aus Teilen vieler verschiedener Tierarten gemixt.

Bei einem Schönheitswettbewerb hätte dieses Tier wahrscheinlich keine Chance. Irgendwie scheint bei ihm nichts zusammenzupassen. Diese Nase – weich und rüsselartig wie bei einem Tapir. Die Beine – schlank wie bei einer Gazelle. Die Augen – rund wie die einer Ziege. Und das Geblöke – wie von einem Schaf. Ehrlich gesagt: Saigas wirken fast so, als habe sie jemand aus den Resten im Ersatzteillager der Natur zusammengeflickt.

Aber wie merkwürdig sie auch aussehen mögen – für ihre Heimat, die kargen Steppen Russlands und Kasachstans, könnten die Saigas gar nicht besser ausgerüstet sein.

Mit ihren „Ziegenaugen" etwa erkennen sie einen Wolf auf 1000 Meter Entfernung; und mit Hilfe ihrer Gazellenbeine erreichen sie auf der Flucht locker ein Tempo von 70 km/h. Ihr „Nasensack" ist sogar ein richtiger Multifunktionsapparat: Wenn die Saigas einatmen, filtert er den lästigen Staub aus der Steppenluft. Und im Winter, bei minus 40 Grad Celsius, wärmt und befeuchtet der Nasensack die eiskalte Atemluft. Im brütend heißen Sommer dagegen rettet er das Hirn der Saigas vor Überhitzung: Das viel zu warme Blut, das in Richtung Hirn strömt, muss erst durch das feuchtkalte Rüsselinnere fließen; dort wird es um einige Grad abgekühlt, bevor es wohltemperiert ins Oberstübchen gelangt.

1 Aus welchen Tieren scheint eine Saiga zusammengesetzt zu sein? Tauscht euch aus.

2 a Lest den Merkkasten auf ▶ Seite 271.
  b Schreibt aus dem Text oben alle Wörter mit einem kurzen betonten Vokal heraus, auf den doppelte Konsonanten folgen. Markiert den kurzen Vokal mit einem Punkt und unterstreicht den nachfolgenden Doppelkonsonanten, z. B.:  *Rüsselnase*.

3 Schreibt aus dem Text auf Seite 270 zehn Wörter heraus, die einen kurzen betonten Vokal haben, auf den mehrere verschiedene Konsonanten folgen, z. B. schlank (▶ S. 254).

4 a Lest die folgenden Wörter laut vor:

> Sommer • Schmetterling • hell • Butter • Fass • Schwimmbad • Beginn • dumm • Schall • Füller • Löffel • bitter • voll • doppelt • Teppich • stumm • Flamme • Bälle

b Sortiert die Wörter in eine Tabelle wie die folgende ein. Markiert den kurzen betonten Vokal mit einem Punkt und unterstreicht den folgenden Doppelkonsonanten.

a/ä	e	i	o/ö	u/ü
Fass	...	...	...	...

5 Findet zu den vorgegebenen Wörtern möglichst viele Reimwörter mit kurzem Vokal und doppelten Konsonanten oder *ck*. Achtet auf die Groß- und Kleinschreibung.

nennen	hatten	Kanne	zucken	Bissen
H ?????	R ?????	P ????	j ?????	K ?????
k ?????	M ?????	W ????	d ?????	r ?????
br ?????	Sch ?????	T ????	schl ?????	W ?????
...	...	...	...	...

6 Bildet zu den Verben rechts jeweils drei Präteritumformen (▶ S. 225). Achtet darauf, dass dabei der Doppelkonsonant aus dem Infinitiv (▶ S. 222) erhalten bleibt. Unterstreicht den Doppelkonsonanten.
Beispiel: müssen → er musste, wir mussten, ihr musstet.

> müssen • wollen • können • rennen • wissen • fassen

Wissen und Können **Doppelkonsonanten nach kurzem betontem Vokal**

Nach einem kurzen betonten Vokal (Selbstlaut) folgen fast immer **zwei Konsonanten** (Mitlaute). In den meisten Fällen kann man die beiden Konsonanten bei deutlichem Sprechen gut unterscheiden, z. B.: *Hund, Topf, Karte, singen, wandern.*

Wenn nach einem kurzen betonten Vokal **nur ein Konsonant zu hören** ist, wird dieser beim Schreiben **meist verdoppelt,** z. B.: *knabbern, Brunnen, Pudding, Koffer, Bagger, schwimmen, Suppe, irren, vergessen.*
Ausnahmen:
- Statt verdoppeltem **k** schreibt man **ck,** z. B.: *backen, Locken, Ecke.*
- Statt verdoppeltem **z** schreibt man **tz,** z. B.: *Katze, nutzen, Hitze.*

Lange Vokale

1 Lest die folgenden Wörter laut. Achtet dabei auf den lang gesprochenen Vokal.

> Dame • Faden • Maler • Abend • Qual • Plan • Tal • klar • haben

2 a Bildet mit Hilfe des folgenden Wörtersterns Wörter mit lang gesprochenem **u**:

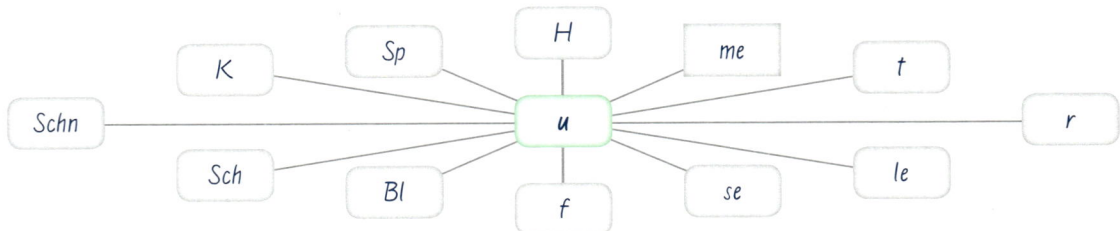

b Prüft in Aufgabe 1 und 2 a, wie viele Konsonanten jeweils hinter dem langen Vokal stehen.

3 Sammelt zu den folgenden Wörtern mit lang gesprochenem **e** und **o** verwandte Wörter (▶ S. 256) oder zusammengesetzte Wörter (▶ S. 256), z. B.: *schwer – schwerfällig, Schwerkraft* ...
Ihr könnt das Wörterbuch zu Hilfe nehmen.

> schwer • verlosen • Ofen • Hose • kleben • holen • Rose • schweben • Leben

Wissen und Können	**Einfacher Konsonant nach langem Vokal**

Die langen Vokale **a, e, o, u** und die Umlaute **ä, ö, ü** werden oft nur mit einem einfachen Buchstaben geschrieben, z. B.: *Wagen, leben, Bogen, Grube, klären, Flöte, Gemüse.*
Nach einem **langen Vokal** und **nach *ä, ö, ü*** steht **meist nur *ein* Konsonant**, z. B.: *haben, geben, oben, rufen, Käse, mögen, üben.*

Lange Vokale – Doppelvokale

Ferienplanung

Die Familie sitzt gemütlich beim Sonntagsfrühstück. Kaffee und Tee dampfen in den Bechern. Plötzlich fragt die Mutter: „Was wollen wir eigentlich im nächsten Urlaub unternehmen?" Der Vater nickt: „Ich denke, da uns die Dolomiten im Schnee so gut gefallen haben, sollten wir sie auch im Sommer kennen lernen: ein hübscher See, in dem sich die Berge spiegeln; Spaziergänge durch den schattigen Wald auf moosweichem Boden. Wir finden bestimmt ein paar Himbeeren oder Brombeeren, die wir direkt vom Strauch essen können. Oder wir wandern auf die Almen, wo glückliche Kühe ihren Klee fressen ..."

5

10

15 Svenja stehen allmählich die Haare zu Berge.
„Das ist doch alles doofer Kinderkram!", mault
sie. „Da können wir ja gleich zu Hause bleiben
und in den Streichelzoo gehen. Ich habe eine
viel bessere Idee: Wir fahren ans Meer und
20 nehmen unser Schlauchboot mit. Und wenn
ich ein Paar neue Flossen kriege, kann ich vom
Boot aus schnorcheln."
Die Mutter stellt ihren leeren Kaffeebecher ab
und erklärt: „Ich finde Svenjas Gedanken ver-
25 lockend. Morgen gehe ich ins Reisebüro und
hole ein paar Kataloge. Dann werden wir wei-
tersehen."

1 a Welche Reiseziele locken Vater, Mutter und
Tochter? Welches Ziel würde euch reizen?
b Schreibt aus dem Text alle Wörter mit
Doppelvokal in eine Tabelle wie die rechts.
c Lest die Wörter vor. Achtet besonders auf
die lang gesprochenen Vokale.

aa	ee	oo
...	*Kaffee*	...
...	...	...

2 a In diesem Suchrätsel sind senkrecht und
waagerecht 24 verschiedene Wörter mit
doppeltem Vokal versteckt.
Schreibt sie untereinander heraus.
b Findet zu jedem Wort verwandte Wörter
(▶ S. 256) oder Wortzusammensetzungen
(▶ S. 256), z. B.: *Haar – Haarausfall, behaart*.
Ihr könnt ein Wörterbuch als Hilfe
verwenden.

M	E	P	T	E	E	R	C	L	X	G	U	A	A	H
E	X	Q	Q	L	C	O	S	P	A	A	R	A	L	V
E	A	H	A	A	R	N	N	T	E	E	M	L	L	I
R	K	H	B	B	G	Z	Z	B	K	J	M	U	E	R
B	M	G	O	Q	O	O	S	C	H	N	E	E	S	E
E	E	Y	O	R	W	O	A	K	K	C	X	U	D	E
L	L	T	T	P	A	S	A	A	L	N	S	F	E	I
B	E	E	T	A	A	N	T	F	O	V	E	L	R	D
E	E	R	B	J	G	D	S	F	Y	F	E	E	R	E
M	T	S	E	E	E	K	M	E	M	T	L	E	I	E
O	P	E	E	A	L	L	E	E	T	H	E	R	G	C
O	B	A	R	U	H	G	M	G	E	L	E	E	G	I
R	E	B	E	F	W	P	M	O	O	S	H	A	B	E

3 Schreibt eine kurze Geschichte, in der möglichst
viele Wörter mit Doppelvokal vorkommen
(z. B. solche aus dem Suchrätsel rechts):
Ein Paar ging auf einer Allee spazieren ...

Wissen und Können   Wörter mit Doppelvokal

In einigen Wörtern wird der lange Vokal mit Doppelbuchstaben geschrieben, z. B.:
- **aa:** *Aal, Aas, Haar, paar, Paar, Saal, Saat, Staat, Waage.*
- **ee:** *Beere, Beet, Fee, Heer, Klee, Schnee, See, Seele, Teer.*
  Dazu kommen einige Wörter, die ursprünglich aus einer anderen Sprache stammen und mit
  ee am Wortende geschrieben werden, z. B.:
  Armee, Idee, Kaffee, Klischee, Tee, Tournee, Püree.
- **oo:** *Boot, Moor, Moos, Zoo.*

Lange Vokale mit h

Der Koalabär auf dem Foto wirkt ganz zahm, fast wie ein Kuscheltier. Die Aufnahme entstand aber in einem der zahlreichen Koala-Reservate in Australien. Dort standen die einst sehr verbreiteten Tiere vor etwa 100 Jahren kurz vor der Aus-
5 rottung – und zwar nur deshalb, weil sie ebenso harmlos wie wehrlos sind und ihre schönen dichten Felle in der Modewelt sehr begehrt waren.
Heute wird man in der Heimat der Tiere ungern an die Sünden der Vergangenheit erinnert. Denn die Koalas zählen ne-
10 ben den Kängurus zu den weltweit bekanntesten Wahrzeichen Australiens.

1 Erklärt: Warum standen die Koalabären kurz vor der Ausrottung?

2 In diesem Artikel stehen Wörter mit der Buchstabenfolge **langer Vokal + h** oder **Umlaut + h.** Schreibt sie heraus und markiert die beiden Buchstaben, z. B. *zahm.*

3 **a** Schreibt aus der folgenden Wörtersammlung die Reimwörter nebeneinander ins Heft, z. B.: *Bohne – ohne.*

> Bohne • gewöhnen • fühlen • Fahne • Hahn • kehren • Lohn • Wahl • froh • Schuh • kahl • versöhnen • Kuh • kühlen • Zahn • Sohn • Rohr • Sahne • ohne • Floh • Ohr • lahm • lehren • zahm

b Ergänzt zu allen Verben eine Personalform (▶ S. 222), z. B.: *fühlen – du fühlst.*
c Bildet zu den Nomen Wortzusammensetzungen (▶ S. 256), z. B.: *Bohne – Kaffeebohne, Bohneneintopf* ...
d Ermittelt, welche Konsonanten oft nach dem **h** stehen.

4 Schreibt die vollständigen Wörter in euer Heft:

vergleichbar: äh ?????	etwa: ????? äh ?	nicht da sein: ? eh ???
mitteilen: ??? äh ???	greifen: ? eh ???	aussuchen: ? äh ???
männlicher Nachkomme: ? oh ?	unterrichten: ? eh ???	Transportschiff: ? äh ??

Wissen und Können   **Langer Vokal + h**

Manchmal steht **hinter** einem **langen Vokal** ein **h,** z. B.: *Kohl, zahm, Sehne, wahr.*
Das **h** erscheint nach langem Vokal besonders **oft vor** den Buchstaben **l, m, n** und **r.**

Langes i

Bienen lieben Flieder

Die Bienen fliegen auf die niedlichen Blütenkelche des Fliederbuschs, wo sie ihren Oberkörper hin und her wiegen. Damit dringen sie tief in die Blüte ein. Mit einem Saugrohr am Unterkiefer ziehen die Insekten den Nektar aus der Blüte. Danach fliegen die Tiere zur nächsten Nektarquelle weiter.

1 a Vielleicht ist es euch aufgefallen: Dieser Informationstext enthält ungewöhnlich viele Wörter mit einem i-Laut. Prüft jeweils, ob der Vokal kurz oder lang gesprochen wird, und schreibt alle Wörter mit lang gesprochenem i-Laut in euer Heft.

b Findet heraus, wie der lange i-Laut meistens geschrieben wird.

2 Ergänzt die Tabelle in eurem Heft mit möglichst vielen Reimwörtern.

biegen	Tier	Sieg	tief	lieb
siegen	…	…	…	…
…	…	…	…	…

3 Bildet zu den folgenden Nomen verwandte Verben. Beispiel: *Marsch – marschieren*.

Marsch • Beton • Telefon • Reparatur • Buchstabe • Kopie • Programm • Kontrolle • Interesse • Probe • Alarm • Diktat • Diskussion • Applaus

4 Tragt die folgenden Verben in eine Tabelle wie
●●● die abgebildete ein:

reiben • bleiben • halten • laufen • fallen • stoßen • schlafen • schreiben

Präsens	Präteritum	Perfekt
ich reibe	*ich rieb*	*ich habe gerieben*
…	…	…

Wissen und Können   **Langer i-Laut – meistens *ie***

Das lang gesprochene *i* wird meistens **ie** geschrieben, z. B.: *Dieb, hier, blieb, kriechen*.
Die Verbindung **ih** findet man bei Pronomen, z. B.: *ihm, ihn, ihr*.
Manchmal wird das lange *i* nur durch den Einzelbuchstaben **i** wiedergegeben, z. B.: *dir, mir, Biber, Igel, Maschine*.

Testet euer Wissen!

Kurze und lange Vokale

1 Einfach oder doppelt? Schreibt die Wörter vollständig in euer Heft und fügt dabei den angegebenen Buchstaben in der richtigen Anzahl ein.

sie wo ? en (l)	er ma ? t (l)	du rei ? est (t)	sie ko ? en (m)
wir mü ? en (s)	er mu ? (s)	ihr mü ? t (s)	er ko ? t (m)
wir ge ? en (b)	sie ho ? en (l)	wir e ? en (s)	ihr e ? t (s)

2 **a** Lest die Wörter rechts laut. Achtet darauf, ob die Vokale kurz oder lang gesprochen werden.

b Die lang gesprochenen Vokale werden verschieden geschrieben. Sortiert die Wörter in eine Tabelle wie die folgende ein. Unterstreicht den lang gesprochenen Vokal:

Bohne • liegen • Ton • fahren • Fee • lieb • Hahn • Tal • Meer • Stuhl • Saal • Spiele • wahr • Wiege • Probe • Mut • Tiere • fließen • Boot • tief

einfacher Vokal, ohne h	Vokal + h	Doppelvokal	ie
Ton	...	...	...

c Tragt in jede Spalte zwei weitere, selbst gefundene Wörter ein. Kontrolliert eure Einträge mit dem Wörterbuch.

3 Schreibt die Lückenwörter aus dem folgenden Text vervollständigt in euer Heft:

Ein junger Seehund wird etwa v **1** r bis sechs Wochen lang von seiner Mutter mit n **2** rhafter Milch gesäugt. Danach ern **3** rt er sich wie seine erwachsenen Artgenossen von
5 Fischen. Seehunde j **4** gen unter Wasser. Sie haben g **5** te Augen und können daher **6** re Beute s **7** r leicht auch in trübem Wasser fangen. V **8** le Seehundforscher verm **9** ten n **10** mlich, dass sich die Seehun-
10 de, **11** nlich wie Delfine, am Echo ihrer Laute orientieren. Das Echo wird von Hindernissen, zum Beisp **12** l einem B **13** t, zurückgeworfen. Die Ultraschalllaute können vom menschlichen **14** r allerdings n **15** mals
15 w **16** rgenommen werden.

Schreibung der s-Laute

1

a Im Hochdeutschen wird der s-Laut in manchen Fällen stimmhaft (summend), in anderen Fällen stimmlos (zischend) ausgesprochen. Sprecht die Wörter rechts sehr deutlich. Versucht, den Unterschied hörbar zu machen.

> also • Straße • Amsel • wissen • böse • Größe • Bremse • Fässer • Hase

b Schreibt die Wörter in eine Tabelle wie die folgende:

Stimmhaftes s (summend)	Stimmloses s (zischend)
also	Straße

c Formuliert eine Rechtschreibregel für das stimmhafte **s.**

2

a Sortiert die Wörter nach **s/ß** in einer Tabelle. Bildet zu jedem Wort eine Verlängerung (▶ S. 257).

> Gras • Gruß • Fels • groß • Spaß • Maus • Preis • Floß • dies • süß • Kloß • Los • heiß • Fuß • Ausweis • Eis

s am Wortende	ß am Wortende
Gras – Gräser	Gruß – Grüße

b Lest die Wörter und ihre Verlängerung vor. Achtet auf die Aussprache der s-Laute.

c Wann schreibt man am Wortende **s,** obwohl der s-Laut stimmlos gesprochen wird? Formuliert eine Regel.

3

a Ein Fall für Rechtschreibdetektive: Sucht aus den folgenden Wörtern die Infinitive (▶ S. 222) heraus und teilt sie nach der Schreibung des s-Lautes in zwei Gruppen ein.

> essen • sie lässt • es verschleißt • es gießt • verschleißen • verlassen • es reißt • es sprießt • sie vergisst • messen • er schließt • er frisst • fressen • er vergaß • er verlässt • lassen • er aß • sie maß • er biss • beißen • sie riss • er schloss • er beißt • er verschliss • er misst • sprießen • vergessen • er isst • es goss • gießen • reißen • es fraß • sie verließ • schließen • er ließ • es spross

b Kennzeichnet in den Infinitiven kurze Vokale mit einem Punkt, z. B.: ẹssen. Unterstreicht lange Vokale und Diphthonge (Doppelvokale). Beschreibt, was euch auffällt.

c Sucht aus den Wörtern oben zu jedem Infinitiv eine Präsensform und eine Präteritumform. Kennzeichnet die kurzen und die langen Vokale, z. B.: ẹssen – er ịsst – er aß.

d Erklärt den Zusammenhang zwischen der Aussprache der Vokale und der Schreibung des folgenden s-Lautes.

4 Ordnet die Wörter in zwei Wortfamilien. Kennzeichnet dann die kurzen und die langen Vokale vor dem s-Laut. Erklärt nun, wann sich die Schreibung des s-Lautes im Wortstamm ändert.

> Wissenschaft • Messung • ich weiß • er maß • wissbegierig • sie wusste • messen • bewusst • Maßband

---

Wissen und Können — Die s-Laute

1 Im Hochdeutschen spricht man den s-Laut entweder stimmhaft oder stimmlos. Die süddeutschen Dialekte kennen in der Regel kein stimmhaftes s. Daher muss man sich die Schreibweise einprägen.

2 Der **stimmhafte s-Laut** wird **mit einfachem s** geschrieben, z. B.: *Hase, Riese, eisig.*

3 Der **stimmlose s-Laut** wird **mit einfachem s** geschrieben, **wenn sich beim Verlängern des Wortes ein stimmhaftes s ergibt,** z. B.: *Gras – Gräser, Haus – Häuser.*
Bei gebeugten Verben bildet man den Infinitiv (die Grundform), z. B.: *reiste – reisen.*

4 Den **stimmlosen s-Laut nach langem Vokal** oder **nach Diphthong** *(au, äu, ei, eu)* schreibt man **ß**, wenn er bei der **Verlängerungsprobe stimmlos** bleibt, z. B.: *Fuß – Füße , weiß – weißer.*

5 Nach einem **kurzen betonten Vokal** wird ein **stimmloser s-Laut** meist **ss** geschrieben, z. B.: *Fass, Biss, sie muss, er hasst, hässlich.*

Testet euer Wissen!

Schreibung der s-Laute

Franz Hohler

Der tragische Tau ? endfü ? ler

Der alte Tau ? endfü ? ler sa ? vor seiner Höhle und wollte endlich einmal seine Fü ? e zählen. Sein ganzes Leben lang hatte er das schon vorgehabt, aber immer war ihm etwas dazwischengekommen. Jetzt hatte er endlich ein bi ? chen Zeit und begann seine Fü ? e zu zählen. Aber das Tau ? endfü ? lerleben ist hart. Als er beim 218ten Fu ? war, mu ? te er sich mit einem Sprung vor einer Haubenmei ? e retten. Dabei wäre das gar nicht nötig gewe ? en, denn wie jeder wei ? , sind Haubenmei ? en vegetarisch gesinnt. So mu ? te der alte Tau ? endfü ? ler ärgerlich von Neuem mit Zählen beginnen und kam bis 432, da juckte es ihn am 810ten Fu ? so fürchterlich, dass er sich mit dem folgenden Dutzend daran kratzte, was ihn so verwirrte, dass er drausfiel und wieder beginnen mu ? te. Die ? mal kam er bis 511, da brachte ihm seine Frau die Schuhmacherrechnung. Wütend schmi ? er das Papier zu Boden, trat es mit Fü ? en und ging dann wieder vor die Höhle, entschlo ? en, sich durch nichts mehr stören zu la ? en. Als ihn die Haubenmei ? e fra ? (irrtümlich, das ist ja das Tragische), war er erst bei 203, und so hat er nie erfahren, wie viele Fü ? e er eigentlich hatte.

---

1 Lest den Text laut. Schreibt die Lückenwörter in richtiger Rechtschreibung in euer Heft.

das oder *dass?*

> ⟨?⟩ kleine Bilderrähmchen, ⟨?⟩ ich Weihnachten von meiner Patentante geschenkt bekam, liegt noch immer leer in meinem Regal. ⟨?⟩ finde ich schlimm, da es ⟨?⟩ Rähmchen war, ⟨?⟩ ich mir selbst ausgesucht habe. Aber damals wusste ich noch nicht, ⟨?⟩ es mir so schwerfallen würde, ⟨?⟩ entsprechende Foto dafür zu finden.
>
> Also legte ich meinen Eltern die zehn schönsten Bilder vor und hoffte, ⟨?⟩ sie mir bei der Auswahl helfen könnten. ⟨?⟩ stellte aber auch Mama und Papa vor große Probleme, so ⟨?⟩ sie ⟨?⟩ Au-pair-Mädchen fragten. Aber auch ⟨?⟩ konnte sich nicht entscheiden. Meine Hoffnung, ⟨?⟩ ich eines Tages zufällig ⟨?⟩ richtige Bild entdecken würde, hat sich auch nicht erfüllt. Und so steht ⟨?⟩ Rähmchen weiter in meinem Regal und verstaubt allmählich.

1 Setzt beim Abschreiben des Textes in die Lücken *das* oder *dass* ein. Begründet eure Entscheidung mit Hilfe des Merkkastens unten.

Wissen und Können　　*das* oder *dass?*

das: Mit einem s schreibt man
- den **bestimmten Artikel** *das* (▶ S. 211), z. B.: *Ich kaufe das Buch.*
- das **Demonstrativpronomen** *das* (▶ S. 217), z. B.: *Das ist mein Lieblingsbuch.*
  Das Demonstrativpronomen *das* kann durch *dieses* ersetzt werden.
- das **Relativpronomen** *das* (▶ S. 218), z. B.: *Ich lese das Buch, das Maja mir geliehen hat.*
  Das Relativpronomen *das* kann durch *welches* ersetzt werden.

dass: Mit Doppel-s schreibt man die **Konjunktion** *dass* (▶ S. 248). Sie leitet Nebensätze ein und **kann nicht** durch *dieses* oder *welches* **ersetzt werden,** z. B.: *Ich glaube, dass ich das Buch schon kenne.*

Mit der **Ersatzprobe** kann man *das* und *dass* unterscheiden.

Kommasetzung

Mönch mit zehn Jahren

Es ist kalt, neblig und dunkel. Der zehnjährige Phou schwingt sich von seinem klapprigen Bett, schlüpft in einen orangefarbenen Umhang und schaut in die Nacht. Es ist erst vier Uhr morgens, doch der Gong hat schon geschlagen. Das heißt, dass jetzt Phous Arbeitstag beginnt. Nach dem Aufstehen kommt Phou, der erst seit einem halben Jahr Mönch ist, mit den anderen Mönchen zum Singen zusammen. Die Tempelbrüder, die zusammen singen, tragen ganz einfache, orangefarbene Gewänder. Sie leben in Laos, das ist ein Land in Südostasien. Die meisten Menschen dort sind Buddhisten, sie glauben an die Lehren des Buddha.

1 Begründet die Kommasetzung in diesem Text mit Hilfe des Merkkastens auf ▶ S. 280.

Stadt der Mönche

Mehrere Gebäude bilden eine Tempelanlage in der
die Mönche leben. Am wichtigsten ist die Versamm-
lungshalle. Meist hat sie ein hohes spitzes Dach das
in vier bis acht verschiedene Ebenen unterteilt ist.
Gegen sechs Uhr marschieren die Mönche durch
die Stadt weil sie sich ihr Frühstück erbetteln müssen. Das klingt seltsam aber die Mönche haben
kaum Besitz und die Einwohner der Stadt geben
recht gern etwas. Buddhisten glauben nämlich dass
man nach dem Tod wiedergeboren wird. Und die
Menschen die einem Mönch helfen werden dafür
im nächsten Leben belohnt. So ziehen die 25 Mönche durch die Stadt. Der älteste geht vorweg der
jüngste folgt am Schluss. Mit seinen zehn Jahren ist
Phou einer der jüngsten deshalb läuft er ganz hinten. Nach dem Frühstück muss Phou zur Schule.
Dort lernt er z. B. Japanisch weil viele Touristen in
die Stadt kommen. Diese brauchen Übersetzer die
ihnen die Speisekarten Tempelinschriften und
Paläste erklären.

2 Erklärt: Warum schenken die Stadtbewohner den Mönchen ihr Frühstück?

3 a Schreibt den Text ab und setzt dabei mit Hilfe des Merkkastens unten die fehlenden Kommas.
  b Unterstreicht Hauptsätze blau und Nebensätze grün.

Wissen und Können	**Kommasetzung**

- Zwischen den einzelnen Teilen einer **Aufzählung** steht ein **Komma,** wenn diese nicht durch
  und bzw. *oder* verbunden sind, z. B.:
  Morgens stehe ich auf, putze mir die Zähne, frühstücke und fahre zur Schule.
- Einen Satz, der aus zwei oder mehr Hauptsätzen besteht, nennt man **Satzreihe** (▶ S. 244).
  Wenn die Hauptsätze nicht durch *und* bzw. *oder* verbunden sind, müssen sie durch ein
  Komma voneinander abgetrennt werden, z. B.:
  Lene kommt mit dem Fahrrad zur Schule, aber Ole nimmt den Bus.
- Im **Satzgefüge** (▶ S. 245) werden **Nebensätze** durch **Komma** vom Hauptsatz getrennt.
  Eingeleitet werden die Nebensätze meist durch
  – eine **Konjunktion** (ein Bindewort, ▶ S. 247), z. B. *weil, dass, nachdem, wenn, obwohl,*
  – oder ein **Relativpronomen** (▶ S. 218), z. B. *der, die, das, welche, dessen.*
  In den Hauptsatz **eingeschobene Nebensätze** (▶ S. 246) werden durch zwei Kommas
  abgetrennt, z. B.: *Der Bus, der vor der Schule hält, fährt nur werktags.*

15.3 Fit in ...? – Rechtschreiben

An persönlichen Fehlerschwerpunkten arbeiten

Lieber Herr Käge,   Regensburg, den 16.10.20XX

jetzt habe ich Sie schon drei monate nicht mehr gesehen.
Hofentlich geht es Jhnen gut!
Jch bin jetzt in der 5a. Meine neue Klassenlehrerin heist Frau Nolte.
Sie scheint sehr net zu sein. Wir haben bei ihr Deutsch, Englisch und
Ertkunde.
Mit meinen neuen Mitschülern gibt es viel Spas
und mein neuer Freund Moritz ist echt cool.
Er macht die Tollsten Sprüche.
Sind Sie mit Jhren neuen Schülern auch
zufriden?
Bite schreiben Sie mir balt!

Vile Grüse
Ole

VORSICHT
FEHLER!

REGENSBURG

Oles früherer Lehrer hat sich über den
Gruß gefreut – aber nicht über die zwölf
Rechtschreibfehler.

Groß- und Kleinschreibung	Doppelte Konsonanten	Langes i	s-Laute	Gleich oder ähnlich klingende Laute
2 Fehler	3 Fehler	2 Fehler	3 Fehler	2 Fehler
...	...	...	...	...

1 a Übertragt die Tabelle in euer Heft und schreibt Oles Fehlerwörter berichtigt in die entsprechenden Spalten.

b Erklärt, welcher Tipp oder welche Regel euch geholfen hat, die richtige Schreibung zu finden.

2 Erstellt eine ähnliche Tabelle mit euren eigenen Fehlerwörtern. Es können auch weitere Spalten nötig sein, z.B. „Trennung" oder „langer Vokal + h". Tragt eure Fehlerwörter berichtigt ein.

– Fehlerwörter findet ihr z.B. in eurem letzten korrigierten Aufsatz, in kurzen Texten, die ihr euch diktieren lasst, in eurer Fehlerliste (▶ S. 262).

– Wiederholt die Tipps und Regeln aus diesem Kapitel, die euch bei der Korrektur eurer Fehlerwörter helfen.

Verschiedene Aufgabentypen bearbeiten

Die Rechtschreibung kann in einer Schulaufgabe ganz unterschiedlich überprüft werden. Auf dieser Seite findet ihr Beispiele für verschiedene Arten von Aufgaben.

MARTINISTWÜTEND

JETZTREICHTESWARUMMECKERTDIEUNGERECHTELEHRERIN
IMMERANIHMHERUMINMARTINBRODELTESGEWALTIGER
BALLTDIEFÄUSTEUNDBRÜLLTDASSERDOCHGARNICHTSGETANHAT

1 Schreibt den Text oben ab. Setzt alle fehlenden Satzzeichen und achtet auf die korrekte Groß- und Kleinschreibung.

> Benutzt eine Folie und markiert zunächst die Wortgrenzen durch senkrechte Striche. Überlegt dann, wo ein Satz zu Ende ist und um welche Satzart (▶ S. 243) es sich jeweils handelt. Setzt die Satzzeichen. Überlegt, welche Wörter ihr großschreiben müsst, und schreibt dann erst den Text ab.

Ärgern ist menschlich

Zun **?** chst einmal sind Wut und Ärger keine schlechten Gef **?** le. Sie geben uns oft die Kraft und den M **?** t, uns durchzusetzen – etwa we **?** wir ungerecht behandelt werden oder aber etwas **?** ndern wollen. Wir mü **?** en aber lernen, diese „Ärger-Energ **?** " in uns richtig zu nutzen! Um nicht zu explod **?** ren, kann es uns helfen, tief durchzuatmen, die Augen zu schl **?** en und bis z **?** n zu z **?** len (oder auch bis 50). Oder man re **?** t eine Runde um den Block. Bewegung an frischer L **?** ft ist gut gegen Wut!

> Überlegt zunächst, wie die Lückenwörter vervollständigt heißen. Prüft dann, wie die Wörter zu schreiben sind. Verwendet dabei die Rechtschreibtipps und -regeln, die ihr gelernt habt.

2 Im Text „Ärgern ist menschlich" fehlen pro Lücke ein, zwei oder drei Buchstaben. Schreibt den Text ab und ergänzt die fehlenden Buchstaben.

Sündenbock

VORSICHT FEHLER!

Wenn Menschen wütent sind, kann fiel passieren. Zum Beispiel kommt es vor, dass sie unüberlegte Dinge tun. Martin kennt dass aus eigener Erfahrung. Er wuste genau, das seine Schwester Marion nichts dafür konnte, dass sein Computer nicht mehr funktionirte. Aber er brülte sie an und warf ihre Puppe gegen die Wand. Erst als in Marion dann mit grosen Augen traurig anblikte, erkannte er seinen Fehler.

> Benutzt für diese Aufgabe zunächst eine Folie. Unterstreicht die falsch geschriebenen Wörter.

3 Schreibt den Text richtig in euer Heft und unterstreicht die zehn korrigierten Wörter.

16 Lernen mit Methode –
Arbeitstechniken anwenden

1 Betrachtet das Foto:
   – Was fällt euch auf?
   – Beschreibt die Lernumgebung.

2 Gebt der Klasse einen Tipp und erstellt
   gemeinsam eine Liste:
   Wo und wie kann man am besten
   lernen?

In diesem Kapitel ...

– erfahrt ihr, wie ihr euren Arbeitsplatz
  gut einrichten könnt,
– bekommt ihr Tipps für eure Heft-
  führung,
– erhaltet ihr wichtige Hinweise, um
  euer Lernen zu verbessern,
– lernt ihr, Texte schneller und leichter
  zu verstehen.

16.1 Alles im Griff? – Ordnen, planen, organisieren

Den Arbeitsplatz ordnen

1
a Beschreibt, was ihr auf diesem Arbeitsplatz entdecken könnt.
b Beurteilt, ob man an diesem Schreibtisch gut arbeiten kann. Begründet eure Meinung.
c Mal Hand aufs Herz: Was stand oder lag heute Morgen auf eurem Schreibtisch? Beschreibt.

2
a Sammelt Ideen, wie euer Arbeitsplatz aussehen sollte.
b Übertragt die Tabelle in euer Heft und notiert die Dinge, die ihr für eure Hausaufgaben wirklich braucht, und die, die ihr besser wegpacken solltet.

Das brauche ich für die Hausaufgaben	Das muss ich wegpacken
…	…

3
a Prüft nun euren Arbeitsplatz und ändert gegebenenfalls etwas an ihm.
b Fertigt eine Skizze eures nun optimal eingerichteten Arbeitsplatzes und bringt diese mit in den Unterricht. Ihr könnt auch ein Digitalfoto davon machen und es ausgedruckt mitbringen.

Wissen und Können   Platz zum Lernen schaffen

- Räumt alles weg, was ihr nicht zum Arbeiten benötigt.
- Achtet darauf, dass euer Arbeitsplatz über genügend Licht verfügt und ihr auf einem ordentlichen Stuhl, der für eure Größe geeignet ist, sitzt: Eure Füße sollten auf dem Boden stehen können und eure Oberschenkel waagerecht aufliegen.

Das Heft ordentlich führen

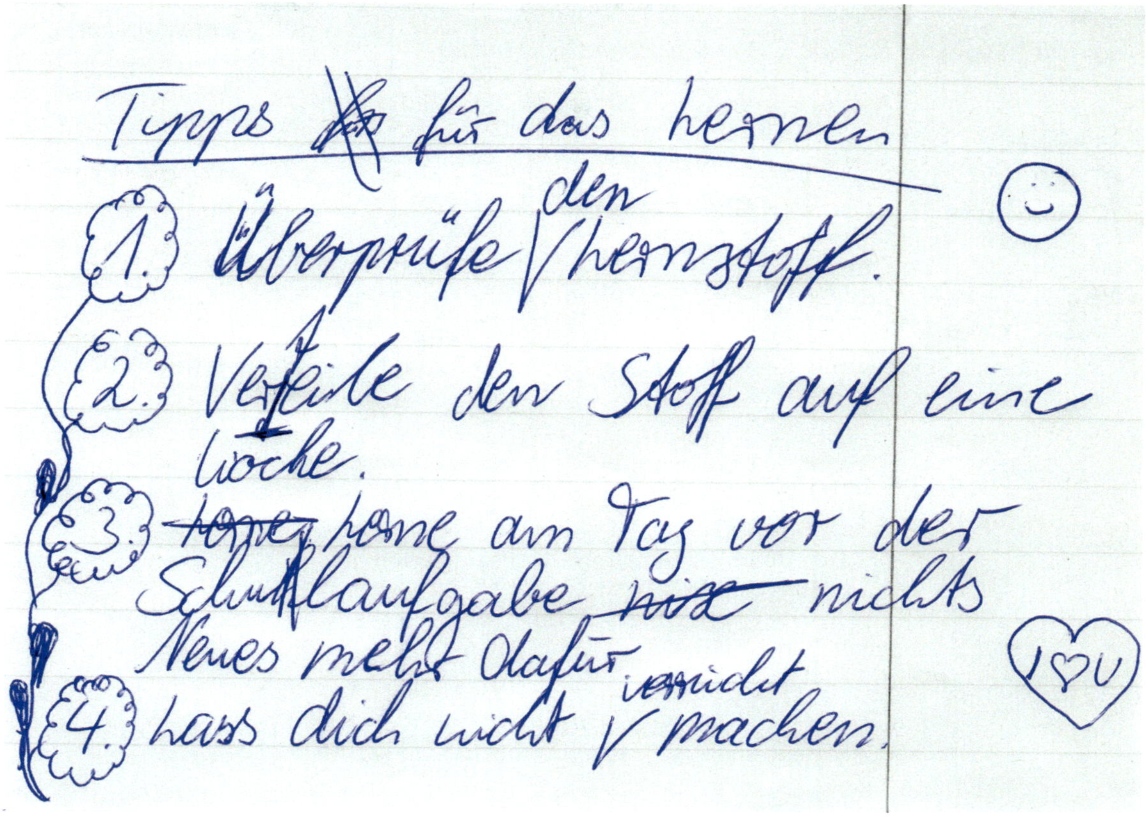

> Tipps für das lernen
> 1. Überprüfe den lernstoff.
> 2. Verteile den Stoff auf eine Woche.
> 3. Lerne am Tag vor der Schulaufgabe nichts Neues mehr dafür.
> 4. Lass dich nicht verrückt machen.

1 **a** Seht euch den Hefteintrag genau an und beschreibt, was daran nicht gelungen ist.

b Sammelt Ideen, wie ein Eintrag aussehen sollte.

c Schreibt den Eintrag anschließend sorgfältig in euer Heft.
Notiert euch darunter als Tipps, was ihr verbessert habt.
Beginnt so:

> *Bei einem ordentlichen Hefteintrag soll*
> *– sauber geschrieben werden,*
> *– ...*
> *– ...*

d Prüft eure eigenen Hefte mit Hilfe eurer Tipps.

Wissen und Können	Heftführung

Ihr könnt euch den Lernstoff besser merken und wiederholen, wenn ihr ihn ordentlich im Heft aufgeschrieben habt.

Was ist zu tun? – Hausaufgabenheft und Stundenplan befragen

	Fach	Montag, den 17.10.20...	
genau auf-schreiben	Englisch:	Vokabeln lernen (bis Dienstag)	auch Mündliches aufschreiben
	Mathe:	Buch, S.3, Nr. 6a (bis zur nächsten Stunde)	Wichtiges markieren
auch Aufgaben auf Arbeitsblät-tern aufschreiben	Deutsch:	Verben auf AB unterstreichen (bis Dienstag)	Was stimmt hier nicht?
	Religion:	Hefteintrag lernen	

2
a Vergleicht eure Hausaufgabenhefte: Wie schreibt ihr bisher eure Aufgaben auf?
b Besprecht, welche Vor- und Nachteile die verschiedenen Vorgehensweisen haben.
c Überlegt euch Zeichen, mit denen ihr Aufgaben markieren könnt (z. B. Stift für schriftlich).

3
a Findet heraus, was beim letzten Eintrag in dem Beispiel oben nicht gelungen ist.
b Ein weiterer Eintrag ist nicht gut. Welcher?

Wissen und Können   **Den Überblick behalten – Hausaufgabenheft**

- Schiebt das Aufschreiben nicht auf später (z. B. nach der Pause) und schreibt alles genau auf.
- Markiert die verschiedenen Aufgaben farbig oder mit Symbolen.
- Hakt erledigte Aufgaben ab.
- Es gibt verschiedene Arten, sich die Aufgaben aufzuschreiben. Entweder
  - ihr notiert sie an dem Tag, an dem ihr sie aufbekommt, und schreibt dazu, bis wann ihr sie erledigen sollt, oder
  - ihr notiert sie jeweils zu dem Tag, an dem sie erledigt sein müssen.
  Entscheidet euch für eine Art und behaltet sie bei.

---

4 Plant eure Aufgaben, damit ihr eure Zeit nicht aus den Augen verliert.
a Untersucht den Stundenplan und den Eintrag aus dem Hausaufgabenheft oben.
Welche Aufgaben müssen am Montagnachmittag erledigt werden? Schreibt alle Aufgaben auf:
Das muss ich heute erledigen: ...
b Besprecht, welche Bücher, Hefte und sonstigen Materialien auf dem Schreibtisch bereitliegen sollten.

	Mo.	Di.	Mi.	Do.	Fr.
1	Deutsch	Englisch	Religion	Mathe	Sport
2	Deutsch	Biologie	Englisch	Musik	Sport
3	Englisch	Deutsch	Werken	Deutsch	Erdkunde
4	Religion	Mathe	Werken	Deutsch	Biologie
5	Mathe	Mathe	Werken	Englisch	Englisch
6	Mathe	Erdkunde	–	–	Musik

Hausaufgaben mit Verstand erledigen

Ich setze mich immer gleich nach dem Essen an die Hausaufgaben.

Wenn ich aus der Schule komme, muss ich mich erst mal eine Zeit lang ausruhen.

Nach dem Essen will ich erst mal zum Spielen rausgehen. Deshalb mache ich die Hausaufgaben erst später am Abend.

1 Jasper, Mia und Till unterhalten sich über ihre Hausaufgaben.
a Lest ihre Aussagen. Wem würdet ihr am ehesten zustimmen?
b Erzählt von euren Erfahrungen beim Hausaufgabenmachen. Wie geht ihr vor?
c Tauscht euch auch über mögliche Schwierigkeiten aus.

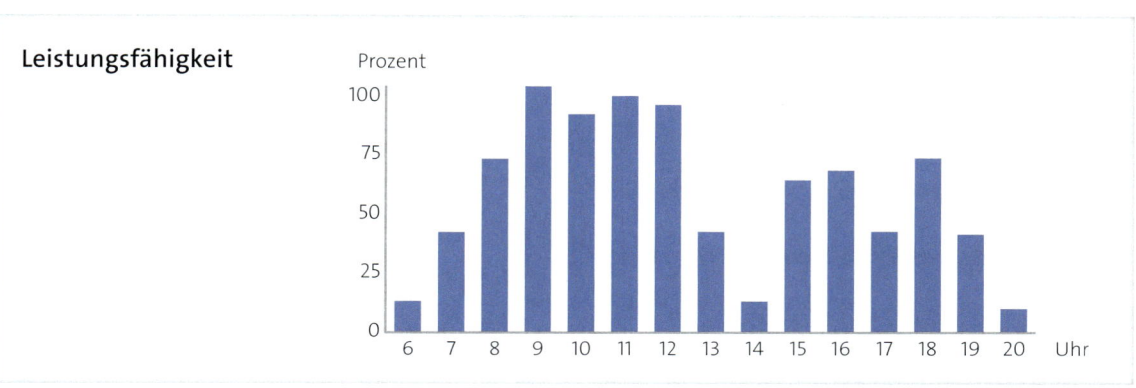

2 Wertet das Schaubild aus.
a Wann solltet ihr am besten eure Hausaufgaben erledigen?
b Entsprechen die Angaben in dem Schaubild euren Gewohnheiten? Begründet.

Wissen und Können **Tipps zum Erledigen der Hausaufgaben**

- Notiert am Ende jeder Unterrichtsstunde die Hausaufgaben.
- Arbeitet immer am gleichen Platz, denn dort habt ihr eure Arbeitsmaterialien.
- Erledigt die Hausaufgaben möglichst jeden Tag zur gleichen Uhrzeit.
- Erledigt zuerst das, was für den nächsten Tag fertig sein muss.
- Ihr könnt Aufgaben nach der Schwierigkeit sortieren: Macht zuerst das, was euch schwerfällt, dann die leichten Aufgaben oder umgekehrt.
- Wechselt zwischen mündlichen und schriftlichen Aufgaben ab, damit das Lernen nicht eintönig wird.
- Legt eine kleine Pause ein, wenn ihr die Hausaufgaben für ein Fach beendet habt.
- Hakt im Hausaufgabenheft die erledigten Aufgaben ab, so seht ihr, was ihr schon alles geschafft habt.
- Packt zum Schluss die Schultasche für den nächsten Tag.

Testet euer Wissen!

Rund um die Hausaufgaben

1 Bringt dieses Durcheinander in Ordnung und schreibt die Sätze richtig in euer Heft.

Der Schreibtisch zu Hause ist vorbereitet mit ...

... packe ich die Tasche für den nächsten Tag.

Alles, was nichts mit meinen Hausaufgaben zu tun hat, ...

... packe ich die Materialien in die Büchertasche ein oder räume sie weg.

Am Ende der Hausaufgaben ...

... kann ich mir den Lernstoff besser merken.

Wenn eine Hausaufgabe beendet ist, ...

... führe ich ordentlich und regelmäßig.

Beim Packen prüfe ich mit Hilfe von Hausaufgabenheft und Stundenplan, ...

... den benötigten Heften, Büchern und Materialien für die Hausaufgabe.

Mein Hausaufgabenheft ...

... welche Materialien/unterschriebenen Zettel ich am nächsten Tag brauche.

Wenn die Hefteinträge ordentlich sind, ...

... räume ich weg, da es mich vom Lernen ablenkt.

16.2 Themen erschließen und Texte auswerten

Einen Cluster anlegen

Ein Cluster (engl. = Haufen, Menge) ist eine geordnete Menge von Stichworten zu einem Thema.

1
  a Schreibt in die Mitte eines Blattes z. B. das Wort *Zeit* und kreist es ein.
  b Was fällt euch zum Begriff *Zeit* ein? Schreibt alle Stichworte, die euch dazu einfallen, in lockerem Abstand um den Mittelpunkt herum auf und kreist sie ebenfalls ein.
  c Verdeutlicht die Beziehungen der ergänzten Begriffe durch Verbindungslinien.
    Wie hängen sie mit dem Ausgangswort *Zeit* zusammen?
    Welche der Begriffe stehen untereinander in Zusammenhang?

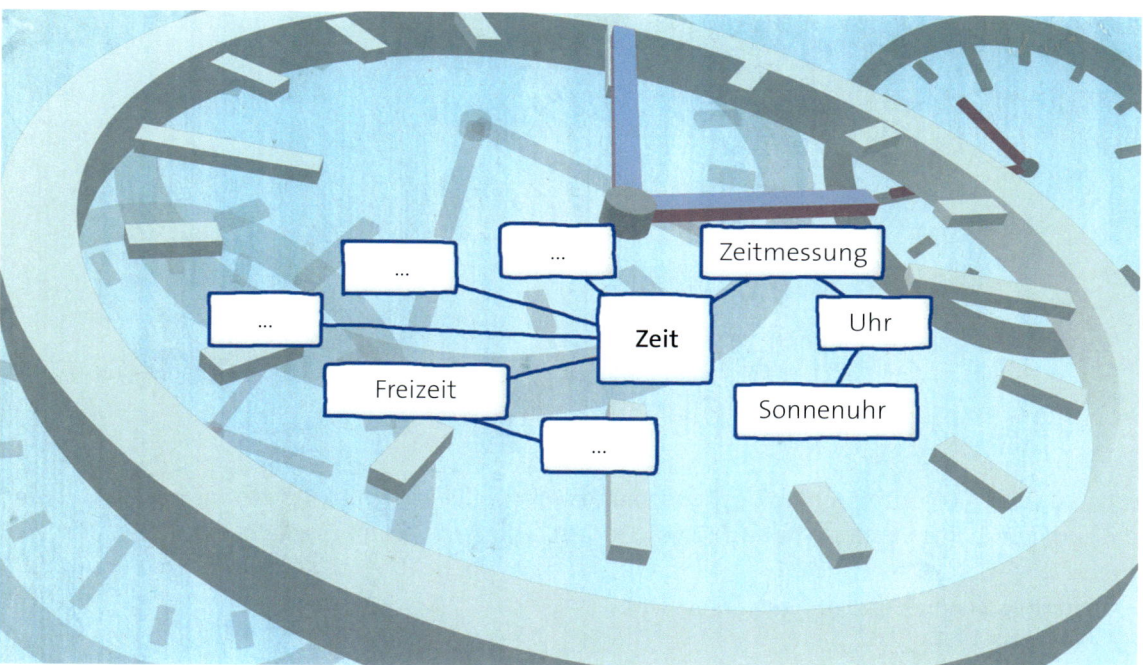

2 Vergleicht eure Cluster.
  – Welche Stichworte haben mehrere von euch gefunden?
  – Inwiefern unterscheiden sich die Verbindungslinien? Ergänzt fehlende Gedanken.

Wissen und Können   **Einen Cluster anlegen**

Die Cluster-Technik könnt ihr anwenden,
- wenn ihr Ideen zu einem Thema sammelt, z. B. für einen Aufsatz oder ein Projekt,
- wenn ihr erste Eindrücke aus einem Text herausschreibt.

Wenn ihr einen Cluster auf einem großen Bogen Papier anlegt, könnt ihr ihn im Klassenzimmer aufhängen.

Texte markieren und Notizen anfertigen

Die Geschichte unserer Zeitmessung

Wenn ihr heute wissen wollt, wie spät es ist, müsst ihr nur noch auf eure Armbanduhr schauen und die Zeit einfach ablesen. Doch wie war es früher? Unsere Vorfahren hatten die unterschiedlichsten Methoden, um die Zeit bestimmen zu können. Man nutzte Wasser, Sand, Blumen, Feuer und noch vieles mehr! Doch die Sonne war das allererste Hilfsmittel, um die Zeit zu bestimmen. Die erste Sonnenuhr gab es schon vor 3000 Jahren in Babylonien. Ein Stock, senkrecht in der Erde, wirft einen Schatten, der im Laufe des Tages wandert, je nachdem, wie die Sonne gerade steht. Um den Stock herum ist ein Zifferblatt angebracht, auf dem die Stunden abgelesen werden können. Das war eine gute Methode, doch was war, wenn keine Sonne schien, also nachts und bei Regen? Dann funktionierte die Sonnenuhr nicht. Daher gab es noch viele weitere Erfindungen wie die Wasseruhr, um die Zeit zu messen.

 a Untersucht, welche Informationen markiert sind.

b Besprecht, welche Stellen im Text noch markiert werden müssen.

Wissen und Können   **Wichtiges markieren**

Man kann in einem Text verschieden markieren, z. B. wichtige Textstellen
- unterstreichen,
- mit einem Textmarker farbig kennzeichnen,
- am Rand mit Strichen oder Zeichen markieren. Wenn einem das Buch nicht gehört, kann man solche Randmarkierungen auf ablösbaren Klebezetteln vornehmen.

---

2 Jetzt schreibt ihr Notizen zu dem Text oben auf ein Blatt oder auf ein Kärtchen. Das hilft dabei, euch die markierten Informationen einzuprägen. Notiert euch das Wesentliche in Stichpunkten in euer Heft, z. B.:

– *Sonnenuhr: ältestes Hilfsmittel zur Zeitmessung.*

Wissen und Können   **Zu einem Text Notizen anfertigen**

Gute Notizen sollten
- leserlich geschrieben, kurz und verständlich sein,
- in Stichpunkten verfasst werden,
- vor allem bei schwierigen oder langen Informationen in eigenen Worten abgefasst werden, damit man sich den Inhalt besser merken kann,
- auch durch Zeichnungen ergänzt werden.

Am Abend könnt ihr euch eure Kärtchen noch einmal vornehmen und den Stoff wiederholen. Versucht es beim nächsten Test. Bestimmt erreicht ihr mit dieser Lernmethode tatsächlich bessere Ergebnisse.

16.3 Die Fünf-Schritt-Lesemethode nutzen

1 Lest die einzelnen Schritte gründlich durch. Versucht, euch die Symbole neben den Schritten zu merken.

| **Wissen und Können** | **Die Fünf-Schritt-Lesemethode** |

Die Fünf-Schritt-Lesemethode könnt ihr zum besseren Verstehen vieler Texte anwenden, vor allem, wenn ihr unbekannte Texte selbstständig erschließen wollt. Auch Klassenarbeiten lassen sich damit vorbereiten.

1. Schritt

Grob überfliegen und sich im Text orientieren
Achtet beim Überfliegen vor allem auf Bilder, Überschriften, Hervorhebungen, Satzanfänge und einzelne Abschnitte.
Hier sollt ihr einen groben Überblick, einen ersten Eindruck von Inhalt und Aufbau des Textes bekommen.
Der Text wird nicht Wort für Wort, sondern diagonal gelesen.

2. Schritt

Fragen stellen
Was wisst ihr schon über das Thema des Textes?
Was möchtet ihr noch wissen?
Stellt zwei bis drei Fragen an den Text.

3. Schritt

Gründlich lesen und mit dem Text arbeiten
Klärt unbekannte oder schwierige Wörter aus dem Textzusammenhang, durch Nachdenken oder durch das Nachschlagen in einem Wörterbuch.
Markiert diese Wörter im Text blau.
Sammelt Zahlen und Fakten aus dem Text. Häufig liefern diese wichtige Informationen, um den Text zu verstehen. Markiert diese gelb.
Markiert mit einem grünen Stift wichtige Informationen, die euch Antworten auf eure Fragen aus Schritt 2 geben.
Legt kleine Lesepausen ein, in denen ihr euch immer wieder erinnert und zu verstehen versucht, was ihr gelesen habt.

4. Schritt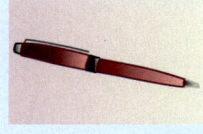

Wichtiges zusammenfassen
Findet für die einzelnen Abschnitte in eigenen Worten Stichpunkte, die den Inhalt knapp zusammenfassen.
Verwendet dazu eure farbigen Markierungen.
Prüft, ob die Stichpunkte zum Inhalt des Textes passen.

5. Schritt

Informationen ordnen
Wenn ihr den Text gelesen habt, dann wiederholt den Inhalt nochmals mit Hilfe eurer Notizen. Denkt auch an eure Fragen von Schritt 2.

2 Informiert andere über das Leben des Maulwurfs.

a Erschließt dafür den folgenden Text mit der Fünf-Schritt-Lesemethode. Wendet jeden einzelnen Schritt an.

b Vergleicht anschließend eure Ergebnisse.

c Versucht nun, eine mündliche Zusammenfassung des Textes zu geben.

Der Maulwurf

Die Haufen auf der Wiese lassen darauf schließen, dass unterirdisch gearbeitet wird. Es kann der Maulwurf sein, der auf der Suche nach Nahrung die Erde durchwühlt. Je weniger Regenwürmer, Larven, Insekten und Schnecken der Maulwurf findet, desto fleißiger muss er graben.

Beim Graben entstehen direkt über seinen unterirdischen Gängen lockere Erdhaufen mit einem kleinen Loch in der Mitte. Dadurch dringt Atemluft in den Maulwurfsbau ein. Die ausgehobene Erde befördert er mit seinen Schaufelhänden senkrecht nach oben.

Für diese schwere Arbeit muss der Maulwurf viel fressen. Mit seiner feinen Nase und seinem guten Gehör spürt er seine Nahrung auf. Das 12 bis 15 cm große Tier verzehrt täglich so viel Nahrung, wie es selber wiegt. Das sind etwa 75 bis 85 g. Wenn er etwa vier Stunden gegraben hat, ist der Maulwurf müde und legt sich schlafen, bis ihn nach weiteren vier Stunden der Hunger weckt. Als Wintervorrat lagert der Maulwurf in einer Vorratskammer in seinem Bau Regenwürmer ein. Durch einen Biss in den Kopf sind diese nicht tot, sondern nur gelähmt und halten sich wie eine Konserve.

Der Maulwurf ist ein Einzelgänger. Nach der Paarung im Frühjahr jagt das Weibchen das Männchen weg und zieht die drei bis vier Jungen alleine auf.

Die spitzen Zähne des Maulwurfs sind nach etwa drei Jahren so abgeschmirgelt, dass er nur mit Mühe seine Nahrung zerkleinern kann und deshalb verhungert.

Viele Tiere sterben aber schon früher, wenn sie an der Erdoberfläche von Greifvögeln, Katzen oder Hunden gejagt werden. Auch die Menschen jagen den Maulwurf mit Fallen, weil sie die Erdhaufen stören.

Grundlegendes Wissen und Können

Sprechen, zuhören und schreiben

Gesprächsregeln ► S. 24

Gespräche, in denen verschiedene Meinungen oder Wortbeiträge ausgetauscht werden, sollten nach bestimmten Regeln ablaufen, damit die Verständigung erleichtert wird.
Die wichtigsten Gesprächsregeln sind:

- Jede/Jeder äußert sich nur zu dem Thema, um das es geht.
- Wir melden uns zu Wort und reden nicht einfach los.
- Wir hören den anderen Gesprächsteilnehmern aufmerksam zu.
- Wir fallen den anderen Gesprächsteilnehmern nicht ins Wort.
- Niemand wird wegen seiner Äußerungen beleidigt, verspottet oder ausgelacht.
- Wir befolgen die Hinweise des Moderators oder der Moderatorin (Gesprächsleiter).

Meinungen begründen ► S. 28 f.

Gut ist es, wenn man seine Meinung klar und sachlich äußert: *Ich finde das richtig!*
Besser ist es aber, seine **Meinung auch zu begründen:** *Ich bin dagegen, weil ...*
Sprachlich drückt man diese Begründung oft in einem Nebensatz (► S. 307) aus, der mit einem Verknüpfungswort wie *weil, denn, da* eingeleitet wird.

Standardsprache – Umgangssprache – Jugendsprache – Dialekt ► S. 26 f.

Fast alle Menschen verwenden unterschiedliche **Sprachebenen.** Es kommt darauf an, mit wem und worüber sie sprechen. Es gibt:

- gutes, sprachlich richtiges Deutsch mit abwechslungsreichem Wortschatz (wird im Aufsatz und in Büchern verwendet). Das nennen wir **Standardsprache** (Hochsprache).
- eine einfachere Ausdrucksweise: *kriegen* statt *bekommen, rumhängen* statt *faulenzen.* Manches wird abgekürzt, z. B. *rauf* statt *hinauf, mal* statt *einmal* usw. Das nennen wir **Umgangssprache** (Alltagssprache). Im Aufsatz sollte sie nicht verwendet werden.
- die **Jugendsprache,** die besondere Ausdrücke enthält. Sie ist der Mode unterworfen und die Ausdrücke stammen häufig aus dem Englischen, z. B. *cool* oder *checken.*
- verschiedene Mundarten (ortsgebundene Sprachen). In Bayern sind das v. a. bairische, schwäbisch-alemannische und fränkische Mundarten. Diese ortsgebundene Sprache nennt man auch **Dialekt.**

Informationen an andere weitergeben – Wege beschreiben ▶ S.16

Wege beschreiben wir für jemanden, der den Weg nicht kennt, ihn aber leicht finden soll.
Beschreibt deshalb den Weg **in der Reihenfolge, in der man ihn geht:**
Beginnt am Ausgangspunkt und listet Schritt für Schritt den weiteren Weg genau auf.
Denkt daran, auf markante, auffällige Stellen hinzuweisen, z. B.: das Treppenhaus oder die Turnhalle
der Schule, draußen z. B. Kreuzungen, besondere Gebäude oder Bäume. Diese markanten Stellen
müssen unbeweglich sein, also: *der Parkplatz vor dem Supermarkt,* nicht *der große rote Lieferwagen,*
denn der Lieferwagen ist vielleicht schon längst weitergefahren.

Persönliche Briefe schreiben ▶ S.37–48

Einen Brief schreiben wir an eine Person oder an eine Gruppe, der wir etwas mitteilen oder von der
wir etwas wissen möchten. Man nennt sie Adressat oder Empfänger.
Inhalt und Wortwahl des Schreibens hängen vom Empfänger ab.

Briefkopf
Ort und Datum

Anrede
Nach der Anrede setzt ihr entweder ein Aus-
rufezeichen und beginnt danach groß oder ihr
setzt ein Komma und schreibt klein weiter.
Wenn ihr jemanden siezt, schreibt ihr die
Anredepronomen groß, z. B.: *Sie, Ihnen, Ihr* usw.
Sonst könnt ihr sie kleinschreiben, z. B.: *dir, dein,
euch, euer.*

Brieftext
- Im **Einleitungsteil** sprecht ihr den Empfänger
  direkt an und nennt den Anlass des
  Schreibens.
- Der **Hauptteil** ist der eigentliche Kern des
  Briefes. Hier steht oft ein besonderes Erlebnis
  im Mittelpunkt.
- Im **Schlussteil** könnt ihr den Empfänger durch
  Fragen oder Aufforderungen zum Antworten
  anregen.
- Wenn ihr einen **Brief beantwortet,** ist es
  wichtig, dass ihr auf Fragen des Briefpartners
  eingeht.

Grußformel und Unterschrift
Die Grußformel und die Unterschrift stehen
jeweils in einer eigenen Zeile. Am Ende setzt
man weder Punkt noch Ausrufezeichen.

> *Gunzenhausen, den 1. Oktober 20XX*
>
> *Sehr geehrte Frau Aigner,*　　*Lieber Rudi!*
>
> *sicher wollen Sie wissen,*　*sicher bist du
> wie es mir geht.*　　　　　*neugierig, wie
> 　　　　　　　　　　　es bei mir so
> 　　　　　　　　　　　läuft.*
>
> *Vielen Dank für …
> Zu deinem Geburtstag …
> Ich habe mich so über … gefreut*
>
> *Die letzten Wochen waren …
> Mir gefällt …*
>
> *Wie war die erste Woche bei dir?
> Du wolltest wissen, ob …
> Deine Frage nach …
> Ich hoffe, du meldest dich bald.*
>
> *Herzliche Grüße*　　*Liebe Grüße
> Viele Grüße*　　　*Bis bald
> Ihre Marie*　　　　*dein Manuel*

In Briefen andere überzeugen und Meinungen begründen ► S. 44

Wenn man seine Meinung äußert, kann man am besten überzeugen, indem man seine Ansichten ausführlich begründet. So kommt ein richtiger Austausch zustande. Dabei ist es wichtig, **Verknüpfungen und Redewendungen** zu benutzen, die sich **für Begründungen** eignen.
Ich hätte gerne eine Katze, weil ... / Für eine Katze spricht, dass ... / Eine Katze wäre als Haustier ideal, denn ...
Da Katzen recht verschmust sind, könnte ich mir gut vorstellen, selber eine zu haben.

Erzählen

Erzählende Texte schreiben ► S. 55–78

Wenn du anderen ein Erlebnis oder eine erfundene Geschichte erzählst, möchtest du sie unterhalten, vielleicht auch fesseln. Überlege, ob deine Geschichte spannend (z. B. über ein aufregendes, unheimliches Erlebnis) oder witzig (z. B. über ein Missgeschick) sein soll oder ob du einfach von einem beeindruckenden Ereignis erzählen willst (z. B. von einem Ausflug in einen Freizeitpark). Behalte dieses **Erzählziel** im Auge, wenn du die Erzählung **gliederst:** Stelle zunächst die **Erzähl-situation** dar (Wer war beteiligt? Wann und wo fand das Ereignis statt?). Erzähle danach in **sinn-vollen Erzählschritten** von dem Erlebnis oder Ereignis, damit deine Leser/-innen das Geschehen nachvollziehen können. Finde einen **Ausgang,** der z. B. deine Erzählung abrundet, das Ereignis erklärt, die Leser/-innen überrascht oder Fragen offenlässt. Erzähle **anschaulich** und **abwechslungsreich.** Zeitform des Erzählens ist das **Präteritum.**

Anschaulich erzählen ► S. 60–62

- Verwendet **treffende Verben:** nicht *sagte,* sondern *jammerte.*
- Sucht **anschauliche Adjektive.** Oft sind zusammengesetzte Adjektive ausdrucksstark, z. B. nicht *kalt,* sondern *eisig* oder *eiskalt.*
- Achtet auf **unterschiedliche Satzanfänge:** nicht *dann ... dann, als ... als* verwenden.
- Denkt daran, auch **Sinneseindrücke** der Beteiligten wiederzugeben: Was sehen, hören, riechen, schmecken oder fühlen sie?
- Ihr könnt in der **Ich-Form schreiben:** Hier gelingt es euch leichter, euch in die Geschichte hineinzuver-setzen. Bei der **Er- oder Sie-Form** habt ihr die Möglichkeit, die Gefühle mehrerer Personen zu schildern.

Wörtliche Rede verwenden ► S. 63

Wörtliche Rede lässt den Leser die Ereignisse hautnah miterleben. Sie muss aber so eingesetzt sein, dass sie auch für die Handlung von Interesse ist.
Die Regeln zur Zeichensetzung bei wörtlicher Rede findet ihr auf S. 311.

Die Tempusformen beim schriftlichen Erzählen ► S. 64

Beim schriftlichen Erzählen verwendet man in der Regel das **Präteritum** (► S. 305):
Emil und ich machten die Judo-Übungen gemeinsam.
Wenn man deutlich machen möchte, dass ein Ereignis bereits vor dem erzählten Geschehen stattgefunden hat, verwendet man das **Plusquamperfekt** (► S. 305).
Weil mir Emil ein Bein gestellt hatte, fiel ich unsanft auf die Matte.

Zu Bildern erzählen ▶ S. 68–72

Die vorgegebenen Bilder zeigen nur die wichtigsten Momente im Ablauf der Handlung, also einzelne Handlungsschritte. Macht euch klar, was auf den einzelnen Bildern geschieht. Achtet auf die Mimik (Gesichtsausdruck) und Gestik (Körpersprache) der Figuren. Sie geben Hinweise auf deren Gedanken und Gefühle. Damit eine Geschichte entsteht, müsst ihr weitere Handlungsschritte oder Überleitungen sinnvoll ergänzen. Entscheidet, ob ihr die Geschichte in der Er- oder Ich-Form verfasst. Die Regeln für die sprachliche Gestaltung entsprechen der Erlebniserzählung (▶ S. 295).

Nach Reizwörtern erzählen ▶ S. 74–76

Beim Schreiben einer Reizwortgeschichte müsst ihr Folgendes beachten:

- Alle Reizwörter müssen in eurer Geschichte sinnvoll verwendet werden und für die Handlung eine wichtige Rolle spielen; in der Einleitung müssen sie noch nicht vollständig angeführt sein.
- Die Reihenfolge der Reizwörter darf umgestellt werden.
- Die Überschrift muss die Reizwörter nicht unbedingt enthalten, sie muss jedoch einen echten Bezug zu der erzählten Geschichte haben.
- Der Aufbau und die Regeln für die sprachliche Gestaltung entsprechen der Erlebniserzählung (▶ S. 295).

Nacherzählen ▶ S. 135

Oft erzählen wir einen Film oder eine Geschichte für jemanden, der das Original nicht kennt. Dabei erzählen wir so wie in der Vorlage, z. B. stellen wir eine Detektivgeschichte spannend dar, einen Streich lustig. Beachtet auch die folgenden Punkte:

- Erzählt die einzelnen **Handlungsschritte** in der gleichen **Reihenfolge** wie im Original.
- Wenn es im Original einen **Höhepunkt** gibt, wird dieser auch in der Nacherzählung besonders ausgestaltet.
- Erfindet **nichts Neues** hinzu (z. B. Orte, Figuren).
- Erzählt **mit eigenen Worten.** Nur wichtige Kernstellen dürft ihr wörtlich wiedergeben. Solche Kernstellen sind z. B. lustige Wortspiele oder wörtliche Reden, die missverstanden werden können.
- Erzählt in der **Zeitstufe des Originals,** meistens im Präteritum.

Über Sachtexte informieren ▶ S. 195–197

Wenn ihr schriftlich über einen Sachtext informieren sollt, sind euch häufig schon bestimmte Fragen dazu vorgegeben, die ihr beantworten sollt. Beachtet dabei folgende Hinweise:

Aufbau ▶ S. 186–190

- Schon in der **Einleitung** solltet ihr folgende Informationen geben: **Textsorte, Titel, Autor, Quelle** (Erscheinungsort + Erscheinungsdatum), **Thema** in ein bis zwei Sätzen. (Worum geht es?)
- Achtung: Nicht immer sind alle Informationen zu einem Text angegeben! Dann könnt ihr auch darauf hinweisen, dass die Quelle nicht bekannt ist, z. B. *Das Erscheinungsdatum ist nicht angegeben.*

- Im **Hauptteil** beantwortet ihr die vorgegebenen Fragen oder fasst den Inhalt des Textes knapp zusammen. Achtung: In der Aufgabenstellung werden die einzelnen Fragen zwar durchnummeriert. In eurem Aufsatz sollen die Zahlen aber nicht mehr vorkommen.
- Wenn ihr am **Schluss** zum Text Stellung nehmen sollt, müsst ihr eure Antwort sachlich und aus dem Text heraus begründen.

Sprachliche Gestaltung ► S. 187, 193

Schreibt in der Zeitform **Präsens** und verwendet möglichst **eigene Worte.** Denkt an einen **abwechslungsreichen Satzbau.**

Beschreiben ► S. 79–94

Wenn ihr eure Beobachtungen einer anderen Person beschreibt, gebt ihr Informationen darüber, was passiert. Ihr beschreibt den Vorgang anschaulich.
Beim Beschreiben von Beobachtungen (z. B. der Katze auf Beutefang) müsst ihr das Geschehen
- in der logisch richtigen Reihenfolge (z. B. sich ducken, anschleichen, springen ...),
- mit Hilfe von treffenden, aussagekräftigen Verben (z. B. anpirschen, abspringen ...),
- mit Hilfe von anschaulichen Adjektiven (z. B. konzentriert, hellhörig, zielsicher ...),
- wenn nötig mit Fachbegriffen (z. B. Beutefang, Schleichjäger ...) formulieren.

Texte überarbeiten ► S. 45–48, 66 f., 127 f.

Wenn man gemeinsam an Texten arbeiten will, bietet sich dafür die **Schreibkonferenz** an (► S. 66 f.). Es geht aber auch allein, wenn man weiß, worauf man achten muss.

Umstellen, Weglassen, Ersetzen ► S. 74 f.

Ein eintöniger Satzbau lässt sich durch **Umstellen** vermeiden. Man kann zum Beispiel die wichtigste Aussage an den Satzanfang stellen:
<u>Uns</u> gefiel der Nachmittag bis dahin. <u>Uns</u> durchfuhr jedoch <u>ein großer Schreck</u> ...
→ *<u>Uns</u> gefiel der Nachmittag bis dahin. <u>Ein großer Schreck</u> durchfuhr <u>uns</u> jedoch ...*
Durch das **Weglassen** unpassender und überflüssiger Wörter kann ein Text verbessert werden:
~~Also,~~ wir mussten ~~tatsächlich~~ die Feuerwehr rufen, ~~und wir~~ mussten aber nur ~~voll~~ kurz auf sie warten.
Wörter, die sich wiederholen, kann man durch ähnliche Begriffe oder durch Pronomen **ersetzen:**
Wie aus dem Nichts tauchte <u>ein großer Hund</u> auf. <u>Der Hund</u> wollte sich auf Tiffy stürzen.
→ *Wie aus dem Nichts tauchte <u>ein großer Hund</u> auf. <u>Er/Das Tier</u> wollte sich auf Tiffy stürzen.*

Textverbesserung durch Satzverknüpfungen ► S. 73

Mit **Satzreihen** (SR, ► S. 307) oder **Satzgefügen** (SG, ► S. 307) könnt ihr eure Texte abwechslungsreicher formulieren. Außerdem könnt ihr Zusammenhänge deutlich machen:
Sie kletterte das Gerüst hoch, obwohl sie nicht schwindelfrei war.

Mit Texten und Medien umgehen

Literarische Texte erschließen
▶ S. 95–103

Erzählschritte in einer Geschichte
▶ S. 96–99

Jede Geschichte besteht in der Regel aus mehreren Erzählschritten, die man auch Handlungsschritte nennt. Ein neuer Erzählschritt beginnt häufig dann, wenn z. B.:

- der Ort der Handlung wechselt, z. B.: *Bei Lisa angekommen …*
- ein Zeitsprung stattfindet, z. B.: *Am nächsten Morgen …*
- eine neue Figur auftaucht, z. B.: *„Tag!", sagte jemand, als Frieda gerade verschwinden wollte.*
- die Handlung eine Wendung erfährt, z. B.: *Auf einmal …*

Die Figuren
▶ S. 97–99

Die Personen, die in einer Geschichte vorkommen bzw. handeln, nennt man Figuren. Sie haben bestimmte Eigenschaften und Absichten. In vielen Geschichten gibt es eine Hauptfigur, über die der Leser besonders viel erfährt. Um eine Geschichte zu verstehen, solltet ihr euch ein klares Bild von den einzelnen Figuren machen.

Ich-Erzähler oder Er-/Sie-Erzähler
▶ S. 70

- Ein Ich-Erzähler ist selbst als handelnde Figur in das Geschehen verwickelt und schildert die Ereignisse aus seiner persönlichen Sicht, z. B.: *Meine Schwester hatte …*
- Der Er-/Sie-Erzähler ist nicht am Geschehen beteiligt. Er/Sie erzählt von allen Figuren in der Er-Form bzw. in der Sie-Form, z. B.: *An diesem Tag geschah etwas, dass David nie für möglich gehalten hätte. Seine Schwester hatte …*

Erzählweisen erkennen
▶ S. 100 ff.

Spannend wird erzählt, wenn z. B.

- Zeit und/oder Ort unheimlich wirken,
- Rätselhaftes geschieht oder der Ausgang eines Geschehens ungewiss bleibt,
- spannungssteigernde Wörter und Wendungen verwendet werden, z. B.: *schlagartig*.

Märchen
▶ S. 111–122

Märchen haben wiederkehrende Merkmale, an denen man sie gut erkennen kann.
Dabei sind natürlich nicht in jedem Märchen alle diese Merkmale zu finden.

- **Ort** und **Zeit** der Handlung sind nicht genau festgelegt, z. B.: *im Wald, vor langer Zeit.*
- Es treten **typische Figuren** auf, wie z. B.: *König und Königin, Prinz und Prinzessin, Handwerker und Bauern, die böse Stiefmutter,* aber auch **fantastische** Figuren wie *sprechende Tiere, Feen, Hexen, Riesen, Zwerge, Zauberer, Drachen* usw.
- Die Figuren sind häufig auf **wenige Eigenschaften** festgelegt, z. B.: *die gute Fee, die böse Hexe.*
- Meist **siegt** am Ende das **Gute** und das **Böse** wird **bestraft.**

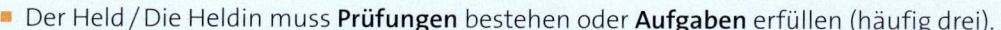

- Der Held / Die Heldin muss **Prüfungen** bestehen oder **Aufgaben** erfüllen (häufig drei).
- Im Märchen geschehen **wundersame Dinge:** Tiere können sprechen, es gibt magische Gegenstände (z. B. *einen Wundertisch, ein Zauberkästchen*) und Zauberei.
- Oft enthalten Märchen **feste sprachliche Formeln,** z. B.: *Es war einmal …*
- **Magische Zahlen** spielen häufig eine Rolle, z. B. *drei Wünsche, sieben Zwerge, zwölf Gesellen*.
- Oft gibt es Reime oder **Zaubersprüche.**

Fabeln ▶ S. 131–142

- Fabeln sind **kurze Erzähltexte,** sie können aber **auch in Versen** geschrieben sein.
- In der Fabel **handeln und sprechen** in der Regel **Tiere,** die **menschliche Charaktereigenschaften** verkörpern, z. B. schlauer Fuchs, dummer Esel.
- Die Tiere sind oft **ungleiche Gegenspieler** (z. B. Löwe gegen Maus), die ein **Streitgespräch** führen. Am Ende siegt der Stärkere oder der Listigere.
- **Ausgangssituation:** Die Tiere, der Ort und ihre Situation werden genannt.
- **Konfliktsituation und Lösung:** Zwischen den Tieren entsteht ein Konflikt, der in Rede und Gegenrede dargestellt wird. Dabei versucht oft ein Tier, das andere zu überlisten oder zu besiegen.
- **Lehre:** Am Ende wird häufig eine Lehre formuliert. Die Leserschaft soll etwas über ein bestimmtes Verhalten lernen.

Kreativ mit Texten umgehen ▶ S. 68–70, 124–128

Um **einen Text stimmig fortsetzen** zu können, muss man ihn gut verstanden haben:
- **Wo** spielt die Geschichte und **wann**?
- **Aus der Sicht welcher Figur** wird erzählt? Oder gibt es einen **Er-/Sie-Erzähler?**
- Was erfährt man über die Stimmung oder Eigenschaften der Hauptfigur?
- Gibt es andere **wichtige Figuren?**

Gehört der Text einer bestimmten **Textsorte** an? Ist er z. B. ein Märchen, müssen in eurer Fortsetzung natürlich auch **typische Merkmale** der Textsorte vorkommen (s. oben).

Gedichte ▶ S. 145–160

- Ein wichtiges Merkmal in vielen Gedichten ist der Reim. Wenn zwei Wörter vom letzten betonten Vokal an gleich klingen, nennt man das Endreim, z. B. *im Stillen – Widerwillen*. In Gedichten könnt ihr verschiedene Reimformen erkennen.
  - Wenn zwei aufeinanderfolgende Verse sich reimen, spricht man von einem **Paarreim:** *aabb*.
  - Reimen sich der 1. und 3. sowie der 2. und 4. Vers (über Kreuz), so nennt man das **Kreuzreim:** *abab*.
  - Wird ein Paarreim von zwei Versen „umarmt", die sich ebenfalls reimen, so heißt das **umarmender Reim:** *abba*.
- Eine Gedichtzeile heißt **Vers.** Mehrere zusammengehörige Verse bilden eine **Strophe.** Mehrere Strophen werden durch Leerzeilen voneinander getrennt.

Sachtexte ▶ S. 185–202, 291f.

Sachtexte finden wir in unterschiedlichen Bereichen. So zählen folgende Beispiele zur Gruppe der Sachtexte: Texte in Sachbüchern, journalistische Sachtexte (z. B. Zeitungsberichte), Lexikonartikel, Kochrezepte, Bastel- und Spielanleitungen, Schaubilder und Diagramme (z. B. Klimadiagramm in Erdkunde).

Sachtexte informieren über bestimmte Themen. Manche Sachtexte wollen auch zu etwas anleiten oder auffordern.

Die Sprache im Sachtext ist klar und sachlich. Gefühle oder Gedanken finden sich hier in der Regel nicht.

Sachtexte lassen sich mit der Fünf-Schritt-Lesemethode gut erschließen:

1. Schritt  **Grob überfliegen und sich im Text orientieren**
Achtet beim Überfliegen dabei vor allem auf Bilder, Überschriften, Hervorhebungen, Satzanfänge und einzelne Abschnitte.
Hier sollt ihr einen groben Überblick, einen ersten Eindruck von Inhalt und Aufbau des Textes bekommen.
Der Text wird nicht Wort für Wort, sondern diagonal gelesen.

2. Schritt  **Fragen stellen**
Was wisst ihr schon über das Thema des Textes?
Was möchtet ihr noch wissen?
Stellt zwei bis drei Fragen an den Text.

3. Schritt  **Gründlich lesen und Schlüsselwörter unterstreichen**
Klärt unbekannte oder schwierige Wörter aus dem Textzusammenhang, durch Nachdenken oder durch das Nachschlagen in einem Wörterbuch.
Markiert diese Wörter im Text blau.
Sammelt Zahlen und Fakten aus dem Text. Häufig liefern diese wichtige Informationen, um den Text zu verstehen. Markiert diese gelb.
Markiert mit einem grünen Stift wichtige Informationen, die euch Antworten auf eure Fragen aus Schritt 2 geben.
Legt kleine Lesepausen ein, in denen ihr euch immer wieder erinnert und zu verstehen versucht, was ihr gelesen habt.

4. Schritt 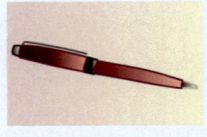 **Wichtiges zusammenfassen**
Findet für die einzelnen Abschnitte in eigenen Worten Stichpunkte, die den Inhalt knapp zusammenfassen.
Verwendet dazu eure farbigen Markierungen.
Prüft, ob die Stichpunkte zum Inhalt des Textes passen.

5. Schritt  **Informationen ordnen**
Wenn ihr den Text gelesen habt, dann wiederholt den Inhalt nochmals mit Hilfe eurer Notizen. Denkt auch dabei an eure Fragen von Schritt 2.

Über Sprache nachdenken

Wortarten

Das Nomen (Hauptwort/Substantiv; Plural: die Nomen) ► S. 206–210

Die meisten Wörter in unserer Sprache sind Nomen. Sie werden immer **großgeschrieben.**
Nomen bezeichnen
- **Lebewesen,** z. B.: *Frosch, Baum, Hund, Mädchen,*
- **Gegenstände,** z. B.: *Haus, Schreibtisch, MP3-Player,*
- **Begriffe** (Gedanken, Gefühle, Zustände ...), z. B.: *Angst, Mut, Freude, Ferien, Freundschaft.*

Sie werden häufig von **Wörtern begleitet,** an denen wir sie erkennen können, z. B. von einem **Artikel** *(der Hase, eine Uhr)* oder einem Adjektiv *(blauer Himmel, fröhliche Menschen).*

Genus (grammatisches Geschlecht; Plural: die Genera) ► S. 207

Jedes Nomen hat ein Genus (ein grammatisches Geschlecht), das man **an** seinem **Artikel erkennen** kann. Ein Nomen ist entweder
- ein **Maskulinum** (männliches Nomen), z. B.: *der Stift, der Regen, der Hund,*
- ein **Femininum** (weibliches Nomen), z. B.: *die Uhr, die Sonne, die Katze,* oder
- ein **Neutrum** (sächliches Nomen), z. B.: *das Buch, das Eis, das Kind.*

Das **grammatische Geschlecht** eines Nomens stimmt **nicht immer** mit dem **natürlichen Geschlecht** überein, z. B.: *das Mädchen, das Kind.*

Numerus (die grammatische Zahl; Plural: die Numeri) ► S. 208

Nomen haben einen Numerus, d. h. eine Anzahl. Sie stehen entweder im
- **Singular** (Einzahl), z. B. *der Wald, die Jacke, das Haus,* oder im
- **Plural** (Mehrzahl), z. B. *die Wälder, die Jacken, die Häuser.*

Nur bei wenigen Wörtern ist entweder nur eine Singularform oder eine Pluralform möglich, z. B.: *der Regen, die Ferien.*

Der Kasus (Fall; Plural: die Kasus, mit langem *u* gesprochen) ► S. 209 f.

In Sätzen erscheinen Nomen immer in einem bestimmten Kasus, das heißt in einem grammatischen Fall. **Im Deutschen gibt es vier Kasus.** Nach dem Kasus richten sich die Form des Artikels und die Endung des Nomens. Man kann den **Kasus** eines Nomens **durch Fragen ermitteln.**

Kasus	Kasusfrage	Beispiele
1. Fall: **Nominativ**	*Wer oder was ...?*	*Der Junge liest ein Buch.*
2. Fall: **Genitiv**	*Wessen ...?*	*Das Buch des Jungen ist spannend.*
3. Fall: **Dativ**	*Wem ...?*	*Ein Mädchen schaut dem Jungen zu.*
4. Fall: **Akkusativ**	*Wen oder was ...?*	*Sie beobachtet den Jungen genau.*

Meist ist der Kasus am veränderten Artikel des Nomens erkennbar, manchmal auch an der Endung des Nomens, z. B.: *des Mannes, des Mädchens, den Kindern.*
Wenn man ein Nomen in einen Kasus setzt, nennt man das **deklinieren** (beugen).

Der Artikel (Begleiter, Geschlechtswort; Plural: die Artikel) ▶ S. 211

Das Nomen tritt selten allein auf, sondern wird häufig von einem Artikel begleitet. Man unterscheidet zwischen dem bestimmten Artikel *(der, die, das)* und dem unbestimmten Artikel *(ein, eine, ein)*, z. B.:

	Bestimmter Artikel	**Unbestimmter Artikel**
männlich	*der* Stift	*ein* Stift
weiblich	*die* Uhr	*eine* Uhr
sächlich	*das* Buch	*ein* Buch

Das Adverb (Umstandswort; Plural: Adverbien)

Adverbien beschreiben die **genauen Umstände eines Geschehens.** Sie erklären beispielsweise:

- **die Zeit (Wann?) – Temporaladverbien,** z. B.: *jetzt, heute, gestern, manchmal,*
- **den Ort (Wo? Wohin? Woher?) – Lokaladverbien,** z. B.: *hier, dort, draußen, überall.*

Adverbien ändern ihre Form meistens nicht.

Das Adjektiv (das Eigenschaftswort; Plural: die Adjektive) ▶ S. 212 f.

Adjektive drücken aus, **wie** etwas ist. Mit Adjektiven können wir die **Eigenschaften** von Lebewesen, Dingen, Vorgängen, Gefühlen und Vorstellungen **genauer beschreiben,** z. B.: *der starke Wind.* Adjektive werden **kleingeschrieben.** Adjektive, die vor einem Nomen stehen, haben den gleichen Kasus wie das Nomen: *der kalte See, die kalten Seen, des kalten Sees.*

- **Steigerung der Adjektive**

  Die meisten Adjektive kann man steigern (z. B.: *schön – schöner – am schönsten*). So kann man z. B. Dinge und Lebewesen miteinander vergleichen. Es gibt drei Steigerungsstufen:

Positiv (Grundform)	Komparativ (Höherstufe)	Superlativ (Höchststufe)
Lars ist groß.	*Stefan ist größer.*	*Fabian ist am größten.*

Die Konjunktion (das Bindewort; Plural: die Konjunktionen) ▶ S. 244–249

Konjunktionen verbinden Satzteile oder Teilsätze miteinander, z. B.:
Es gab Donner und Blitz. Er konnte nicht an der Wanderung teilnehmen, weil er krank war.
Die häufigsten Konjunktionen sind: *und, oder, weil, da, nachdem.*
Konjunktionen kann man nicht beugen (in einen Kasus oder eine Personalform setzen). Man unterscheidet nebenordnende und unterordnende Konjunktionen.

- **Nebenordnende Konjunktionen**

  Peter schwimmt im See,   denn   es ist sehr heiß.
  ——— Hauptsatz 1 ——— Konjunktion — Hauptsatz 2 —

- **Unterordnende Konjunktionen**

  Ich sprang heute vom 3-Meter-Brett,   obwohl   ich etwas Angst hatte.
  ——— Hauptsatz ———
  Konjunktion ——— Nebensatz ———

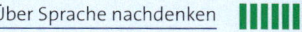

Das Pronomen (Fürwort; Plural: die Pronomen) ▶ S. 215–219

Das Pronomen ist ein Stellvertreter oder Begleiter; es vertritt oder begleitet ein Nomen.
Es gibt verschiedene Arten von Pronomen.

■ **Das Personalpronomen** (persönliches Fürwort)
Mit den **Personalpronomen** *(ich, du, er, sie, es, wir, ihr, sie)* kann man **Nomen und Namen ersetzen,** z. B.:

Die Katze möchte ins Haus. Sie miaut. Schnell lassen wir sie herein.

Paul rennt zum Bus. Er hat verschlafen und weiß, dass der Busfahrer nicht auf ihn wartet.

Personalpronomen werden wie die Nomen **dekliniert** (gebeugt):

Kasus	Singular 1. Pers.	2. Pers.	3. Pers.	Plural 1. Pers.	2. Pers.	3. Pers.
1. Fall: **Nominativ**	ich	du	er/sie/es	wir	ihr	sie
2. Fall: **Genitiv**	meiner	deiner	seiner/ihrer/seiner	unser	euer	ihrer
3. Fall: **Dativ**	mir	dir	ihm/ihr/ihm	uns	euch	ihnen
4. Fall: **Akkusativ**	mich	dich	ihn/sie/es	uns	euch	sie

■ **Das Demonstrativpronomen** (hinweisendes Fürwort)
Mit Demonstrativpronomen kann man auf etwas **zeigen** oder **hinweisen.**
Sie werden wie Nomen dekliniert (gebeugt). Demonstrativpronomen sind z. B.:
  ■ *dieser, diese, dieses;* Beispiel: *Ich glaube, diese Tiere sind nachtaktiv.*
  ■ *jener, jene, jenes;* Beispiel: *Jenes Nashorn läuft den ganzen Tag im Kreis.*
  ■ *der, die, das,* wenn sie im Unterschied zum bestimmten Artikel (▶ S. 302) betont sind.
    Beispiel: *Das ist der kleine Elefant, der im letzten Jahr geboren wurde.*

■ **Das Relativpronomen**
Relativpronomen leiten einen Relativsatz ein. Sie **beziehen** sich **auf** ein **Nomen im Hauptsatz.**
Der Relativsatz ist ein Nebensatz, der einen Bezug zu einem Nomen im Hauptsatz herstellt.
Beispiel: *Der Tiger, der heute noch kein Futter bekommen hatte, lief im Käfig auf und ab.*

      Relativpronomen   Relativsatz

Als Relativpronomen verwendet werden die Wörter *der, die, das, welcher, welche, welches.*
Relativpronomen können wie Nomen dekliniert werden. Den Fall, in dem sie stehen, kann man erfragen.

Beispiel:	*Der Tiger, dessen*	*Fütterung unmittelbar bevorstand, lief im Käfig auf und ab.*
Frageprobe:	*wessen*	*Fütterung stand unmittelbar bevor?*
Antwort:	*Dessen*	*Fütterung stand unmittelbar bevor.* → *Genitiv*

■ **Das Possessivpronomen** (besitzanzeigendes Fürwort)
Possessivpronomen *(mein/meine – dein/deine – sein/seine – ihr/ihre – unser/unsere – euer/eure – ihr/ihre)* **geben an, zu wem etwas gehört,** z. B.: *mein Buch, deine Tasche, unsere Lehrerin.*
Possessivpronomen begleiten meist Nomen und stehen dann in dem gleichen Kasus (Fall) wie das dazugehörige Nomen, z. B.: *Ich gebe meinen Freunden eine Einladungskarte.* (Wem …? → Dativ)

Das Verb (das Tätigkeitswort; Plural: die Verben)   ▶ S. 222–227

Mit Verben gibt man an, **was jemand tut** (z. B. *laufen, reden, lachen*), **was geschieht** (z. B. *regnen, brennen*) oder **was ist** (z. B. *haben, sein, bleiben*). Verben werden kleingeschrieben.

- Der **Infinitiv** (die Grundform) eines Verbs endet auf *-en* oder *-n*, z. B.: *rennen, lächeln.*
- Wenn man ein Verb in einem Satz verwendet, bildet man **die Personalform des Verbs.** Das nennt man **konjugieren (beugen),** z. B.: *such-en* (Infinitiv) → *Ich such-e den Schlüssel* (1. Person Singular). Die Personalform des Verbs wird aus dem Infinitiv des Verbs gebildet. An den Stamm des Verbs wird dabei die passende Personalendung gehängt, z. B.: *sprech-en* (Infinitiv) → *Er spricht* (3. Person Singular).

Die Tempora (Zeitformen) der Verben   ▶ S. 223–227

Verben kann man in verschiedenen Zeitformen (Tempora) verwenden. Die Zeitformen (Tempora; Sg.: das Tempus) der Verben sagen uns, wann etwas passiert.

- **Das Präsens** (die Gegenwartsform)
  1. Das Präsens wird verwendet, wenn etwas in der **Gegenwart** (in diesem Augenblick) geschieht, z. B.: *Er schreibt gerade einen Brief.* (Es geschieht in diesem Augenblick.)
  2. Im Präsens stehen auch **Aussagen, die immer gelten,** z. B.: *Suppe isst man mit dem Löffel.*
  3. Man kann das Präsens auch verwenden, **um etwas Zukünftiges auszudrücken.** Meist verwendet man dann eine Zeitangabe, die auf die Zukunft verweist, z. B.: *Morgen gehe ich ins Kino.*
- **Das Futur** (die Zukunftsform)
  Das Futur wird verwendet, um ein zukünftiges Geschehen auszudrücken, z. B.: *In den Sommerferien werde ich häufig ins Freibad gehen.*
  Das Futur wird gebildet durch: Personalform von *werden* im Präsens + Infinitiv des Verbs, z. B.: *Ich werde anrufen, du wirst anrufen …*
- **Das Perfekt** (2. Vergangenheit)
  Wenn man mündlich von etwas Vergangenem erzählt oder berichtet, verwendet man häufig das Perfekt, z. B.: *Ich habe gerade etwas gegessen. Er ist nach Hause gekommen.*
  Das Perfekt ist eine **zusammengesetzte Vergangenheitsform,** weil es mit einer Form von „haben" oder „sein" im Präsens (z. B. *hast, sind*) und dem **Partizip II des Verbs** (z. B.: *gesehen, aufgebrochen*) gebildet wird.
  - Das Partizip II beginnt meist mit *ge-*, z. B.: *lachen* → *gelacht; gehen* → *gegangen.*
  - Wenn das Verb schon eine Vorsilbe hat (*ge-, be-* oder *ver-*), bekommt das Partizip II keine mehr, z. B.: *gelingen* → *gelungen; beschweren* → *beschwert; verlieren* → *verloren.*
- **Das Präteritum** (1. Vergangenheit)
  Das Präteritum ist eine **einfache Zeitform der Vergangenheit.** Diese Zeitform wird vor allem in schriftlichen Erzählungen (z. B. in Märchen, in Geschichten) und in Berichten verwendet, z. B.: *Sie lief schnell nach Hause, denn es regnete in Strömen.* Man unterscheidet:
  - **regelmäßige (schwache) Verben:** Bei den regelmäßigen Verben ändert sich der Vokal *(a, e, i, o, u)* im Verbstamm nicht, wenn das Verb ins Präteritum gesetzt wird, z. B.: *ich lache* (Präsens) → *ich lachte* (Präteritum),
  - **unregelmäßige (starke) Verben:** Bei den unregelmäßigen Verben ändert sich im Präteritum der Vokal *(a, e, i, o, u)* im Verbstamm, z. B.: *ich singe* (Präsens) → *ich sang* (Präteritum); *ich laufe* (Präsens) → *ich lief* (Präteritum).

- **Das Plusquamperfekt** (3. Vergangenheit)

  Wenn etwas vor dem passiert, wovon im Präteritum oder im Perfekt erzählt wird, verwendet man das Plusquamperfekt. Das Plusquamperfekt wird deshalb auch **Vorvergangenheit** genannt, z. B.:
  Nachdem er den Computer ausgeschaltet hatte, verließ er das Zimmer.

  Das Plusquamperfekt ist wie das Perfekt (▶ S. 223) eine **zusammengesetzte Vergangenheitsform,** weil es mit einer Form von **„haben"** oder **„sein"** im Präteritum (z. B. *hatte, war*) und dem **Partizip II des Verbs** (z. B. *gelesen, aufgebrochen*) gebildet wird, z. B.: *Nachdem wir etwas gegessen hatten, gingen wir in den Zoo. Nachdem wir alle pünktlich angekommen waren, ging es los.*

Zahlwörter (Numeralia, Singular: das Numerale)

Bei den Zahlwörtern (Numeralia) unterscheidet man unter anderem:

- **Kardinalzahlen:** Sie legen die Anzahl fest, z. B.: *drei, hundert, tausend.*
- **Ordinalzahlen:** Sie legen eine Reihenfolge fest, z. B.: *erstens, der vierte Tag.*

Satzglieder

Wortart und Satzglied

Beachtet den Unterschied zwischen Wortarten und Satzgliedern: Einzelne Wörter kann man nach ihrer Wortart bestimmen, Satzglieder sind die Bausteine in einem Satz. Oft besteht ein Satzglied aus mehreren Wörtern. Man merkt das mit Hilfe der Umstellprobe (Umstellprobe, ▶ S. 232).

Nomen	Verb	Pronomen	Präposition	Nomen	**Wortarten**
Thomas	*trifft*	*ihn*	*zu*	*Hause.*	
Subjekt	Prädikat	Akkusativobjekt	Lokaladverbiale		**Satzglieder**

Satzglieder erkennen: Die Umstellprobe   ▶ S. 232 f.

Ein Satz besteht aus verschiedenen Satzgliedern. Diese Satzglieder können aus einem einzelnen Wort oder aus mehreren Wörtern (einer Wortgruppe) bestehen.

Mit der **Umstellprobe** könnt ihr feststellen, wie viele Satzglieder ein Satz hat. Wörter und Wortgruppen, die bei der Umstellprobe immer zusammenbleiben, bilden ein Satzglied, z. B.:

Unbekannte Täter stahlen nachts den teuren Schmuck.

Nachts stahlen unbekannte Täter den teuren Schmuck.

Das Prädikat (Plural: die Prädikate) ▶ S. 234 f.

Der **Kern des Satzes** ist das Prädikat (Satzaussage). Prädikate werden durch Verben gebildet.
In einem Aussagesatz steht die Personalform des Verbs (der gebeugte Teil, ▶ S. 304) **immer an zweiter Satzgliedstelle,** z. B.: *Der Hamster schläft in seinem Käfig. Er isst gerne Möhren.*
Prädikate können **aus mehreren Teilen** bestehen, z. B. aus:

- **einem Verb,** das in **zwei Bestandteile** getrennt ist: *Der Hund lief plötzlich fort.*
- **Personalform** und **Partizip:** *Der Hund ist plötzlich losgelaufen.*
- **zwei Verben:** *Petra ging mit ihrem Hund spazieren.*

Die zwei Teile des Prädikats bilden eine Prädikatsklammer. Sie klammern andere Satzglieder ein:
Petra hat den Hund später auf dem Nachbargrundstück gefunden.

Prädikatsklammer

Das Subjekt (Satzgegenstand; Plural: die Subjekte) ▶ S. 236

Das Satzglied, das angibt, wer oder was etwas tut, veranlasst, handelt ..., heißt Subjekt.

- Ihr könnt das Subjekt mit der Frage **„Wer oder was ...?"** ermitteln: *Ich schlafe. → Wer schläft?*
- Es kann aus mehreren Wörtern bestehen, z. B.: *Tim schläft. – Mein treuer Hund Tim schläft.*

Die Objekte (Singular: das Objekt) ▶ S. 237 f.

- **Akkusativobjekt:** Das Objekt, das im Akkusativ steht, heißt Akkusativobjekt. Ihr ermittelt es mit der Frage: **„Wen ... oder was ...?",** z. B.: *Wen oder was leiht sie mir? Sie leiht mir das Buch.*
- **Dativobjekt:** Das Objekt, das im Dativ steht, heißt Dativobjekt. Ihr ermittelt es mit der Frage: **„Wem ...?",** z. B.: *Wem leiht sie das Buch? Sie leiht das Buch mir.*
- **Genitivobjekt:** Das Objekt, das im Genitv steht, heißt Genitivobjekt. Ihr ermittelt es mit der Frage: **„Wessen ...?",** z. B.: *Wessen gedachten die Menschen? Sie gedachten der Opfer.*

Objekte können aus einem oder aus mehreren Wörtern bestehen.

Die Adverbialien (Singular: das Adverbiale; Umstandsbestimmung) ▶ S. 239 f.

- Adverbialien sind Satzglieder, die über den Ort **(Lokaladverbiale)** oder über die Zeit **(Temporaladverbiale)** eines Geschehens oder einer Handlung informieren.
- Adverbialien können aus einem oder aus mehreren Wörtern bestehen.
- Durch die Frageprobe kann man ermitteln, welches Adverbiale vorliegt.

Frageprobe	Satzglied	Beispiel
Wo ...? Wohin ...? Woher ...?	**Lokaladverbiale**	*Wo fand Nils den Krebs?* *Nils fand den Krebs am Strand.*
Wann ...? Wie lange ...? Seit wann ...?	**Temporaladverbiale**	*Wie lange regnete es?* *Es regnete zwei Tage lang.*

Sätze

Satzarten ▶ S. 242 f.

Je nachdem, ob wir etwas aussagen, fragen oder jemanden auffordern wollen, verwenden wir unterschiedliche Satzarten: Aussagesatz, Fragesatz und Aufforderungssatz.
In der gesprochenen Sprache erkennen wir die verschiedenen Satzarten oft an der Stimmführung, in der geschriebenen Sprache an den unterschiedlichen Satzschlusszeichen: Punkt, Fragezeichen und Ausrufezeichen.

1 Nach einem **Aussagesatz** steht ein **Punkt,** z. B.: *Ich gehe jetzt ins Schwimmbad*.
2 Nach einem **Fragesatz** steht ein **Fragezeichen,** z. B.: *Hast du heute Nachmittag Zeit*?
3 Nach einem **Ausrufe- oder Aufforderungssatz** steht meist ein **Ausrufezeichen,** z. B.: *Vergiss die Sonnencreme nicht*! *Beeilt euch*!

Die Satzreihe: Hauptsatz + Hauptsatz ▶ S. 244

Hauptsätze haben folgende Kennzeichen:
- Ein **Hauptsatz** ist ein selbstständiger Satz. Er kann alleine stehen.
- Er enthält mindestens zwei Satzglieder, nämlich Subjekt und Prädikat, z. B.: *Peter schwimmt*.
- Die Personalform des Verbs (das gebeugte Verb, ▶ S. 304) steht im Hauptsatz in der Regel an zweiter Satzgliedstelle, z. B.: *Peter schwimmt im See*.

Ein **Satz,** der **aus zwei oder mehr Hauptsätzen** besteht, wird **Satzreihe** genannt. Die einzelnen Hauptsätze einer Satzreihe werden durch ein **Komma** voneinander getrennt, z. B.:
Peter schwimmt im See, Philipp kauft sich ein Eis.
Häufig werden die Hauptsätze durch die nebenordnenden **Konjunktionen** (Bindewörter) *und, oder, aber, denn, doch* verbunden, z. B.: *Peter schwimmt im See, denn es ist sehr heiß.*
Nur vor den Konjunktionen *und* bzw. *oder* darf das Komma wegfallen, z. B.: *Peter schwimmt im See und Philipp kauft sich ein Eis.*

Satzgefüge: Hauptsatz + Nebensatz ▶ S. 245–249

Nebensätze haben folgende Kennzeichen:
- Ein Nebensatz kann **nicht ohne** einen **Hauptsatz** stehen.
- Der Nebensatz **ist dem Hauptsatz untergeordnet** und wird durch eine unterordnende **Konjunktion** (Bindewort) **eingeleitet,** z. B. *weil, da, obwohl, damit, dass, sodass, nachdem, während*.
- Die **Personalform des Verbs** (das gebeugte Verb) steht im Nebensatz immer **an letzter Satzgliedstelle.**

Einen **Satz,** der **aus** mindestens einem **Hauptsatz und** mindestens einem **Nebensatz** besteht, nennt man **Satzgefüge.** Zwischen Hauptsatz und Nebensatz muss **immer ein Komma** stehen, z. B.:
Wir gehen heute ins Schwimmbad, weil die Sonne scheint.

        Hauptsatz   Nebensatz

In einem Satzgefüge kann der Nebensatz vor, zwischen oder nach dem Hauptsatz stehen.

Tipps zum Rechtschreiben

▶ S. 254–258

Tipp 1: Deutlich sprechen – genau hinhören

▶ S. 254

Sprecht euch das Wort, das ihr schreiben wollt, deutlich vor. Sprecht dabei jeden Buchstaben einzeln. Achtet darauf, ob der **betonte Vokal kurz** gesprochen wird (z. B. *Kamm*) oder **lang** (z. B. *k<u>a</u>m*). Unterscheidet deutlich **harte** und **weiche** Konsonanten (z. B. *er **t**ankt / er **d**ankt*).

Tipp 2 und 3: Auf Wortbausteine achten

▶ S. 255 f.

In verschiedenen Wörtern kommen oft gleiche **Wortbausteine** vor. Wer diese Bausteine kennt, macht weniger Fehler. Der Grundbaustein eines Wortes heißt **Wortstamm.**

Vorsilbe	Wortstamm	Endung
an	**geb**	*en*

Wörter können auch aus zwei oder mehr Wörtern zusammengesetzt werden.
Das Grundwort bestimmt die Wortart: *pfeil<u>schnell</u>* (Adjektiv).

Tipp 4: Verwandte Wörter suchen

▶ S. 256

Wenn ihr unsicher seid, ob ein Wort mit *ä* oder *e* geschrieben wird, hilft oft die **Suche nach** einem **verwandten Wort mit *a*.**
Gibt es eins, dann schreibt man **ä,** z. B.: *St* **?** *ngel* → *Stange* → *Stängel*.
Gibt es keins, schreibt man meistens **e,** z. B.: *Gel* **?** *enk* → **?** → *Gel<u>e</u>nk*.
Dasselbe gilt für **äu** und **eu,** z. B.: *M* **?** *se* → *Maus* → *M<u>äu</u>se*.
Diese Suche nach einem verwandten Wort nennt man **Ableitungsprobe.**

Tipp 5: Wörter verlängern

▶ S. 257

Wenn ihr die Wörter verlängert und deutlich ausbrecht, hört ihr, welchen Buchstaben ihr schreiben müsst. Dieses Verfahren nennt man **Verlängerungsprobe.** Bildet
- bei **Nomen** den Plural: *Gel<u>d</u>er* → *Gel<u>d</u>,*
- bei **Adjektiven** die Steigerungsform: *wichti<u>g</u>er* → *wichti<u>g</u>* oder beugt mit einem Nomen: *die gel<u>b</u>e Kugel* → *gel<u>b</u>,*
- bei **Verben** eine andere Verbform, z. B. den Infinitiv: *hu<u>p</u>en* → *er hu<u>p</u>t.*

Tipp 6: Silbentrennung

▶ S. 258

Mehrsilbige Wörter trennt man nach **Sprechsilben,** die sich beim langsamen, deutlichen Vorlesen ergeben: *Spa-zier-gang, Welt-meis-ter, er-zäh-len, Recht-schrei-bung, kom-men.*
Von mehreren Konsonanten kommt **nur einer** in die **neue Zeile:** *Git-ter, Kat-ze, knusp-rig.*
Aber: **ch, ck** und **sch** bleiben immer zusammen: *pa-cken, drü-cken, wa-schen, lau-schen.*
Einzelne Buchstaben werden **nicht abgetrennt:** *Abend, Ofen.*
Zusammengesetzte Wörter und Wörter mit Vorsilbe trennt man **zwischen** den **Wortbausteinen:**
Rast-platz, Ab-sprung, Tief-schlaf, Trenn-strich, Ver-trag, be-stellt.

Rechtschreibregeln

► S. 264–279

Großschreibung

► S. 264–269

Satzanfänge, **Namen** und **Nomen** schreibt man groß.

So kann man Nomen erkennen:

- Nomen sind Wörter, vor die man einen Artikel setzen kann. Mit der **Artikelprobe** kann man prüfen, ob ein Wort ein Nomen ist und folglich großgeschrieben werden muss:
  Auto → das Auto, ein Auto.
  In Sätzen steht der Artikel nicht immer direkt vor dem Nomen: *das neue Auto*.

Manchmal fehlt der Artikel, aber das Wort **könnte** mit Artikel stehen:
Auf den Autobahnen ist viel Verkehr → der Verkehr.

- Wörter mit den Endungen **-heit, -keit, -nis, -schaft, -ung, -tum** sind **Nomen** und werden **großgeschrieben,** z.B.: *Schönheit, Süßigkeit, Ereignis, Mannschaft, Zeichnung, Eigentum*.

Kleinschreibung

► S. 267

Die meisten Wortarten werden kleingeschrieben, z.B.

- alle Verben, z.B.: *malen, tanzen, gehen,*
- alle Adjektive, z.B.: *freundlich, sonderbar, rostig;* viele Adjektive kann man an typischen Adjektivendungen erkennen: **-ig, -sam, -lich, -isch, -bar, -haft, -los,**
- alle Pronomen (Fürwörter), z.B.: *ich, du, er/sie/es, wir, ihr, sie, mich, dich, mein, dein, euer, dieser, diese, dieses, der, die das.*
  Tipp: Eine Sonderregelung gibt es bei den Anredepronomen in Briefen und E-Mails: Wenn ihr jemanden siezt, schreibt ihr die Anredepronomen groß, z.B.: *Sie, Ihnen, Ihr.* Die vertraute Anrede *du* kann man kleinschreiben, z.B.: *dir, dein, euch, euer.*

Kurze Vokale – doppelte Konsonanten

► S. 270 f.

Nach **kurzem betontem Vokal** folgen fast immer **zwei oder mehr Konsonanten.**

- In den meisten Fällen kann man die Konsonanten bei deutlichem Sprechen gut unterscheiden, z.B.: *Hund, Topf, Karte, singen, wandern.*
- Wenn nach einem kurzen Vokal nur ein Konsonant zu hören ist, wird dieser beim Schreiben meist **verdoppelt,** z.B.: *knabbern, Brunnen, Pudding, Koffer, Bagger, schwimmen, Suppe, irren, vergessen.*
  Ausnahmen: Statt verdoppeltem **k** schreibt man **ck** und statt verdoppeltem **z** schreibt man **tz,** z.B.: *backen, Nacken, Ecke, Katze, Netz, Hitze.*

Lange Vokale
▶ S. 272–276

- **Einfacher Konsonant hinter langem Vokal**
  Die langen Vokale **a, e, o, u** und die Umlaute **ä, ö, ü** werden oft nur mit einem einfachen
  Buchstaben geschrieben, z. B.: *Wagen, leben, Bogen, klären, Flöte, Gemüse.*
  Nach einem **langen Vokal** und nach **ä, ö, ü** steht meist **nur *ein* Konsonant**, z. B.:
  haben, geben, oben, rufen, Käse, mögen, grüßen.
- **Wörter mit Doppelvokal**
  In einigen Wörtern wird der lange Vokal mit Doppelbuchstaben geschrieben, z. B.
  - **aa:** *Aal, Aas, Haar, paar, Paar, Saal, Saat, Staat, Waage,*
  - **ee:** *Beere, Beet, Fee, Heer, Klee, Schnee, See, Seele;* ursprünglich aus einer anderen Sprache
    stammen Wörter wie: *Armee, Idee, Kaffee, Klischee, Tee, Tournee, Püree,*
  - **oo:** *Boot, doof, Moor, Moos, Zoo.*
- **Langer Vokal +** *h*
  Manchmal steht hinter einem langen Vokal ein **h**, z. B.: *zahm, Sehne, wahr, gestohlen.*
  Das **h** erscheint nach langem Vokal besonders oft vor den Buchstaben **m, n, r** und **l.**
- **Langer i-Laut**
  Das lang gesprochene **i** wird meistens **ie** geschrieben, z. B.: *Dieb, hier, blieb, kriechen.*
  Die Verbindung **ih** findet man bei Pronomen, z. B.: *ihm, ihn, ihr.*
  Manchmal wird das lange **i** nur durch den Einzelbuchstaben **i** wiedergegeben, z. B.:
  dir, mir, Biber, Igel, Maschine.

Schreibung des s-Lauts
▶ S. 277 ff.

Im Hochdeutschen unterscheidet man in der Aussprache den **stimmhaften s-Laut** vom **stimmlosen
s-Laut.** In vielen Dialekten hört man den Unterschied nicht. In diesem Fall muss man sich die
Schreibweise einprägen oder im Wörterbuch nachschlagen.

- Der **stimmhafte s-Laut** wird **mit einfachem s** geschrieben, z. B.: *Hase, Riese, eisig.*
- Der **stimmlose s**-Laut wird mit einfachem **s** geschrieben, wenn sich beim Verlängern des Wortes
  ein stimmhaftes *s* ergibt, z. B.: *Gras – Gräser, Haus – Häuser, reiste – reisen.*
- Den **stimmlosen s-Laut nach langem Vokal** oder nach **Diphthong** *(au, äu, ei, eu)* schreibt man **ß**,
  wenn er bei der **Verlängerungsprobe stimmlos** bleibt, z. B.: *weiß – weißer.*
- **Nach** einem **kurzen betonten Vokal** wird ein **stimmloser s-Laut** meist **ss** geschrieben, z. B.: *Fass,
  Biss, sie muss, er hasst, hässlich.*
- *das* oder *dass?*
  Mit einem einfachen **s** geschrieben wird das Wort **das** als
  - **bestimmter Artikel**, z. B.: *Ich kaufe das Buch.*
  - **Demonstrativpronomen** (kann durch **dieses** ersetzt werden), z. B.: *Das ist mein Lieblingsbuch.*
  - **Relativpronomen** (kann durch **welches** ersetzt werden), z. B.: *Ich lese das Buch, das mir gefällt.*
  dass ist eine Konjunktion (Bindewort, ▶ S. 302) und wird mit **Doppel-s** geschrieben. Man erkennt
  es daran, dass es **nicht durch** *dieses* oder *welches* ersetzt werden kann, z. B.:
  Ich glaube, dass ich das Buch schon kenne.

Zeichensetzung

▶ S. 63, 279 f.

Kommasetzung

▶ S. 279 f.

- Zwischen den einzelnen Teilen einer **Aufzählung** steht ein **Komma,** wenn diese nicht durch *und* oder *oder* verbunden sind, z. B.: *Ich spiele Hockey, Fußball, Völkerball und Karten.*
- Zwischen den Hauptsätzen in einer **Satzreihe** (▶ S. 307) müssen Kommas stehen, wenn die Hauptsätze nicht durch *und* oder *oder* verbunden sind, z. B.:
  Lene kommt mit dem Fahrrad zur Schule, aber Ole nimmt den Bus.
  Vinzenz geht zu Fuß, Clara wird gebracht und Anton kommt mit den Zug.
- **Nebensätze** (▶ S. 307) werden durch **Komma** vom Hauptsatz getrennt.
  Eingeleitet werden sie meist durch
  - eine **Konjunktion** (Bindewort, ▶ S. 302), z. B. *weil, dass, nachdem, wenn, obwohl,* oder
  - ein **Relativpronomen** (▶ S. 303), z. B. *der, die, das, welche, dessen.*

  Tina muss das Fahrrad nehmen, wenn sie am Wochenende zur Theater-AG fährt.
  ———— HS ————,
  ——————— NS ———————.

  Als sie sich einmal auf den Schulbus verlassen hat, wurde sie enttäuscht.
  ———— HS ————.
  ——————— NS ———————,

  Der Schulbus, der vor der Schule hält, fährt nur werktags.
  —HS (1. Teil)—   —— HS (2. Teil) ——.
  ,———— NS ————,

Zeichensetzung bei wörtlicher Rede

▶ S. 63

- Was jemand redet oder denkt, steht in **Anführungszeichen.**
- Steht der Redebegleitsatz **vor der wörtlichen Rede,** wird er mit einem **Doppelpunkt** von der wörtlichen Rede abgetrennt:
  Wir riefen: „Wir sind schneller!" – Ich dachte: „Wenn das mal gut geht."
- Steht der **Redebegleitsatz in der Mitte oder nach der wörtlichen Rede,** wird er durch Komma abgetrennt. Dabei **verliert** der Aussagesatz den **Schlusspunkt. Fragezeichen** und **Ausrufezeichen** bleiben stehen:
  „Haltet mehr Abstand", mahnte Uwe uns.
  „Markus", warnten unsere Klassenkameraden, „hör auf damit!"
  „Warum denn?", antwortete Markus übermütig. „Es passiert doch nichts."
  „Vorsicht, wir kentern!", schrien die anderen in diesem Moment.

Vielfalt und Wandel der Sprache

Sprichwort

Sprichwörter sind kurze, einprägsame Sätze, die (meist) eine **Lebensweisheit** (Erfahrung, Urteil, Meinung, Warnung oder Vorschrift) enthalten.
Sie werden immer in demselben Wortlaut gebraucht **(unveränderlich).** Ihre **Bedeutung** ist **festgelegt.** Meist muss man sie kennen, um das Sprichwort zu verstehen, z. B.:
Morgenstund hat Gold im Mund → Wer früh mit der Arbeit beginnt, erreicht viel.
Viele Sprichwörter stammen aus bekannten Texten oder aus dem Alltag (v. a. im Mittelalter).

Wortfeld ► S. 72

Wörter mit ähnlicher Bedeutung bilden ein Wortfeld:
klein: winzig, zwergenhaft, gering ...
fliegen: schweben, flattern, gleiten ...
Mit Wörtern aus einem Wortfeld kann man abwechslungsreich und aussagekräftig formulieren.

Wortfamilie ► S. 255

Der Grundbaustein eines Wortes heißt **Wortstamm.** Wörter mit dem gleichen Wortstamm bilden eine **Wortfamilie.** Sie können verschiedenen Wortarten angehören, z. B.:
freuen, die Freude, freudig, erfreuen ...
kennen, erkennen, die Kenntnis ...

Fremdwörter aus dem Englischen ► S. 263

Im heutigen Deutsch finden wir viele Fremdwörter, also Wörter, die ursprünglich aus einer anderen Sprache stammen.
Heutzutage werden meist Fremdwörter aus dem Englischen ins Deutsche übernommen, v. a. in den Bereichen Medien, Mode, Wissenschaft und Wirtschaft/Handel.
Man sieht oder hört diesen Wörtern ihre Herkunft aus dem Englischen an, z. B.:
Notebook, Gameboy, Shopping, Sale ...
Man nennt sie Anglizismen.

Arbeitstechniken und Methoden

Textartenverzeichnis

Autoren- und Quellenverzeichnis

ÄSOP (*6. Jh. v. Chr.)

132　Der Wolf und das Lamm.
aus: Alverdes, Paul: Das Hausbuch der Fabeln. Ehrenwirt, München 1990, S. 9

ASPETSBERGER, FANNI

192　Delfine – Clowns mit Köpfchen
aus: Geolino 3/2007. Verlag Gruner + Jahr, Hamburg 2007, S. 15–19

DE LA FONTAINE, JEAN

133　Der geschmeichelte Sänger.
aus: Alverdes, Paul: Das Hausbuch der Fabeln. Ehrenwirt, München 1990, S. 121

DICAMILLO, KATE

31　Winn-Dixie
aus: DiCamillo, Kate: Winn-Dixie. Übersetzt von Sabine Ludwig. dtv Verlagsgesellschaft, München 2003

ENGLERT, SYLVIA (*1970)

188　Warum schwimmen Wale im Meer, obwohl sie keine Fische sind?
aus: Frag doch mal ... die Maus! Wale und Delfine. Mit Illustrationen von Johann Brandstetter. CBJ Verlag, München 2009, S. 6 f.

FERRA-MIKURA, VERA (1923–1997)

154　Regenschirme
aus: Gelberg, Hans-Joachim (Hrsg.): Die Stadt der Kinder. Gedichte für Kinder in 13 Bezirken/mit vielen Bildern von Janosch. Hrsg. und mit einem Vorw. vers. von Hans-Joachim Gelberg. Beltz & Gelberg Verlag (Gulliver), Weinheim 1999

GAARDER, JOSTEIN (*1952), und
HAGERUP, KLAUS (*1946)

50　Bibbi Bokkens magische Bibliothek (1)
52　Bibbi Bokkens magische Bibliothek (2)
aus: Bibbi Bokkens magische Bibliothek. Aus dem Norwegischen von Gabriele Haefs. Carl Hanser Verlag, München und Wien 2001, S. 7–9 (1), 10 f. (2)

GERNHARDT, ROBERT (1937–2006)

145　Die weißen Riesenhasen
aus: Wenn die weißen Riesenhasen abends übern Rasen rasen. Carl Hanser Verlag, München und Wien 1998, S. 81

GOETHE, JOHANN WOLFGANG (1749–1832)

147　Die Frösche
aus: Goethes Werke. Hamburger Ausgabe. Hrsg. von Erich Trunz. C. H. Beck Verlag, München 1978, S. 366

GRIMM, JACOB (1785–1863)
und WILHELM (1786–1859)

112　Jorinde und Joringel (1)
116　Die weiße Schlange (2)
aus: Grimm, Jacob (Hrsg.): Grimms Märchen. Loewe Verlag, Bindlach 1997 (1)
aus: Grimm, Jacob (Hrsg.): Grimms Märchen. Vollständige Ausgabe. Illustrationen von Otto Ubbelohde. Anaconda Verlag, Köln 2009, S. 101–105 (2)

HALBEY, HANS ADOLF (1922–2003)

153　Urlaubsfahrt
aus: Hans-Joachim Gelberg (Hrsg.): Menschengeschichten. 3. Jahrbuch der Kinderliteratur. Beltz & Gelberg Verlag, Weinheim und Basel 1975

HERBERTH, ROMAN (*1955)

154　Regen, Regen, Regen
aus: Die Deutsche Gedichtebibliothek. Gesamtverzeichnis deutschsprachiger Gedichte. URL: http://gedichte.xbib.de/Herberth%2C+Roman_gedicht_Regen%2C+Regen%2C+Regen.htm; Stand: 20.12.2010

HOHLER, FRANZ (*1943)

278　Der tragische Tausendfüßler
aus: Borchers, Elisabeth (Hrsg.): Das große Lalula. H. Ellermann Verlag, München 1971, S. 90 f.

JATZEK, GERALD (*1956)

160　Kirschkerne spucken
aus: Der Lixelhix. Verlag Jugend und Volk, Wien und München 1986

KINNEY, JEFF (*1971)

227　Gregs Tagebuch
nach: Kinney, Jeff: Gregs Tagebuch – Von Idioten umzingelt. Baumhaus Verlag, Frankfurt am Main 2008, S. 11–13

KIRSTEN, RUDOLF

134　Ungleiche Boten
aus: Kirsten, Rudolf: Hundertfünf Fabeln. Logos Verlag, Zürich 1960

KRASICKI, IGNACY (1735–1801)

137　Der Wein und das Wasser
aus: Berger, Karl Heinz (Hrsg.): Das Kutschpferd und der Ackergaul. Kinderbuch Verlag in der Verlagsgruppe Beltz, Weinheim und Basel 2008

KRIEGER, MAXIMILIAN

151　Baurarechln – racht und schlacht
aus: Mal so – mal so ...: Gedichte und Sprüche. Mit Zeichnungen von Curd Lessig. Stürtz Verlag, Würzburg 1987

KUSZ, FITZGERALD (*1944)

152　Gänseblümmlä
aus: Der Vollmond über Nämberch. Verlag Ars vivendi, Cadolzburg 2009, S. 122

LANGEN, ANNETTE

37　Briefe von Felix
aus: Briefe von Felix. Ein kleiner Hase auf Weltreise. Coppenrath Verlag, Münster 1994

LOBE, MIRA (1913–1995)

149　Der verdrehte Schmetterling
aus: Das Sprachbastelbuch. Hans Domengo u. a. Verlag Jugend und Volk, Wien 1975, S. 78

MAAR, PAUL (*1937)

146　Tier-Zweizeiler (2)
159　Ein Baum (3)
aus: Robert und Trebor. Oetinger Verlag, Hamburg 1985 (1)
aus: JAguar und NEINguar. Gedichte von Paul Maar. Bilder von Anna Luchs. Oetinger Verlag, Hamburg 2007, S. 103 ff. (2), 95 (3)

MOSER, ERWIN (*1954)

154　Gewitter
aus: Hans-Joachim Gelberg (Hrsg.): Überall und neben dir. Gedichte für Kinder in sieben Abteilungen. Beltz & Gelberg Verlag (Gulliver), Weinheim und Basel 1989

RINGELNATZ, JOACHIM (1883–1934)

146　Ohrwurm und Taube
149　Die Ameisen
153　Der Stein
aus: Das Gesamtwerk. Bd. 1. Hrsg. von Walter Pape. Henssel Verlag, Berlin 1994

SIEGE, NASRIN (*1950)

20　Sombo in der neuen Schule
aus: Wie der Fluss in meinem Dorf. Beltz & Gelberg Verlag, Weinheim 1994, S. 36 f. und 40 f.

SPOHN, JÜRGEN (1934–1992)

148　Warum der Rollmops sauer ist
aus: Drunter und drüber. Bertelsmann Verlag, München 1980, S. 104

ULRICHS, TIMM (*1940)

159　ordnung
aus: konkrete poesie. Reclam Verlag, Stuttgart 1972

WÖLFEL, URSULA (*1922)

19　Hannes fehlt
aus: Die grauen und die grünen Felder. Beltz & Gelberg Verlag, Weinheim 1970, S. 45–49

ZEEVAERT, SIGRID (*1960)

97　Mehr als ein Spiel (1)
100　Mehr als ein Spiel (2)
aus: Mehr als ein Spiel. C. Dressler Verlag, Hamburg 1999, S. 40–45 (1), 103–106 (2)

Unbekannte/ungenannte Autorinnen und Autoren

96　Mehr als ein Spiel – Frieda ist sauer
Klappentext zu Zeevaert, Sigrid: Mehr als ein Spiel. C. Dressler Verlag, Hamburg 1999

107　Rico, Oskar und die Tieferschatten.
Klappentext zu Steinhöfel, Andreas: Rico, Oskar und die Tieferschatten. Carlsen Verlag Hamburg 2008

120　Der Brückenbauer und der Dämon
aus: Japanische Volksmärchen. Hrsg. von Horst Hammitzsch. Diederichs Verlag, Düsseldorf 1964, S. 40 f.

151　Auf am Tirmle
aus: Ruoß, Siegfried (Hrsg.): Schwäbische Kinderverse. Silberburg-Verlag, Tübingen 2001

181　ARD/3SAT/KIKA
aus: Hörzu, Heft 45 vom 13.11.2010, S. 72/75

182　Gerätebesitz 6- bis 13-Jähriger
Quelle: JIM-Studie 2015; www.mpfs.de; Basis: alle Haupterzieher, n=1200; Hg.: mpfs (Medienpädagogischer Forschungsverbund Südwest); Autoren: Sabine Feierabend und Thomas Rathgeb

183 Medienbeschäftigung in der Freizeit 2015.
JIM-Studie 2015; www.mpfs.de. Medienpädagogischer Forschungsverbund Südwest; Autoren: Sabine Feierabend und Thomas Rathgreb

186 Mit Delfinen schwimmen,
http://focus.de/intern/archiv perth-rockingham_aid_11570.html; Stand: 20.12.2010

195 „Als der Vulkan ausbrach, war alles grau"
aus: Naturgewalten, GEOlino extra, Nr. 39, S. 42. Gruner + Jahr AG & Co KG, Druck- und Verlagshaus, Hamburg 2013

196 Der Vulkan.
aus: Grundschullexikon. Bibliographisches Institut, 3. aktualisierte Auflage, Berlin 2014, S. 254

197 Was ist ein schlafender Vulkan?
aus: Frag doch mal ... die Maus! Vulkane und Erdbeben. cbj Verlag, München 2011

200 Tierische Alarmanlagen – Können Kröten und Co. Katastrophen voraussagen?
aus: GEOlino extra Nr. 39, S. 44. Gruner + Jahr AG & Co KG, Druck- und Verlagshaus, Hamburg 2013

203 Vorbild Natur. Wenn Tüftler von Pflanzen und Tieren lernen.
aus: GEOlino extra Nr. 40, S. 12. Gruner + Jahr AG & Co KG, Druck- und Verlagshaus, Hamburg 2013

219 Gorillas
aus: Oli's wilde Welt. URL: http://www.kindernetz.de/oli/tierlexikon/gorilla/-/id=74994/nid=74994/did=83536/1ncmk1z/index.html; Stand: 20.12.2010

219 Orang-Utans
aus: Oli's wilde Welt. URL: http://www.kindernetz.de/oli/tierlexikon/orang-utan/-/id=74994/nid=74994/did=145570/1qxp80e/index.html; Stand: 20.12.2010

219 Schimpansen
aus: Oli's wilde Welt. URL: http://www.kindernetz.de/oli/tierlexikon/schimpanse/-/id=74994/nid=74994/did=158600/qvluf1/index.html; Stand: 20.12.2010

228 Bluejeans
nach: Kindernetz. URL: http://www.kindernetz.de/infonetz/jeans/-/id=173204/nid=173204/did=34034/1mm8z00/index.html; Stand: 20.12.2010

229 Der Reißverschluss
nach: Kindernetz. URL: http://www.kindernetz.de/infonetz/reissverschluss/-/id=173204/nid=173204/did=33140/22p274/index.html; Stand: 20.12.2010

230 Der Einkaufswagen
nach: Kindernetz. URL: http://www.kindernetz.de/infonetz/einkaufswagen/-/id=173204/nid=173204/did=33388/1a7rhv4/index.html; Stand: 20.12.2010

261 Festival
aus: Von Wort zu Wort. Schülerwörterbuch mit Basiswissen Deutsch. Herausgegeben von Heinrich Pleticha und Hans Peter Thiel. Cornelsen Verlag, Berlin 2008, S. 144

264 Essen mit Verantwortung
aus: GEOlino Nr. 2/2005. Verlag Gruner + Jahr, Hamburg 2005, S. 8

266 Großmeister. Turm schlägt König
aus: GEOlino Nr. 2/2005. Verlag Gruner + Jahr, Hamburg 2005, S. 6 f.

267 Marienkäfer – meisterhaft
aus: GEOlino Nr. 3/2005. Verlag Gruner + Jahr, Hamburg 2005, S. 22 f.

270 Saigas, die mit dem Rüssel
aus: GEOlino Nr. 11/2004. Verlag Gruner + Jahr, Hamburg 2004. S. 25 f.

274 Der Koalabär
aus: Das tierische Poster. Kalendarius, Goerler Werbeges., Essen 2003

279 Mönch mit 10 Jahren

280 Stadt der Mönche
nach: Dein SPIEGEL 3/2010: Die Kloster-Kids. SPIEGEL-Gruppe, Hamburg 2010, S. 12–15

Bildquellenverzeichnis

S. 3, 5, 13, 17, 22, 23, 25, 26, 95, 105, 162, 166, 168, 169, 283, 284: Thomas Schulz, Teupitz; **S. 4 oben, 37:** Illustrationen von: Constanza Droop, aus: Annette Langen, Constanza Droop, Briefe von Felix. © 1994 Coppenrath Verlag GmbH & Co. KG; **S. 5, 79:** action press; **S. 8 oben, 161:** picture-alliance/ZB; **S. 8 unten, 179:** WDR/Lilly Buttermann; **S. 9, 185:** FOTOFINDER.COM/© Biosphoto; **S. 11, 253:** mauritius images/Westend61; **S. 28:** Shutterstock/Jiri Vondrous; **S. 30:** Shutterstock/Natalia Kirichenko; **S. 31:** © Deutscher Taschenbuch Verlag 2016; **S. 37:** Shutterstock/Jason Benz Bennee; **S. 38 oben links:** Fotolia/Kara, **oben rechts:** Fotolia/ARochau; **S. 48:** © Microsoft Corporation; **S. 55:** VISUM/A. Vossberg; **S. 67:** Fotolia/maxoidos; **S. 80, 81:** Juniors Bildarchiv; **S. 82 oben:** Fotolia/Andreas Hilger, **unten:** Juniors Bildarchiv/Schanz, U.; **S. 84 oben:** Fotolia/mdxphoto, **unten:** Shutterstock/Peter Kirillov; **S. 86 links:** Fotolia/Carola Schubbel, **rechts:** mauritius images/nature picture library/Mark Taylor; **S. 87 links:** mauritius images/Sergio Azenha/Alamy, **Mitte:** mauritius images/imageBROKER/L. Lenz, **rechts:** mauritius images/Westend61; **S. 89:** imago/blickwinkel; **S. 90:** Image Source/Alex Greenwood; **S. 92:** Fotolia/Dogs; **S. 96:** 2002 Deutscher Taschenbuch Verlag GmbH & Co. KG, © 2007 Sigrid Zeevaert; **S. 104:** Stadtbibliothek Duisburg; **S. 107:** Andreas Steinhöfel, Rico, Oskar und die Tieferschatten. Coverillustration von Peter Schössow. © Carlsen Verlag GmbH, Hamburg 2008; **S. 132 oben:** action press/ullstein bild/Archiv Gerstenberg; **S. 133 oben:** mauritius images/imageBROKER/H.-D. Falkenstein; **S. 173:** F1online/imageBROKER/Karl Schöfmann; **S. 174 oben links, Mitte rechts, unten rechts:** NDR, Hamburg, **oben rechts:** © ZDF, **Mitte links:** SWR/www.kindernetz.de, **Mitte:** © Masannek Birck WunderWerk 2016, **unten links:** ARTE Studio France/Claire Doutriaux; **S. 175, 250:** picture alliance/dpa; **S. 178:** picture alliance/dpa/ZDF/Kerstin Bänsch; **S. 180:** TV Spielfilm Verlag GmbH/TV Today; **S. 186:** FOTOFINDER.COM/© Biosphoto; **S. 189 links, 190 Mitte:** Okapia/Mark Spencer/Auscape/SAVE, **S. 189 rechts, 190 unten:** Okapia/Terry Whittaker-FLPA/imageBROKER; **S. 191:** Illustration von Johann Brandstetter aus: Frag doch mal ... die Maus! – Wale und Delfine von Sylvia Englert, © 2009 cbj Verlag, München, in der Verlagsgruppe Random House GmbH; **S. 195:** Fotolia/Jochen Scheffl; **S. 196:** ddp images/Picture Press/wissenmedia; **S. 197 unten:** Fotolia/etfoto; **S. 238:** Fotolia/DoraZett; **S. 252:** Fotolia/vizafoto; **S. 261 oben:** Cornelsen Verlag GmbH; **S. 264:** laif/Andreas Meichsner; **S. 265:** Fotolia/mirpic; **S. 266:** VISUM creativ/Alfred Buellesbach/buchcover.com; **S. 267:** blickwinkel/J. Meul-Von Cauteren; **S. 268:** Fotolia/Frank; **S. 269:** imago; **S. 270:** Fotolia/Victor Tyakht; **S. 274:** Shutterstock/jeep2499; **S. 275:** Fotolia/Sylvie CUCCHI; **S. 276:** Shutterstock/Dimos; **S. 280:** mauritius images/Travel Collection; **S. 281:** Schöning Verlag, Lübeck; **S. 285:** Cornelsen Verlag/Marlene Krause; **S. 292:** Juniors Bildarchiv

Sachregister

Teile einiger Kapitel dieses Bandes wurden erarbeitet von
Christoph Berghaus, Günther Biermann, Annette Brosi,
Wolfgang Butz, Friedrich Dick, Christel Ellerich,
Dietrich Erlach, Josi Ferrante-Heidl, Dorothea Fogt,
Angelika v. Hochmeister, Marlene Koppers,
Markus Lagner, Anna Löwen, Sabine Mattäus,
Norbert Pabelick, Katja Reinhardt.

Redaktion: Dagmar Arioli, Christa Jordan

Illustrationen:
Uta Bettzieche, Leipzig (S. 6 unten, 7, 83, 131–159)
Nils Fliegner, Hamburg (Vorsätze, S. 10, 38–51, 205–247)
Marie Geißler, Berlin (S. 4 unten, 56–78)
Isabel Große Holtforth, Maisach (S. 104 oben, 163–171)
Susann Hesselbarth, Leipzig (S. 256)
Ulrike Jensen, Berlin (S. 33, 35, 176, 177)
Constanze von Kitzing, Köln (S. 6 oben, 111–127, 254, 255, 258–261, 273)
Jutta Melsheimer & Kai Hofmann, Berlin (S. 12, 14, 15, 19, 88, 93, 98, 100, 102, 108, 181, 188, 190, 197–203, 288–300)

Coverfoto: Corbis / Marc Romanelli / Blend Images
Gesamtgestaltung und technische Umsetzung: werkstatt für gebrauchsgrafik, Berlin

Bestandteile des Lehrwerks

- Schülerbuch (ISBN 978-3-06-067344-5)
- E-book zum Schülerbuch (ISBN 978-3-06-067350-6)
- Arbeitsheft (ISBN 978-3-06-067326-1)
- Arbeitsheft mit interaktiven Übungen (ISBN 978-3-06-067332-2)
- Interaktive Übungen (ISBN 978-3-06-067334-8)
- Interaktive Übungen Schullizenz (ISBN 978-3-06-200265-6)
- Schulaufgabentrainer (ISBN 978-3-06-200205-2)
- Servicepaket (ISBN 978-3-06-067356-8)
- Servicepaket auf USB-Stick mit Unterrichtsmanager (ISBN 978-3-06-200278-6)
- Onlinediagnose (ISBN 978-3-06-200151-2)

www.cornelsen.de

1. Auflage, 5. Druck 2024

Alle Drucke dieser Auflage sind inhaltlich unverändert
und können im Unterricht nebeneinander verwendet werden.

© 2016 Cornelsen Verlag GmbH, Mecklenburgische Str. 53, 14197 Berlin

Druck: Livonia Print, Riga

ISBN 978-3-06-067344-5

PEFC zertifiziert
Dieses Produkt stammt aus nachhaltig
bewirtschafteten Wäldern und kontrollierten
Quellen.

www.pefc.de

PEFC/12-31-006

Knifflige Verben im Überblick

Infinitiv	Präsens	Präteritum	Perfekt
anfangen	du fängst an	er fing an	er hat angefangen
befehlen	du befiehlst	er befahl	er hat befohlen
beginnen	du beginnst	sie begann	sie hat begonnen
beißen	du beißt	er biss	er hat gebissen
bieten	du bietest	er bot	er hat geboten
bitten	du bittest	sie bat	sie hat gebeten
bleiben	du bleibst	sie blieb	sie ist geblieben
brechen	du brichst	sie brach	sie hat gebrochen
brennen	du brennst	es brannte	es hat gebrannt
bringen	du bringst	sie brachte	sie hat gebracht
dürfen	du darfst	er durfte	er hat gedurft
einladen	du lädst ein	sie lud ein	sie hat eingeladen
erschrecken	du erschrickst	er erschrak	er ist erschrocken
essen	du isst	er aß	er hat gegessen
fahren	du fährst	sie fuhr	sie ist gefahren
fallen	du fällst	er fiel	er ist gefallen
fangen	du fängst	sie fing	sie hat gefangen
finden	du findest	er fand	er hat gefunden
fließen	es fließt	es floss	es ist geflossen
frieren	du frierst	er fror	er hat gefroren
geben	du gibst	er gab	er hat gegeben
gehen	du gehst	er ging	er ist gegangen
gelingen	es gelingt	es gelang	es ist gelungen
genießen	du genießt	sie genoss	sie hat genossen
geschehen	es geschieht	es geschah	es ist geschehen
greifen	du greifst	sie griff	sie hat gegriffen
halten	du hältst	sie hielt	sie hat gehalten
heben	du hebst	er hob	er hat gehoben
heißen	du heißt	sie hieß	sie hat geheißen
helfen	du hilfst	er half	er hat geholfen
kennen	du kennst	sie kannte	sie hat gekannt
kommen	du kommst	sie kam	sie ist gekommen
können	du kannst	er konnte	er hat gekonnt
lassen	du lässt	sie ließ	sie hat gelassen
laufen	du läufst	er lief	er ist gelaufen